この本を読むあなたへ

この本では、邪馬台国《やまたいこく》の女王だった卑弥呼《ひみこ》から、第二次世界大戦後《たいせんご》に総理大臣《そうりだいじん》になった吉田茂《よしだしげる》まで、200人以上《いじょう》の人物について紹介《しょうかい》しています。ドラマや小説、マンガの主人公として取りあげられるような有名な人物を中心に、見ているだけでときめく美しいイラストを添《そ》えて、どこから読んでも楽しめるようになっています。歴史上《れきしじょう》の人物たちがどんなことをしたのか、どんなことを考えていたのか、彼《かれ》らの恋愛《れんあい》についてや、人柄《ひとがら》がわかるようなエピソードがもりだくさんで、とくに人気のある源平合戦《げんぺいがっせん》、戦国《せんごく》時代《じだい》、新選組《しんせんぐみ》については、たくさん紹介《しょうかい》しています。

また、読んで楽しいだけではなく、小学校・中学校での調べ学習に役立つコラムもあり、読むうちに歴史《れきし》についての知識《ちしき》もしっかりと身についていくことでしょう。

この本が日本の歴史《れきし》への興味《きょうみ》の入口になることを願《ねが》っています。

もくじ

1章《しょう》 弥生《やよい》時代《じだい》～奈良《なら》時代《じだい》

どんな時代だったの？ 14ページ

コラム

2章《しょう》 平安時代《へいあんじだい》

どんな時代だったの？ 52ページ

コラム

3章《しょう》 源《げん》平《ぺい》合《がっ》戦《せん》

どんな時代だったの？ 92ページ

4章《しょう》 鎌《かま》倉《くら》時代～室《むろ》町《まち》時代

どんな時代だったの？ 110ページ

5章《しょう》 1
信長《のぶなが》の台頭《たいとう》（戦国時代《せんごくじだい》～安土桃山時代《あづちももやまじだい》）

どんな時代だったの？ 140ページ

上杉謙信《うえすぎけんしん》 ▶146

武田信玄《たけだしんげん》 ▶148

北条早雲《ほうじょうそううん》 ▶142

今川義元《いまがわよしもと》 ▶158

浅井長政《あざいながまさ》 ▶156

斎藤道三《さいとうどうさん》 ▶144

毛利元就《もうりもとなり》 ▶143

織田信長《おだのぶなが》 ▶152

森蘭丸《もりらんまる》 ▶154

前田慶次《まえだけいじ》 ▶159

お市《いち》の方《かた》 ▶155

まつ ▶161

前田利家《まえだとしいえ》 ▶160

お初《はつ》 ▶157

長宗我部元親《ちょうそかべもとちか》 ▶162

ザビエル ▶145

コラム

- 戦国時代とは、もっとも長い説で1463年ごろの北条早雲の伊豆討ち入り（または応仁の乱が起こった1467年）から、徳川家康が豊臣家をほろぼした1615年までをさします。
- 時代区分としては、1573年の室町幕府滅亡までを室町時代、それ以降1603年に江戸幕府が開かれるまでを安土桃山時代、1603年以降を江戸時代としています。
- この時代に活躍した戦国武将は、日本の歴史上の人物のなかでも人気が高く、本書でもあつかうページを多くしています。
- 日本の統一をめざした織田信長・豊臣秀吉・徳川家康の3名を軸に、5章を3つに分けています。
- 戦国武将のうち人気のある真田幸村は、最後に活躍した大坂の陣が1614～1615年のため、6章の江戸時代に入れています。

5章《しょう》 ②
秀吉《ひでよし》の天下統一《てんかとういつ》（安土桃山《あづちももやま》時代）

どんな時代だったの？
164ページ

コラム

5章《しょう》 ③
家康《いえやす》の天下取《てんかと》り（関ケ原《せきがはら》の戦《たたか》い）

どんな時代だったの？
186ページ

コラム

6章《しょう》 江戸《えど》時代

どんな時代だったの？ 208ページ

コラム

7章《しょう》 幕末《ばくまつ》～明治維新《めいじいしん》

どんな時代だったの？
250ページ

コラム

8章《しょう》 明《めい》治《じ》・大《たい》正《しょう》・昭《しょう》和《わ》

どんな時代だったの？ 296ページ

コラム

旧《きゅう》国《こく》名《めい》マップ

MAP《マップ》 **古代《こだい》～江戸《えど》時代までの国名《こくめい》（行政区分《ぎょうせいくぶん》）の地図**

関東《かんとう》地方より西は、現在《げんざい》の県《けん》境《ざかい》とだいたい同じだったが、一部もっと細かく分けられていた地域《ちいき》もある。明治《めいじ》時代に数回にわたって行《おこな》われた廃藩置県《はいはんちけん》（▶296）により、現在《げんざい》の都道府県《とどうふけん》になっていった。

※ 1868年に、陸奥国《むつのくに》は磐城《いわき》・岩代《いわしろ》・陸前《りくぜん》・陸中《りくちゅう》・陸奥《むつ》の５つに、出羽国《でわのくに》は羽前《うぜん》・羽後《うご》に分けられた。

この本で旧国名《きゅうこくめい》が出てきたら、このページを見てください
今、自分が住んでいる都道府県《とどうふけん》は、どんな国名《こくめい》だったのか探《さが》してみよう

隠岐《おき》
対馬《つしま》
若狭《わかさ》
山城《やましろ》
伯耆《ほうき》
出雲《いずも》
石見《いわみ》
因幡《いなば》
丹後《たんご》
長門《ながと》
壱岐《いき》
但馬《たじま》
美作《みまさか》
備後《びんご》
安芸《あき》
周防《すおう》
筑前《ちくぜん》
丹波《たんば》
播磨《はりま》
備中《びっちゅう》
備前《びぜん》
肥前《ひぜん》
豊前《ぶぜん》
筑後《ちくご》
近江《おうみ》
摂津《せっつ》
讃岐《さぬき》
淡路《あわじ》
伊予《いよ》
和泉《いずみ》
土佐《とさ》
阿波《あわ》
肥後《ひご》
豊後《ぶんご》
伊勢《いせ》
紀伊《きい》
河内《かわち》
日向《ひゅうが》
薩摩《さつま》
伊賀《いが》
江戸《えど》時代まで 天皇《てんのう》が暮《く》らしていた日本の都《みやこ》
京
大和《やまと》
志摩《しま》
大隅《おおすみ》
鉄砲《てっぽう》が伝来《でんらい》した（▶140）
種子島《たねがしま》
琉球《りゅうきゅう》

この本《ほん》の楽しみかた

重要語句《じゅうようごく》

歴史《れきし》の学習に役立つ語句《ごく》や人物名を太字にしています。

マーク

とくに読んでほしいエピソードには、マークをつけています。

恋愛《れんあい》エピソードや、心があたたまるエピソード

情《なさ》けないエピソードや、残念《ざんねん》なエピソード

人物名

人物によっては複数《ふくすう》の名前があったり、読み方がさまざまだったりします。代表的《だいひょうてき》な名前と読み方を紹介《しょうかい》しています。

家紋《かもん》

戦国武将《せんごくぶしょう》の家紋《かもん》を紹介《しょうかい》しています。

語句《ごく》の説明《せつめい》

わかりにくい語句《ごく》には※をつけ、説明文《せつめいぶん》をのせています。

プロフィール

出身地、生没年《せいぼつねん》について複数《ふくすう》の説《せつ》がある場合は、代表的《だいひょうてき》な説《せつ》を採用《さいよう》しています。また、その人物の性格《せいかく》や特技《とくぎ》も紹介《しょうかい》します。

ミニコラム

その人物に関係《かんけい》のあるエピソードや道具、マップなどを紹介《しょうかい》します。

ひみつのエピソード　おもしろいエピソードやウラ話など

マップ MAP　その人物に関係《かんけい》のある地図や勢力図《せいりょくず》など

現在《げんざい》でも見られる建物《たてもの》などの写真や図版《ずはん》

アイテム　当時使われていた道具などを紹介《しょうかい》

相関図《そうかんず》・家系図《かけいず》について

〈例《れい》〉

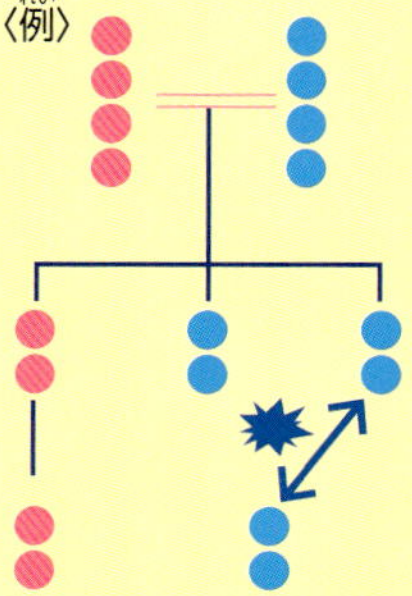

●夫婦《ふうふ》は ＝ でしめす。

●親子関係《かんけい》は ― でしめし、生まれた順《じゅん》に右からならべている。

●関係《かんけい》のあるものは → ↔ でしめし、「主従《しゅじゅう》」「○○する」など文字でしめす。対立するときには ✸ をつけている。

★年齢《ねんれい》は、原則《げんそく》として数え年(生まれたときを1歳《さい》とする数え方)で表記《ひょうき》しています。

★本書では、原則《げんそく》として年は西暦《せいれき》(グレゴリオ暦)、月は和暦《われき》で表記《ひょうき》しています。

1章《しょう》 弥生《やよい》時代～奈良《なら》時代

			主なできごと
弥生《やよい》時代	3世紀《せいき》	239年ごろ	邪馬台国《やまたいこく》の女王卑弥呼《ひみこ》(▶16)が魏《ぎ》から「親魏倭王《しんぎわおう》」の称号《しょうごう》を受ける
		247年ごろ	壱与《いよ》(▶18)が邪馬台国《やまたいこく》の女王となる
古墳《こふん》時代	4～6世紀《せいき》	6世紀《せいき》	蘇我氏《そがし》が勢力《せいりょく》をのばす
飛鳥《あすか》時代		592年	推古天皇《すいこてんのう》(▶21)即位《そくい》
		593年	聖徳太子《しょうとくたいし》(▶22)が摂政《せっしょう》となり、推古天皇《すいこてんのう》を補佐《ほさ》する
	7世紀《せいき》	603年	冠位十二階《かんいじゅうにかい》制定《せいてい》
		604年	十七条憲法《じゅうしちじょうけんぽう》制定《せいてい》
		607年	小野妹子《おののいもこ》(▶24)が遣隋使《けんずいし》として隋《ずい》へわたる
		642年ごろ	蘇我入鹿《そがのいるか》(▶29)が権力《けんりょく》をにぎる
		645年	中大兄皇子《なかのおおえのおうじ》(▶26)と中臣鎌足《なかとみのかまたり》(▶30)が蘇我入鹿《そがのいるか》を殺害《さつがい》(大化の改新《たいかのかいしん》)
		663年	白村江《はくすきのえ》《はくそんこう》の戦《たたか》いで百済《くだら》《ひゃくさい》軍《ぐん》に敗《やぶ》れる
		672年	壬申《じんしん》の乱《らん》が起こる
		673年	天武天皇《てんむてんのう》(▶32)即位《そくい》
		690年	持統天皇《じとうてんのう》(▶34)即位《そくい》
		このころ	柿本人麻呂《かきのもとのひとまろ》(▶35)が和歌を多く残《のこ》す
		694年	持統天皇《じとうてんのう》が藤原京《ふじわらきょう》へ都《みやこ》をうつす
		697年	文武天皇即位《もんむてんのうそくい》
	8世紀《せいき》	701年	大宝律令制定《たいほうりつりょうせいてい》
奈良《なら》時代		710年	平城京《へいじょうきょう》へ都《みやこ》をうつす
		712年	『古事記《こじき》』が完成《かんせい》する
		717年	阿倍仲麻呂《あべのなかまろ》(▶40)が遣唐使《けんとうし》として唐《とう》へわたる
		718年	藤原不比等《ふじわらのふひと》(▶37)らが養老律令《ようろうりつりょう》を編《へん》さん
		720年ごろ	『日本書紀《にほんしょき》』が完成《かんせい》する
		724年	聖武天皇《しょうむてんのう》(▶42)即位《そくい》
		730年	光明皇后《こうみょうこうごう》(▶44)が施薬院《せやくいん》を設置《せっち》
		741年	全国に国分寺《こくぶんじ》・国分尼寺《こくぶんにじ》を建《た》てる
		743年	東大寺《とうだいじ》の大仏《だいぶつ》をつくるため行基《ぎょうき》(▶45)が寄付《きふ》を集める
		753年	鑑真《がんじん》(▶46)が日本へ到着《とうちゃく》する
		769年	和気広虫《わけのひろむし》(▶38)・和気清麻呂《わけのきよまろ》(▶39)が僧《そう》・道鏡《どうきょう》の野望《やぼう》をはばむ

弥生《やよい》時代～奈良《なら》時代

どんな時代だったの？

ムラからクニへ

今から約《やく》3000年くらい前に、中国大陸《たいりく》から稲作《いなさく》が伝《つた》わった。そのころの日本は、人々が集まってムラをつくり、ムラどうしで物々《ぶつぶつ》交換《こうかん》をして交流をしていた。**弥生《やよい》時代**になると、ムラはクニへと発展《はってん》し、領土《りょうど》をめぐっての争《あらそ》いがたえなくなった。そこに登場したのが**邪馬台国《やまたいこく》**だ。邪馬台《やまたい》国《こく》には**卑弥呼《ひみこ》**（▶16）という女王がいて、占《うらな》いによって人々を治《おさ》めていた。卑弥呼《ひみこ》が亡《な》くなると、巨大《きょだい》な墓《はか》（**古墳《こふん》**）がつくられた。

古墳《こふん》がたくさんつくられた4世《せい》紀《き》ごろは、**ヤマト王権《おうけん》**が力をつけ、日本を治《おさ》めるようになっていく。

マップ MAP 邪馬台国《やまたいこく》はどこにあった？

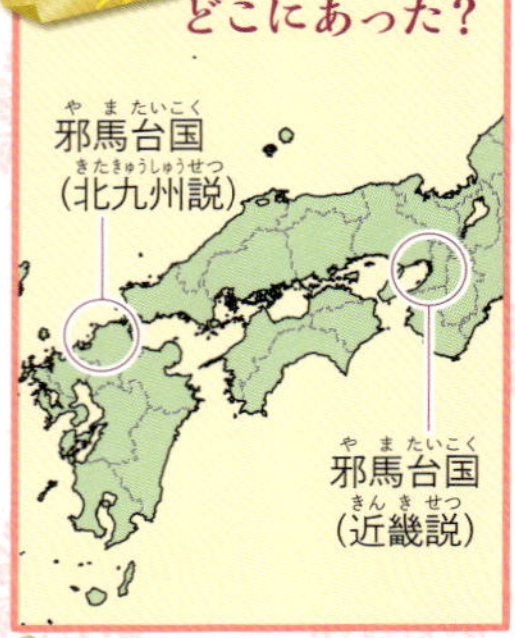

巨大《きょだい》な古墳《こふん》

権力《けんりょく》をもった豪族《ごうぞく》や王の墓《はか》がたくさんつくられた。

アイテム 古墳《こふん》におさめられていた品物

はにわ

土でつくった像《ぞう》。兵士《へいし》や女性《じょせい》、馬などバラエティーに富《と》んでいる。

鏡《かがみ》や剣《けん》

青銅《せいどう》の鏡《かがみ》や鉄製《てつせい》の剣《けん》など、金属《きんぞく》でつくられたものも多い。

アクセサリー

石をみがいた勾玉《まがたま》やガラス玉などの、アクセサリーも見つかっている。

天皇《てんのう》中心の国づくり

592年、**推古天皇**《すいこてんのう》（▼21）が即位《そくい》し、甥《おい》の**聖徳太子**《しょうとくたいし》（▼22）とともに、**十七条憲法**《じゅうしちじょうけんぽう》や**冠位十二階**《かんいじゅうにかい》などを定めて天皇《てんのう》を中心とした国づくりをめざした。

聖徳太子《しょうとくたいし》の死後、蘇我氏《そがし》が天皇《てんのう》をしのぐほどの大きな権力《けんりょく》をもつようになる。それに反発した**中大兄皇子**《なかのおおえのおうじ》（▼26）が**中臣鎌足**《なかとみのかまたり》（▼30）と協力《きょうりょく》して蘇我氏《そがし》をほろぼし、**大化の改新**《たいかのかいしん》という改革《かいかく》を次々と行《おこな》った。このことをきっかけとして、天皇自《てんのうみずか》らが中心となって国づくりを行《おこな》うようになる。

710年、唐《とう》（中国）の都《みやこ》をまねて、奈良《なら》に**平城京**《へいじょうきょう》がつくられた。平城京《へいじょうきょう》には天皇《てんのう》の宮殿《きゅうでん》や貴族《きぞく》の屋敷《やしき》があり、商人や町人などもたくさん住んでいた。

都《みやこ》の東西には市《いち》がおかれ、日本の各地《かくち》から集められた品物が売り買いされるなど、多くの人でにぎわっていた。

マップ MAP 平城京《へいじょうきょう》の平面図

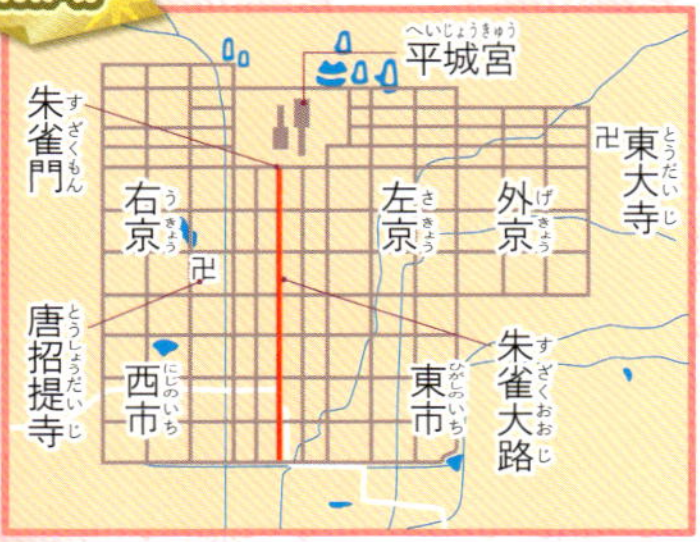

平城京《へいじょうきょう》は南北約《やく》5キロ、東西約《やく》6キロほどで、10万人もの人が住んでいた。

仏教《ぶっきょう》を通して政治《せいじ》を行《おこな》う

8世紀《せいき》の中ごろ、災害《さいがい》や飢《き》きん※がつづいたため、**聖武天皇**《しょうむてんのう》（▼42）は**仏教**《ぶっきょう》を通して世の中の不安《ふあん》をしずめ、政治《せいじ》を安定させようとした。各地《かくち》に**国分寺**《こくぶんじ》や**国分尼寺**《こくぶんにじ》を建《た》て、奈良《なら》に巨大《きょだい》な**大仏**《だいぶつ》をつくった。また、正しい仏教《ぶっきょう》を広めるため唐《とう》から**鑑真**《がんじん》（▼46）をまねいた。

マップ MAP 全国に建《た》てられた国分寺《こくぶんじ》

東北地方から九州まで、多くの国分寺《こくぶんじ》が建《た》てられた。

※飢《き》きん：農作物が十分にとれず食糧不足《しょくりょうぶそく》になること

占《うらな》いで国を治《おさ》めた女王

卑《ひ》弥《み》呼《こ》

邪馬台国《やまたいこく》の女王

出身地：不明《ふめい》
生没年《せいぼつねん》：不明《ふめい》
特技《とくぎ》：占《うらな》い

「女だけど王様やってます」周辺諸国《しゅうへんしょこく》もびっくり

3世紀《せいき》、「皇帝《こうてい》や王は戦《いくさ》に勝った強い男がなるもの」と信《しん》じていた中国や朝鮮半島《ちょうせんはんとう》の人々は、倭《わ》の**邪馬台国《やまたいこく》**を治《おさ》めているのが**卑弥呼《ひみこ》**という女性《じょせい》と知っておどろいた。

しかも、卑弥呼《ひみこ》は「戦《いくさ》に勝って女王の座《ざ》についた」のではなく、30ほどある国の王たちから選《えら》ばれ、彼《かれ》らをしたがえて平和に統治《とうち》しているという。いったい、どんな力を使ったのか……？

統治《とうち》のヒミツ教えちゃいます ☆骨占《ほねうらな》い&おまじない☆

卑弥呼《ひみこ》とは、神のお告《つ》げを聞いて国を治《おさ》める「日の巫女《みこ》」を意味するよび名といわれている。中国《ちゅうごく》の歴史書《れきししょ》『**魏志倭人伝《ぎしわじんでん》**』によると、卑弥呼《ひみこ》は亀《かめ》の甲羅《こうら》や動物《どうぶつ》の骨《ほね》を焼《や》いて、そのわれ方で吉凶《きっきょう》を占《うらな》っていた。

卑弥呼《ひみこ》に夫《おっと》はおらず独身《どくしん》で、直接《ちょくせつ》会ってお告《つ》げを聞けるのは弟だけだった。卑弥呼《ひみこ》はずっと宮殿《きゅうでん》にこもったまま、ほかの人にその姿《すがた》を見せることはなく、政治《せいじ》も弟がすべて補佐《ほさ》していた。倭《わ》の国は、それで平和に治《おさ》まっていたのだ。

２３９年、卑弥呼《ひみこ》は魏《ぎ》に使者を送り、皇帝《こうてい》から「親魏倭王《しんぎわおう》」と彫《ほ》られた金印《きんいん》をあたえられた。

アイテム

骨占《ほねうらな》い（太占《ふとまに》）用の骨《ほね》

弥生時代《やよいじだい》に広く行《おこな》われていた骨占《ほねうらな》い（太占《ふとまに》）に使われた骨《ほね》。

MAP《マップ》 3世紀《せいき》ごろの中国

魏《ぎ》・呉《ご》・蜀《しょく》の３国が争《あらそ》う時代だったため、魏《ぎ》は倭《わ》を味方《みかた》につけたいと考えたという。

壱《い》与《よ》(臺《と》與《よ》)

女王は中学生?!

邪馬台国《やまたいこく》の2代目女王

出身地：不明《ふめい》
生没年《せいぼつねん》：不明《ふめい》
特技《とくぎ》：占《うらな》い

男の王では戦《いくさ》が起こる時代がもとめた平和の女王

邪馬台国《やまたいこく》を平和に治《おさ》めていた女王・**卑弥呼《ひみこ》**(▼16)が亡《な》くなり、男の王がそのあとを継《つ》ぐと、倭《わ》の国々はまた以前《いぜん》のような戦乱《せんらん》の世《よ》にもどってしまい、人々はたがいに殺《ころ》し合うようになった。

「このままではいけない……」

戦《いくさ》につかれた人々は、男の王のもとでは争《あらそ》いが起きるばかりだ、と国に平和を取りもどしてくれる新しい女王をもとめた。

そして選《えら》ばれたのが、卑弥呼《ひみこ》の※宗女《そうじょ》にあたる13歳《さい》の少女・**壱与《いよ》**(臺與《とよ》)だった。壱与《いよ》が女王になり占《うらな》いで国を治《おさ》めると、倭《わ》の国々にはふたたび平和がおとずれた。壱与《いよ》もまた魏《ぎ》に使者を送り、貢《みつ》ぎ物《もの》をしたという記録《きろく》が『**魏志倭人伝《ぎしわじんでん》**』に残《のこ》されている。

※**宗女《そうじょ》**：同じ一族の正統《せいとう》なあと継《つ》ぎ

呪術的《じゅじゅつてき》な力をもつ!?アイテム

勾玉《まがたま》
ひすいなどのきれいな石でつくった飾《かざ》り玉。

銅鏡《どうきょう》
銅《どう》でできた鏡《かがみ》。もようのない面をぴかぴかに磨《みが》いて使った。
(鳥取県立博物館所蔵)

コラム

弥生《やよい》時代のくらし

弥生《やよい》時代は、中国大陸《ちゅうごくたいりく》から伝《つた》わった稲作《いなさく》がさかんになった時代。水田で稲《いね》を育てたり、魚や動物を狩《か》ったりしていた。

人々の服装《ふくそう》

弥生《やよい》時代は、男性《だんせい》も女性《じょせい》も、かんたんなつくりの麻《あさ》の服を着ていた。

人々の生活

弥生《やよい》時代の人々は、竪穴式住居《たてあなしきじゅうきょ》に住み、大きな村をつくって暮《く》らしていた。

水田でつくった米は、床《ゆか》を高くした倉庫《そうこ》に保管《ほかん》していた。

米のほかに、魚や木の実など、その土地でとれるものを食べていた。

コラム

日本神話のヒーロー

昔《むかし》から語り継《つ》がれてきた神話は、事実《じじつ》ではない部分もあるけれど、昔《むかし》の人々の生活や考え方がわかる手がかりになる。

神話をまとめた歴史書《れきししょ》

アマテラスオオミカミ、スサノオノミコト、コノハナサクヤヒメ、ヤマタノオロチ……。これらはすべて、日本神話に出てくる神様や怪物《かいぶつ》の名前だ。

昔《むかし》の人々は、自分たちが住んでいるこの国を、だれが、どうやってつくったのか、この世で起きるさまざまなできごとの原因《げんいん》は何かを考え、神話という形で語り継《つ》いできた。

奈良《なら》時代に天武天皇《てんむてんのう》(▼32)の命《めい》でつくられた『**古事記**《こじき》』と『**日本書紀**《にほんしょき》』は、そういったたくさんの物語をまとめたもの。この国のなりたちを、神話を通して知ることができる。

ヤマトタケルの物語

ヤマトタケルは、天皇《てんのう》の皇子《おうじ》として生まれた。とても勇《いさ》ましくて強かったが、兄を殺《ころ》してしまったため、父である天皇《てんのう》からも恐《おそ》れられていた。

天皇《てんのう》は、対立していた九州のクマソをたおすために、ヤマトタケルを送りこんだ。ヤマトタケルは、叔母《おば》からもらった服《ふく》で女装《じょそう》して宴会《えんかい》にもぐりこみ、クマソタケル兄弟を討《う》ちとった。

意気揚々《いきようよう》と都《みやこ》へもどったヤマトタケルは、すぐに東国《とうごく》(今の関東《かんとう》～中部地方)へ送られる。途中《とちゅう》で立ち寄った伊勢神宮《いせじんぐう》で、巫女《みこ》である叔母《おば》から神剣《しんけん》・**草薙剣**《くさなぎのつるぎ》をさずかる。

ヤマトタケル

出身地：**大和**《やまと》**(現在**《げんざい》**の奈良県**《ならけん》**)**
生没年《せいぼつねん》：**不明**《ふめい》

ヤマトタケルは多くの危機《きき》をのりこえ、東国《とうごく》をしたがえた。その後《ご》都《みやこ》へ帰る途中《とちゅう》で伊吹山《いぶきやま》の神と戦《たたか》うことになる。ヤマトタケルは伊吹山《いぶきやま》の神をたおしたが、自分も神の祟《たた》りを受けて亡《な》くなる。そしてたましいだけが白い鳥になって都《みやこ》をめざして飛び去ったという。

とにかくモテた！日本初《はつ》の女帝《じょてい》

推古天皇《すいこてんのう》

日本最初《さいしょ》の女性《じょせい》の天皇《てんのう》

出身地：大和国《やまとのくに》(現在《げんざい》の奈良県《ならけん》)
生没年《せいぼつねん》：554～628年
性格《せいかく》：まがったことがきらい

お兄さんと結婚《けっこん》!?

欽明天皇《きんめいてんのう》の皇女《こうじょ》。当時の権力者《けんりょくしゃ》・**蘇我馬子《そがのうまこ》**は母方の叔父《おじ》。18歳《さい》のとき、16歳《さい》年上で母親《ははおや》のちがう兄・敏達天皇《びだつてんのう》と結婚《けっこん》、皇后《こうごう》となる。

当時は父親の血《ち》すじが重視《じゅうし》され、母親がちがえば兄と妹で結婚《けっこん》することもめずらしくなかった。

姿《すがた》やしぐさが非常《ひじょう》に美しかったため、夫《おっと》の死後は、やはり母親のちがう弟《おとうと》の穴穂部皇子《あなほべのおうじ》にしつこくせまられるという恋愛《れんあい》トラブルもあった。

突然《とつぜん》の女帝《じょてい》デビュー

592年、蘇我馬子《そがのうまこ》をきらっていた崇峻天皇《すしゅんてんのう》が、馬子《うまこ》の部下によって暗殺《あんさつ》された。そこで馬子《うまこ》は自分の姪《めい》である**推古天皇《すいこてんのう》**を即位《そくい》させて**日本初《はつ》の女帝《じょてい》**とし、思い通りにあやつろうとした。

しかし、推古天皇《すいこてんのう》は甥《おい》の**聖徳太子《しょうとくたいし》**(▼22)を**摂政《せっしょう》**※にむかえ、たとえ馬子《うまこ》が相手でも筋《すじ》の通らない要求《ようきゅう》は断《ことわ》るなど、公正な政治《せいじ》を行《おこな》った。強く賢《かしこ》い女性《じょせい》であったと評判《ひょうばん》が高い。当時としては大《たい》変《へん》な長寿《ちょうじゅ》で、75歳《さい》で亡《な》くなった。

※**摂政《せっしょう》**：天皇《てんのう》の補佐役《ほさやく》

聖《しょう》徳《とく》太《たい》子《し》（厩《うま》戸《やど》王《おう》）

飛鳥《あすか》時代の王族で推古天皇《すいこてんのう》の摂政《せっしょう》

出身地：大和国《やまとのくに》（現在《げんざい》の奈良県《ならけん》）
生没年《せいぼつねん》：574～622年
特《とく》　技《ぎ》：多くの人の意見を聞く

10人相手に神対応《たいおう》

聖徳太子《しょうとくたいし》は母が馬小屋の前で産《さん》気《け》づいてから生まれたため、「厩戸王《うまやどおう》」と名づけられたといわれる。

幼《おさな》いときから人なみ外れて聡《そう》明《めい》なことで知られ、10人が話すことを一度に聞いてすべて理解《りかい》して、きちんと答えたため、「豊聡耳《とよとみみ》」ともよばれていたという。

何でもデキちゃう万能皇子《ばんのうおうじ》

叔母《おば》の**推古天皇《すいこてんのう》**(▼21)が即位《そくい》すると、18歳《さい》で皇太子《こうたいし》に指名され、摂《せっ》政《しょう》として政務《せいむ》を手伝《てつだ》う。603年、**冠位十二階《かんいじゅうにかい》**を定め、家柄《いえがら》ではなく、個人《こじん》の才能《さいのう》に応《おう》じて有能《ゆうのう》な人材《じんざい》をスカウトできる制度《せいど》をつくった。

翌《よく》604年には**十七条憲法《じゅうしちじょうけんぽう》**を制定《せいてい》。「和をもって貴《とうと》しとなす」「あつく三宝《さんぼう》(仏《ほとけ》・経典《きょうてん》・僧侶《そうりょ》)を敬《うやま》え」など、当時の官僚《かんりょう》や貴族《きぞく》が守るべき道徳《どうとく》などをわかりやすくもりこんだ。「王・臣《しん》・民《みん》」の身分をはっきりさせて、みなが天皇《てんのう》にしたがうよう、中央集権化《ちゅうおうしゅうけんか》を進めるねらいがあったという。

また、広大な中国大陸《たいりく》を支配《しはい》していた帝国《ていこく》・隋《ずい》と国交《こっこう》※を結《むす》ぶため、**小野妹子《おののいもこ》**(▼24)を**遣隋使《けんずいし》**として派遣《はけん》した。時代の先端《せんたん》をいく隋《ずい》の制度《せいど》や学問を取り入れることにも熱心《ねっしん》だった。

49歳《さい》のとき突然《とつぜん》の流行《はや》り病《やまい》にたおれ、この世を去ったという。

ひみつのエピソード 四天王《してんのう》に勝利《しょうり》を祈《いの》った聖徳太子《しょうとくたいし》

現在《げんざい》の四天王寺《してんのうじ》は、飛鳥時代《あすかじだい》の様《よう》式《しき》を再現《さいげん》している。

古来《こらい》からの日本の神を信仰《しんこう》する物部《もののべ》氏《し》と、中国から伝《つた》わった仏《ぶっ》教《きょう》を信仰《しんこう》する蘇我《そが》氏《し》とのあいだで戦《いくさ》になったとき、聖徳太子《しょうとくたいし》は蘇我《そが》氏《し》の味方をした。明日は決《けっ》戦《せん》という日、太子《たいし》は木で四天《してん》王《のう》の像《ぞう》を彫《ほ》り、「この戦《いくさ》に勝てたら寺を建《た》てます」と願《がん》をかけ、みごと勝利《しょうり》！ お礼《れい》に四天王寺《してんのうじ》を建《た》てたという。

※国交《こっこう》：国どうしの交流

手紙をとどけたら怒《おこ》られた

小《お》野《のの》妹《いも》子《こ》

第２次遣隋使《けんずいし》の使者
出身地：近江国《おうみのくに》（現在《げんざい》の滋賀県《しがけん》）
生没年《せいぼつねん》：不明《ふめい》
特　技《とくぎ》：花を生ける

隋《ずい》への往復《おうふく》はトラブルつづき

名前から女性《じょせい》と思われることも多いが、男性説《だんせいせつ》が有力。

607年、**推古天皇《すいこてんのう》**（▶21）の国書《こくしょ》（天皇《てんのう》の手紙）をとどけに、**遣隋使《けんずいし》**として隋《ずい》（中国）にわたる。

国書《こくしょ》には「**日出《い》ずる処《ところ》の天子《てんし》、書を日没《ぼっ》する処《ところ》の天子《てんし》に致《いた》す**」とあり、これを読んだ隋《ずい》の煬帝《ようだい》は、「無礼《ぶれい》な野蛮人《やばんじん》の手紙は読みたくない！」と激怒《げきど》。「天子《てんし》」とは皇帝《こうてい》である自分ひとりだけをさすので、日本という小さな辺境国《へんきょうこく》が、対等に「天子《てんし》」を名のるのは許《ゆる》しがたい無礼《ぶれい》と感じたのだ。

煬帝《ようだい》の返書をもらって帰国した妹子《いもこ》は、「帰りの船の中で返書を盗《ぬす》まれました」と報告《ほうこく》した。とても天皇《てんのう》に見せられないような内容《ないよう》だったため、妹子《いもこ》は「なくした」とうそをついたといわれる。

ひみつのエピソード　生け花をはじめた妹子《いもこ》

聖徳太子《しょうとくたいし》の死後、妹子《いもこ》は出家《しゅっけ》して仏前《ぶつぜん》に花をそなえた。もともと日本には死者に花をそなえる習慣《しゅうかん》はなかったが、隋《ずい》の文化を学んだ妹子《いもこ》は、日本人として初《はじ》めて「生け花」を行《おこな》い、華道《かどう》の祖《そ》になったとも伝《つた》えられる。

コラム

命がけの使者 遣隋使《けんずいし》・遣唐使《けんとうし》

2度目の遣隋使《けんずいし》でようやく返書をゲット

遣隋使《けんずいし》・**遣唐使《けんとうし》**とは、当時日本よりも文化が進んでいた中国（当時は隋《ずい》や唐《とう》という国だった）へ、仏教《ぶっきょう》や技術《ぎじゅつ》、国の制度《せいど》を学ぶために送られた使者や留学生《りゅうがくせい》のこと。607年に**聖徳太子《しょうとくたいし》**（▼22）が**小野妹子《おののいもこ》**（▼24）を送りだしたことが有名だが、その前の600年に第1回の遣隋使《けんずいし》が送られている。しかしこのときは国交《こっこう》を結《むす》ぶことはできなかった。妹子《いもこ》が使者となった2度目の遣隋使《けんずいし》で、ようやく隋《ずい》の皇帝《こうてい》の返事をもらえたのだ。

当時は現代《げんだい》のような造船技術《ぞうせんぎじゅつ》も、コンパスも、天気予報《てんきよほう》もなかったので、航《こう》海中《かいちゅう》に嵐《あらし》が来るかどうかも予想《よそう》がつかなかった。木でつくった帆船《はんせん》で、神仏《しんぶつ》に祈《いの》りながら命がけで海をわたった。彼《かれ》らは隋《ずい》や唐《とう》で進んだ技術《ぎじゅつ》や文化を学び、また命がけの旅をして帰国し、日本に伝《つた》えた。

アイテム 遣唐使《けんとうし》の船

木の板をつないでつくってある
約《やく》30メートル

遣唐使《けんとうし》の船には、使節団以外《しせつだんいがい》に通訳《つうやく》・医師《いし》・留学生《りゅうがくせい》などが乗った。

マップ MAP 遣隋使《けんずいし》・遣唐使《けんとうし》が通ったルート

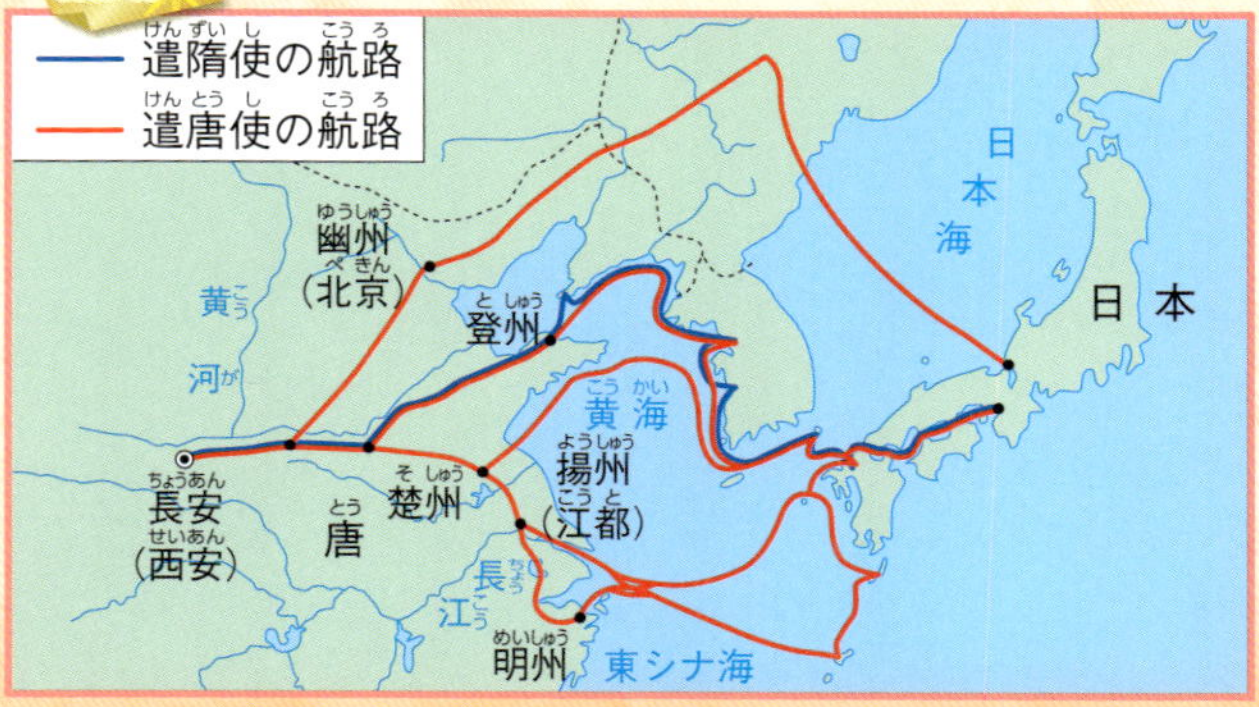

奈良《なら》の都《みやこ》から瀬《せ》戸内海《とないかい》をぬけ、朝鮮半島《ちょうせんはんとう》の各地《かくち》に立ち寄《よ》りながら、長安《ちょうあん》をめざした。長安《ちょうあん》には、インドや西アジアからの品々《しなじな》が集まってきていた。それらの一部は、日本にも伝《つた》わった。

鉄拳制裁《てっけんせいさい》！　戦《たたか》う皇子《おうじ》

中《なかの》大《おお》兄《えの》皇《おう》子《じ》（天《てん》智《じ》天《てん》皇《のう》）

大化《たいか》の改新《かいしん》を行《おこな》った皇子《おうじ》

出身地：**大和国《やまとのくに》**（現在《げんざい》の奈良県《ならけん》）
生没年《せいぼつねん》：**626～671年**
趣　味《しゅみ》：**蹴鞠《けまり》**

悪いヤツらはこの手でたおす！

傲慢《ごうまん》すぎる**蘇我入鹿《そがのいるか》**(▼29)に、人々はもうがまんの限界《げんかい》だった。**中大兄皇子《なかのおおえのおうじ》**は、**中臣鎌足《なかとみのかまたり》**(▼30)と入鹿《いるか》暗殺《あんさつ》計画を立てた。

決行日には宮中の大事な行事の日を選《えら》んだので、「儀式《ぎしき》の最中《さいちゅう》なら天皇《てんのう》の近くにいるから安全だ」と油断《ゆだん》していた入鹿《いるか》は、中大兄《なかのおおえの》皇子《おうじ》らの手であっけなく斬《き》り殺《ころ》された。

邪魔《じゃま》な蘇我氏《そがし》がいなくなると、中大兄皇子《なかのおおえのおうじ》と鎌足《かまたり》は、天皇《てんのう》中心の政治《せいじ》を実現《じつげん》するため、次々と新しい改革《かいかく》をすすめた。日本初《はつ》の**元号**※「**大化《たいか》**」が採用《さいよう》されたのもこのとき。ふたりの行《おこな》った改革《かいかく》は**大化《たいか》の改新《かいしん》**とよばれている。

あと継《つ》ぎになやむ

６６０年、日本は朝鮮半島《ちょうせんはんとう》にあった百済《ひゃくさい》《くだら》から「となりの国が攻《せ》めてきたのでたすけてほしい」とたのまれ、援軍《えんぐん》を送ったが**白村江《はくそんこう》《はくすきのえ》の戦《たたか》い**で大敗《たいはい》。その戦争《せんそう》ののち、天皇《てんのう》が亡《な》くなると、中大兄皇子《なかのおおえのおうじ》は即位《そくい》して**天智天皇《てんじてんのう》**となった。

やがて重い病にたおれた天智天《てんじてん》皇《のう》は、わが子大友皇子《おおとものおうじ》を次の天皇《てんのう》にと考えた。しかしあと継《つ》ぎは実の弟である**大海人皇子《おおあまのおうじ》**(▼32)に決定していた。

考えたすえ、天智天皇《てんじてんのう》は大海人《おおあま》皇子《おうじ》を枕元《まくらもと》によび、「あとのことを頼《たの》む」と告《つ》げた。すると大海人《おおあま》皇子《おうじ》は「あと継《つ》ぎは大友皇子《おおとものおうじ》にゆずります」と辞退《じたい》した。そしてその日のうちに出家《しゅっけ》すると、一族を率《ひき》いて吉野《よしの》へにげ去った。人々は、「虎《とら》に翼《つばさ》をつけて野に放つようなものだ」とうわさしあったが、もはやどうしようもない。天智天《てんじてん》皇《のう》は、あとのことを心配しながら、46歳《さい》でこの世を去った。

ひみつのエピソード **時の記念日《きねんび》**

天智天皇《てんじてんのう》の時代、日本で初《はじ》めて「漏刻《ろうこく》」という水時計がつくられた。この漏刻《ろうこく》が設置《せっち》された６月10日は「時の記念日《きねんび》」に制定《せいてい》されている。

※元号：特定の年代につけられるよび方

コラム

新しい国づくり 大化《たいか》の改新《かいしん》

天皇《てんのう》を中心とした国づくりをめざして行《おこな》われた政《せい》治改革《じかいかく》を「大化《たいか》の改新《かいしん》」という。

蘇我氏《そがし》をたおし新しい国をつくる

聖徳太子《しょうとくたいし》（▼22）が亡《な》くなると、蘇我《そが》氏《し》が勢力《せいりょく》をのばし、天皇《てんのう》をしのぐほどの権力《けんりょく》をもつようになった。**中大兄皇子《なかのおおえのおうじ》**（▼26）は、蘇我氏《そがし》をたおして、日本を法律《ほうりつ》にもとづいた律令国家《りつりょうこっか》にしたいと考えていた。そこで**中臣鎌足《なかとみのかまたり》**（▼30）とともに**蘇我入鹿《そがのいるか》**暗殺《あんさつ》計画を立てる。

645年、中大兄皇子《なかのおおえのおうじ》と鎌足《かまたり》は、天《てん》皇《のう》の目の前で入鹿《いるか》を斬《き》り殺《ころ》し、その父親の蝦夷《えみし》も自殺《じさつ》に追いこんだ。こうして蘇我氏《そがし》をほろぼした。

翌年《よくとし》、中大兄皇子《なかのおおえのおうじ》は「**改新《かいしん》の詔《みことのり》**」という、新しい国の基本方針《きほんほうしん》を発表した。

①すべての土地や人は、国のものとする（公地公民制《こうちこうみんせい》）
②都《みやこ》を中心とした政治制度《せいじせいど》をつくり、地方は国《こく》・郡《ぐん》・里《り》に分ける
③戸籍《こせき》をつくり、それにもとづいて土地を貸《か》しだし、税《ぜい》をおさめさせる（班田収授法《はんでんしゅうじゅのほう》）
④租《そ》・調《ちょう》・庸《よう》という新しい税《ぜい》の制《せい》度《ど》をつくる

これらの方針《ほうしん》にもとづいて、新しい国づくりがすすめられた。

大化《たいか》の改新《かいしん》・人物相関図《そうかんず》

調子にのりすぎて殺《ころ》された!?

蘇《そ》我《がの》入《いる》鹿《か》

蘇我氏最後の権力者《そがしさいごけんりょくしゃ》

出身地：**大和国《やまとのくに》(現在《げんざい》の奈良県《ならけん》)**
生没年《せいぼつねん》：**生年不明《ふめい》～645年**
特《とく》　技《ぎ》：**学問**

アタマは良いけど傲慢《ごうまん》で

蘇我馬子《そがのうまこ》、蘇我蝦夷《そがのえみし》、と繁栄《はんえい》がつづいた蘇我氏《そがし》の最後《さいご》をかざったのが**蘇我入鹿《そがのいるか》**。大変《たいへん》な秀才《しゅうさい》であったと伝《つた》えられる。

※朝廷内《ちょうていない》での権力《けんりょく》は最高潮《さいこうちょう》に達《たっ》し、自分の子どもを「皇子《みこ》」とよばせるなど、天皇《てんのう》よりもエラそうだった。自分がうっかり落としたものも自分ではひろわないという傲慢《ごうまん》な態度《たいど》だったので、周囲《しゅうい》からはきらわれていった。

そしてついに645年、**中大兄皇子《なかのおおえのおうじ》**(▼26)と**中臣鎌足《なかとみのかまたり》**(▼30)によって、天皇《てんのう》の目の前で殺《ころ》された。数日後、父親の蝦夷《えみし》も自殺《じさつ》し、蘇我氏《そがし》の権力《けんりょく》はおとろえていった。

江戸《えど》時代には人気者

江戸《えど》時代になると、入鹿《いるか》の暗殺《あんさつ》事件《じけん》をおもしろおかしくアレンジした『妹背山婦女庭訓《いもせやまおんなていきん》』という物語が、人形浄瑠璃《にんぎょうじょうるり》や歌舞伎《かぶき》で上演《じょうえん》されて大ヒットした。

江戸《えど》時代には現代《げんだい》のような歴史《れきし》の授業《じゅぎょう》がなかったため、人々は芸能《げいのう》などからこうした日本の歴史《れきし》を学んだのだ。

※ **朝廷《ちょうてい》**：天皇《てんのう》などの君主が政治《せいじ》を行《おこな》うところ

実はせっせと尽《つ》くすタイプ
中《なか》臣《とみの》鎌《かま》足《たり》
藤原家《ふじわらけ》の始祖《しそ》
出身地：大和国《やまとのくに》(現在《げんざい》の奈良県《ならけん》)
生没年《せいぼつねん》：614～669年
趣《しゅ》　味《み》：和歌

認《みと》めてくれる人のために働《はたら》きたい!!

鎌足《かまたり》は「性格《せいかく》がよくて、顔もよい」、「**蘇我入鹿《そがのいるか》**（▶29）と同じくらい優秀《ゆうしゅう》」と言われていたが、蘇我氏《そがし》の支配《しはい》する世の中では、とうてい出世は望《のぞ》めなかった。

そんななか、同じように「打倒《だとう》、蘇我氏《そがし》」をくわだてていた**中大兄《なかのおおえの》皇子《おうじ》**（▶26）と意気投合《いきとうごう》。ともに蘇我《そが》入鹿《いるか》（▶29）をたおしてからは、**大化《たいか》の改新《かいしん》**に力をつくした。

晩年《ばんねん》まで天智天皇《てんじてんのう》によく仕えたので、**「大織冠《たいしょくかん》」**という最高の位《くらい》と**「藤原《ふじわら》」**という新しい姓《せい》をさずかり、その翌日《よくじつ》に亡《な》くなった。

この鎌足《かまたり》こそ、以後《いご》何百年にもわたり繁栄《はんえい》した藤原氏《ふじわらし》の祖《そ》である。

アイドル女官《にょかん》を妻《つま》に

天智天皇《てんじてんのう》によく仕えたほうびとして、鎌足《かまたり》はだれも手に入れられないことで有名な采女《うねめ》（天皇《てんのう》に仕える女官《にょかん》）の安見児《やすみこ》を、特別《とくべつ》に妻《つま》としてあたえられた。安見児《やすみこ》にずっとあこがれていた鎌足《かまたり》が、有頂天《うちょうてん》になって詠《よ》んだという歌が**『万葉集《まんようしゅう》』**に残《のこ》っている。

吾《われ》はもや 安見児得《やすみこえ》たり 皆人《みなびと》の 得《え》かてにすとふ 安見児得《やすみこえ》たり

（俺《おれ》はまあ、安見児《やすみこ》を妻《つま》にできたよ！ だれもが手に入れがたいという安見児《やすみこ》を得《え》たよ！）

鎌足《かまたり》から始まった藤原氏《ふじわらし》

藤原氏《ふじわらし》は、娘《むすめ》を天皇《てんのう》の妻《つま》にすることで、権力《けんりょく》を強めていった。

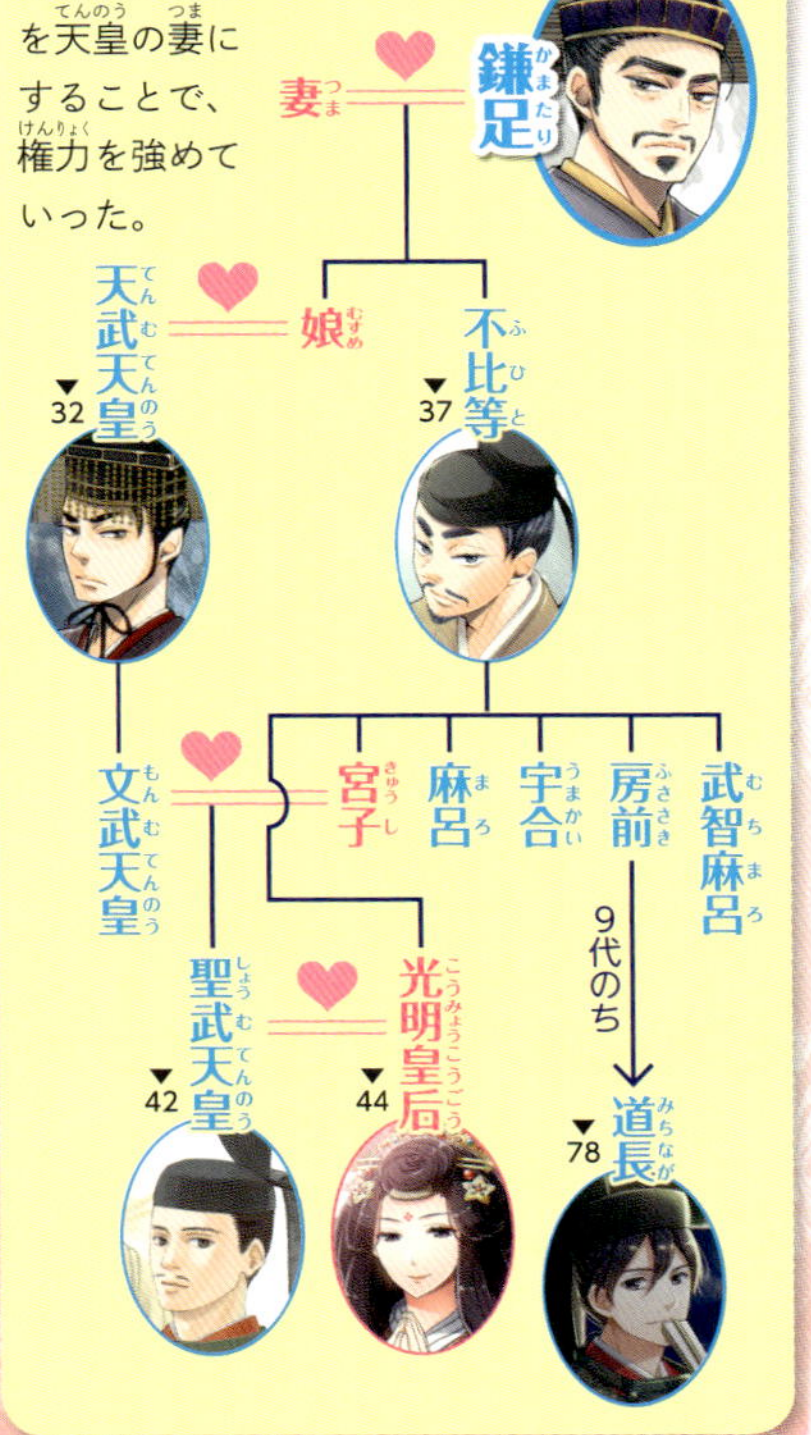

戦《いくさ》に強くて、占《うらな》いもできる!?

天《てん》武《む》天《てん》皇《のう》（大《おお》海《あ》人《まの》皇《おう》子《じ》）

天智天皇《てんじてんのう》の弟で、持統天皇《じとうてんのう》の夫《おっと》

出身地：大和国《やまとのくに》（現在《げんざい》の奈良県《ならけん》）
生没年《せいぼつねん》：生年不明《ふめい》～686年
特　技《とくぎ》：軍略《ぐんりゃく》

叔父《おじ》と甥《おい》が敵同士《てきどうし》に……

天智天皇《てんじてんのう》(▼26)の弟。

天智天皇《てんじてんのう》の死後、甥《おい》の大友皇子《おおとものおうじ》との後継者争《こうけいしゃあらそ》いをさけるため吉野《よしの》にかくれていた**大海人皇子《おおあまのおうじ》**は、「大友皇子《おおとものおうじ》がひそかに兵《へい》を集めて天皇《てんのう》の座《ざ》をねらっている」といううわさを耳にし、挙兵《きょへい》を決意した。

地方の豪族《ごうぞく》※を集めて**壬申の乱《じんしんのらん》**を起こすと、大海人皇子側《おおあまのおうじがわ》に寝返《ねがえ》る者も多く、圧勝《あっしょう》。大友皇子《おおとものおうじ》は追いつめられて自害《じがい》した。

戦《いくさ》に勝った大海人皇子《おおあまのおうじ》は、即位《そくい》して**天武天皇《てんむてんのう》**となった。**天皇《てんのう》**の称号《しょうごう》を初《はじ》めて使ったともいわれている。

６８６年、突然《とつぜん》の病にたおれる。霊験《れいげん》あらたかな僧《そう》をよんで祈祷《きとう》させたが、その甲斐《かい》なく65歳《さい》前後で亡《な》くなった。

妻《つま》をめぐって仲《なか》たがい

大海人皇子《おおあまのおうじ》には額田王《ぬかたのおおきみ》という妃《きさき》がいた。歌人としても有名な女性《じょせい》で、ふたりの間には十市皇女《とおちのひめみこ》が生まれた。しかし、兄の天智天皇《てんじてんのう》が額田王《ぬかたのおおきみ》を強引に自分の妃《きさき》としたため、天智天皇《てんじてんのう》と大海人皇子《おおあまのおうじ》の仲《なか》は険悪《けんあく》になってしまった。

大海人皇子《おおあまのおうじ》の娘・十市皇女《とおちのひめみこ》は、甥《おい》の大友皇子《おおとものおうじ》の妃《きさき》となった。しかし壬申《じんしん》の乱《らん》で夫《おっと》の大友皇子《おおとものおうじ》が亡《な》くなったので父の大海人皇子《おおあまのおうじ》のもとへ連《つ》れもどされ、急な病で亡《な》くなった。愛娘《まなむすめ》を失った大海人皇子《おおあまのおうじ》は声をあげて泣《な》いたという。

また、大海人皇子《おおあまのおうじ》は、自分の姪《めい》にあたる天智天皇《てんじてんのう》の娘《むすめ》たちを４人も妃《きさき》にしたことで知られている。そのうちのひとりが、のちの**持統天皇《じとうてんのう》**(▼34)である。

ひみつのエピソード

じつは占《うらな》い好《ず》き!?

天武天皇《てんむてんのう》は、中国大陸《たいりく》から伝《つた》わった天文や占術《せんじゅつ》が得意《とくい》で、壬申《じんしん》の乱《らん》のときは占《うらな》いを駆使《くし》して戦《いくさ》に勝ったとも伝《つた》えられる。即位後《そくいご》は陰陽寮《おんみょうりょう》という役所を設置《せっち》し、陰陽博士《おんみょうはかせ》や天文博士《てんもんはかせ》に呪術《じゅじゅつ》や占《うらな》いの研究をさせた。天武天皇《てんむてんのう》の時代につくられた陰陽寮《おんみょうりょう》は、なんと明治《めいじ》時代までつづいていたのだ。

※ **豪族《ごうぞく》**：地方を治《おさ》める有力者の一族

持統天皇《じとうてんのう》

息子と孫《まご》がいつも心配！

天智天皇《てんじてんのう》の娘《むすめ》で天武天皇《てんむてんのう》の妃《きさき》

出身地：**大和国《やまとのくに》(現在《げんざい》の奈良県《ならけん》)**
生没年《せいぼつねん》：**645〜702年**
趣味《しゅみ》：**和歌**

息子のためにがんばる

結婚《けっこん》相手の**天武天皇《てんむてんのう》**(▼32)が吉野《よしの》へにげたとき、幼《おさな》い息子を連《つ》れてついていき、**壬申の乱《じんしんのらん》**のときも天皇《てんのう》とともに行動したという。

天武天皇《てんむてんのう》が亡《な》くなったあと、ほかの妃《きさき》の子である大津皇子《おおつのおうじ》が謀反《むほん》の罪《つみ》で処刑《しょけい》された。息子の草壁《くさかべ》皇子《おうじ》に皇位《こうい》を継《つ》がせたい**持統天皇《じとうてんのう》**が、息子のライバルを消したのではないかといわれている。

孫《まご》のためにがんばる

草壁皇子《くさかべのおうじ》が皇位《こうい》を継《つ》がないうちに若《わか》くして亡《な》くなると、孫《まご》の軽《かるの》皇子《おうじ》(のちの文武天皇《もんむてんのう》)が成長《せいちょう》するまで天皇《てんのう》をつとめた。天智天皇《てんじてんのう》に仕えた中臣鎌足《なかとみのかまたり》(▼30)の息子である**藤原不比等《ふじわらのふひと》**(▼37)を重用し、その娘《むすめ》は軽皇子《かるのおうじ》の妃《きさき》に選《えら》ばれた。

軽皇子《かるのおうじ》が15歳《さい》になると、ようやく譲位《じょうい》。まだ若《わか》い文武天皇《もんむてんのう》を補佐《ほさ》するため、持統天皇《じとうてんのう》は**日本史上初《はじ》めての上皇《じょうこう》**※となった。

ひ孫《まご》も生まれ、肩《かた》の荷《に》が下りた持統天皇《じとうてんのう》は、その2年後に亡《な》くなる。仏教《ぶっきょう》を深く信仰《しんこう》し、天皇《てんのう》として初《はじ》めて火葬《かそう》にされたという。

※**上皇《じょうこう》**：「太上天皇《だいじょうてんのう》」の略《りゃく》で、譲位《じょうい》したもと天皇《てんのう》

謎《なぞ》だらけの天才歌人

柿本人麻呂《かきのもとのひとまろ》は、持統天皇《じとうてんのう》の時代に宮廷《きゅうてい》で活《かつ》やくした歌人。『**万葉集**《まんようしゅう》』にすぐれた歌を数多く残《のこ》し、平安《へいあん》時代には「**歌聖**《かせい》(非常《ひじょう》にすぐれた歌人)」とよばれた。**小倉**《おぐら》**百人一首**にも歌《うた》が選《えら》ばれている。**三十六歌仙**《かせん》(平安《へいあん》時代にすぐれた歌人として選《えら》ばれた36人)のひとり。

「挽歌《ばんか》(人の死を悲しんで詠《よ》む歌)」がうまく、持統天皇《じとうてんのう》の息子である草壁皇子《くさかべのおうじ》が亡《な》くなったときは、残《のこ》された者の悲しみを強く心にうったえかける長い挽歌《ばんか》を詠《よ》んだ。また、愛《あい》する妻《つま》が亡《な》くなったときは、魂《たましい》の泣《な》き叫《さけ》ぶような「亡妻挽歌《ぼうさいばんか》(妻《つま》の死をなげく歌)」を詠《よ》み、のちの歌人に大きな影響《えいきょう》をあたえた。

しかし歌人であったこと以外《いがい》はほとんど伝《つた》わっておらず、人麻呂《ひとまろ》の人生は謎《なぞ》につつまれている。

柿《かき》本《の》人《もとの》麻《ひと》呂《まろ》

歌聖《かせい》とよばれる歌人《かじん》

出身地：**不明**《ふめい》
生没年《せいぼつねん》：**不明**《ふめい》
特技《とくぎ》：**和歌**

ひみつのエピソード **百人一首に残《のこ》る人麻呂《ひとまろ》の歌**

「あしびきの 山鳥の尾《お》の しだり尾《お》の ながながし 夜《よ》を ひとりかも寝《ね》む」
(山鳥の長くたれ下がった尾《お》のように長い夜を、私《わたし》はひとりさびしく寝《ね》るのだろうか)

コラム

飛鳥《あすか》・奈良《なら》時代のくらし

飛鳥《あすか》・奈良《なら》時代には法律《ほうりつ》がととのえられ、貴族《きぞく》や農民《のうみん》などの身分によって暮《く》らし方が変《か》わってきた。

人々の食事

貴族《きぞく》は毎日とてもごうかな食事をしていた。それにくらべて、農民《のうみん》の食事はとても質素《しっそ》だった。

貴族《きぞく》

全国から集まってきためずらしい食べ物を食べていた。「蘇《そ》」というチーズのようなものもあった。

農民《のうみん》

玄米《げんまい》やあわのごはんと塩、ゆでた野菜、海そうの汁《しる》物《もの》だけ。肉や魚は、ほとんど食べられなかった。

人々の生活

貴族《きぞく》と農民《のうみん》では、住んでいる家も大きくちがっていた。

貴族《きぞく》

位《くらい》の高い人ほど、広い土地をもらえた。かべで囲《かこ》まれた屋《や》敷《しき》の中には、池や庭園《ていえん》もあった。

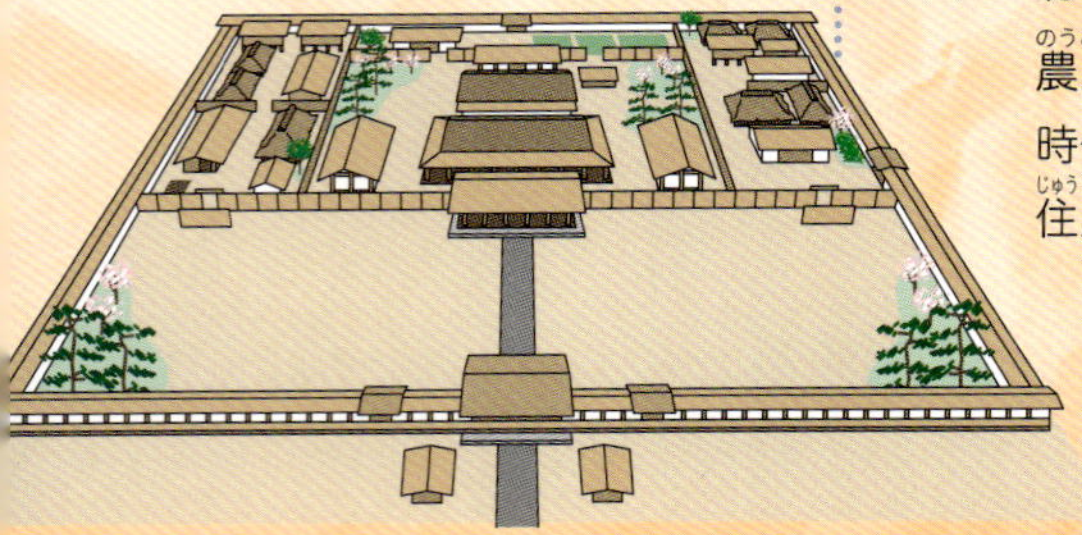

農民《のうみん》

農民《のうみん》の家は、弥生《やよい》時代と同じ竪穴式《たてあなしき》住居《じゅうきょ》だった。

持統天皇《じとうてんのう》の懐刀《ふところがたな》

藤原不比等《ふじわらのふひと》

中臣鎌足《なかとみのかまたり》（藤原鎌足《ふじわらのかまたり》）の息子

出身地：**大和国《やまとのくに》（現在《げんざい》の奈良県《ならけん》）**

生没年《せいぼつねん》：**659〜720年**

趣味《しゅみ》：**法律《ほうりつ》をまとめること**

ライフワークは法整備《ほうせいび》

あるとき**天智天皇《てんじてんのう》**（▼26）は、自分の妃《きさき》のひとりを**中臣鎌足《なかとみのかまたり》**（▼30）にあたえ、「生まれる子が男ならお前の子、女ならわたしの子にしよう」と言った。そうして生まれたのが**藤原不比等《ふじわらのふひと》**である。

不比等《ふひと》は法律《ほうりつ》に詳《くわ》しく、唐《とう》の律《りつ》令制度《りょうせいど》を日本人むけに書き直した**「大宝律令《たいほうりつりょう》」**を編《へん》さんした。日本で初《はじ》めて律《りつ》※と令《りょう》※がそろって制定《せいてい》された、記念《きねん》すべき法律《ほうりつ》であった。

ふたりの娘《むすめ》を天皇《てんのう》の妃《きさき》に

不比等《ふひと》の長女の宮子《きゅうし》が文武天《もんむてん》皇《のう》の妃《きさき》となって**聖武天皇《しょうむてんのう》**（▼42）を産《う》むと、今度は三女の**光明子《こうみょうし》**（▼44）を聖武天皇《しょうむてんのう》の妃《きさき》にした。仕事熱《ねつ》心《しん》で、「大宝律令《たいほうりつりょう》」をバージョンアップさせた**「養老律令《ようろうりつりょう》」**をつくることに力を入れていたが、その完《かん》成《せい》を見ずに62歳《さい》で亡《な》くなった。

ひみつのエピソード

かぐや姫《ひめ》に求婚《きゅうこん》した？

不比等《ふひと》の母の姓《せい》が「車持《くらもち》」だったため、『竹取物語』でかぐや姫《ひめ》に求婚《きゅうこん》する５人の貴公子《きこうし》のひとり「車持皇子《くらもちのみこ》」のモデルになったともいわれている。

※**律《りつ》**：犯罪《はんざい》を罰《ばっ》する法律《ほうりつ》、**令《りょう》**：それ以外《いがい》の法律《ほうりつ》

和《わ》気《けの》広《ひろ》虫《むし》

身よりのない子どもを育てた

出身地：**備前国《びぜんのくに》(現在《げんざい》の岡山県《おかやまけん》)**
生没年《せいぼつねん》：**730～799年**
特《とく》　技《ぎ》：**病人の看病《かんびょう》**

奈良《なら》時代のマザー・テレサ

まずしい人々や罪人《ざいにん》をたすける

聖武天皇《しょうむてんのう》(▼42)の娘《むすめ》である孝謙《こうけん》上皇《じょうこう》に仕え、深く信頼《しんらい》された女官《にょかん》。

764年、反乱《はんらん》の罪《つみ》をおかした375人に死刑《しけい》が宣告《せんこく》された。気の毒《どく》に思った**和気広虫《わけのひろむし》**が、「命だけはたすけてやってください」とうったえると、上皇《じょうこう》はそれを聞き入れ、※流罪《るざい》に変《か》えたという。

このときの反乱《はんらん》で都《みやこ》は荒《あ》れ、親とはぐれる子がたくさんいた。広《ひろ》虫《むし》は夫《おっと》とともに83人の身よりのない子を、養子《ようし》として育てたという。

無理やり改名《かいめい》させられた

広虫《ひろむし》の仕えていた孝謙上皇《こうけんじょうこう》は、寵愛《ちょうあい》していた僧《そう》の**道鏡《どうきょう》**を皇太子《こうたいし》にしたいと考えた。そして道鏡《どうきょう》の弟が上皇《じょうこう》に伝《つた》えた「道鏡《どうきょう》を次の天皇《てんのう》にせよ」という神託《しんたく》(神のお告《つ》げ)が本当かを確《たし》かめるよう、広《ひろ》虫《むし》の弟・清麻呂《きよまろ》を九州へ派遣《はけん》した。

すると「先の神託《しんたく》はニセモノ」という結果《けっか》に。上皇《じょうこう》はこの報告《ほうこく》に激怒《げきど》！　和気広虫《わけのひろむし》の名を**「別部広《わけべのひろ》虫売《むしめ》」**、弟の清麻呂《きよまろ》の名を**「穢麻《きたなま》呂《ろ》」**に変《か》えて、それぞれ流罪《るざい》にしてしまったのだった。

※ **流罪《るざい》**：罪人《ざいにん》を都《みやこ》からはなれた土地へ送る刑《けい》

道鏡《どうきょう》の即位《そくい》をはばんだまじめな官僚《かんりょう》

和《わ》気《けの》清《きよ》麻《ま》呂《ろ》

姉の代わりに九州《きゅうしゅう》へ

出身地：**備前国《びぜんのくに》(現在《げんざい》の岡山県《おかやまけん》)**
生没年《せいぼつねん》：**733〜799年**
性格《せいかく》：**忠誠心《ちゅうせいしん》があつい**

神託《しんたく》を確《たし》かめに

和気広虫《わけのひろむし》の弟。769年、称《しょう》徳天皇《とくてんのう》(元・孝謙上皇《こうけんじょうこう》)の命令により、「道鏡《どうきょう》を即位《そくい》させよ」という神託《しんたく》の真偽《しんぎ》を確認《かくにん》する宇佐八幡宮《うさはちまんぐう》(大分県宇佐市《おおいたけんうさし》)への使者に姉の広《ひろ》虫《むし》が選《えら》ばれたが、**清麻呂《きよまろ》**が行くことになった。体調のすぐれなかった広虫《ひろむし》にはけわしい道のりを行くことは難《むずか》しかったからだ。

広虫《ひろむし》の代わりに清麻呂《きよまろ》が宇佐八《うさはち》幡宮《まんぐう》をおとずれると、「日本では臣下《しんか》が君主となった例《れい》はない。皇《こう》位《い》には皇族《こうぞく》を立てるべし」という神託《しんたく》がくだされた。この神託《しんたく》をもち帰ったため、姉弟ともに無理やり名前を改名《かいめい》させられ流罪《るざい》に。そのうえ清麻呂《きよまろ》は大隅《おおすみ》(現在《げんざい》の鹿児島県《かごしまけん》)に配流《はいる》となる途中《とちゅう》、道鏡《どうきょう》からの刺客《しかく》におそわれ、あやうく殺《ころ》されかけたという。

翌年《よくとし》、称徳天皇《しょうとくてんのう》が亡《な》くなった。そのため姉弟は許《ゆる》されて都《みやこ》にもどり、清麻呂《きよまろ》は**桓武天皇《かんむてんのう》**(▼54)に仕えて**平安京《へいあんきょう》**の建設《けんせつ》を進言し、工事に力をつくした。まっすぐな性格《せいかく》で忠誠心《ちゅうせいしん》のあつい人物だったという。

阿《あ》倍《べの》仲《なか》麻《ま》呂《ろ》

唐《とう》の役人になった日本人

出身地：大和国《やまとのくに》（現在《げんざい》の奈良県《ならけん》）
生没年《せいぼつねん》：698～770年
特《とく》　技《ぎ》：漢詩、和歌

唐《とう》の難関《なんかん》試験《しけん》を突破《とっぱ》！

阿倍仲麻呂《あべのなかまろ》は717年、19歳《さい》で**遣唐使**《けんとうし》の一行とともに唐《とう》へわたり、留学生《りゅうがくせい》として勉学にはげむ。中国の官僚《かんりょう》になるための国家試《し》験《けん》「**科挙**《かきょ》」に合格《ごうかく》し、順調《じゅんちょう》に出世コースをたどり、唐《とう》の都《みやこ》・長安《ちょうあん》で玄宗皇帝《げんそうこうてい》に仕えた。

出世しすぎて帰れない

唐《とう》で16年をすごし、35歳《さい》のときに日本への帰国を希望《きぼう》したが、優《ゆう》秀《しゅう》な仲麻呂《なかまろ》を手放したくない皇《こう》帝《てい》は許可《きょか》を出さなかった。

それから20年がすぎた753年、ようやく帰国の許可《きょか》がおり、遣《けん》唐使《とうし》の船で帰路についた。しかし仲麻呂《なかまろ》の乗った船は途中《とちゅう》で暴《ぼう》風《ふう》にあい難破《なんぱ》、安南《あんなん》(現在《げんざい》のベトナム北部)に漂着《ひょうちゃく》してしまう。乗員の多くが地元民《じもとみん》に殺《ころ》され、生き残《のこ》ったのは仲麻呂《なかまろ》をふくめた十数人ほどだった。

ちなみに、このとき別《べつ》の船に乗っていた**鑑真**《がんじん》(▼46)は、無事《ぶじ》日本に到着《とうちゃく》している。

翌年《よくとし》、命からがら唐《とう》の長安《ちょうあん》へもどった仲麻呂《なかまろ》は、また宮廷《きゅうてい》に仕え、安南節度使《あんなんせつどし》(ベトナム地方の軍事長官《ぐんじちょうかん》)になる。とうとう日本への帰国をはたせないまま、73歳《さい》でその生涯《しょうがい》を閉《と》じた。

はるか異国《いこく》の地・長安《ちょうあん》で、故《こ》郷《きょう》である日本の月を恋《こ》いしたう歌が有名で、**小倉百人一首**《おぐら》にも選《えら》ばれている。

天《あま》の原 ふりさけみれば 春日《かすが》なる 三笠《みかさ》の山に 出《い》でし月かも

(空をふりあおいで遠くを見ると、月が出ている。あの月は故郷《こきょう》の三笠山《みかさやま》の上に出ていた月と同じ月なのだなあ)

ひみつのエピソード　超《ちょう》有名人とも友だち

仲麻呂《なかまろ》は博識《はくしき》で漢詩も得意《とくい》だったため、中国最大の世界的《てき》詩人といわれる「詩仙《しせん》」李白《りはく》や、「詩仏《しぶつ》」王維《おうい》とも仲《なか》がよかった。「仲麻呂《なかまろ》の船が難破《なんぱ》した」と聞いた李白《りはく》は、「仲麻呂《なかまろ》は亡《な》くなった」とカンチガイ。※『晁卿衡《ちょうけいこう》を哭《こく》す』という追悼《ついとう》の詩を書いて、涙《なみだ》を流したという。

※ **晁卿衡**《ちょうけいこう》：仲麻呂《なかまろ》の中国でのよび名

奈良《なら》の大仏《だいぶつ》で日本に平和を……

聖《しょう》武《む》天《てん》皇《のう》

奈良《なら》の大仏《だいぶつ》をつくらせた天皇《てんのう》

出身地：大和国《やまとのくに》(現在《げんざい》の奈良県《ならけん》)
生没年《せいぼつねん》：701～756年
特技《とくぎ》：遷都《せんと》

天下の乱《みだ》れを直すため 仏《ほとけ》パワーで奇跡《きせき》を起こせ!

持統天皇《じとうてんのう》(▼34)の孫《まご》・文武天皇《もんむてんのう》と、藤原不比等《ふじわらのふひと》(▼37)の長女を父母にもつ。妃《きさき》は光明皇后《こうみょうこうごう》(▼44)。

聖武天皇《しょうむてんのう》が治《おさ》めていた時代には、地震《じしん》や飢《き》きん(食糧不足《しょくりょうぶそく》)などの災害《さいがい》が多く、たくさんの人々が疫病《えきびょう》で亡《な》くなった。九州では、朝廷《ちょうてい》に不満《ふまん》をいだく貴族《きぞく》の反乱《はんらん》も起きている。

世の中の乱《みだ》れをなげいた聖武《しょうむ》天皇《てんのう》は何度も都《みやこ》をうつしたが、問題は解決《かいけつ》しない。あと継《つ》ぎの皇子《おうじ》たちも幼《おさな》くして亡《な》くなった。

聖武天皇《しょうむてんのう》は、これらをすべて「自分に徳《とく》がないせいだ」と考え、「国家が安泰《あんたい》になるように」と願って、全国に国分寺《こくぶんじ》と国分尼寺《こくぶんにじ》を建《た》てる。やがて、奈良《なら》の都《みやこ》に巨大《きょだい》な大仏《だいぶつ》(盧遮那仏《るしゃなぶつ》)をつくりたいと考えるが、大仏建立《だいぶつこんりゅう》には多額《たがく》の資《し》金《きん》が必要《ひつよう》だった。

当時、行基《ぎょうき》(▼45)という僧《そう》が、人々の間に仏《ほとけ》の教えを広めていた。聖武天皇《しょうむてんのう》は、行基《ぎょうき》に大仏建《だいぶつこん》立《りゅう》のための寄付《きふ》金を集めるよう依頼《いらい》した。

大仏《だいぶつ》が完成《かんせい》して開眼供養《かいげんくよう》をするときには、唐《とう》からまねいた僧《そう》・菩《ぼ》提僊那《だいせんな》が導師《どうし》※に選《えら》ばれた。菩提僊《ぼだいせん》那《な》は、日本に初《はじ》めて来たインド人。この時代の日本はとても国際色豊《こくさいしょくゆた》かだったのだ。

鑑真《がんじん》から戒名《かいみょう》をさずかる

754年には唐《とう》の僧《そう》・鑑真《がんじん》(▼46)が日本をおとずれ、聖武天皇《しょうむてんのう》と光明皇后《こうみょうこうごう》に授戒《じゅかい》(▼47)した。聖武天《しょうむてん》皇《のう》は、日本で初《はじ》めて戒名《かいみょう》※をさずかった人でもある。

2年後、聖武天皇《しょうむてんのう》は56歳《さい》でこの世を去った。愛用品《あいようひん》が東大寺《とうだいじ》の正倉院《しょうそういん》に保管《ほかん》されている。

東大寺《とうだいじ》の大仏《だいぶつ》

像《ぞう》の高さは約《やく》15メートル、重さは250トンもある。

※導師《どうし》:仏教《ぶっきょう》の儀式《ぎしき》を行《おこな》う僧《そう》、戒名《かいみょう》:仏門《ぶつもん》に入った者につける名

藤原氏初《ふじわらしはつ》のファーストレディー

光明皇后《こうみょうこうごう》

聖武天皇《しょうむてんのう》の妃《きさき》
出身地：大和国《やまとのくに》(現在《げんざい》の奈良県《ならけん》)
生没年《せいぼつねん》：701〜760年
特技《とくぎ》：病人の看護《かんご》

仏教《ぶっきょう》に救《すく》いをもとめる

藤原不比等《ふじわらのふひと》(▼37)の三女で、**聖武《しょうむ》天皇《てんのう》**(▼42)の妃《きさき》。幼《おさな》いころから聡《そう》明《めい》で、「光り輝《かがや》くように美しい」ため、**光明子《こうみょうし》**と名づけられた。

聖武天皇《しょうむてんのう》が即位《そくい》すると、藤原《ふじわら》氏《し》は、光明子《こうみょうし》をそれまでの「夫人《ふじん》」から「皇后《こうごう》」にランクアップしてほしいと願《ねが》った。ところが、「皇后《こうごう》になれるのは皇族《こうぞく》の女性《じょせい》だけ」と出身にこだわる皇族《こうぞく》の反対にあう。

数か月後、その皇族《こうぞく》が「左道《さどう》(黒魔《くろま》術《じゅつ》)を行《おこな》った」という疑《うたが》いをかけられ自害《じがい》。反対する者がいなくなり、光明子《こうみょうし》は初《はじ》めての**藤原氏出身《ふじわらししゅっしん》の皇后《こうごう》**となった。

その後《ご》、4人の兄があいついで病死。**光明皇后《こうみょうこうごう》**は、仏《ほとけ》の教えに熱心《ねっしん》に取り組むようになる。夫《おっと》の聖武天皇《しょうむてんのう》に国分寺《こくぶんじ》と国分尼寺《こくぶんにじ》の建立《こんりゅう》をすすめ、身《み》よりのない老人《ろうじん》や孤児《こじ》をたすける**施薬院《せやくいん》**や、病人を無料で治療《ちりょう》する**悲田院《ひでんいん》**を建《た》て、自《みずか》らも病人を看護《かんご》するなどして人々を救《すく》った。

意志《いし》の強さをうかがわせる字を書くことで知られ、東大寺《とうだいじ》の正倉院《しょうそういん》には直筆の写本も残《のこ》されている。

行基《ぎょうき》

民間《みんかん》に仏教《ぶっきょう》を広めた僧《そう》

出身地：河内国《かわちのくに》（現在《げんざい》の大阪府《おおさかふ》）
生没年《せいぼつねん》：668～749年
特　技《とくぎ》：寄付《きふ》金集め

民《たみ》を救《すく》った「リアル菩薩《ぼさつ》」

まずしい人にこそ救《すく》いの手を

当時、仏教《ぶっきょう》は天皇《てんのう》や貴族《きぞく》に独《どく》占《せん》され、民衆《みんしゅう》にその教えを広めることは禁止《きんし》されていた。しかし、**行基《ぎょうき》**は、放浪《ほうろう》生活をしながら日本の各地《かくち》をまわり、救《すく》いをもとめる民衆《みんしゅう》に**仏《ほとけ》の教え**を伝《つた》えた。行《ぎょう》基《き》の話を聞きに、行く先々で千人もの人が集まったという。

まずしい人々にボランティアで食料《しょくりょう》や薬を配り、池や橋もつくった。不思議《ふしぎ》な術《じゅつ》を使うとうわさされ、「行基菩薩《ぎょうきぼさつ》」とあがめられた。

朝廷《ちょうてい》は、人々をしたがえた行《ぎょう》基《き》が力をもつことを警戒《けいかい》したが、行基《ぎょうき》は布教《ふきょう》のスタイルを切《き》りかえ、弾圧《だんあつ》をうまくやりすごした。

やがて行基《ぎょうき》の活動は**聖武天皇《しょうむてんのう》**（▶42）に認《みと》められ、**大仏《だいぶつ》**を建立《こんりゅう》するための寄付《きふ》金集めをまかされる。無事《ぶじ》に役目をはたし、日本で初《はじ》めて僧《そう》の最高位である「大僧正《だいそうじょう》」の位《くらい》をおくられた。まずしい放浪《ほうろう》生活から、一気に仏教界《ぶっきょうかい》最高の地位についたのだ。

行基《ぎょうき》自身は大仏《だいぶつ》の完成《かんせい》を待つことなく、82歳《さい》で亡《な》くなった。

日本の仏教《ぶっきょう》ファンに熱《あつ》く応《こた》えた

鑑《がん》真《じん》

盲目《もうもく》になりながら
来日した中国の高僧《こうそう》

出身地：唐《とう》(中国)
生没年《せいぼつねん》：688～763年
特《とく》　技《ぎ》：授戒《じゅかい》

どうしても授戒《じゅかい》を受けたい！

当時の日本には、出家《しゅっけ》するときに、自分で自由に出家《しゅっけ》を宣言《せんげん》する「私度僧《しどそう》」でよいとする者と、師僧《しそう》から僧《そう》になる儀式《ぎしき》を受ける**「授戒《じゅかい》」**を重んじる者とがいた。「唐《とう》の高僧《こうそう》（徳《とく》の高い立派《りっぱ》な僧《そう》）から儀式《ぎしき》を受けたい」と相談《そうだん》された**聖武天皇《しょうむてんのう》**（▼42）は、**遣唐使《けんとうし》**に高僧《こうそう》をまねく任《にん》務《む》をあたえた。

授戒《じゅかい》のスペシャリスト日本へ

742年、招待《しょうたい》を受けた**鑑真《がんじん》**は、危険《きけん》な船旅を覚悟《かくご》して、自《みず》ら日本へわたることを決意。しかし唐《とう》の政府《せいふ》から許《ゆる》しが出なかったため、鑑真《がんじん》は密航《みっこう》を計画する。遭難《そうなん》したり、逮捕《たいほ》されたりするうちに、10年《ねん》が経《た》つ。

753年、6回目の計画で遣唐《けんとう》使《し》の船にひそかに乗船し、ようやく来日をはたすことができた。くしくも**阿倍仲麻呂《あべのなかまろ》**（▼40）が難破《なんぱ》したときと同じ船団であった。

754年に京へ到着《とうちゃく》した鑑真《がんじん》は、長年の苦労《くろう》から目が見えなくなっていた。すでに上皇《じょうこう》となっていた聖武天皇《しょうむてんのう》は鑑真《がんじん》を歓迎《かんげい》し、光明皇太后《こうみょうこうたいごう》※（▼44）とともに授戒《じゅかい》を受けた。

その後《ご》、鑑真《がんじん》は唐《とう》へもどることなく、奈良《なら》に建立《こんりゅう》した**唐招提寺《とうしょうだいじ》**で76歳《さい》の生涯《しょうがい》を閉《と》じる。

ひみつのエピソード　鑑真《がんじん》が5回も失敗《しっぱい》したワケ

1回目（743年）	日本へ行きたくない弟子《でし》が密告《みっこく》
2回目（744年）	途中《とちゅう》で暴風雨《ぼうふうう》にあい、もどる
3回目（744年）	鑑真《がんじん》を行かせたくない者が密告《みっこく》
4回目（744年）	鑑真《がんじん》を心配した弟子《でし》が密告《みっこく》
5回目（748年）	途中《とちゅう》で暴風雨《ぼうふうう》にあい、漂流《ひょうりゅう》する
6回目（753年）	暴風雨《ぼうふうう》にあうも、日本へ到着《とうちゃく》！

密告《みっこく》されたり暴《ぼう》風雨《ふうう》にあったりした鑑真《がんじん》の日本行き。5回目のときには失明《しつめい》してしまった。

※ 皇太后《こうたいごう》：先代の天皇《てんのう》の妃《きさき》

コラム

飛鳥《あすか》・奈良《なら》時代のファッション

中国大陸《ちゅうごくたいりく》の文化の影響《えいきょう》が強く、貴族《きぞく》は中国風の服を着ていた。

貴族《きぞく》の男性《だんせい》

貴族《きぞく》の服装《ふくそう》は、法律《ほうりつ》によって色や形が細かく決められていた。

飛鳥《あすか》時代

笏《しゃく》はカンニングペーパーだった!?

もともとは、木でできた笏《しゃく》に、行事のプログラムや自分が話す内容《ないよう》を書いた紙をはっていたんだって。

奈良《なら》時代

位《くらい》によって色が決まる

「衣服令《いふくれい》」という法律《ほうりつ》で、皇族《こうぞく》や役人が着る服の色が決められていた。濃《こ》い赤や紫《むらさき》などの色は、位《くらい》の高い人しか使うことができなかった。

貴族《きぞく》の女性《じょせい》

貴族《きぞく》の女性《じょせい》の服は、飛鳥《あすか》時代から奈良《なら》時代にかけて華《はな》やかになっていった。

奈良《なら》時代　飛鳥《あすか》時代

髪《かみ》は頭の上で結《むす》ぶ
うちわのような「さしは」は、顔をかくすときに使う
「ひれ」というショールのような布《ぬの》
「裳《も》」というスカートのようなものをはく

奈良《なら》時代のメイク

髪《かみ》は頭の上でひとつに結《むす》んだり、ふたつに分けたり、いろいろな形にしてオシャレしていた
まゆのあいだに花のもようを描《か》く
まゆは太め
口の横に、赤や緑の点を描《か》く

コラム

遣唐使《けんとうし》が持ち帰ったもの

日本から唐《とう》（中国）へむけて送られた遣唐使《けんとうし》たちは、さまざまなものを日本へ伝《つた》えた。

最先端《さいせんたん》の文化や制度《せいど》

遣唐使《けんとうし》は、630年から894年まで、十数回も派遣《はけん》された。大国である唐《とう》と友好関係《ゆうこうかんけい》を結《むす》び、唐《とう》の制度《せいど》や文化を学ぶとともに、朝鮮半島《ちょうせんはんとう》などまわりの国の情報《じょうほう》を集める目的《もくてき》があった。

717年、8回目の遣唐使《けんとうし》で**阿倍仲麻呂《あべのなかまろ》**（▼40）が唐《とう》へわたり、皇帝《こうてい》に仕える役人になる。唐《とう》からは、**聖武天皇《しょうむてんのう》**（▼42）にまねかれた僧《そう》・**鑑真《がんじん》**（▼46）が、苦労《くろう》のすえ日本にたどり着き、「正しい仏教《ぶっきょう》」を伝《つた》えた。9世紀《せいき》には、僧《そう》の**最澄《さいちょう》**（▼58）や**空海《くうかい》**（▼59）も遣唐使《けんとうし》として唐《とう》へわたり、仏教《ぶっきょう》を学んで多くの経典《きょうてん》を持ち帰った。

美術品《びじゅつひん》などめずらしい品々《しなじな》

遣唐使《けんとうし》は制度《せいど》や文化だけでなく、さまざまな品物も持ち帰った。その品物の多くは、東大寺《とうだいじ》の**正倉院《しょうそういん》**におさめられている。

アイテム

五弦《ごげん》の琵琶《びわ》

世界でひとつしか残《のこ》っていない琵琶《びわ》。ラクダが描《えが》かれている。

ガラスの器《うつわ》

西アジアでつくられたと思われるグラスやボウル。

野菜の種

美術品《びじゅつひん》だけでなく、白菜《はくさい》やスイカなどの種も持ち帰った。

2章《しょう》 平《へい》安《あん》時代

主なできごと

奈良《なら》時代	8世《せい》紀《き》	781年	桓武天皇《かんむてんのう》(▶54)即位《そくい》
平安《へいあん》時代		794年	平安京《へいあんきょう》へ都《みやこ》をうつす
		797年	坂上田村麻呂《さかのうえのたむらまろ》(▶56)が征夷大将軍《せいいたいしょうぐん》になる
	9世《せい》紀《き》	806年	最澄《さいちょう》(▶58)が天台宗《てんだいしゅう》を開く 空海《くうかい》(▶59)が真言宗《しんごんしゅう》を開く
		894年	遣唐使《けんとうし》が中止される
	10世《せい》紀《き》	901年	菅原道真《すがわらのみちざね》(▶62)が大宰府《だざいふ》に左遷《させん》される
		935年ごろ	紀貫之《きのつらゆき》(▶72)が『土佐日記《とさにっき》』を書く
		935年	平将門《たいらのまさかど》(▶64)が承平《じょうへい》の乱《らん》を起こす
		939年	藤原純友《ふじわらのすみとも》(▶67)が天慶《てんぎょう》の乱《らん》を起こす
		940年	藤原秀郷《ふじわらのひでさと》(▶66)が平将門《たいらのまさかど》をたおす
		970年ごろ	安倍晴明《あべのせいめい》(▶70)が天文博士《てんもんはかせ》となる
		974年	藤原道綱母《ふじわらのみちつなのはは》(▶73)が『蜻蛉日記《かげろうにっき》』を書く
	11世《せい》紀《き》	1001年ごろ	清少納言《せいしょうなごん》(▶74)が『枕草子《まくらのそうし》』を書く
		1008年ごろ	紫式部《むらさきしきぶ》(▶75)が『源氏物語《げんじものがたり》』を書きはじめる
		1016年	藤原道長《ふじわらのみちなが》(▶78)が摂政《せっしょう》になる
		1051年	東北地方で前九年《ぜんくねん》の役《えき》が起きる
		1083年	東北地方で後三年《ごさんねん》の役《えき》が起きる
		1086年	白河上皇《しらかわじょうこう》(▶80)が院政《いんせい》をはじめる
	12世《せい》紀《き》	1105年	藤原清衡《ふじわらのきよひら》(▶82)が中尊寺《ちゅうそんじ》を建《た》てる
		1156年	保元《ほうげん》の乱《らん》が起き、崇徳上皇《すとくじょうこう》(▶81)が流罪《るざい》となる
		1158年	後白河上皇《ごしらかわじょうこう》(▶84)が院政《いんせい》をはじめる
		1159年	平治《へいじ》の乱《らん》が起き、 源　義朝《みなもとのよしとも》(▶86)が敗《やぶ》れる 常盤御前《ときわごぜん》(▶87)が子どもたちの命ごいをする
		1167年	平清盛《たいらのきよもり》(▶88)が太政大臣《だいじょうだいじん》になる
		1179年	平重盛《たいらのしげもり》(▶90)が亡《な》くなる

どんな時代だったの？

平《へい》安《あん》時代

藤原氏《ふじわらし》が政治《せいじ》の中心に

794年、**桓武天皇**《かんむてんのう》(▼54)が都《みやこ》を**平安京**《へいあんきょう》へうつした。これより約《やく》400年間を**平安時代**《へいあんじだい》という。東北地方の※**蝦夷**《えみし》を討伐《とうばつ》し、朝廷《ちょうてい》の力は東北から九州まで広がった。

平安《へいあん》時代の政治《せいじ》は、天皇《てんのう》を中心としながらも、**中臣鎌足**《なかとみのかまたり》(▼30)の子《し》孫《そん》の**藤原道長**《ふじわらのみちなが》(▼78)などの貴族《きぞく》が中心となって行《おこな》っていた。9世紀《せいき》の終わりごろにひらがなやカタカナが生まれ、**紫式部**《むらさきしきぶ》(▼75)などの貴《き》族《ぞく》の女性《じょせい》が物語や日記を書くために使いはじめた。

マップ MAP 平安京《へいあんきょう》と平安時代《へいあん》のできごと

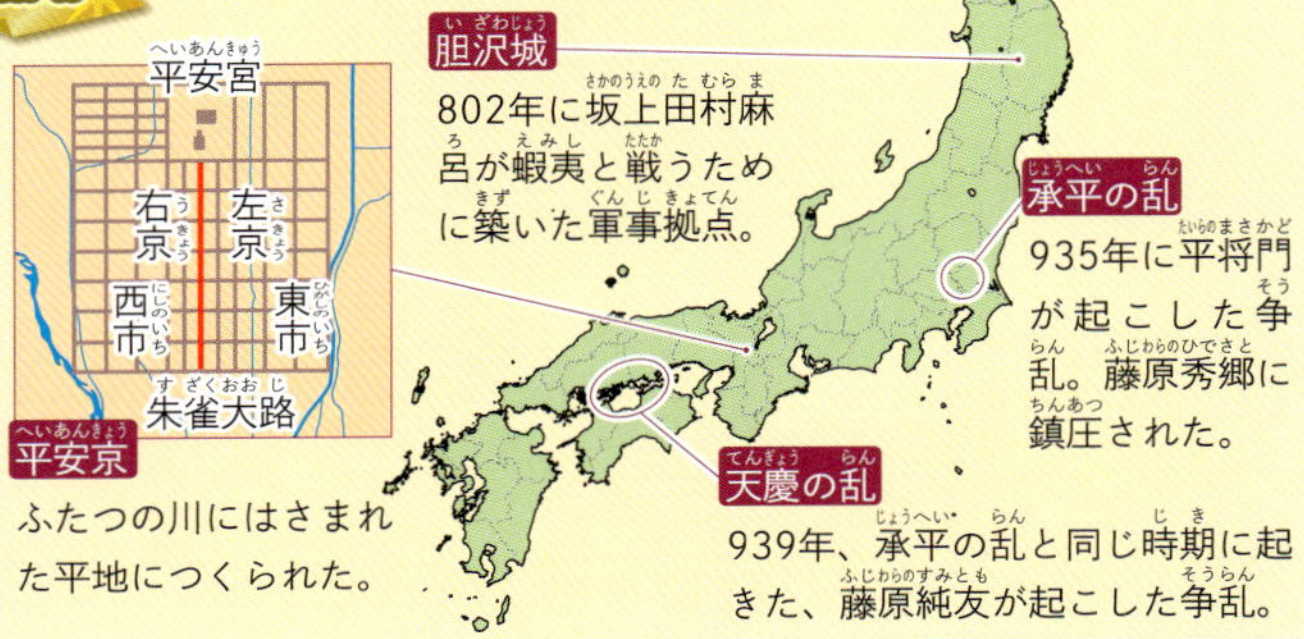

武《ぶ》士《し》の誕生《たんじょう》

平安《へいあん》時代のなかごろから、地方で力をつけた**豪族**《ごうぞく》などが、自分の領地《りょうち》を守るため、自《みずか》ら武装《ぶそう》したり、武装《ぶそう》した人々（**武士**《ぶし》）をやとったりするようになっていく。**平**《たいら》**将門**《まさかど》(▼64)や**藤原純友**《ふじわらのすみとも》(▼67)のように朝廷《ちょうてい》に反乱《はんらん》を起こすものも出てきた。また、朝廷《ちょうてい》に仕えて力をつける、**平氏**《へいし》や**源氏**《げんじ》のような武士《ぶし》もあらわれた。

12世紀《せいき》のなかごろ、朝廷《ちょうてい》のなかで争《あらそ》いが起こり、天皇《てんのう》や貴《き》族《ぞく》は武士《ぶし》を味方につけて戦《たたか》った。そのなかで勝ち残《のこ》って権力《けんりょく》をにぎったのが**平清盛**《たいらのきよもり》(▼88)だった。

※ **蝦夷**《えみし》：東北地方に住んでいた朝廷《ちょうてい》にしたがわない人々

藤原道長《ふじわらのみちなが》と天皇家《てんのうけ》の系図《けいず》

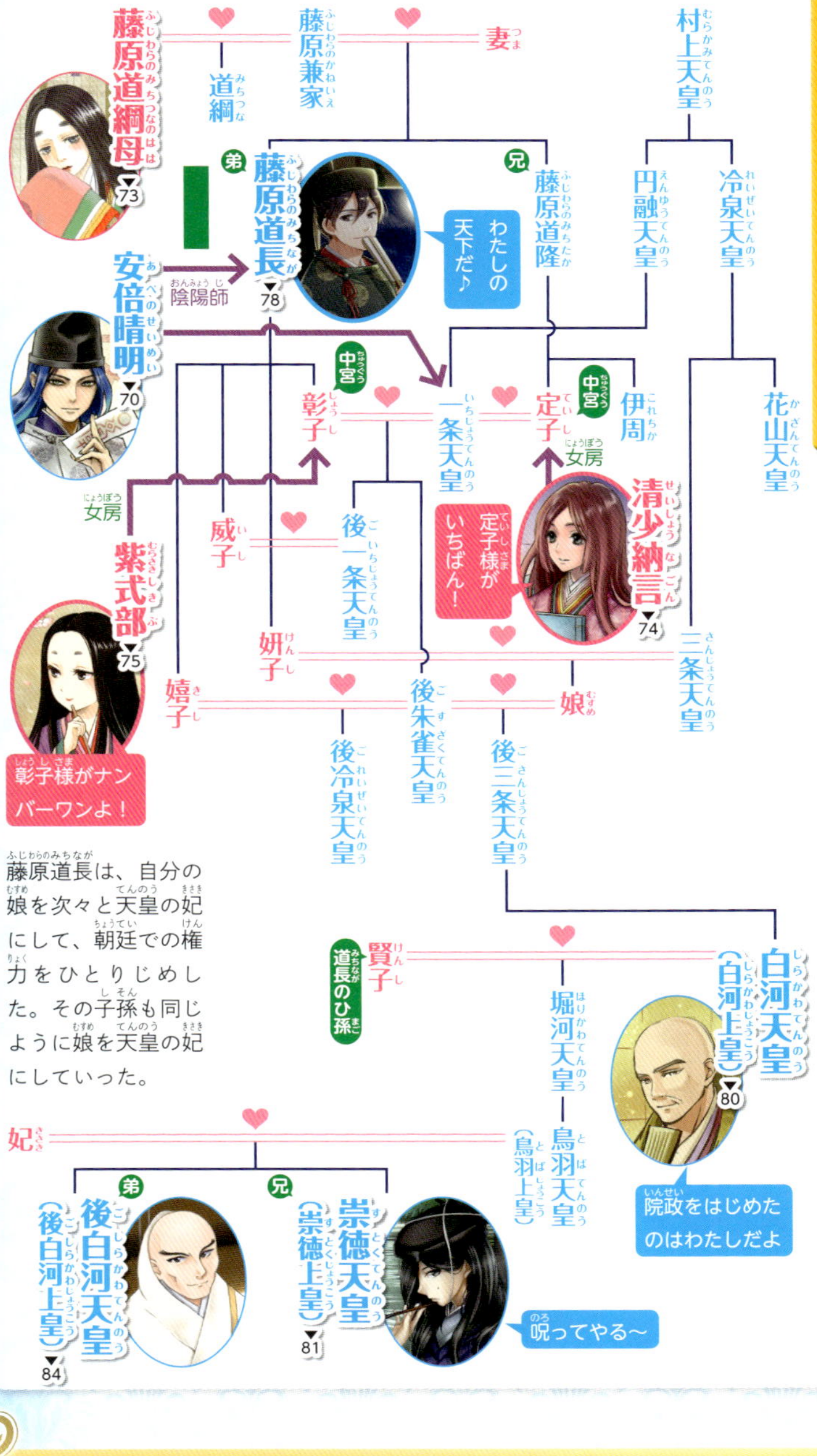

藤原道長《ふじわらのみちなが》は、自分の娘《むすめ》を次々と天皇《てんのう》の妃《きさき》にして、朝廷《ちょうてい》での権力《けんりょく》をひとりじめした。その子孫《しそん》も同じように娘《むすめ》を天皇《てんのう》の妃《きさき》にしていった。

新しい時代のために全力をつくした
桓《かん》武《む》天《てん》皇《のう》
平安京《へいあんきょう》に遷都《せんと》した天皇《てんのう》
出身地：大和国《やまとのくに》(現在《げんざい》の奈良県《ならけん》)
生没年《せいぼつねん》：737〜806年
政治方針《せいじほうしん》：徳《とく》のある政治《せいじ》

サラリーマンから皇太子《こうたいし》に?!

母親の身分が高くなかった桓武《かんむ》天皇《てんのう》は、「自分が即位《そくい》することはないだろう」と考え、40歳《さい》近くまで官僚《かんりょう》としてのんびりとすごしていた。突然《とつぜん》の皇太子《こうたいし》への抜擢《ばってき》は、彼《かれ》にとって人生を大きく変《か》えるできごとだった。

桓武天皇《かんむてんのう》は即位《そくい》すると、政治《せいじ》を一新するため**平城京**《へいじょうきょう》から**長岡京**《ながおかきょう》へ都《みやこ》をうつしたが、長岡京《ながおかきょう》で重大な殺人事件《さつじんじけん》が発生した。犯人《はんにん》の一味として、弟の早良親王《さわらしんのう》が逮捕《たいほ》されたのだ。早良親王《さわらしんのう》は無実《むじつ》をうったえるため食事をせず、うらみをいだいたまま亡《な》くなった。

祟《たた》りをのがれて新しい都《みやこ》へ

その後《ご》、皇太子《こうたいし》が重病になり、桓武天皇《かんむてんのう》の母とふたりの妃《きさき》もつづけて亡《な》くなるなど不幸《ふこう》が重なった。原因《げんいん》を占《うらな》うと「早良親王《さわらしんのう》の祟《たた》り」と出た。あいつぐ飢《き》※きん、疫病《えきびょう》、洪水《こうずい》なども、みな祟《たた》りが原因《げんいん》と思われた。桓武天皇《かんむてんのう》は、もう一度都《みやこ》をうつすことを決意。**和気清麻呂**《わけのきよまろ》(▶39)らに協力《きょうりょく》させて、より規模《きぼ》の大きな**平安京**《へいあんきょう》をつくった。征夷大将軍《せいいたいしょうぐん》の**坂上田村麻呂**《さかのうえのたむらまろ》(▶56)に**蝦夷**《えみし》を討伐《とうばつ》させたのも、都《みやこ》の鬼門《きもん》(鬼《おに》が出入りする方角)である東北の方角を守るためだったといわれている。

晩年《ばんねん》に大病をわずらってからは、桓武天皇《かんむてんのう》は仏教《ぶっきょう》に救《すく》いをもとめ、僧《そう》の**最澄**《さいちょう》(▶58)を唐《とう》(中国)へ留学《りゅうがく》させて仏教《ぶっきょう》を学ばせた。また、「徳《とく》のある政治《せいじ》」を心がけ、費用《ひよう》がかかる都《みやこ》の土木工事の一部をとりやめた。病床《びょうしょう》の桓武天皇《かんむてんのう》は、帰国した最澄《さいちょう》の祈祷《きとう》のかいもなく、70歳《さい》でこの世を去った。

ひみつのエピソード 平氏《へいし》の先祖《せんぞ》

桓武天皇《かんむてんのう》には、わかっているだけでも26人の皇后《こうごう》や妃《きさき》がおり、皇子《おうじ》が16人、皇女《こうじょ》が19人もいた。あまりに人数が多いため、子や孫《まご》に姓《せい》をさずけて、家臣《かしん》として分家をさせた。そのうち「平《たいら》」を名のった高望王《たかもちおう》が、平氏《へいし》の先祖《せんぞ》である。のちに栄華《えいが》をきわめた平清盛《たいらのきよもり》(▶88)は、平将門《たいらのまさかど》(▶64)のいとこの子孫《しそん》にあたる。

※ 飢《き》きん：農作物が十分にとれず食糧不足《しょくりょうぶそく》になること

だれからも愛《あい》された大将軍《だいしょうぐん》

坂《さかの》上《うえの》田《た》村《むら》麻《ま》呂《ろ》

蝦夷《えみし》を討伐《とうばつ》した征夷大将軍《せいいたいしょうぐん》

出身地：**大和国《やまとのくに》（現在《げんざい》の奈良県《ならけん》）**

生没年《せいぼつねん》：**758～811年**

性《せい》 格《かく》：**じつは心《こころ》やさしい**

鬼《おに》と見まごう大男

坂上田村麻呂《さかのうえのたむらまろ》の身長は175センチ、胸《むね》の厚《あつ》さが40センチ。当時の男性《だんせい》の平均身長は160センチ弱だったので、田村麻呂《たむらまろ》はそうとうの大男だった。

「赤ら顔で目は鷹《たか》のようにするどく、おだやかな性格《せいかく》だが、怒《おこ》らせたら猛獣《もうじゅう》も即死《そくし》しそうなほど恐《おそ》ろしい。しかし、にっこり笑《わら》うと赤ん坊《ぼう》もすぐになついた」と伝《つた》えられている。

敵《てき》の命をも救《すく》おうとしたが…

田村麻呂《たむらまろ》は801年、**桓武天《かんむてん》皇《のう》**(▼54)の命《めい》で、**征夷大将軍《せいいたいしょうぐん》**として陸奥国《むつのくに》(現在《げんざい》の東北地方)の**蝦夷《えみし》**を討伐《とうばつ》に出かけた。

はげしい戦闘《せんとう》ののち、蝦夷《えみし》の首《しゅ》領《りょう》**アテルイ**とモレが兵《へい》500人を率《ひき》いて投降《とうこう》してくると、田村《たむら》麻呂《まろ》は、ふたりの身の安全を保《ほ》証《しょう》して都《みやこ》へ連《つ》れ帰《かえ》った。「武力《ぶりょく》で征服《せいふく》するより、彼《かれ》らに協力《きょうりょく》させて平和に治《おさ》めましょう」と願《ねが》い出たが、貴族《きぞく》たちは耳をかさない。「どうせすぐ裏切《うらぎ》るにちがいない」と、田村麻呂《たむらまろ》の願《ねが》いを聞き入れず、ふたりを処刑《しょけい》してしまい、田村麻《たむらま》呂《ろ》はショックをかくせなかった。

田村麻呂《たむらまろ》が54歳《さい》で病死すると、遺体《いたい》によろいかぶとをつけて太刀《たち》を持たせ、立ったままの姿《すがた》で棺《ひつぎ》に入れて、平安京《へいあんきょう》の東側《ひがしがわ》を守るように埋《う》められたという。

桓武天皇《かんむてんのう》の子・嵯峨天皇《さがてんのう》は、その死を悲しみ、「今日は仕事を休む」と一日喪《も》に服し、田村麻呂《たむらまろ》をたたえる詩をつくった。

娘《むすめ》が天皇《てんのう》の妃《きさき》になった

田村麻呂《たむらまろ》には息子が11人おり、ひとり娘《むすめ》の春子《はるこ》は、桓武天《かんむてん》皇《のう》の妃《きさき》になった。

澄《す》んだ心で理想を追った

最《さい》澄《ちょう》

日本の天台宗《てんだいしゅう》の開祖《かいそ》

出身地：近江国《おうみのくに》(現在《げんざい》の滋賀県《しがけん》)

生没年《せいぼつねん》：767〜822年

性《せい》格《かく》：純粋《じゅんすい》でまじめ

まじめで謙虚《けんきょ》なエリート僧《そう》

15歳《さい》で出家《しゅっけ》し、エリートとして朝廷《ちょうてい》での出世《しゅっせ》を約束《やくそく》されていた。しかし当時の奈良《なら》の寺院の考え方に疑問《ぎもん》をもち、19歳《さい》からは**※比《ひ》叡山《えいざん》**にこもって仏教《ぶっきょう》の研究と修《しゅ》行《ぎょう》に専念《せんねん》する。修行中《しゅぎょうちゅう》、「命のあるすべての人が救《すく》われる」という新しい仏教《ぶっきょう》の存在《そんざい》を知り、心をうばわれた。それは**鑑真《がんじん》**(▶46)が日本に伝《つた》えた**天台宗《てんだいしゅう》**であった。

最澄《さいちょう》は、同じように仏教《ぶっきょう》に救《すく》いをもとめていた**桓武天皇《かんむてんのう》**(▶54)の援助《えんじょ》で、38歳《さい》のとき留学生《りゅうがくせい》として唐《とう》(中国)へわたる。わずか8か月という短いあいだに天台宗《てんだいしゅう》や禅《ぜん》の教えを学び、460巻《かん》もの大《たい》量《りょう》の経典《きょうてん》を書き写して持ち帰って、日本に天台宗《てんだいしゅう》を広めた。

晩年《ばんねん》は人材育成《じんざいいくせい》のため「戒壇《かいだん》(僧《そう》になる資格《しかく》をあたえる場《ば》)」の設立《せつりつ》に力をつくしたが、奈良《なら》の寺院の反対にあってなかなかはたせず、最澄《さいちょう》の没後《ぼつご》7日目に弟子たちがようやく実現《じつげん》した。

最澄《さいちょう》には死後、日本で最初《さいしょ》の大師号《だいしごう》「**伝教大師《でんぎょうだいし》**」の名がおくられている。

※ **比叡山《ひえいざん》**：滋賀県大津市《しがけんおおつし》と京都府京都市《きょうとふきょうとし》にまたがる山で天台宗《てんだいしゅう》の総本山《そうほんざん》

密教《みっきょう》を持ち帰ったマルチな天才

空《くう》海《かい》

日本の真言宗《しんごんしゅう》の開祖《かいそ》
出身地：讃岐国《さぬきのくに》（現在《げんざい》の香川県《かがわけん》）
生没年《せいぼつねん》：774〜835年
特《とく》　技《ぎ》：書道

修行《しゅぎょう》にかける熱《あつ》い想《おも》い

空海《くうかい》は地方を治《おさ》める役人の家に生まれた。官僚《かんりょう》になるため18歳《さい》から大学で学んでいたが、仏教《ぶっきょう》の修《しゅ》行《ぎょう》をするために退学《たいがく》。その修行《しゅぎょう》とは、失敗《しっぱい》すれば命を落とすかもしれないものだった。修行中《しゅぎょうちゅう》に悟《さと》りを開き、「空海《くうかい》」を名のる。

31歳《さい》のとき、**遣唐使**《けんとうし》となって、唐《とう》へむかう。空海《くうかい》はわずか3か月で難《むずか》しい経典《きょうてん》をスラスラ読めるようになった。唐《とう》の**真言密教**《しんごんみっきょう》の最高位《さいこうい》であった恵果和尚《けいかおしょう》は、空《くう》海《かい》の才能《さいのう》を見《み》ぬき、千人いた弟子を飛《と》びこして空海《くうかい》をあと継《つ》ぎに決め、伝授《でんじゅ》に10年かかる教えをたった3か月でさずけてしまった。

2年後に帰国した空海《くうかい》は、天皇《てんのう》からあたえられた寺を祈祷《きとう》のための道場《どうじょう》に、また、※**高野山**《こうやさん》を修行《しゅぎょう》用《よう》の道場《どうじょう》とした。

空海《くうかい》の持ち帰った密教《みっきょう》は国をあげての大ブームとなり、最澄《さいちょう》までも学びにきた。しかし密教《みっきょう》に対する考え方のちがいから、しまいには仲《なか》たがいしたという。

没後《ぼつご》、「**弘法大師**《こうぼうだいし》」の名をおくられた。

※高野山《こうやさん》：和歌山県《わかやまけん》北部の山で真言宗《しんごんしゅう》の総本山《そうほんざん》

冥界《めいかい》でバイトした型破《かたやぶ》りな異才《いさい》

小野篁《おののたかむら》

裏《うら》の顔は閻魔様《えんまさま》の部下!?

出身地：安芸国《あきのくに》（現在《げんざい》の広島県《ひろしまけん》）
生没年《せいぼつねん》：802～853年
性格《せいかく》：まがったことが大きらい

ひねくれ者の天才児《てんさいじ》

小野篁《おののたかむら》は188センチの長身、弓が得意《とくい》で、若いころは狩《か》りを好《この》んだ。幼《おさな》いころから篁《たかむら》を知る嵯《さ》峨《が》天皇《てんのう》に、「学問の得意《とくい》な父にはにず、武芸好《ぶげいず》きか」となげかれたので、まじめに勉強をはじめた。漢詩は※白楽天《はくらくてん》に、書は※王羲之《おうぎし》に匹《ひっ》敵《てき》する才能《さいのう》だったという。

篁《たかむら》はこの時代まれに見る自由人だった。32歳《さい》のとき**遣唐使《けんとうし》**に任《にん》命《めい》されたが、水もれのする船をわりあてられたことに腹《はら》を立て、仮《け》病《びょう》を使ってボイコット。さらに、遣唐使《けんとうし》を痛烈《つうれつ》に批判《ひはん》する漢詩までつくったため、隠岐《おき》（現在《げんざい》の島根県《しまねけん》隠《お》岐《き》地方）へ流罪《るざい》となる。

一説《いっせつ》には、唐《とう》では白楽天《はくらくてん》が、篁《たかむら》に会えることを楽しみにしていたともいう。52歳《さい》のとき病気で亡《な》くなった。

ひみつのエピソード　閻魔庁《えんまちょう》でバイト!?

篁《たかむら》が、夜は地獄《じごく》の閻魔庁《えんまちょう》でアルバイトをしているといううわさがあった。病死した西三条《にしさんじょう》の大臣《だいじん》が地獄《じごく》へ行くと、閻魔《えんま》大王のとなりに篁《たかむら》の姿《すがた》が。「この人は正直な善人《ぜんにん》です」と篁《たかむら》が弁護《べんご》したので、生き返ったという。あとでたずねると、篁《たかむら》は「あなたには昔《むかし》、たすけてもらった恩《おん》があるので…」と答えた。

※白楽天《はくらくてん》：中国の詩人、王羲之《おうぎし》：中国の書家

小《お》野《の》小《こ》町《まち》

絶世《ぜっせい》の美女といわれる

出身地：不明《ふめい》
生没年《せいぼつねん》：不明《ふめい》
特《とく》技《ぎ》：和歌

恋《こい》も謎《なぞ》もめいっぱい♡

小野小町《おののこまち》は本名不明《ふめい》、生年も没《ぼつ》年《ねん》も、プロフィールはすべて謎《なぞ》。「小野妹子《おののいもこ》の子孫《しそん》」「小野篁《おののたかむら》の孫《まご》」という説《せつ》もあるが、姓《せい》が同じというだけで証拠《しょうこ》はない。ただ「非常《ひじょう》に美しく、異常《いじょう》にモテた」という伝説《でんせつ》だけが伝《つた》わっている。

なかでも、小町《こまち》の伝説《でんせつ》をもとに室町《むろまち》時代につくられた「深草少《ふかくさのしょう》将《しょう》の百夜通《ももよがよ》い」の悲劇《ひげき》はとくに有名。少将《しょうしょう》は、小町《こまち》の「100日のあいだ、毎晩《まいばん》休まず通ってくれたら、あなたの妻《つま》になりましょう」という言葉を信《しん》じ、根性《こんじょう》で通いつめたが、ラスト1日を残《のこ》す99日目の夜、力《ちから》つきて死んでしまった、という物語だ。

そのため小町《こまち》は「美人を鼻にかけて傲慢《ごうまん》だ」「モテる女は薄情《はくじょう》だ」と、のちの世でとても評判《ひょうばん》が悪く、「老後《ろうご》は美貌《びぼう》もおとろえて、みじめに死んだのだろう」などと、言われ放題。

『古今和歌集《こきんわかしゅう》』に美しく切ない恋《こい》の歌を多く残《のこ》しており、※**六歌仙《ろっかせん》**や**三十六歌仙《かせん》**のひとりに数えられる。

※**六歌仙《ろっかせん》**：紀貫之《きのつらゆき》が紹介《しょうかい》した6人の歌人

菅《すが》原《わらの》道《みち》真《ざね》

学問の神様になった学者

出身地：大和国《やまとのくに》(現在《げんざい》の奈良県《ならけん》)

生没年《せいぼつねん》：845〜903年

特《とく》　技《ぎ》：歴史書《れきししょ》や漢詩集の編集《へんしゅう》

あと一歩のところで権力争《けんりょくあらそ》いに敗《やぶ》れる

道真《みちざね》は幼《おさな》いころから神童《しんどう》とよばれ、18歳《さい》で難《むずか》しい試験《しけん》に合格《ごうかく》、文章博士《もんじょうはかせ》（漢文や中国史《ちゅうごくし》の教授《きょうじゅ》）として出世街道《かいどう》をつき進《すす》んだ。「唐《とう》は内乱《ないらん》が増《ふ》えて治安《ちあん》が悪い」、「遭難《そうなん》する船が多く死亡率《しぼうりつ》が高い」などを理由に、**遣唐使《けんとうし》を中止させた**ことでも知られる。

宇多天皇《うだてんのう》の信頼《しんらい》があつく、道真《みちざね》の娘《むすめ》が皇太子妃《こうたいしひ》になるなど、最高権力《さいこうけんりょく》にあと一歩で手がとどく右大臣《うだいじん》の位《くらい》までのぼりつめるが、左大臣《さだいじん》・藤原時平《ふじわらのときひら》からはげしく敵視《てきし》され、「謀反《むほん》をたくらんだ」と無実《むじつ》の罪《つみ》を着せられて、大宰権帥《だざいのごんのそつ》という地方の役人に左遷《させん》される。

道真《みちざね》は病気だった妻《つま》を都《みやこ》へ残《のこ》し、幼《おさな》い娘《むすめ》と息子を連《つ》れて**大宰府《だざいふ》**（現在《げんざい》の福岡県《ふくおかけん》）へ旅立つ。なに不自由《ふじゆう》ない都《みやこ》の暮《く》らしから一転、まずしい生活にたえきれず、息子が翌年《よくとし》に病死。その次の年、あとを追うように道真《みちざね》も病で亡《な》くなった。残《のこ》された娘《むすめ》のゆくえは知れず、一説《いっせつ》には山中で非業《ひごう》の死をとげたという。

日本三大怨霊《おんりょう》のひとり

道真《みちざね》の死後まもなく、藤原時平《ふじわらのときひら》をはじめ、道真《みちざね》を失脚《しっきゃく》させた関係者《かんけいしゃ》や皇族《こうぞく》が、何人もつづけて亡《な》くなった。

御所《ごしょ》に雷《かみなり》が落ちて死傷者《ししょうしゃ》が出たり、体調をくずした醍醐天皇《だいごてんのう》が亡《な》くなると、祟《たた》りを恐《おそ》れた**朝廷《ちょうてい》**は、道真《みちざね》の名誉《めいよ》を回復《かいふく》し、**太政大臣《だいじょうだいじん》**の位《くらい》をおくった。

大宰府《だざいふ》の墓所《ぼしょ》には天満宮《てんまんぐう》が建《た》てられ、道真《みちざね》は雷《かみなり》や学問の神「**天神様**」として、現在《げんざい》にいたるまで深い信仰《しんこう》の対象《たいしょう》となっている。

ひみつのエピソード　くわばら、くわばら

道真《みちざね》は雷《かみなり》の神としても信仰《しんこう》されている。都《みやこ》の「桑原《くわばら》」というところに道真《みちざね》の館《やかた》があったため、雷《かみなり》が鳴ったら「くわばら、くわばら」と唱《とな》えると、雷《かみなり》が落ちないという言い伝《つた》えがある。また、現在《げんざい》でも京都の「桑原《くわばら》」という住所には道路のみがあり、雷《かみなり》が落ちないよう家が建《た》てられていない。

「新皇《しんのう》」に、オレはなる！

平《たいらの》将《まさ》門《かど》

承平《じょうへい》の乱《らん》を起こした武将《ぶしょう》

出身地：下総国《しもうさのくに》（現在《げんざい》の茨城県《いばらきけん》）
生没年《せいぼつねん》：生年不明《ふめい》～940年
特技《とくぎ》：騎馬《きば》での戦《たたか》い

家族げんかから国家独立《どくりつ》へ

平将門《たいらのまさかど》は、**桓武天皇《かんむてんのう》**(▼54)の子孫《しそん》にあたる。鎮守府将軍《ちんじゅふしょうぐん》であった父が亡《な》くなると、遺産《いさん》をめぐっての叔父《おじ》との領地争《りょうちあらそ》いが、しだいにエスカレート。たがいに攻撃《こうげき》しあううち、勢《いきお》いの止まらなくなった将《まさ》門《かど》は、ついに常陸国《ひたちのくに》(現在《げんざい》の茨城県《いばらきけん》)の国府《こくふ》(役所《やくしょ》)までも襲撃《しゅうげき》。放火や略奪《りゃくだつ》をしたため、国家への反逆《はんぎゃく》とみなされてしまう。

将門《まさかど》は「宇佐八幡宮《うさはちまんぐう》のお告《つ》げにより新皇《しんのう》の位《くらい》を得《え》た」と主張《しゅちょう》し、「**新皇《しんのう》**」を名のり、天皇《てんのう》を中心とする京の朝廷《ちょうてい》からの独立《どくりつ》を宣言《せんげん》。関《かん》東《とう》に新しい国家をつくろうと考え、下野《しもつけ》・上野《こうずけ》・武蔵《むさし》・相模《さがみ》など関東一円をまたたくまに支配《しはい》した。

く、首が飛《と》んだ!?

しかし、もともと身内のけんかからはじまった反乱《はんらん》(**承平《じょうへい》の乱《らん》**)だったので、計画も目標《もくひょう》もとくに決まってはいなかった。やがて、**藤原秀郷《ふじわらのひでさと》**(▼66)率《ひき》いる朝廷軍《ちょうていぐん》に攻《せ》め落《お》とされ、将門《まさかど》は額《ひたい》に矢を受けて即死《そくし》。反乱《はんらん》は数か月であっけなく幕《まく》を閉《と》じたのだった。

無念《むねん》にも京にさらされた将門《まさかど》の首は、ある夜、突然《とつぜん》空に舞《ま》いあがり、胴体《どうたい》をもとめて東へと飛《と》び去ったという。首が落ちたとされる場所は、不敬《ふけい》を行《おこな》うと祟《たた》りがある「首塚《くびづか》」として、現在《げんざい》も丁重《ていちょう》にまつられている。

ひみつのエピソード 成田山《なりたさん》と神田明神《かんだみょうじん》

朝廷《ちょうてい》は力をつけた将門《まさかど》を恐《おそ》れ、下総国《しもうさのくに》(現在《げんざい》の千葉県《ちばけん》)の成田山《なりたさん》へ、不動明王《ふどうみょうおう》に祈《いの》りをささげるための僧《そう》を派遣《はけん》した。儀式《ぎしき》を行《おこな》った場所に建《た》てられたのが、成田山新勝寺《なりたさんしんしょうじ》である。その儀式《ぎしき》の最終日《さいしゅうび》に、将門《まさかど》は討《う》ちとられた。京から飛《と》び去った将門《まさかど》の首が落ちた場所(現在《げんざい》の東京都千代田区《とうきょうとちよだく》)には、将門《まさかど》の祟《たた》りをしずめるため首塚《くびづか》が建《た》てられ、神田明神《かんだみょうじん》が祭祀《さいし》を行《おこな》っている。成田山《なりたさん》と神田明神《かんだみょうじん》は敵対関係《てきたいかんけい》にあるので、両方を参詣《さんけい》することはつつしんだほうがよいという説《せつ》もある。

将門《まさかど》の首塚《くびづか》

百足退治《むかでたいじ》で人だすけ

藤《ふじ》原《わらの》秀《ひで》郷《さと》

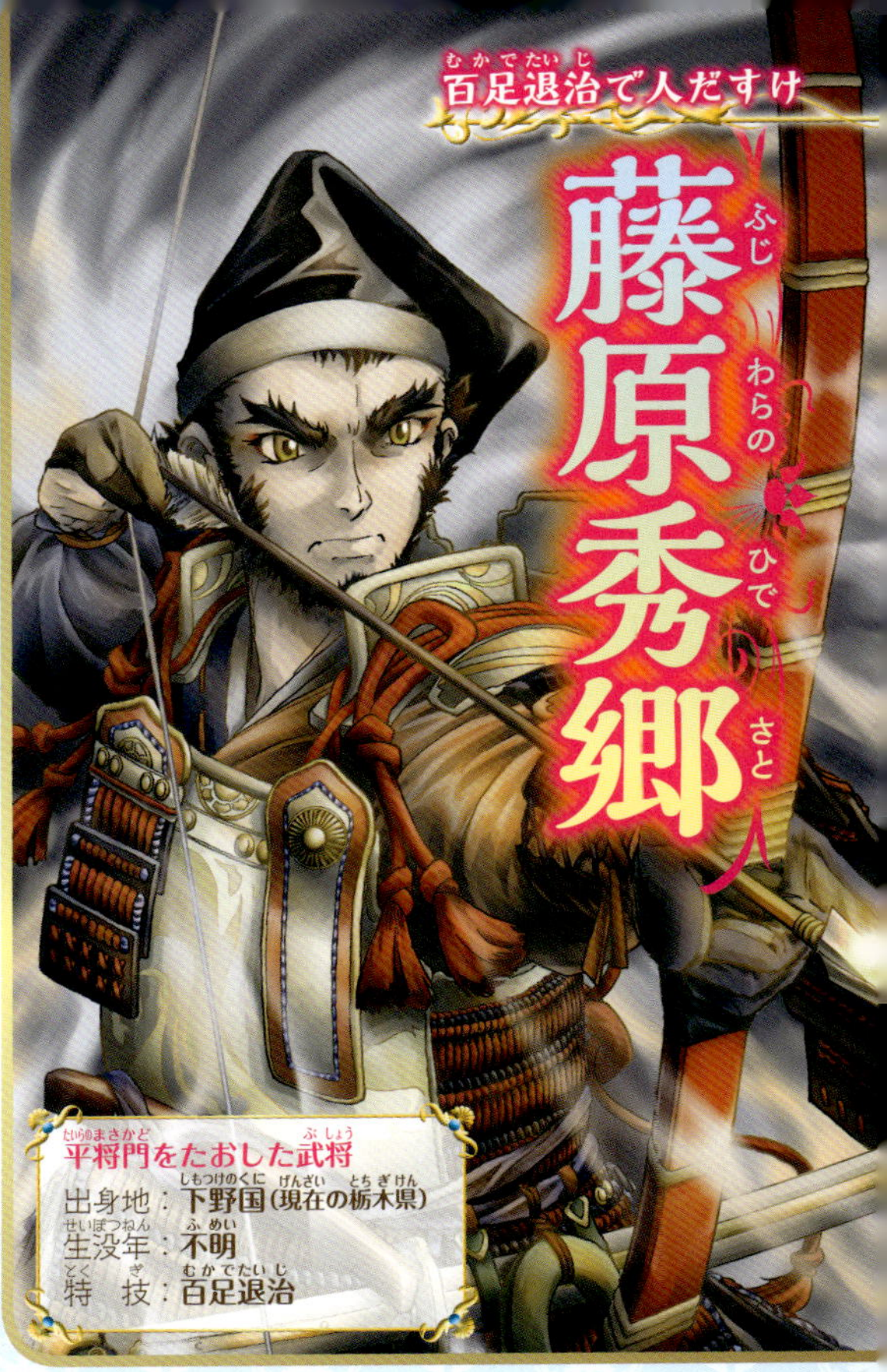

平将門《たいらのまさかど》をたおした武将《ぶしょう》

出身地：下野国《しもつけのくに》（現在《げんざい》の栃木県《とちぎけん》）
生没年《せいぼつねん》：不明《ふめい》
特技《とくぎ》：百足退治《むかでたいじ》

大蛇《だいじゃ》を踏《ふ》んづけ 大百足《おおむかで》をたおす

平将門《たいらのまさかど》（▶64）の起こした**承平《じょうへい》の乱《らん》**を平定し、鎮守府将軍《ちんじゅふしょうぐん》となった**藤《ふじ》原秀郷《わらのひでさと》**には、こんな伝説《でんせつ》がある。あるとき近江国《おうみのくに》（現在《げんざい》の滋賀県《しがけん》）の橋の真ん中に、60メートルもの大蛇《だいじゃ》が横たわっていた。通行人はみなこわがったが、秀郷《ひでさと》はためらいもせず大蛇《だいじゃ》を踏《ふ》みつけ、橋をわたった。「もしもし」とよばれてふりむくと、そこには美しい女がいた。女は琵琶湖《びわこ》にすむ龍王《りゅうおう》の娘《むすめ》で、大蛇《だいじゃ》に姿《すがた》を変《か》え、たすけをもとめて勇者《ゆうしゃ》を探《さが》していたと話した。女の一族が大百足《おおむかで》に苦しめられている話を聞いた秀郷《ひでさと》は、百足《むかで》退治《たいじ》にむかった。ところが大百足《おおむかで》は山を7巻《ま》き半も巻《ま》く特大《とくだい》サイズ。射《い》た矢はすべて弾《はじ》かれてしまう。秀郷《ひでさと》は「百足《むかで》は人間のつばをきらう」という言い伝《つた》えを思い出し、最後の矢の先をつばでぬらし、みごと大百足《おおむかで》の額《ひたい》を射《い》ぬいた。大百足《おおむかで》を退治《たいじ》したお礼に、秀郷《ひでさと》は龍王《りゅうおう》から米俵《こめだわら》と布《ぬの》をもらった。その俵《たわら》からは、いくら米を出してもへることがなく、秀郷《ひでさと》は「俵《たわらの》藤太《とうた》」とよばれたという。

藤原純友《ふじわらのすみとも》

海賊《かいぞく》のリーダー

出身地：京（現在《げんざい》の京都府《きょうとふ》）
生没年《せいぼつねん》：生年不明《ふめい》～941年
特《とく》　技《ぎ》：船での戦《いくさ》

役人から海賊《かいぞく》に転職《てんしょく》

没落貴族《ぼつらくきぞく》の生きる道

純友《すみとも》は藤原氏《ふじわらし》のなかでも名門の血をひいていたが、早くに父を亡《な》くし、出世の道が絶《た》たれた。伊予《いよの》国《くに》（現在《げんざい》の愛媛県《えひめけん》）の掾《じょう》（三等官《さんとうかん》）として、瀬戸内海《せとないかい》の海賊《かいぞく》を取りしまる仕事をしていた純友《すみとも》は、任期《にんき》が終わっても伊予《いよ》に残《のこ》り、今度はなんと自分が海賊《かいぞく》に転職《てんしょく》。千艘《せんそう》もの船団《せんだん》を率《ひき》いる海賊《かいぞく》のリーダーになってしまった。

おどろいた朝廷《ちょうてい》は、「生活に困《こま》って海賊《かいぞく》になったのではないか」と考えた。そこで新たに役人を派遣《はけん》して海賊《かいぞく》たちに衣服《いふく》や食《しょく》料《りょう》、仕事をあたえて説得《せっとく》した。純友《すみとも》はいったんは海賊《かいぞく》をやめたものの、数年で海賊《かいぞく》にもどってしまったという。

純友《すみとも》は、西日本や四国の沿岸《えんがん》を次々におそい、地方から船で運ばれる貢《みつ》ぎ物《もの》を略奪《りゃくだつ》した（**天慶《てんぎょう》の乱《らん》**）。ちょうどそのころ、関東《かんとう》では**平将門《たいらのまさかど》**（▼64）が反乱《はんらん》の真《ま》っ最中《さいちゅう》だったため、朝廷《ちょうてい》は、純友《すみとも》と将門《まさかど》が手を組んでいるのではないかと恐《おそ》れたという。やがて純友《すみとも》は博多《はかた》（現在《げんざい》の福岡《ふくおか》県《けん》）で敗《やぶ》れて捕《と》らえられ、死亡《しぼう》した。

コラム 陰陽師《おんみょうじ》って？

平安《へいあん》時代に活やくした陰陽師《おんみょうじ》は、占《うらな》いや呪術《じゅじゅつ》の力を使って国や人々を守っていた。朝廷《ちょうてい》の役人でもあり、陰陽寮《おんみょうりょう》という役所につとめていた。

儀式《ぎしき》を行《おこな》う

災害《さいがい》や病気などの悪いことがつづいたときは、儀式《ぎしき》を行《おこな》って悪霊《あくりょう》などをはらう。

マストアイテム

陰陽師《おんみょうじ》はいろいろな道具を使うが、ここではそのなかでとくに重要《じゅうよう》なものを紹介《しょうかい》する。

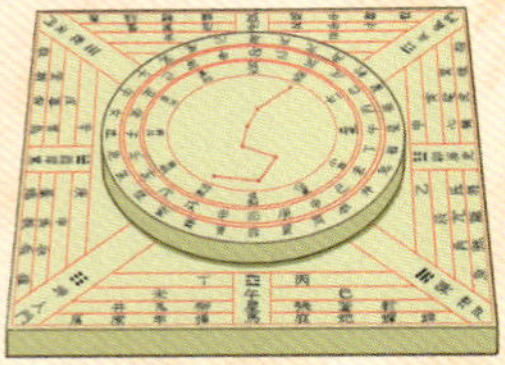

式盤《ちょくばん》

天気や吉凶《きっきょう》を占《うらな》うときに使う道具。方位《ほうい》や時刻《じこく》が書いてある。

呪符《じゅふ》・護符《ごふ》

呪文《じゅもん》が書いてある札《ふだ》。結界《けっかい》をはったり、身を守ったりするときに使うことが多い。

形代《かたしろ》（人形《ひとがた》）

紙や木、わらなどでできている。形代《かたしろ》に名前を書いてその人を呪《のろ》うときや、「式神《しきがみ》」をのりうつらせて悪霊《あくりょう》などと戦《たたか》うときに使う。

陰陽師《おんみょうじ》のワザ

陰陽師《おんみょうじ》が身につけていた呪術《じゅじゅつ》のワザのなかで、使われることが多かったのが式神《しきがみ》と九字《くじ》だった。

式神《しきがみ》を使う

式神《しきがみ》とは、陰陽師《おんみょうじ》が使う霊的《れいてき》な存在《そんざい》のこと。陰陽師《おんみょうじ》が自分の念《ねん》をこめてつくりだすこともあれば、鬼神《きしん》などをよびだして使うこともある。陰陽師《おんみょうじ》のアシスタントとして働《はたら》かせたり、ガードマンのような役目をさせたりした。**安倍《あべの》晴明《せいめい》**(▶70)は「十二神将《しんしょう》」という神々《かみがみ》を式神《しきがみ》にしていたといわれている。

九字《くじ》を切る

陰陽師《おんみょうじ》が邪気《じゃき》(悪い気配)をはらうために手でつくる9つの形を「九《く》字《じ》」という。「臨《りん》・兵《びょう》・闘《とう》・者《しゃ》・皆《かい》・陣《じん》・列《れつ》・在《ざい》・前《ぜん》」と唱《とな》えながら形をつくる。人に対して行《おこな》ってはならないとされている。

＊手の形は一例です。

妖狐《ようこ》の息子といわれた陰陽師《おんみょうじ》

安《あ》倍《べの》晴《せい》明《めい》

平安《へいあん》時代最強の陰陽師《おんみょうじ》

出身地：摂津国《せっつのくに》（現在《げんざい》の大阪府《おおさかふ》）
生没年《せいぼつねん》：921～1005年
特　技《とくぎ》：呪術《じゅじゅつ》、占《うらな》い

都《みやこ》を守る陰陽師《おんみょうじ》

幼《おさな》いころから鬼《おに》が見えたという晴明《せいめい》は、都《みやこ》でいちばんの陰陽師《おんみょうじ》に弟子入りして腕《うで》をみがいた。国家の吉凶《きっきょう》や貴族《きぞく》たちの未来《みらい》を占《うらな》い、式神《しきがみ》(▼69)を使って、災害《さいがい》を未《み》然《ぜん》にふせいだという。そのため、一条天皇《いちじょうてんのう》や**藤原道長**《ふじわらのみちなが》(▼78)から、深く信頼《しんらい》されていた。

あるとき、道長《みちなが》が寺へお参《まい》りする途中《とちゅう》、連《つ》れていた愛犬《あいけん》がはげしくほえて道をふさいだ。晴明《せいめい》が占《うらな》うと、行く手の道に呪《のろ》いの道具が埋《う》められており、間一髪《かんいっぱつ》で呪《のろ》いをまぬがれたとわかった。犬は異変《いへん》を感じとり、主人を救《すく》ったのだ。晴明《せいめい》は、道長《みちなが》を呪《のろ》った犯人《はんにん》を占《うらな》いによって特定《とくてい》したという。

出世は50歳《さい》をすぎてからと意外におそく、85歳《さい》で亡《な》くなった。

晴明《せいめい》の母は狐《きつね》？

ある日、信太《しのだ》の森(現在《げんざい》の大阪府《おおさかふ》和泉市《いずみし》)で狩人《かりゅうど》に追われる白狐《しろぎつね》を助けた安倍保名《あべのやすな》(晴明《せいめい》の父)は、怒《おこ》った狩人《かりゅうど》から大ケガを負わされた。帰宅《きたく》すると「葛の葉《くずのは》」と名のる女があらわれ、保名《やすな》を手厚《てあつ》く看護《かんご》する。葛《くず》の葉《は》は保名《やすな》の妻《つま》となって男の子を産《う》むが、成長した息子に正体を見破《みやぶ》られてしまう。葛《くず》の葉《は》は、自分が昔《むかし》、保名《やすな》にたすけられた狐《きつね》であることを明かし、「恋《こい》しくば訪《たず》ねきてみよ 和泉《いずみ》なる 信太《しのだ》の森の うらみ葛《くず》の葉《は》」という歌を残《のこ》して森へ帰る。この息子が安倍晴明《あべのせいめい》だという。晴明《せいめい》は不思議《ふしぎ》な術《じゅつ》を使ったので、狐《きつね》の子であるという伝説《でんせつ》が生まれたのだ。

ひみつのエピソード 厄《やく》よけは晴明《せいめい》におまかせ！

京都市《きょうとし》にある晴明《せいめい》神社は、安倍晴明《あべのせいめい》をまつった神社で、晴明《せいめい》が住んでいた屋敷跡《やしきあと》に建《た》てられている。「晴明公《せいめいこう》に祈《いの》れば災《わざわ》いから守られ、病気やケガが治《なお》る」と信《しん》じられており、魔《ま》よけや厄《やく》よけ祈願《きがん》のため、毎年多くの人が参拝《さんぱい》におとずれている。

晴明《せいめい》が念力《ねんりき》で湧《わ》きださせたという井戸

ひらがなブームをつくった歌人

紀《き》貫《つら》之《ゆき》

有名《ゆうめい》な和歌集を編《へん》さん

出身地：下野国《しもつけのくに》（現在《げんざい》の栃木県《とちぎけん》）
生没年《せいぼつねん》：868ごろ～945年
特《とく》　技《ぎ》：和歌

和歌集の制作《せいさく》チームに

９０５年、**紀《き》貫《つら》之《ゆき》**ら４人は、天《てん》皇《のう》から『**古《こ》今《きん》和《わ》歌《か》集《しゅう》**』編《へん》さんの命《めい》を受けた。古い歌から最新《さいしん》の歌まですべてチェックし、よい歌をおさめた和歌集をつくる制作《せいさく》チームに選《えら》ばれたのである。

その序文《じょぶん》には、公式文書としてはじめて「ひらがな」が使われた。それまでひらがなは漢字より低《ひく》くみられており、公式文書は中国にならって漢字だけで書くのが正式とされていたのだ。

女のフリして日記を書く

晩年《ばんねん》、貫之《つらゆき》は国司《こくし》（地方の役人）として勤《つと》めた土佐国《とさのくに》（現在《げんざい》の高知県《こうちけん》）から帰る船旅の様子を『**土佐日記《とさにっき》**』にまとめた。「男が漢字で書く日記を、女もひらがなで書いてみる」というくだけたスタイルが大ウケ、日記文学ブームが起きた。

また、『土佐日記《とさにっき》』には、貫之《つらゆき》の幼《おさな》い娘《むすめ》が土佐《とさ》で亡《な》くなり、娘《むすめ》の墓《はか》を土佐《とさ》に残《のこ》して京へもどらねばならない深い悲しみや、海賊《かいぞく》の恐怖《きょうふ》におびえながら航海《こうかい》した様子がつづられている。

ペンネームは「道綱《みちつな》くんママ」

藤原道綱母《ふじわらのみちつなのはは》

感情豊《かんじょうゆた》かな日記を書き残《のこ》す

出身地：不明《ふめい》
生没年《せいぼつねん》：936ごろ～995年
趣味《しゅみ》：日記を書く

「一夫多妻《いっぷたさい》、サイテー！！」日記に全部バラしちゃえ！

古くは、「名前は強力な呪力《じゅりょく》をもつ」と考えられ、女性《じょせい》は家族以外《いがい》には本名を教えなかったため、本名は不明《ふめい》。

美貌《びぼう》と歌の才能《さいのう》を見そめられ、エリートの藤原兼家《ふじわらのかねいえ》と玉《たま》の輿結婚《こしけっこん》。息子道綱《みちつな》を産《う》み、「**藤原道綱母《ふじわらのみちつなのはは》**」とよばれる。紫式部《むらさきしきぶ》や清少納言《せいしょうなごん》のような女房名《※にょうぼうめい》がないのは、ふつうの家庭の主婦《しゅふ》だったため。

当時の結婚《けっこん》は「妻問婚《つまどいこん》」といい、男性《だんせい》は何人もの妻《つま》のもとへ通っており、兼家《かねいえ》にも多くの妻《つま》がいた。そんな兼家《かねいえ》にいやみをぶつけると、兼家《かねいえ》もまた皮肉《ひにく》で返し、ふたりの仲《なか》はしだいにすれちがっていく。道綱母《みちつなのはは》は、やり場のない気持ちを『**蜻蛉日記《かげろうにっき》**』に書き連《つら》ねた。

日記にはほかに、息子のラブレターの代作をした話や、兼家《かねいえ》とほかの女性《じょせい》のあいだに生まれた娘《むすめ》を養女《ようじょ》にむかえた話などが、感情《かんじょう》豊《ゆた》かに描《えが》かれている。

39歳《さい》の大晦日《おおみそか》を最後《さいご》に、日記は終わる。晩年《ばんねん》の様子は知られていないが、60歳《さい》くらいで亡《な》くなったと伝《つた》えられている。

※ **女房《にょうぼう》**：身分の高い人に仕えた女性《じょせい》

『枕草子《まくらのそうし》』を書いた才女
中宮定子《ちゅうぐうていし》に仕えた女房《にょうぼう》
出身地：不明《ふめい》
生没年《せいぼつねん》：966ごろ～1025年ごろ
特技《とくぎ》：漢文《かんぶん》

清《せい》少《しょう》納《な》言《ごん》

ツッコミ、いとをかし

清少納言《せいしょうなごん》は15歳《さい》で結婚《けっこん》し、出《しゅっ》産後《さんご》に離婚《りこん》。27歳《さい》のころ、一条天《いちじょうてん》皇《のう》の中宮《ちゅうぐう》※**定子**《ていし》の**女房**《にょうぼう》（侍女《じじょ》）となる。清少納言《せいしょうなごん》は、ひっこみじあんで人見知りだったが、聡明《そうめい》で明るい美少女として有名な定子《ていし》のもとで働《はたら》くうちに、性格《せいかく》も活発になり、するどいツッコミの才能《さいのう》を開花させた。宮中で男たちにからかわれると、すぐにうまい返事をして人を笑《わら》わせたので、一躍《いちやく》人気者になる。清少納言《せいしょうなごん》は、定子《ていし》との笑《わら》いのたえなかった日々を、随筆《ずいひつ》**『枕草子《まくらのそうし》』**に残《のこ》した。作中に描《えが》かれた日常《にちじょう》あるあるネタは、いまも多くの人の共感《きょうかん》をよんでいる。

清少納言《せいしょうなごん》vs紫式部《むらさきしきぶ》

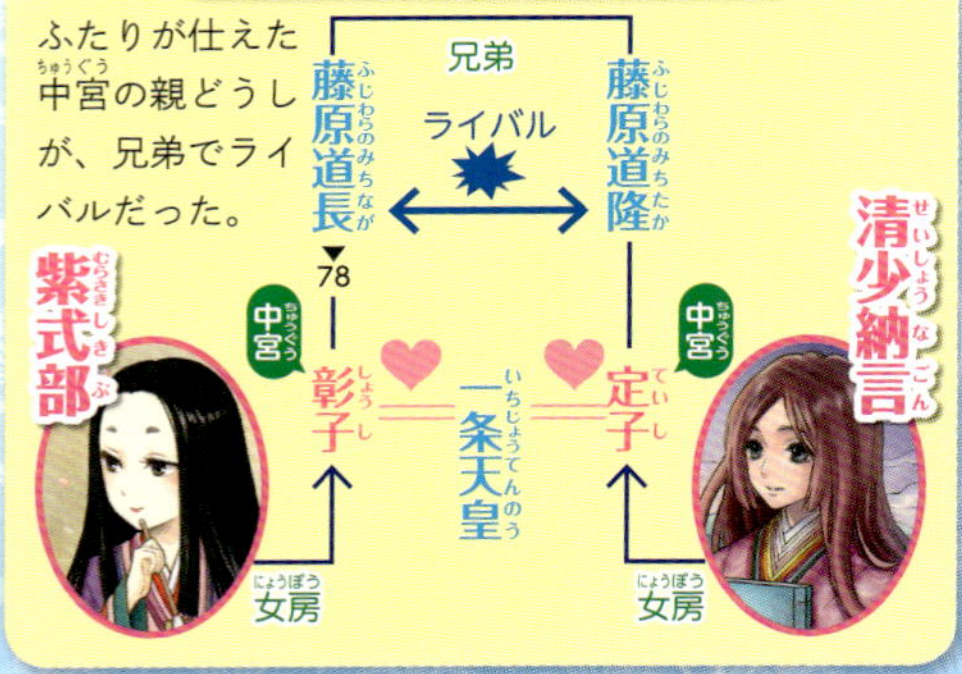

※**中宮**《ちゅうぐう》：天皇《てんのう》の妃《きさき》のよび名

紫式部《むらさきしきぶ》

中宮彰子《ちゅうぐうしょうし》に仕えた女房《にょうぼう》

出身地：不明《ふめい》
生没年《せいぼつねん》：不明《ふめい》
特技《とくぎ》：小説を書くこと

『源氏物語《げんじものがたり》』の作者

世の中は、いとあはれ

紫式部《むらさきしきぶ》は幼《おさな》いときから漢文《かんぶん》※が得《とく》意《い》で、父親を「お前が男の子だったら出世しただろうに」となげかせたことがある。

早くに結婚《けっこん》して娘《むすめ》を産《う》むが、すぐに夫《おっと》と死別《しべつ》、悲しみをまぎらわすために**『源氏物語《げんじものがたり》』**を書きはじめたところ、一躍《いちやく》大ヒット作に。

当時、新しく一条天皇《いちじょうてんのう》の中宮《ちゅうぐう》になった**藤原道長《ふじわらのみちなが》**（▼78）の娘《むすめ》の**彰子《しょうし》**は、12歳《さい》のまじめでひかえめな少女だった。道長《みちなが》は、彰子《しょうし》の部屋に教養《きょうよう》のある女性《じょせい》を入れたいと、『源氏物語《げんじものがたり》』を執筆中《しっぴつちゅう》だった紫式部《むらさきしきぶ》をよび、**女房《にょうぼう》**（侍女《じじょ》）にしたという。

紫式部《むらさきしきぶ》は、あまり目立たないようわざとにぶいフリをしながら、こっそり彰子《しょうし》に漢文《かんぶん》を教えていた。しかし、あるとき『源氏物語《げんじものがたり》』を読んだ一条天皇《いちじょうてんのう》に「この人は『日本書《にほんしょ》紀《き》』を読んでいるにちがいない」と、その難《むずか》しい内容をほめられた。そのためやきもちを焼《や》いた仲間《なかま》から陰口《かげぐち》をたたかれ、「日本紀《にほんぎ》の御局《おつぼね》」という変《へん》なあだ名をつけられて苦《く》労《ろう》したという。晩年《ばんねん》の様子は伝《つた》わっていない。

※ **漢文《かんぶん》**：中国語の文法《ぶんぽう》で書かれた漢字だけの文章

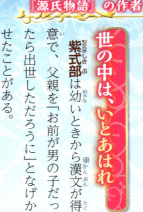

コラム

平安《へいあん》時代の貴族《きぞく》のくらし

平安《へいあん》時代には、中国の文化の影響《えいきょう》がうすれ、日本独自《どくじ》の文化が育っていった。

貴族《きぞく》の食事

貴族《きぞく》の食事は奈良《なら》時代よりさらにごうかになった。一度にたくさんの種類《しゅるい》を用意したが、ほんの少しだけ食べたら、かたづけてしまうことになっていた。

貴族《きぞく》の家

「寝殿造《しんでんづくり》」という広い屋敷《やしき》に住み、さまざまな儀式《ぎしき》や行事を行《おこな》っていた。

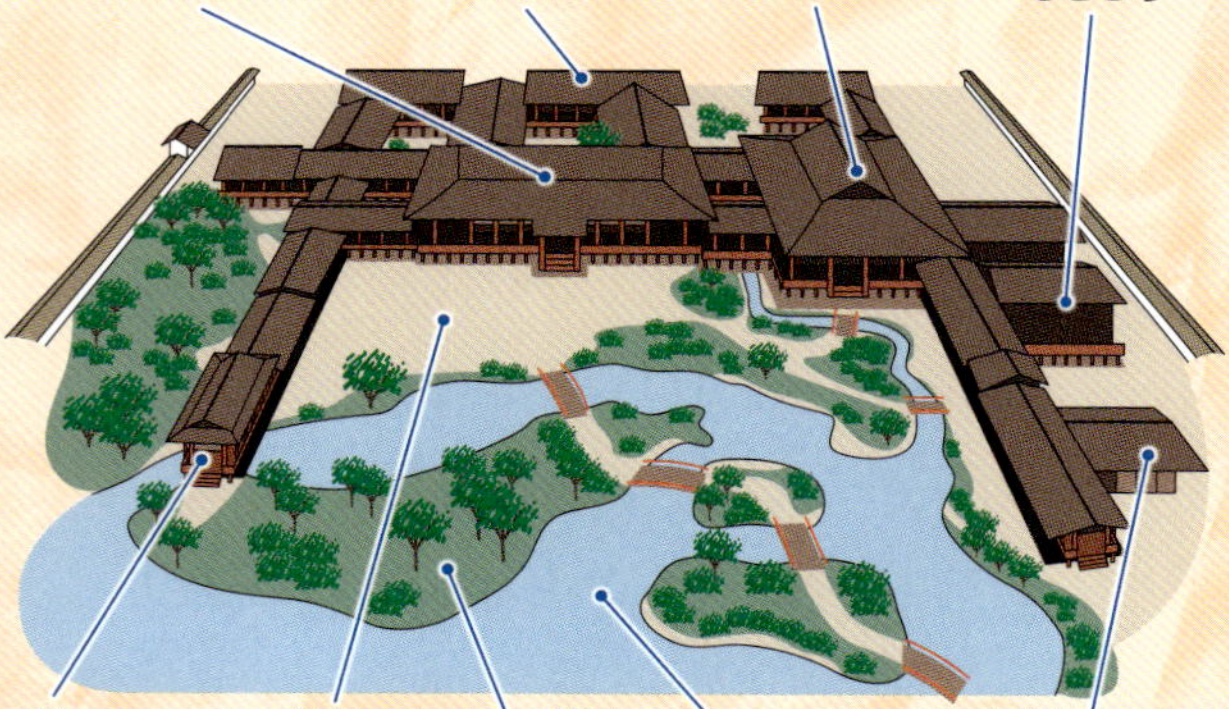

女性《じょせい》のファッション

女性《じょせい》の正装《せいそう》は「十二単《じゅうにひとえ》」。「十二」は「たくさん」という意味で、12枚も重ね着をしたわけではなかった。

口紅《くちべに》はほんの少しつける
長いはかまをはく

男性《だんせい》のファッション

宮中《きゅうちゅう》にあがるときは「束帯《そくたい》」という服を着た。役職《やくしょく》によって身につけるものがちがっていた。

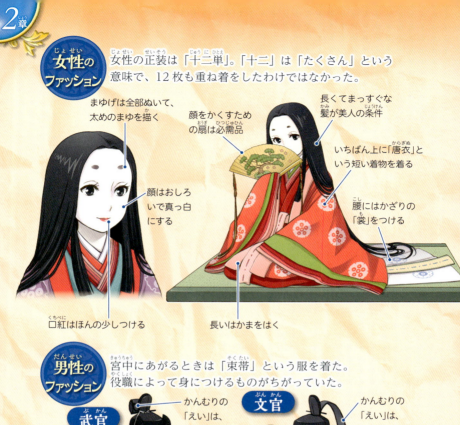

「めざせ！天皇《てんのう》の祖父《そふ》」計画

藤《ふじ》原《わらの》道《みち》長《なが》

天皇《てんのう》の外祖父《がいそふ》として君臨《くんりん》

出身地：京（現在《げんざい》の京都府《きょうとふ》）
生没年《せいぼつねん》：966～1027年
特《とく》　技《ぎ》：娘《むすめ》を天皇《てんのう》の妃《きさき》にする

娘《むすめ》4人を政《せい》治《じ》の道具に

道長《みちなが》は時の最高権力者《さいこうけんりょくしゃ》だった藤《ふじ》原兼家《わらのかねいえ》と正妻《せいさい》のあいだに、三男として誕生《たんじょう》(▼53)。あと継《つ》ぎの兄たちがあいついで病死し、政権《せいけん》トップの座《ざ》をめぐって藤原伊周《ふじわらのこれちか》(道長《みちなが》の甥《おい》で中《ちゅう》宮定子《ぐうていし》の兄)との争《あらそ》いに勝ち、長女の**彰子《しょうし》**を一条天皇《いちじょうてんのう》の皇后《こうごう》にした。

一条天皇《いちじょうてんのう》の没後《ぼつご》、三条天皇《さんじょうてんのう》が即《そく》位《い》すると、彰子《しょうし》の産《う》んだ第二皇《おう》子《じ》が皇太子《こうたいし》に選《えら》ばれた。「自分の血をひく孫《まご》を天皇《てんのう》に」と道長《みちなが》が強く望《のぞ》んだためだった。彰子《しょうし》は「定《てい》子《し》の産《う》んだ第一皇子《おうじ》が皇太子《こうたいし》になるべき」とうったえたが通らなかった。

三条天皇《さんじょうてんのう》の皇后《こうごう》も、道長《みちなが》の次女の妍子《けんし》である。道長《みちなが》から「早く退《たい》位《い》して、うちの孫《まご》を天皇《てんのう》に」としつこくおどされた三条天皇《さんじょうてんのう》は、持病が悪化して亡《な》くなった。

摂政《せっしょう》として政治《せいじ》の中心に

いよいよ孫《まご》がわずか9歳《さい》で待望《たいぼう》の天皇《てんのう》になると、道長《みちなが》は「天皇《てんのう》の※外祖父《がいそふ》」として**摂政《せっしょう》**(天皇《てんのう》が幼《おさな》いあいだの代理)になり、政治《せいじ》を思い通りにあやつった。幼《おさな》い天皇《てんのう》の皇《こう》后《ごう》には、三女の威子《いし》が選《えら》ばれた。

「自分の娘《むすめ》3人を皇后《こうごう》にする」という前代未聞《ぜんだいみもん》の野望《やぼう》を達成《たっせい》した道長《みちなが》は、長男に摂政《せっしょう》をゆずって自分は※**太政大臣《だいじょうだいじん》**となった。

道長《みちなが》は、四女の嬉子《きし》を皇太子妃《こうたいしひ》にして「将来《しょうらい》は皇后《こうごう》に」と望《のぞ》んだが、突然《とつぜん》の病で嬉子《きし》が亡《な》くなると、陰陽師《おんみょうじ》にむかって「娘《むすめ》を生き返らせろ」と取《と》り乱《みだ》した。つづいて次女の妍子《けんし》も病死すると、道長《みちなが》は葬《そう》儀《ぎ》の列で「自分も連《つ》れて行ってくれ」と泣《な》きさけんだという。妍子《けんし》のあとを追うように、道長《みちなが》は病に苦しんだすえ亡《な》くなった。

ひみつのエピソード　この世のすべては道長《みちなが》のもの!?

道長《みちなが》は、「一家から3人皇《こう》后《ごう》が出た」ことを祝《いわ》って、「この世をば 我《わ》が世とぞ思う 望月《もちづき》の 欠《か》けたることもなしと思えば」という歌を詠《よ》んだ。「この世はすべて自分のもので、満月《まんげつ》のように満《み》たされている」という意味である。

※ **外祖父《がいそふ》**:母方の祖父《そふ》のこと、**太政大臣《だいじょうだいじん》**:大臣《だいじん》のなかの最高職《さいこうしょく》

ルールがなければ自分でつくる

白《しら》河《かわ》上《じょう》皇《こう》

院政《いんせい》をはじめた上皇《じょうこう》

出身地：京（現在《げんざい》の京都府《きょうとふ》）
生没年《せいぼつねん》：1053〜1129年
特技《とくぎ》：幼《おさな》い天皇《てんのう》を即位《そくい》させる

天下無敵《むてき》の院政《いんせい》システム

白河天皇《しらかわてんのう》は34歳《さい》のとき、周囲《しゅうい》の反対《はんたい》を押《お》し切《き》って、8歳《さい》の息子・堀河天皇《ほりかわてんのう》を即位《そくい》させ、自分は※**上皇《じょうこう》**となった。以後《いご》、自分の子・孫《まご》（鳥羽天皇《とばてんのう》）・ひ孫《まご》（崇徳天皇《すとくてんのう》）を、それぞれ幼《おさな》いうちに即位《そくい》させ、実際《じっさい》の政治《せいじ》は上皇《じょうこう》が独占《どくせん》する**院政《いんせい》**を確立《かくりつ》した。

天皇《てんのう》が成長《せいちょう》して自分の意見をもちはじめると退位《たいい》させ、さらに幼《おさな》い天皇《てんのう》を即位《そくい》させたので、何人もの上皇《じょうこう》が同時に存在《そんざい》することになった。しかし院政《いんせい》を行《おこな》えるのは「治天《ちてん》の君《きみ》」とよばれるトップのひとりだけ、つまり自分のみであった。

白河上皇《しらかわじょうこう》は40年以上《いじょう》も院政《いんせい》をつづけ、77歳《さい》で亡《な》くなった。

「雨水《うすい》の禁獄《きんごく》」

白河上皇《しらかわじょうこう》が法勝寺《ほっしょうじ》の完成供養《かんせいくよう》を行《おこな》おうとしたとき、雨が降《ふ》って3度延期《えんき》になった。4度目に雨が降《ふ》ると、白河上皇《しらかわじょうこう》は怒《おこ》って雨水を器《うつわ》にため、牢《ろう》へ入れて罰《ばっ》したという。白河上皇《しらかわじょうこう》の冗談《じょうだん》好《ず》きなエピソードとして知られている。

※**上皇《じょうこう》**：「太上天皇《だいじょうてんのう》」の略《りゃく》で、譲位《じょうい》したもと天皇《てんのう》

崇《す》徳《とく》上《じょう》皇《こう》

怨霊《おんりょう》になった上皇《じょうこう》
出身地：京(現在《げんざい》の京都府《きょうとふ》)
生没年《せいぼつねん》：1119～1164年
趣味《しゅみ》：和歌

日本三大怨霊《おんりょう》のひとり

父親からきらわれ世を呪《のろ》った上皇《じょうこう》

崇徳天皇《すとくてんのう》は5歳《さい》で即位《そくい》したが、父の鳥羽上皇《とばじょうこう》から「自分の子じゃない、祖父《そふ》の子だ」ときらわれていた。鳥羽上皇《とばじょうこう》は、崇徳天皇《すとくてんのう》をだまして退位《たいい》させて上皇《じょうこう》とするが、その後《ご》は完全《かんぜん》に無視《むし》。のちに即位《そくい》した弟の**後白河天皇《ごしらかわてんのう》**(▼84)だけを大切にし、露骨《ろこつ》に差別《さべつ》したので、崇《す》徳上皇《とくじょうこう》は父と弟をうらんでいた。

鳥羽上皇《とばじょうこう》の没後《ぼつご》、崇徳上皇《すとくじょうこう》と後白《ごしら》河天皇《かわてんのう》の兄弟はたがいに武士《ぶし》を集めて**保元《ほうげん》の乱《らん》**を起こした。しかし崇徳上皇《すとくじょうこう》はあっけなく敗《やぶ》れ、讃岐《さぬきの》国《くに》(現在《げんざい》の香川県《かがわけん》)へ流罪《るざい》となる。

崇徳上皇《すとくじょうこう》は戦乱《せんらん》で亡《な》くなった人々のために、熱心《ねっしん》に写経《しゃきょう》して都《みやこ》の寺に送った。しかし、後白河天《ごしらかわてん》皇《のう》は「呪《のろ》いがかけられているのでは」と疑《うたが》い、送り返してしまった。崇徳上皇《すとくじょうこう》は怒《いか》りのあまり舌《した》をかみ切り、血文字で写本《しゃほん》に「天皇家《てんのうけ》を呪《のろ》ってやる!!」と書き、爪《つめ》や髪《かみ》はボサボサでのび放題、夜叉《やしゃ》のようなすさまじい顔つきで亡《な》くなったという。現代《げんだい》にいたるまで、崇徳《すとく》上皇《じょうこう》は日本史上《にほんしじょう》もっとも恐《おそ》ろしい怨霊《おんりょう》として有名。

藤《ふじ》原《わらの》清《きよ》衡《ひら》

中尊寺《ちゅうそんじ》を建立《こんりゅう》した領主《りょうしゅ》
出身地：**陸奥国《むつのくに》（現在《げんざい》の岩手県《いわてけん》あたり）**
生没年《せいぼつねん》：**1056～1128年**
性《せい》　格《かく》：**がまん強い**

奥州《おうしゅう》に黄金《おうごん》の都《みやこ》を築《きず》いた

敵《てき》の養子《ようし》だった子ども時代

10世紀《せいき》ごろ、安倍氏《あべし》と清原氏《きよはらし》というふたつの豪族《ごうぞく》が奥州《おうしゅう》（現在《げんざい》の東北地方）を支配《しはい》していた。**清衡《きよひら》**の母は安倍氏《あべし》の長《おさ》の娘《むすめ》、父は**藤原秀郷《ふじわらのひでさと》**（▼66）の子孫《しそん》といわれる。

清衡《きよひら》が7歳《さい》のときに**前九年《ぜんくねん》の役《えき》**が起き、安倍氏《あべし》は朝廷《ちょうてい》にほろぼされた。清衡《きよひら》の父は妻《つま》の実家である安倍氏《あべし》に味方したため処刑《しょけい》された。母は敵対《てきたい》していた清原氏《きよはらし》と再婚《さいこん》、清衡《きよひら》は清原氏《きよはらし》の養子《ようし》となり処刑《しょけい》をまぬがれた。

やがて母が清原氏《きよはらし》の子を産《う》むと、清衡《きよひら》と弟とのあいだで争《あらそ》いが起き、清衡《きよひら》の妻《つま》と子が殺《ころ》されてしまう。復讐《ふくしゅう》を決意した清衡《きよひら》は、**後《ご》三年《さんねん》の役《えき》**を起こし、清原氏《きよはらし》をほろぼした。

晴れて父のかたきを討《う》ち、もとの藤原姓《ふじわらせい》にもどると、奥州《おうしゅう》で豊富《ほうふ》にとれる黄金《おうごん》や名馬を朝廷《ちょうてい》におくり、奥州《おうしゅう》の管理者《かんりしゃ》として認《みと》められたのだった。

晩年《ばんねん》には、平泉《ひらいずみ》に金銀や螺鈿《らでん》細工《ざいく》などを豪華《ごうか》にちりばめた**中《ちゅう》尊寺《そんじ》金色堂《こんじきどう》**を建《た》てて、73歳《さい》で亡《な》くなった。

コラム

東北地方を治《おさ》めた 奥州《おうしゅう》藤《ふじ》原《わら》氏《し》

藤原清衡《ふじわらのきよひら》から100年にわたって東北地方を治《おさ》めたのが「奥州藤原氏《おうしゅうふじわらし》」だ。朝廷《ちょうてい》とのつきあいもうまく、政争《せいそう》に巻《ま》きこまれることもなかった。

争乱《そうらん》を勝ちぬいた藤原《ふじわら》氏《し》

11世紀《せいき》のなかばから、**奥州**《おうしゅう》（現在《げんざい》の東《とう》北地方《ほくちほう》）では争乱《そうらん》がつづいていた。**前九《ぜんく》年《ねん》の役《えき》・後三年《ごさんねん》の役《えき》**とよばれる、奥州《おうしゅう》に領地《りょうち》をもつ豪族《ごうぞく》どうしの争《あらそ》いだった。

マップ MAP 藤原氏《ふじわらし》の勢力範囲《せいりょくはんい》

現在《げんざい》の東北地方にあたる範囲《はんい》が、奥州藤原氏《おうしゅうふじわらし》の領地《りょうち》だった。

その争《あらそ》いを勝ちぬいて権力《けんりょく》をにぎったのが、**藤原清衡**《ふじわらのきよひら》だった。

清衡《きよひら》は朝廷《ちょうてい》への貢《みつ》ぎ物《もの》をかかさず、奥州《おうしゅう》でいちばんの有力者として認《みと》められるようこころがけた。そのため奥州《おうしゅう》は源氏《げんじ》と平氏《へいし》の争《あらそ》いにほとんどかかわることなく、独自《どくじ》の文化が育った。

極楽浄土《ごくらくじょうど》を夢《ゆめ》見て

奥州藤原氏《おうしゅうふじわらし》は、争《あらそ》いのない平和な世界をつくろうとしていた。藤原《ふじわら》氏《し》の建立《こんりゅう》した中尊寺金色堂《ちゅうそんじこんじきどう》や毛越寺《もうつうじ》の庭園《ていえん》は、**極楽浄土**《ごくらくじょうど》（仏《ほとけ》のすむ平和な世界）を表現《ひょうげん》しているという。

毛越寺《もうつうじ》の浄土庭園《じょうどていえん》

広大な「大泉《おおいずみ》が池《いけ》」を中心につくられた美しい庭園《ていえん》は、「浄土庭園《じょうどていえん》」とよばれている。

後《ご》白《しら》河《かわ》上《じょう》皇《こう》

「日本一の大天狗《だいてんぐ》」とよばれた上皇《じょうこう》

権力者《けんりょくしゃ》を手玉に取った上皇《じょうこう》

出身地：京（現在《げんざい》の京都府《きょうとふ》）
生没年《せいぼつねん》：1127～1192年
趣味《しゅみ》：平安時代《へいあんじだい》の歌謡曲《かようきょく》「今様《いまよう》」

「今様《いまよう》」が大好《だいす》き

鳥羽天皇《とばてんのう》の第四皇子《おうじ》で、**崇徳上皇《すとくじょうこう》**(▼81)の弟。自分は天皇《てんのう》になることはないと思い、大好《だいす》きな**今様《いまよう》**(平安時代《へいあんじだい》の流行歌)に打ちこんでいたが、突然即位《とつぜんそくい》が決定! 側近《そっきん》の僧《そう》・信西《しんぜい》は「古今《ここん》に例《れい》がないおろかな君主」と決めつけたが、その後《ご》数々の戦乱《せんらん》を生きのびた**後白河上皇《ごしらかわじょうこう》**。かけひき上手で、多くの権力者《けんりょくしゃ》を手玉にとったなかなかの曲者《くせもの》だった。

「やりたいことは必《かなら》ずやりとげる実行力」と「一度聞いたことは絶《ぜっ》対《たい》に忘《わす》れない記憶力《きおくりょく》」をもっていたという。

権力者《けんりょくしゃ》キラー・後白河《ごしらかわ》

保元《ほうげん》の乱《らん》(崇徳上皇《すとくじょうこう》との争《あらそ》い)のあとに**上皇《じょうこう》**となり、院政《いんせい》をはじめる。翌年《よくとし》に起きた**平治《へいじ》の乱《らん》**(朝廷内《ちょうていない》で起きた対立からはじまった争《あらそ》い)を、**平清盛《たいらのきよもり》**(▼88)にしずめさせた。しかし力をつけた清《きよ》盛《もり》によって上皇《じょうこう》は幽閉《ゆうへい》されてしまい、平氏《へいし》一門に政治《せいじ》をのっとられてしまう。

1180年、息子の**以仁王《もちひとおう》**(▼94)が**平氏追討《へいしついとう》の令旨《りょうじ》**(皇族《こうぞく》の出す命令)を出す。令旨《りょうじ》を受けて**源義仲《みなもとのよしなか》**(▼96)と**源頼朝《みなもとのよりとも》**(▼112)が平氏《へいし》打倒《だとう》に立ちあがった。平氏《へいし》は義仲《よしなか》に京を追われ、西方へとにげていった。

上皇《じょうこう》がホッとしたのもつかの間《ま》、京を守っていたはずの義仲軍《よしなかぐん》が京を荒《あ》らしはじめた。そこで上皇《じょうこう》は頼朝《よりとも》にたのんで、弟の**源《みなもとの》義経《よしつね》**(▼98)を派遣《はけん》してもらい、義仲《よしなか》軍《ぐん》を京から追いだした。さらに、兄弟の力が強くなることを恐《おそ》れた上皇《じょうこう》は、義経《よしつね》に官位《かんい》をあたえることで頼朝《よりとも》との仲《なか》を裂《さ》くことにも成功《せいこう》した。その後《ご》、武士《ぶし》のリーダーとなった頼朝《よりとも》が**征夷大将軍《せいいたいしょうぐん》**の位《くらい》をもとめてきたが、上皇《じょうこう》はこれ以上武士《いじょうぶし》に権力《けんりょく》をあたえたくないので断《ことわ》った。上皇《じょうこう》が生きているあいだ、征夷大将軍《せいいたいしょうぐん》になれなかった頼朝《よりとも》は、上皇《じょうこう》を「日本一の大天狗《だいてんぐ》」とののしったという。

運命に翻弄《ほんろう》された「頼朝《よりとも》の父」

源《みなもとの》義《よし》朝《とも》

清盛《きよもり》に 敗《やぶ》れた不運《ふうん》な武将《ぶしょう》

出身地：京（現在《げんざい》の京都府《きょうとふ》）
生没年《せいぼつねん》：1123～1160年
性格《せいかく》：勇《いさ》ましい

父と弟5人を処刑《しょけい》

源義朝《みなもとのよしとも》は**源頼朝《みなもとのよりとも》**（▼112）の父。※側室《そくしつ》の**常盤御前《ときわごぜん》**（▼87）とのあいだには、**義経《よしつね》**（▼98）も生まれている。

父や兄弟とは仲《なか》が悪《わる》く、**保元《ほうげん》の乱《らん》**では父と5人の弟たちと敵対《てきたい》したが、義朝《よしとも》に降伏《こうふく》した父たちの命ごいを申し出た。しかしそれは許《ゆる》されず、全員処刑《しょけい》するように命じられ、父と弟たちの首を斬《き》ったという。

平治《へいじ》の乱《らん》に敗《やぶ》れて逃亡《とうぼう》

その後《ご》に起こった**平治の乱《へいじのらん》**で、義朝《よしとも》は**平清盛《たいらのきよもり》**（▼88）に敗《やぶ》れて逃亡《とうぼう》する。尾張国《おわりのくに》（現在《げんざい》の愛知県《あいちけん》）で家臣《かしん》にかくまわれていたが、恩賞《おんしょう》に目がくらんだ家臣《かしん》の義父《ぎふ》に裏切《うらぎ》られ、風呂場《ふろば》で油断《ゆだん》したところをだまし討《う》ちにされ殺《ころ》された。最期《さいご》に「木刀《ぼくとう》の1本でもあれば」とくやしがったという。38歳《さい》だった。

清盛《きよもり》は、義朝《よしとも》の息子たちも処刑《しょけい》しようとした。しかし清盛《きよもり》の義母《ぎぼ》が「頼朝《よりとも》が死んだ息子ににている」と泣《な》いたため、命だけはたすけている。その結果《けっか》、のちに平氏《へいし》がほろびる原因《げんいん》となったのだった。

※**側室《そくしつ》**：正妻《せいさい》ではない妻《つま》

1000人にひとりの美少女

常盤《ときわ》御《ご》前《ぜん》

義経《よしつね》を産《う》んだ、義朝《よしとも》の側室《そくしつ》

出身地：京（現在《げんざい》の京都府《きょうとふ》）
生没年《せいぼつねん》：不明《ふめい》
性格《せいかく》：勝ち気

源義朝《みなもとのよしとも》と平清盛《たいらのきよもり》を夫《おっと》に

常盤御前《ときわごぜん》は、近衛天皇《このえてんのう》の中宮《ちゅうぐう》※に仕えていた雑仕女《ぞうしめ》（いちばん位《くらい》が低《ひく》い召使《めしつか》い）だった。京の美女千人のなかから選《えら》ばれた、もっとも美しく聡明《そうめい》な少女だった。16歳《さい》で**源義朝《みなもとのよしとも》**（▼86）の側室《そくしつ》となり、今若《いまわか》・乙若《おとわか》・牛若《うしわか》（のちの**源義経《みなもとのよしつね》**）の3人の息子を産《う》む。**平治《へいじ》の乱《らん》**で義朝《よしとも》が殺《ころ》されたあと、雪の中を大和国《やまとのくに》（現在《げんざい》の奈良県《ならけん》）までにげたが、都《みやこ》に残《のこ》してきた母が人質《ひとじち》に取られたと知り、子どもたちを連《つ》れて**平清盛《たいらのきよもり》**（▼88）に会いに行く。母の命ごいをし、自《みずか》ら清盛《きよもり》の側室《そくしつ》になったとも、「子どもを殺《ころ》すなら、先に自分を殺《ころ》してくれ」とうったえたとも伝《つた》えられる。そのかいあって、子どもたちは命だけは助けられた。

常盤御前《ときわごぜん》の美貌《びぼう》がおとろえると、清盛《きよもり》は興味《きょうみ》をなくしたため、今度は奥州《おうしゅう》の藤原秀衡《ふじわらのひでひら》の遠い親せきという貴族《きぞく》と再婚《さいこん》し、子どもにも恵《めぐ》まれた。のちに義経《よしつね》が秀衡《ひでひら》を頼《たよ》ったのは、このときの縁《えん》だともいわれる。晩年《ばんねん》の様子は伝《つた》わっていない。

※**中宮《ちゅうぐう》**：天皇《てんのう》の妃《きさき》のよび名

武士《ぶし》の世の先駆《さきが》けとなった

平《たいらの》清《きよ》盛《もり》

武士《ぶし》で最初《さいしょ》の太政大臣《だいじょうだいじん》

出身地：不明《ふめい》
生没年《せいぼつねん》：1118～1181年
特《とく》　技《ぎ》：土木工事

太陽をよびもどした!?

平氏《へいし》のリーダー。**保元の乱《ほうげんのらん》**・**平治の乱《へいじのらん》**で手柄《てがら》を立て、**後白河上皇《ごしらかわじょうこう》**(▼84)に気に入られて猛《もう》スピードで出世。政界《せいかい》のトップ・太政大臣《だいじょうだいじん》にまでのぼりつめる。高倉天皇《たかくらてんのう》の中宮《ちゅうぐう》となった娘《むすめ》の**建礼門院徳子《けんれいもんいんとくこ》**(▼107)が**安徳天皇《あんとくてんのう》**(▼105)を産《う》むと、※外祖父《がいそふ》として政治《せいじ》をあやつった。

清盛《きよもり》は若《わか》いころ、安芸国《あきのくに》(現在《げんざい》の広島県《ひろしまけん》)で、「音戸の瀬戸《おんどのせと》」という海峡《かいきょう》をたった1日で掘《ほ》らせたことがある。工事中に日が暮《く》れそうになったので、清盛《きよもり》が黄金《おうごん》の扇《おうぎ》を持って太陽に「もどれ」と声をかけながらまねくと、太陽は空にもどって昼間のように明るくなり、工事は無事完成《ぶじかんせい》したという。また、工事の際《さい》、※人柱《ひとばしら》を立てる風習をきらった清盛《きよもり》は、人間の代わりに石にひと文字ずつお経《きょう》を書いて海に沈《しず》め、完成《かんせい》を祈《いの》った。

じつはやさしい気配りの人

敵対《てきたい》する者には容赦《ようしゃ》しなかった清盛《きよもり》も、身内にはやさしく、困《こま》ったことをされても「ふざけたのだろう」と許《ゆる》し、どんなつまらない冗談《じょうだん》でもおもしろそうに笑《わら》った。冬の寒い日には、身のまわりに仕える者を自分の衣《ころも》のすそのあたたかい場所で寝《ね》かせてやり、自分が先に目を覚《さ》ましても、起こさないように抜《ぬ》けだして、ゆっくり寝《ね》かせてやったという。

晩年《ばんねん》、からだが火のように熱《あつ》くなる病にかかった。高熱《こうねつ》で苦しんでいるときに「**源頼朝《みなもとのよりとも》**(▼112)が挙兵《きょへい》した」と報告《ほうこく》を受けた清盛《きよもり》は、「せっかく命をたすけたのに、恩《おん》を仇《あだ》で返された。自分が死んだら頼朝《よりとも》の首を墓前《ぼぜん》にそなえてくれ」と遺言《ゆいごん》し、64歳《さい》で亡《な》くなった。

ひみつのエピソード　じつは上皇《じょうこう》の子?

清盛《きよもり》の父・忠盛《ただもり》が白河上皇《しらかわじょうこう》のおともで出かけたとき、鬼《おに》があらわれた。上皇《じょうこう》は鬼《おに》を斬《き》れと言ったが、忠盛《ただもり》がよく確認《かくにん》すると僧《そう》だった。上皇《じょうこう》は忠盛《ただもり》の冷静《れいせい》さをほめ、お気に入りの祇園女御《ぎおんのにょうご》を妻《つま》としてあたえた。そのときすでに妊娠《にんしん》していた女御《にょうご》が産《う》んだのが、清盛《きよもり》ともいわれている。

※ **外祖父《がいそふ》**:母方《ははかた》の祖父《そふ》、**人柱《ひとばしら》**:工事の成功《せいこう》を祈《いの》るためのいけにえ

平《たいらの》重《しげ》盛《もり》

病死を惜《お》しまれた平清盛《たいらのきよもり》の長男

出身地：京（現在《げんざい》の京都府《きょうとふ》）
生没年《せいぼつねん》：1138〜1179年
性《せい》格《かく》：気配りが上手《じょうず》

「平家《へいけ》の良心《りょうしん》」とよばれた
息子かわいさで逆《ぎゃく》ギレ

平清盛《たいらのきよもり》（▼88）の長男。平氏《へいし》一門が住む広大な邸宅《ていたく》が京の六波羅《ろくはら》（現《げん》在《ざい》の京都市東山区《きょうとしひがしやまく》）にあり、その東南にある小松谷《こまつだに》に住んでいたので、「小松殿《こまつどの》」とよばれた。

重盛《しげもり》は「父の清盛《きよもり》とは対照的《たいしょうてき》な、ひかえめで温厚《おんこう》な人物」と世間でも評判《ひょうばん》だった。しかし重盛《しげもり》の息子が恥《はじ》をかかされたときは、謝《あやま》ってきた相手を許《ゆる》すどころか、待《ま》ちぶせして暴行《ぼうこう》をくわえるよう家来に指示《しじ》し、ついに相手に大恥《おおはじ》をかかせたという。「あんな良い人が、まさか息子の仕返しなんて」と人々におどろかれた。

40代で出家《しゅっけ》したのち、重い病にかかる。清盛《きよもり》が宋《そう》から名医をよんだが、重盛《しげもり》は「治《なお》るも治《なお》らないも、わたしの寿命《じゅみょう》。異国《いこく》の医者をよんだら、わが国に医者がいないと思われ、国の恥《はじ》になる」と断《ことわ》ってしまった。

重盛《しげもり》の死後、後白河上皇《ごしらかわじょうこう》（▼84）とはげしく対立した清盛《きよもり》はクーデターを決行（▼85）、どんどん暴走《ぼうそう》していく。平氏《へいし》の滅亡《めつぼう》は、重盛《しげもり》の死からはじまったともいわれている。

3章《しょう》

源《げん》平《ぺい》合《がっ》戦《せん》

12世紀《せいき》　平安《へいあん》時代

主なできごと

1167年		平清盛《たいらのきよもり》(▶88)が太政大臣《だいじょうだいじん》になる
1168年		平清盛《たいらのきよもり》とともに二位尼《にいのあま》(▶106)も出家《しゅっけ》
1172年		建礼門院徳子《けんれいもんいんとくこ》(▶107)が 高倉天皇《たかくらてんのう》の中宮《ちゅうぐう》になる
1177年		平氏打倒《へいしだとう》の相談《そうだん》をしていた 鹿ケ谷《ししがたに》の陰謀《いんぼう》が発覚
1179年		平清盛《たいらのきよもり》が後白河上皇《ごしらかわじょうこう》(▶84)を幽閉《ゆうへい》する
1180年	2月	安徳天皇《あんとくてんのう》(▶105)が天皇《てんのう》になる
	4月	**以仁王《もちひとおう》**(▶94)が **平氏追討《へいしついとう》の令旨《りょうじ》**を出す
	5月	以仁王《もちひとおう》と **源 頼政《みなもとのよりまさ》**(▶95)が **平氏打倒《へいしだとう》の兵《へい》**をあげる
	8月	**源　頼朝《みなもとのよりとも》**(▶112)が兵《へい》をあげるも **石橋山《いしばしやま》の戦《たたか》い**で敗走《はいそう》
	9月	**源　義仲《みなもとのよしなか》**(▶96)が兵《へい》をあげる
	10月	源　頼朝《みなもとのよりとも》が鎌倉《かまくら》に入《はい》る 源　頼朝《みなもとのよりとも》が**富士川《ふじがわ》の戦《たたか》い**で勝利《しょうり》
1181年		平清盛《たいらのきよもり》が亡《な》くなる
1183年	5月	**倶利伽羅峠《くりからとうげ》の戦《たたか》い**で 源 義仲《みなもとのよしなか》が勝利《しょうり》
	7月	**平氏《へいし》の都落《みやこお》ち**、 源 義仲《みなもとのよしなか》が京に入る
1184年	1月	**宇治川《うじがわ》の戦《たたか》い**で 源 義仲《みなもとのよしなか》が戦死《せんし》 **巴御前《ともえごぜん》**(▶97)が木曽《きそ》へもどる
	2月	**一ノ谷《いちのたに》の戦《たたか》い**で **源 義経《みなもとのよしつね》**(▶98)が **弁慶《べんけい》**(▶100)らとともに勝利《しょうり》をあげる
1185年	2月	**屋島《やしま》の戦《たたか》い**で、**那須与一《なすのよいち》**(▶102)が 扇《おうぎ》の的《まと》を射《い》る
	3月	**壇ノ浦《だんのうら》の戦《たたか》い**で安徳天皇《あんとくてんのう》、 **平知盛《たいらのとももり》**(▶104)らが海に身を投げ、 平氏《へいし》がほろびる

どんな時代だったの?

平氏《へいし》が滅亡《めつぼう》した源平合戦《げんぺいがっせん》

全国へ平氏打倒《へいしだとう》をよびかける

平清盛《たいらのきよもり》(▶88)は娘《むすめ》を天皇《てんのう》の妃《きさき》にして権力《けんりょく》をにぎった。しかし、貴族《きぞく》の政治《せいじ》とあまり変わらない政《せい》治《じ》を行《おこな》ったため、各地《かくち》で平氏《へいし》に不満《ふまん》をもつ武士《ぶし》が増《ふ》えた。朝廷《ちょうてい》では、**後白河上皇**《ごしらかわじょうこう》(▶84)が平氏《へいし》をたおそうと計画を立てるが失敗《しっぱい》、清《きよ》盛《もり》に幽閉《ゆうへい》されてしまう。

1180年、**以仁王**《もちひとおう》(▶94)が平氏《へいし》打倒《だとう》を全国によびかける「**令旨**《りょうじ》」を出し、**源頼政**《みなもとのよりまさ》(▶95)とともに立ちあがった。この令旨《りょうじ》を受けた各地《かくち》の源氏《げんじ》が平氏《へいし》と戦《たたか》いをはじめる。

主な人物関係図《かんけいず》

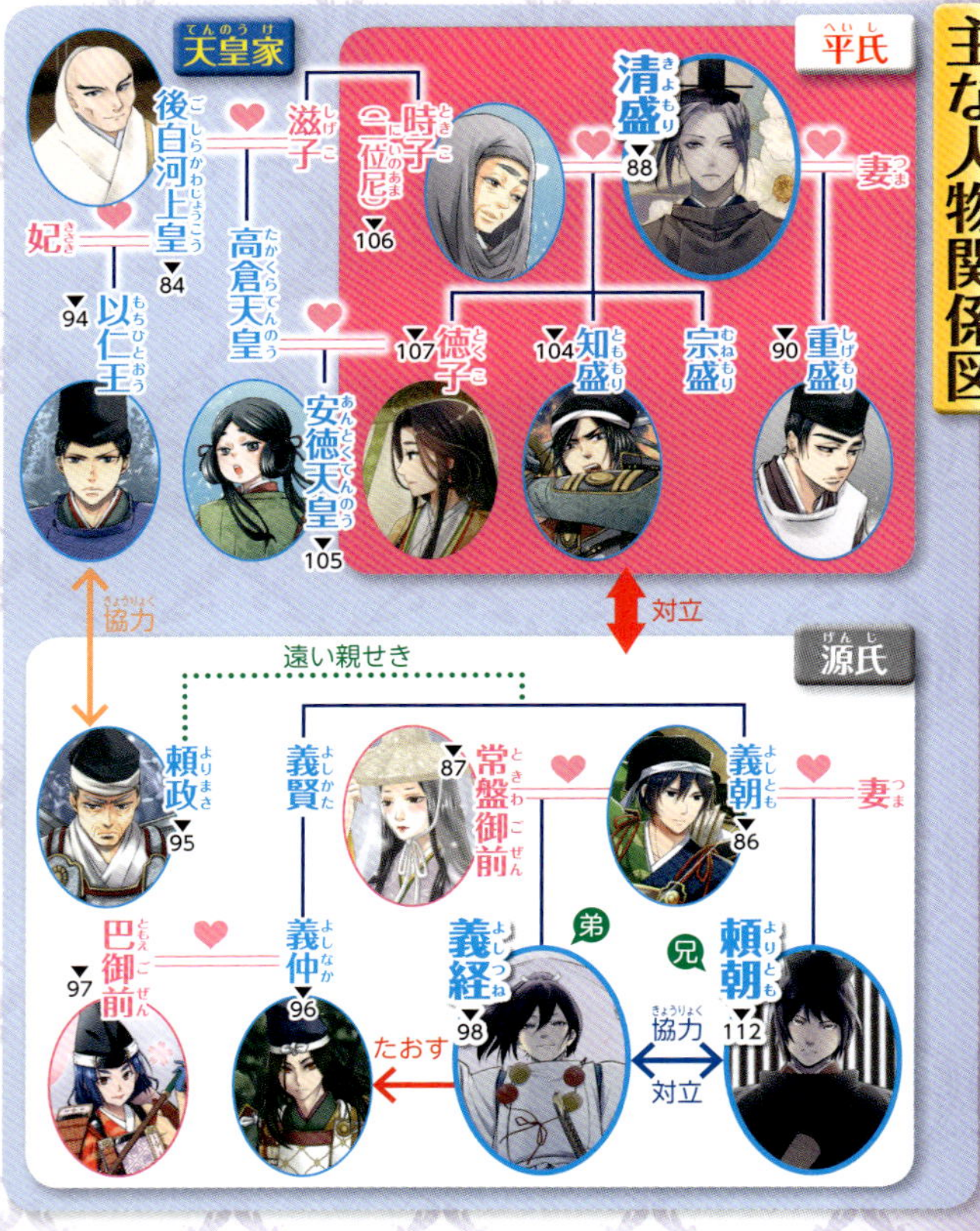

壇《だん》ノ浦《うら》で平氏《へいし》がほろびる

平氏《へいし》と源氏《げんじ》の戦《たたか》いは、初《はじ》めのうちこそ平氏《へいし》が勝っていたが、**富士《ふじ》川《がわ》の戦《たたか》い**で**源頼朝《みなもとのよりとも》**（▼112）が、**倶利伽《くりか》羅峠《らとうげ》の戦《たたか》い**で**源義仲《みなもとのよしなか》**（▼96）が勝利《しょうり》すると、平氏《へいし》は京をすてて西のほうへにげだす（**平氏《へいし》の都落《みやこお》ち**）。

あとを追ったのは、頼朝《よりとも》の弟、**源義経《みなもとのよしつね》**（▼98）だった。義経《よしつね》は**一ノ谷《いちのたに》の戦《たたか》い**、**屋島《やしま》の戦《たたか》い**と勝利《しょうり》を重ね、平氏《へいし》を追いつめていく。最後の決戦《けっせん》となった**壇《だん》ノ浦《うら》の戦《たたか》い**で、敗北《はいぼく》を悟《さと》った**平知盛《たいらのとももり》**（▼104）や**二位尼《にいのあま》**（▼106）は、**安徳天皇《あんとくてんのう》**（▼105）とともに海に身を投げ、強大な権力《けんりょく》をもっていた平氏《へいし》は滅亡《めつぼう》した。

源平《げんぺい》の主な合戦《かっせん》

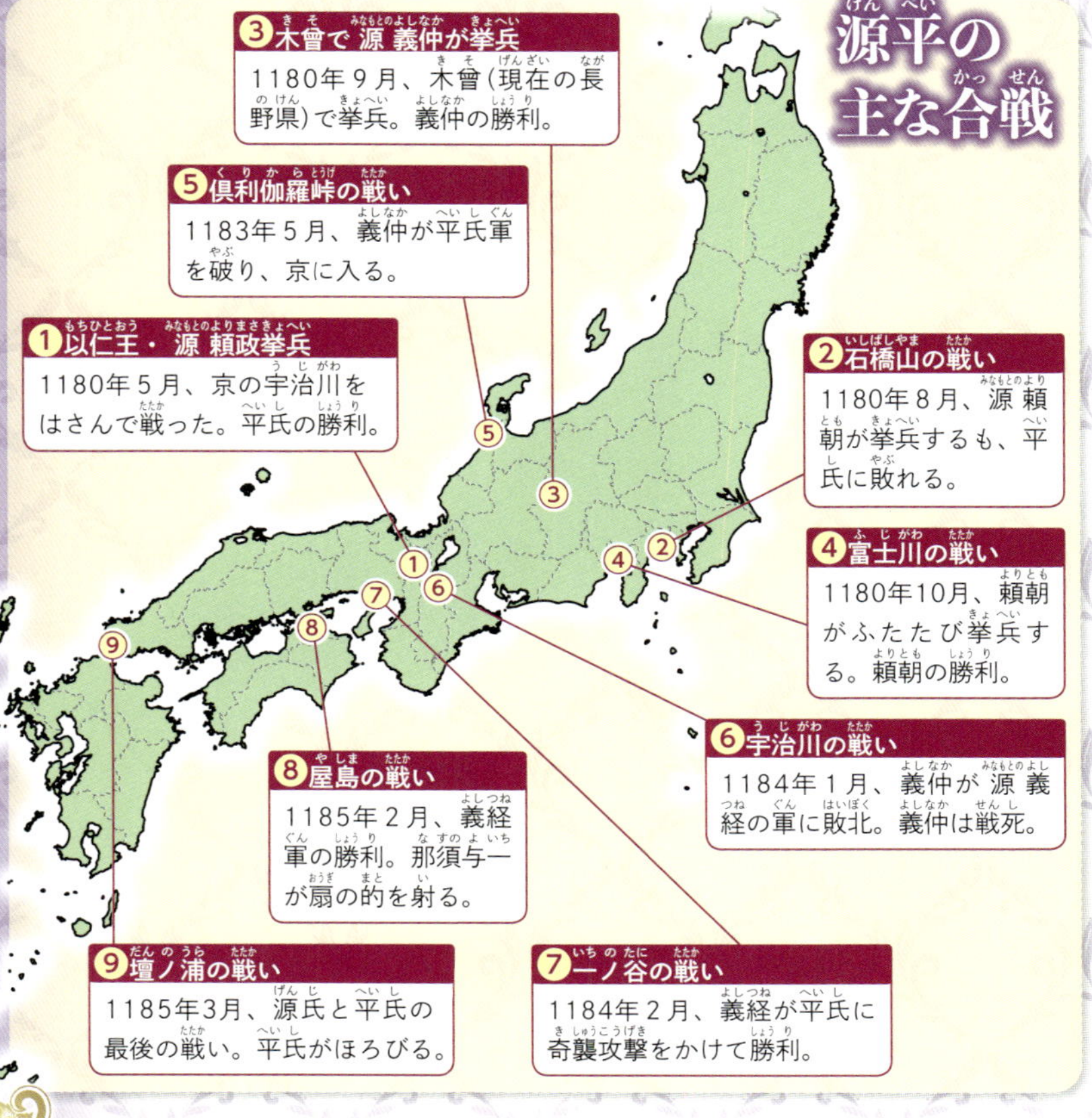

平氏《へいし》滅亡《めつぼう》のきっかけをつくった

以《もち》仁《ひと》王《おう》

後白河上皇《ごしらかわじょうこう》の第3皇子《おうじ》
出身地：京（現在《げんざい》の京都府《きょうとふ》）
生没年《せいぼつねん》：1151〜1180年
特技《とくぎ》：和歌、笛《ふえ》

平氏打倒《へいしだとう》を 全国によびかける

以仁王《もちひとおう》は**後白河上皇《ごしらかわじょうこう》**（▼84）の息子で、幼《おさな》いころから聡明《そうめい》で将来有望《しょうらいゆうぼう》と言われていた。しかし平氏《へいし》を親せきにもたなかったため皇太子《こうたいし》になれず、30歳《さい》をむかえた。さらに**安徳天皇《あんとくてんのう》**（▼105）が即位《そくい》したことで、皇太子《こうたいし》になることへの望《のぞ》みが絶《た》たれ、**源頼政《みなもとのよりまさ》**と平氏打倒《へいしだとう》の計画を立てる。

1180年、以仁王《もちひとおう》は全国の源《げん》氏《じ》に挙兵《きょへい》をよびかける**令旨《りょうじ》**※を出した。しかし、戦《いくさ》の準備《じゅんび》がととのう前に平氏側《へいしがわ》に計画がばれてしまう。以仁王《もちひとおう》は女装《じょそう》して京から脱《だっ》出《しゅつ》し、源頼政《みなもとのよりまさ》と合流して奈良《なら》をめざした。途中《とちゅう》、つかれきった以仁王《もちひとおう》は6回も落馬したという。

結局《けっきょく》、宇治川《うじがわ》をはさんでの合《かっ》戦《せん》で平氏《へいし》の大軍《たいぐん》に敗《やぶ》れ、頼政《よりまさ》は以《もち》仁《ひと》王《おう》をにがして自害《じがい》する。以仁《もちひと》王《おう》は奈良《なら》をめざしてにげる途中《とちゅう》、流れ矢に当たって落馬し、討《う》ちとられた。

このときの以仁王《もちひとおう》の反乱《はんらん》は失敗《しっぱい》したが、令旨《りょうじ》を受け取った**源義《みなもとのよし》仲《なか》**（▼96）や**源頼朝《みなもとのよりとも》**（▼112）が挙兵《きょへい》し、平氏滅亡《へいしめつぼう》への一歩となった。

※**令旨《りょうじ》**：皇太子《こうたいし》や皇族《こうぞく》が出す命令《めいれい》

平氏打倒《へいしだとう》に立ちあがった

源《みなもとの》頼《より》政《まさ》

源氏《げんじ》で最初《さいしょ》に平氏打倒《へいしだとう》計画を立てる

頼政《よりまさ》は源義朝《みなもとのよしとも》（▶86）とは遠い親せきの源氏《げんじ》。70代までずっと官位《かんい》は低《ひく》かったが、**平清盛**《たいらのきよもり》（▶88）に信頼《しんらい》されて出世し、「源三位《げんざんみ》」「源三位頼《げんざんみより》政《まさ》」ともよばれた。

77歳《さい》のとき、**以仁王**《もちひとおう》と平氏《へいし》をたおす計画を立てるが、事前に密告《みっこく》されてしまう。急いで京を脱出《だっしゅつ》するも、宇治川《うじがわ》で平氏軍《へいしぐん》に敗《やぶ》れ、左ひざに大ケガをする。「もはやこれまで」と**平等院鳳凰堂**《びょうどういんほうおうどう》まで退《しりぞ》いて自害《じがい》した。頼政《よりまさ》が反乱《はんらん》したと聞いた人々は、「清盛《きよもり》に恩《おん》のある頼《より》政《まさ》ですら逆《さか》らったのか」と、みなおどろいたという。

頼政《よりまさ》はすぐれた歌人として多くの歌を残《のこ》し、娘《むすめ》の二条院讃岐《にじょういんのさぬき》の歌は**小倉**《おぐら》**百人一首**に選《えら》ばれている。

清盛《きよもり》に信頼《しんらい》された源氏《げんじ》の長老《ちょうろう》

出身地：京（現在《げんざい》の京都府《きょうとふ》）
生没年《せいぼつねん》：1104～1180年
性格《せいかく》：まじめ

ひみつのエピソード **化け物を退治《たいじ》した頼政《よりまさ》**

あるとき、御所《ごしょ》で毎晩《まいばん》のように不気味《ぶきみ》な鳴き声が聞こえ、天皇《てんのう》が病にたおれてしまった。夜間《やかん》の警護《けいご》をしていた頼政《よりまさ》は、屋根の上に不気味《ぶきみ》な黒い煙《けむり》と怪《あや》しい獣《けもの》を見つけた。頼政《よりまさ》が矢を放つとみごと命中、落ちてきた獣《けもの》に家《か》臣《しん》がとどめをさすと、それは猿《さる》の顔に、狸《たぬき》の胴《どう》、虎《とら》の手足、蛇《へび》の尾《お》をもつ「鵺《ぬえ》」という化け物だった。鵺《ぬえ》が退治《たいじ》されると、天皇《てんのう》の病はすぐに治《なお》った。

源《みなもとの》義《よし》仲《なか》

源頼朝《みなもとのよりとも》のいとこ
出身地：武蔵国《むさしのくに》(現在《げんざい》の埼玉県《さいたまけん》)
生没年《せいぼつねん》：1154～1184年
性《せい》格《かく》：荒《あら》っぽいがむじゃき

平氏《へいし》を破《やぶ》るが、同族《どうぞく》の源氏《げんじ》に敗《やぶ》れる

山奥《やまおく》育ちの美青年

義仲《よしなか》が2歳《さい》のとき、領地《りょうち》をめぐる争《あらそ》いで一族は滅亡《めつぼう》。幼《おさな》い義《よし》仲《なか》は乳母《うば》にかくまわれ、木曽《きそ》の山《やま》奥《おく》で育つ。言葉づかいがあらく、立《た》ち居《い》ふるまいも乱暴《らんぼう》だが、色白でさわやかな美男子だった。

1180年、**以仁王《もちひとおう》**(▼94)の令旨《りょうじ》を受けて挙兵《きょへい》し、※**倶利伽羅峠《くりからとうげ》の戦《たたか》い**で平氏《へいし》の大軍《たいぐん》を破《やぶ》る。さらに平氏《へいし》を京から追《お》いはらい、**後白《ごしら》河上皇《かわじょうこう》**(▼84)から「朝日将軍《あさひしょうぐん》」の称号《しょうごう》をあたえられたという。しかし、京を守る役目だったのに逆《ぎゃく》に荒《あ》らしてしまったため、京を追いだされることとなった。

京から落ちのびて…

源頼朝《みなもとのよりとも》(▼112)の命《めい》を受けた**源義《みなもとのよし》経《つね》**(▼98)に追われ、**宇治川《うじがわ》の戦《たたか》い**で敗《やぶ》れた義仲《よしなか》は、「死ぬときはいっしょに」と誓《ちか》った側近《そっきん》の今井兼平《いまいかねひら》と落ちのびたが、自害《じがい》する寸前《すんぜん》で討《う》ちとられる。それを見た兼平《かねひら》は、太刀《たち》の先を口にくわえて馬から飛《と》びおり、のどを貫《つらぬ》いて主君のあとを追った。義仲《よしなか》は31歳《さい》、兼平《かねひら》は33歳《さい》だった。

※ **倶利伽羅峠《くりからとうげ》の戦《たたか》い**：現在《げんざい》の富山県《とやまけん》と石川県《いしかわけん》のあいだにある砺波山《となみやま》の峠《とうげ》で起きた戦《たたか》い

義仲《よしなか》とともに戦《たたか》った女武者《おんなむしゃ》

最愛《さいあい》の彼氏《かれし》のボディガードとして戦《たたか》う

源義仲《みなもとのよしなか》の側近《そっきん》であった今井兼平《いまいかねひら》の妹で、義仲《よしなか》の恋人《こいびと》。色が白く、髪《かみ》は長く、たいへん美しかったという。幼《おさな》いころから義仲《よしなか》とともに育ち、女ながらに義仲《よしなか》を守って戦《たたか》った、一騎当千《いっきとうせん》の武者《むしゃ》として知られる。

宇治川《うじがわ》の戦《たたか》いで義経軍《よしつねぐん》に敗《やぶ》れた義仲《よしなか》が、数騎《すうき》の従者《じゅうしゃ》を連《つ》れて死に場所を探《さが》していたとき、巴《ともえ》御前《ごぜん》もともに死ぬ覚悟《かくご》であった。しかし、義仲《よしなか》から「おまえは生きて、どこかへ落ちのびろ」と別《わか》れを告《つ》げられてしまう。巴御前《ともえごぜん》は「どうか最期《さいご》までいっしょにいさせてください」と願《ねが》ったが、「にげなければ縁《えん》を切る」と言われ、あきらめるしかなかった。巴御前《ともえごぜん》は去り際《ぎわ》に「最後《さいご》のご奉公《ほうこう》を」と言い、前方からやってきた敵《てき》の首をつかまえ、斬《き》って投げすてた。それからよろいかぶとをぬぎ、泣《な》く泣《な》く木曾《きそ》へ帰ったという。

その後《ご》は、「出家《しゅっけ》して尼《あま》になった」「義仲《よしなか》の墓《はか》のそばで暮《く》らし、生涯《しょうがい》を終えた」などといわれるが、くわしくは伝《つた》えられていない。

巴《ともえ》御《ご》前《ぜん》

源義仲《みなもとのよしなか》の恋人《こいびと》

出身地：信濃国《しなののくに》（現在《げんざい》の長野県《ながのけん》）
生没年《せいぼつねん》：不明《ふめい》
特《とく》　技《ぎ》：なぎなた、弓、刀

平氏《へいし》をほろぼした悲劇《ひげき》の英雄《えいゆう》

源《みなもとの》義《よし》経《つね》

戦《いくさ》がうまい、源頼朝《みなもとのよりとも》の弟

出身地：京（現在《げんざい》の京都府《きょうとふ》）
生没年《せいぼつねん》：1159～1189年
特《とく》　技《ぎ》：奇襲攻撃《きしゅうこうげき》

天狗《てんぐ》が家庭教師《きょうし》?!

源義経《みなもとのよしつね》は**源頼朝**《みなもとのよりとも》(▼112)の弟で、子どものときの名前は牛若丸《うしわかまる》。2歳《さい》のときに父が**平治《へいじ》の乱《らん》**で敗《やぶ》れたため義経《よしつね》も殺《ころ》されるところだったが、命だけはたすけられて京の鞍馬寺《くらまでら》にあずけられた。のちに天才的《てんさいてき》な軍事《ぐんじ》の才能《さいのう》をみせたので、「鞍馬《くらま》山《やま》で天狗《てんぐ》と修行《しゅぎょう》をしていた」という伝説《でんせつ》が生まれた。16歳《さい》のとき寺をぬけだし、その後《ご》は奥州《おうしゅう》の藤《ふじ》原氏《わらし》のもとですごす。

頼朝《よりとも》に協力《きょうりょく》し、**宇治川《うじがわ》の戦《たたか》い**で**源義仲**《みなもとのよしなか》(▼96)を破《やぶ》る。**一ノ谷《いちのたに》**、**屋《や》島《しま》の戦《たたか》い**で連戦連勝《れんせんれんしょう》、ついに平《へい》氏《し》を**壇ノ浦《だんのうら》の戦《たたか》い**でほろぼした。

五条《ごじょう》大橋で弁慶《べんけい》と出会う

義経《よしつね》がまだ牛若丸《うしわかまる》と名のっていたころのこと。京の五条《ごじょう》大橋で人々から刀をうばっていた**弁慶**《べんけい》(▼100)と出会う。子どもと見くびって斬《き》りかかってきた弁慶《べんけい》をひらりとかわし、返り討《う》ちにしてしまう。その縁《えん》で弁慶《べんけい》が忠実《ちゅうじつ》な家臣《かしん》となり、最期《さいご》までともに戦《たたか》ったのだった。

悲劇《ひげき》の兄弟ゲンカ

義経《よしつね》には、頼朝《よりとも》とかたく約束《やくそく》したことがふたつあった。ひとつは、頼朝《よりとも》に無断《むだん》で朝廷《ちょうてい》から官位《かんい》をもらわないこと。もうひとつは、平氏《へいし》が持ち去った三種《さんしゅ》の神器《じんぎ》のひとつ「**草薙剣**《くさなぎのつるぎ》」を取りもどすこと。この約束《やくそく》をはたせなかったため、義経《よしつね》は頼朝《よりとも》から鎌倉《かまくら》への立ち入り禁止《きんし》を言いわたされる。謝罪《しゃざい》の手紙を書いたが、許《ゆる》してもらえなかった。

頼朝《よりとも》との対立が深まり、義経《よしつね》は挙兵《きょへい》しようとして失敗《しっぱい》。奥州《おうしゅう》へにげる途中《とちゅう》、吉野《よしの》の山中で恋《こい》人《びと》の**静御前**《しずかごぜん》(▼116)ともはぐれてしまう。そのとき病気だった藤原秀衡《ふじわらのひでひら》は、息子の藤原泰衡《ふじわらのやすひら》に「義経《よしつね》を守れ」という遺言《ゆいごん》を残《のこ》した。しかし頼朝《よりとも》におどされた泰衡《やすひら》が義経《よしつね》をおそい、ついに義経《よしつね》は自《みずか》ら命を絶《た》ったのだった。

主君《しゅくん》のためなら命もすてる

弁《べん》慶《けい》

義経《よしつね》の家臣《かしん》になった怪力《かいりき》の僧兵《そうへい》

出身地：紀伊国《きいのくに》(現在《げんざい》の和歌山県《わかやまけん》)
生没年《せいぼつねん》：生年不明《ふめい》～1189年
特　技《とくぎ》：なぎなた

義経《よしつね》の「一の家来《けらい》」

子どものころの名前は鬼若《おにわか》。「母親のお腹《なか》に3年いた」「生まれたときは2～3歳《さい》くらいの大きさだった」などの伝説《でんせつ》があり、鬼《おに》の子と言われたという。**比叡山《ひえいざん》**にあずけられていたが、あまりに乱暴《らんぼう》なため追いだされてしまう。そこで自分で髪《かみ》をそって**武蔵坊弁慶《むさしぼうべんけい》**と名のった。

あるとき弁慶《べんけい》は「千本の刀を集めよう」と決め、京の五条《ごじょう》大橋を通る人々から刀をうばいはじめた。999本まで集めたときに出会ったのが、**源義経《みなもとのよしつね》**(▶98)だった。弁慶《べんけい》は義経《よしつね》のみごとな太刀《たち》さばきに感《かん》服《ぷく》して降参《こうさん》し、以後《いご》忠実《ちゅうじつ》な家臣《かしん》となった。

「弁慶《べんけい》の立《た》ち往生《おうじょう》」

弁慶は義経《よしつね》が兄と対立して奥《おう》州《しゅう》へにげていくときも、つきしたがった。かくれ住んでいた館《やかた》を藤原泰衡《ふじわらのやすひら》におそわれたとき、弁《べん》慶《けい》は義経《よしつね》が自害《じがい》するための時間をかせぐため、館《やかた》の入口で戦《たたか》った。全身に矢を受け、立ったまま死んだ(**立《た》ち往生《おうじょう》**)と伝《つた》えられる。

源《みなもとの》義経《よしつね》は、平氏《へいし》を
ほろぼしたものの
兄・頼朝《よりとも》に追われ、奥州《おうしゅう》へ
落ちのびようとしていた
安宅関
東北へ行くには
ここ「安宅関《あたかのせき》」を
通らねばならない――
……
……
どき
待たれよ
ビクッ
ギクッ
お主《ぬし》
義経《よしつね》だな
ここで捕《つか》まる
わけにはいかん
お…
お前が!!
義経《よしつね》なんぞに
にておるから
疑《うたが》われるんじゃ!!
バシッ
ビシッ
ご…
ごめんなさい…
いてて…
もうよい
通れ
弁慶《べんけい》の忠義心《ちゅうぎしん》に
心を打たれた関守《せきもり》は
義経《よしつね》と知りつつ
見のがしたのだった

船上の扇《おうぎ》を射落《いお》とす
那《な》須《すの》与《よ》一《いち》
弓の名手《めいしゅ》
出身地：下野国《しもつけのくに》(現在《げんざい》の栃木県《とちぎけん》)
生没年《せいぼつねん》：生年不明《ふめい》～1189年ごろ
特《とく》　技《ぎ》：遠くの的《まと》を射《い》る

扇《おうぎ》の的《まと》を射《い》る

本名は那須宗高《なすむねたか》。十一男だったため、十に一つ余《あま》るとして「与一《よいち》」(余一《よいち》)とよばれた。

屋島《やしま》の戦《たたか》いで日没《にちぼつ》をむかえ、戦《たたか》いは一時やんだ。このとき、平氏《へいし》は海上、源氏《げんじ》は陸上《りくじょう》にいた。すると、沖《おき》にいる平氏軍《へいしぐん》から小舟《こぶね》が一艘《いっそう》あらわれ、波打《なみう》ち際《ぎわ》から80メートルほどはなれて止まった。小舟《こぶね》には美しい女がいて、赤地に金色の丸が描《えが》かれた扇《おうぎ》を竿《さお》の先につけて、手まねきしている。

源義経《みなもとのよしつね》(▶98)が「だれかあの扇《おうぎ》を射《い》ることのできる者はいるか」と聞くと、部下のひとりが「那須与《なすのよ》一《いち》なら飛《と》ぶ鳥を射落《いお》とせます」と推薦《すいせん》する。

敵《てき》も感嘆《かんたん》する弓の腕《うで》

そのとき与一《よいち》は、まだ二十歳《はたち》の若者《わかもの》だった。籐《とう》で補強《ほきょう》してある「重籐《しげどう》の弓」を小脇《こわき》にかかえ、兜《かぶと》をぬいで義経《よしつね》の前にかしこまった。

義経《よしつね》に「あの的《まと》を射《い》よ」と命令《めいれい》された与一《よいち》は、黒い馬に乗って波打《なみう》ち際《ぎわ》へ行き、目を閉《と》じて祈《いの》った。

「南無八幡大菩薩《なむはちまんだいぼさつ》、あの扇《おうぎ》の中心を射《い》ることができますように。失《しっ》敗《ぱい》したら自害《じがい》します」

与一《よいち》が目を開くと風がやみ、扇《おうぎ》も止まって見えた。

鏑矢《かぶらや》をつがえ、ひきしぼって射《い》ると、矢はみごとに扇《おうぎ》を打ち落とした。扇《おうぎ》は宙《ちゅう》を舞《ま》い、春風に吹《ふ》かれてひらひらと海に落ちた。源氏《げんじ》も平氏《へいし》も、手をたたいて与一《よいち》の腕前《うでまえ》をほめたたえた。

合戦《かっせん》ののちの与一《よいち》は、出家《しゅっけ》したとも、若《わか》くして亡《な》くなったともいわれている。

アイテム

鏑矢《かぶらや》

先に笛《ふえ》がついている矢。射《い》ると音がする。合戦《かっせん》の合図などに使われた。

(國學院高等学校所蔵)

平氏《へいし》でいちばんの知将《ちしょう》

平《たいらの》知《とも》盛《もり》

平清盛《たいらのきよもり》の四男、母は二位尼《にいのあま》

出身地《しゅっしんち》：京（現在《げんざい》の京都府《きょうとふ》）
生没年《せいぼつねん》：1152～1185年
性格《せいかく》：いさぎよい

意外に病弱だった!?

平知盛《たいらのとももり》は頭脳明晰《ずのうめいせき》で、**平清盛《たいらのきよもり》**（▼88）の「最愛《さいあい》の息子」と言われた。清盛《きよもり》の死後、兄の平宗盛《たいらのむねもり》が平氏《へいし》一門のリーダーとなると、知盛《とももり》はそのもとで平氏《へいし》の全軍《ぜんぐん》を率《ひき》いて戦《たたか》った。とても勇敢《ゆうかん》で知略《ちりゃく》に長《た》けていたが、からだは弱く病気がちだったという。優柔不断《ゆうじゅうふだん》な宗盛《むねもり》とは意見が合わなかったため、苦《く》労《ろう》していた。

一門の最期《さいご》を見とどけて

壇《だん》ノ《の》浦《うら》の戦《たたか》いでは敵《てき》の目をあざむくため、**安徳天皇《あんとくてんのう》**をわざと粗《そ》末《まつ》な船に乗せ、立派《りっぱ》な船にはおとりを乗せたが、密告者《みっこくしゃ》がいたため作戦《さくせん》は失敗《しっぱい》。平氏《へいし》の敗北《はいぼく》が決まると、安徳天皇《あんとくてんのう》の船にうつり「見苦しいものをすべて海にすてよ」と命じて、船をはき清めた。

安徳天皇《あんとくてんのう》や平氏《へいし》一門の最期《さいご》を見とどけると、よろいを2つ着こみ、「見るべきほどのことは見つ（見とどけねばならないことは見とどけた）、今は自害《じがい》せん」との言葉を残《のこ》し、部下と手を取りあって海中に身を投げた。34歳《さい》だった。

8歳《さい》で壇《だん》ノ浦《うら》に沈《しず》んだ天皇《てんのう》

安《あん》徳《とく》天《てん》皇《のう》

平清盛《たいらのきよもり》の孫《まご》で、高倉天皇《たかくらてんのう》と建礼門院徳子《けんれいもんいんとくこ》の息子

出身地：京（現在《げんざい》の京都府《きょうとふ》）
生没年《せいぼつねん》：1178～1185年
性《せい》　格《かく》：すなお

もっとも幼《おさな》くして亡《な》くなる

安徳天皇《あんとくてんのう》は日本史上最年少《にほんしじょうさいねんしょう》で亡《な》くなった天皇《てんのう》。生後1か月で皇太子《こうたいし》になり、わずか3歳《さい》で即位《そくい》する。6歳《さい》のとき**源義仲《みなもとのよしなか》**（▼96）の軍《ぐん》に京を追われ、平氏《へいし》一門とともに西方へのがれる（平氏《へいし》の都落《みやこお》ち）。やがて、**源義経《みなもとのよしつね》**（▼98）に追《お》いつめられ、**壇ノ浦《だんのうら》**で最期《さいご》の時をむかえた。

源氏《げんじ》の兵《へい》が近くにせまると、伯《お》父《じ》の**知盛《とももり》**が「もうすぐめずらしい東国の男を見られますよ」と冗談《じょうだん》を言って笑《わら》った。「東国出身の源《げん》氏《じ》の兵《へい》が、すぐそこまで来ている」という意味だった。

それを聞いてすべてを察《さっ》した祖《そ》母《ぼ》の**二位尼《にいのあま》**（▼106）は、安徳天皇《あんとくてんのう》をだきあげた。年よりもおとなびて、輝《かがや》くように美しい少年だ。二位《にい》尼《あま》は涙《なみだ》ながらに自分たちの運がつきたことを告《つ》げ、神仏《しんぶつ》に祈《いの》りを唱《とな》えるよう話した。

安徳天皇《あんとくてんのう》が東のほうをむいて伊《い》勢神宮《せじんぐう》に祈《いの》り、それから西のほうをむいて念仏《ねんぶつ》を唱《とな》えると、二位尼《にいのあま》は安徳天皇《あんとくてんのう》をだいたまま「波の下にも都《みやこ》はございます」と言い、海中に身を投げたのだった。

平氏《へいし》一門の「お母さん」

二位尼《にいのあま》（平時子《たいらのときこ》）

平清盛《たいらのきよもり》の妻《つま》

出身地：京（現在《げんざい》の京都府《きょうとふ》）
生没年《せいぼつねん》：1126～1185年
性格《せいかく》：しっかり者

安徳天皇《あんとくてんのう》をだいて海に沈《しず》んだ

本名は**平時子《たいらのときこ》**。**平清盛《たいらのきよもり》**(▼88)の妻《つま》で、宗盛《むねもり》、**知盛《とももり》**(▼104)、**建礼門院徳子《けんれいもんいんとくこ》**らの母。16歳《さい》年下の妹《いもうと》・建春門院《けんしゅんもんいん》(平滋子《たいらのしげこ》)は**後白河上皇《ごしらかわじょうこう》**(▼84)の妃《きさき》となり、高倉天皇《たかくらてんのう》を産《う》んだ。甥《おい》である高倉天皇の乳母《うば》※となった時子《ときこ》は、娘《むすめ》の徳子《とくこ》が高倉天皇《たかくらてんのう》の妃《きさき》になった際《さい》に従二位《じゅにい》という位《くらい》をさずかった。また、清盛《きよもり》が病気になって出家《しゅっけ》したときに、いっしょに出家《しゅっけ》して尼《あま》となったので「**二位尼《にいのあま》**」とよばれた。清盛《きよもり》が亡《な》くなったあと、平氏《へいし》がばらばらにならないようにまとめ役になった。二位尼《にいのあま》は、平氏《へいし》一門にとって「みんなのお母さん」のような立場だった。

都落《みやこお》ちしたあとは、壇ノ浦《だんのうら》で**安徳天皇《あんとくてんのう》**(▼105)をかかえて海に飛《と》びこみ自害《じがい》する。享年《きょうねん》60歳《さい》。

※**乳母《うば》**：実母《じつぼ》の代わりに子どもを育てる女性《じょせい》

ひみつのエピソード　草薙剣《くさなぎのつるぎ》のゆくえ

海に身を投げるとき、二位尼《にいのあま》は京からたずさえてきた三種《さんしゅ》の神器《じんぎ》（草薙剣《くさなぎのつるぎ》・八尺瓊勾玉《やさかにのまがたま》・八咫鏡《やたのかがみ》）のうち、草薙剣《くさなぎのつるぎ》と勾玉《まがたま》を持って海中に沈《しず》んだ。勾玉《まがたま》は箱《はこ》に入っていたため浮《う》かびあがり、鏡《かがみ》も海に沈む前に源氏《げんじ》の武士《ぶし》が取りもどしたが、剣《つるぎ》だけは見つからなかったという。

平氏《へいし》一門の冥福《めいふく》を祈《いの》った天皇《てんのう》の母

建《けん》礼《れい》門《もん》院《いん》徳《とく》子《こ》

平清盛《たいらのきよもり》の娘《むすめ》で、安徳天皇《あんとくてんのう》の母

出身地：京（現在《げんざい》の京都府《きょうとふ》）
生没年《せいぼつねん》：1155～1213年
性《せい》　格《かく》：やさしい

壇《だん》ノ《の》浦《うら》で身を投げるも死にきれず

平清盛《たいらのきよもり》（▼88）と**二位尼《にいのあま》**の娘《むすめ》。17歳《さい》で高倉天皇《たかくらてんのう》と結婚《けっこん》し、24歳《さい》のときに**安徳天皇《あんとくてんのう》**（▼105）を産《う》んだ。3年後、高倉天皇《たかくらてんのう》が亡《な》くなると、清盛《きよもり》がほかの皇族《こうぞく》と結婚《けっこん》させようとしたが、**建礼門院《けんれいもんいん》**が「それだけは絶対《ぜったい》にイヤ」とこばんだので、実現《じつげん》しなかった。

平氏《へいし》一門と都落《みやこお》ちし、安徳天皇《あんとくてんのう》や二位尼《にいのあま》とともに壇ノ浦《だんのうら》で海中に身を投げた。しかし、おもりとしてたもとに入れた硯《すずり》が軽かったのか浮《う》きあがってしまい、源氏《げんじ》の兵《へい》に長い黒髪《くろかみ》を熊手《くまで》でからめとられ、たすけられてしまう。

平氏《へいし》一門の冥福《めいふく》を祈《いの》る

京へ連《つ》れもどされたあと、出家《しゅっけ》する。「騒《さわ》がしい世の中で暮《く》らすよりは」と、数名の侍女《じじょ》を連《つ》れて山奥《やまおく》にうつり住《す》み、わが子安徳天皇《あんとくてんのう》をはじめ、平氏《へいし》一門の冥福《めいふく》を祈《いの》りながらすごした。

のちに、わびしく暮《く》らす建礼門院《けんれいもんいん》を**後白河上皇《ごしらかわじょうこう》**（▼84）がお忍《しの》びでたずね、なつかしく語り合ったともいわれている。

コラム

三種《さんしゅ》の神器《じんぎ》って？

三種《さんしゅ》の神器《じんぎ》とは、アマテラスオオミカミからさずけられたという、3つの宝《たから》のこと。今でも大切に守られている。

三種《さんしゅ》の神器《じんぎ》 その1

八咫鏡《やたのかがみ》

アマテラスオオミカミが「天《あま》の岩戸《いわと》」にかくれたとき、その姿《すがた》をうつしたという鏡《かがみ》。

三種《さんしゅ》の神器《じんぎ》 その2

八尺瓊勾玉《やさかにのまがたま》

八咫鏡《やたのかがみ》とセットでつくられた、大きな勾玉《まがたま》。安徳《あんとく》天皇《てんのう》（▶105）とともに壇ノ《だんの》浦《うら》の海に沈《しず》んだが、源《みなもとの》義経《よしつね》（▶98）が見つけて持ち帰ったともいう。

三種《さんしゅ》の神器《じんぎ》 その3

草薙剣《くさなぎのつるぎ》

スサノオノミコトがヤマタノオロチをたおしたときに、その尾《お》から出てきたといわれる剣《けん》。天叢雲剣《あめのむらくものつるぎ》ともいう。ヤマトタケル（▶20）が使ったともいわれている。

本物は見られない!?

三種《さんしゅ》の神器《じんぎ》は、天皇《てんのう》が皇位《こうい》を継《つ》ぐときの儀式《ぎしき》に使われる。神器《じんぎ》がないと、正式な天皇《てんのう》と認《みと》められないといわれている。

ところが平安《へいあん》時代末期《まっき》、都《みやこ》を追われた平氏《へいし》が三種《さんしゅ》の神器《じんぎ》を持ち去ってしまったため、**後鳥羽上皇《ごとばじょうこう》**（▶124）が天皇《てんのう》になったときには神器《じんぎ》がなかった。後《ご》鳥羽上皇《とばじょうこう》は、そのことを最後まで気にしていたという。

神聖《しんせい》なものなので、ふつうの人はもちろん、天皇《てんのう》でさえも実物を見てはいけないことになっているのだそうだ。

4章《しょう》

鎌《かま》倉《くら》時代～室《むろ》町《まち》時代

主なできごと

平安《へいあん》時代	12世紀《せいき》	1180年	源《みなもとの》 頼朝《よりとも》が鎌倉《かまくら》に入る **和田義盛《わだよしもり》**(▶118)が侍所別当《さむらいどころべっとう》になる
鎌倉《かまくら》時代		1185年	守護《しゅご》・地頭《じとう》が設置《せっち》される(**鎌倉幕府《かまくらばくふ》**)
		1187年	**源《みなもとの》 義経《よしつね》**(▶98)が奥州《おうしゅう》へのがれる
		1189年	藤原泰衡《ふじわらのやすひら》が 源 義経《みなもとのよしつね》をおそう 源《みなもとの》 頼朝《よりとも》が藤原泰衡《ふじわらのやすひら》を討《う》つ(**奥州平定《おうしゅうへいてい》**)
		1192年	源《みなもとの》 頼朝《よりとも》が征夷大将軍《せいいたいしょうぐん》になる
		1199年	源《みなもとの》 頼朝《よりとも》が亡《な》くなり、**梶原景時《かじわらかげとき》**(▶117)が失脚《しっきゃく》
	13世紀《せいき》	1203年	**源《みなもとの》 実朝《さねとも》**が第３代将軍《しょうぐん》になる **運慶《うんけい》**(▶120)・**快慶《かいけい》**(▶121)らが 東大寺《とうだいじ》の金剛力士像《こんごうりきしぞう》をつくる
		1213年	和田義盛《わだよしもり》が**和田合戦《わだがっせん》**により亡《な》くなる
		1219年	源《みなもとの》 実朝《さねとも》が甥《おい》の公暁《くぎょう》に殺《ころ》される **北条政子《ほうじょうまさこ》**(▶114)が尼将軍《あましょうぐん》となる
		1221年	**後鳥羽上皇《ごとばじょうこう》**(▶124)が**承久《じょうきゅう》の乱《らん》**を起こす 京に**六波羅探題《ろくはらたんだい》**が設置《せっち》される
		1235年ごろ	**藤原定家《ふじわらのていか》**(▶125)が**「小倉《おぐら》百人一首」**を選《えら》ぶ
		1268年	**北条時宗《ほうじょうときむね》**(▶122)が執権《しっけん》になる
		1274年	元《げん》が攻《せ》めてくる(**文永《ぶんえい》の役《えき》**)
		1275年	**竹崎季長《たけざきすえなが》**(▶123)が鎌倉《かまくら》へ行く
		1281年	元《げん》がふたたび攻《せ》めてくる(**弘安《こうあん》の役《えき》**)
	14世紀《せいき》	1331年	**後醍醐天皇《ごだいごてんのう》**(▶126)が兵《へい》をあげる **楠木正成《くすのきまさしげ》**(▶128)も兵《へい》をあげる
		1332年	後醍醐天皇《ごだいごてんのう》が隠岐島《おきのしま》へ流罪《るざい》となる
		1333年	**足利尊氏《あしかがたかうじ》**(▶130)が六波羅探題《ろくはらたんだい》を攻撃《こうげき》 **新田義貞《にったよしさだ》**(▶129)が鎌倉《かまくら》を攻撃《こうげき》、 **鎌倉幕府《かまくらばくふ》が滅亡《めつぼう》** 後醍醐天皇《ごだいごてんのう》が**建武《けんむ》の新政《しんせい》**をはじめる
南北朝《なんぼくちょう》時代		1336年	後醍醐天皇《ごだいごてんのう》が吉野《よしの》にうつる(**南朝《なんちょう》**)
		1338年	足利尊氏《あしかがたかうじ》が征夷大将軍《せいいたいしょうぐん》になる(**室町幕府《むろまちばくふ》**)
		1350年	**足利直義《あしかがただよし》**(▶132)が**観応《かんおう》の擾乱《じょうらん》**を起《お》こす
		1368年	**足利義満《あしかがよしみつ》**(▶133)が第３代将軍《しょうぐん》になる
		1378年	足利義満《あしかがよしみつ》が幕府《ばくふ》を京都室町《きょうとむろまち》の 花《はな》の御所《ごしょ》にうつす
室町《むろまち》時代		1392年	南朝《なんちょう》と北朝《ほくちょう》が講和《こうわ》する
	15世紀《せいき》	1449年	**足利義政《あしかがよしまさ》**(▶134)が第8代将軍《しょうぐん》になる
		1452年	**細川勝元《ほそかわかつもと》**(▶137)が管領《かんれい》になる
		1465年	**日野富子《ひのとみこ》**(▶135)が足利義尚《あしかがよしひさ》を産《う》む
		1467年	**応仁《おうにん》の乱《らん》**がはじまる
		1473年	**山名宗全《やまなそうぜん》**(▶136)と細川勝元《ほそかわかつもと》が病死
		1477年	応仁《おうにん》の乱《らん》が終わる

どんな時代だったの？

鎌《かま》倉《くら》時代〜室《むろ》町《まち》時代

武《ぶ》家《け》政《せい》権《けん》のはじまり

1192年、**鎌倉幕府**《かまくらばくふ》を開いた**源頼朝**《みなもとのよりとも》（▼112）は**征夷大将軍**《せいいたいしょうぐん》に任命《にんめい》され、本格的《ほんかくてき》な武家政権《ぶけせいけん》がはじまった。頼朝《よりとも》は武士《ぶし》たちを※**御家人**《ごけにん》とし、手柄《てがら》をあげれば新しく領地《りょうち》をあたえた（**御恩**《ごおん》）。御家人《ごけにん》は先祖《せんぞ》から受け継《つ》いだ自分の領地《りょうち》の館《やかた》に住み、いつでも戦《いくさ》に出られるように弓や乗馬《じょうば》などの武芸《ぶげい》の練習をしていた。そして将軍《しょうぐん》の命令があれば「いざ鎌倉《かまくら》」とかけつけた（**奉公**《ほうこう》）。

その後《ご》、**源実朝**《みなもとのさねとも》（▼119）が甥《おい》の公暁《くぎょう》によって暗殺《あんさつ》され、将軍家《しょうぐんけ》は3代でとだえたが、**執権**《しっけん》（将軍《しょうぐん》の補佐役《ほさやく》）の北条氏《ほうじょうし》が鎌倉幕府《かまくらばくふ》を存続《そんぞく》させていった。

鎌倉幕府《かまくらばくふ》の将軍《しょうぐん》と執権《しっけん》

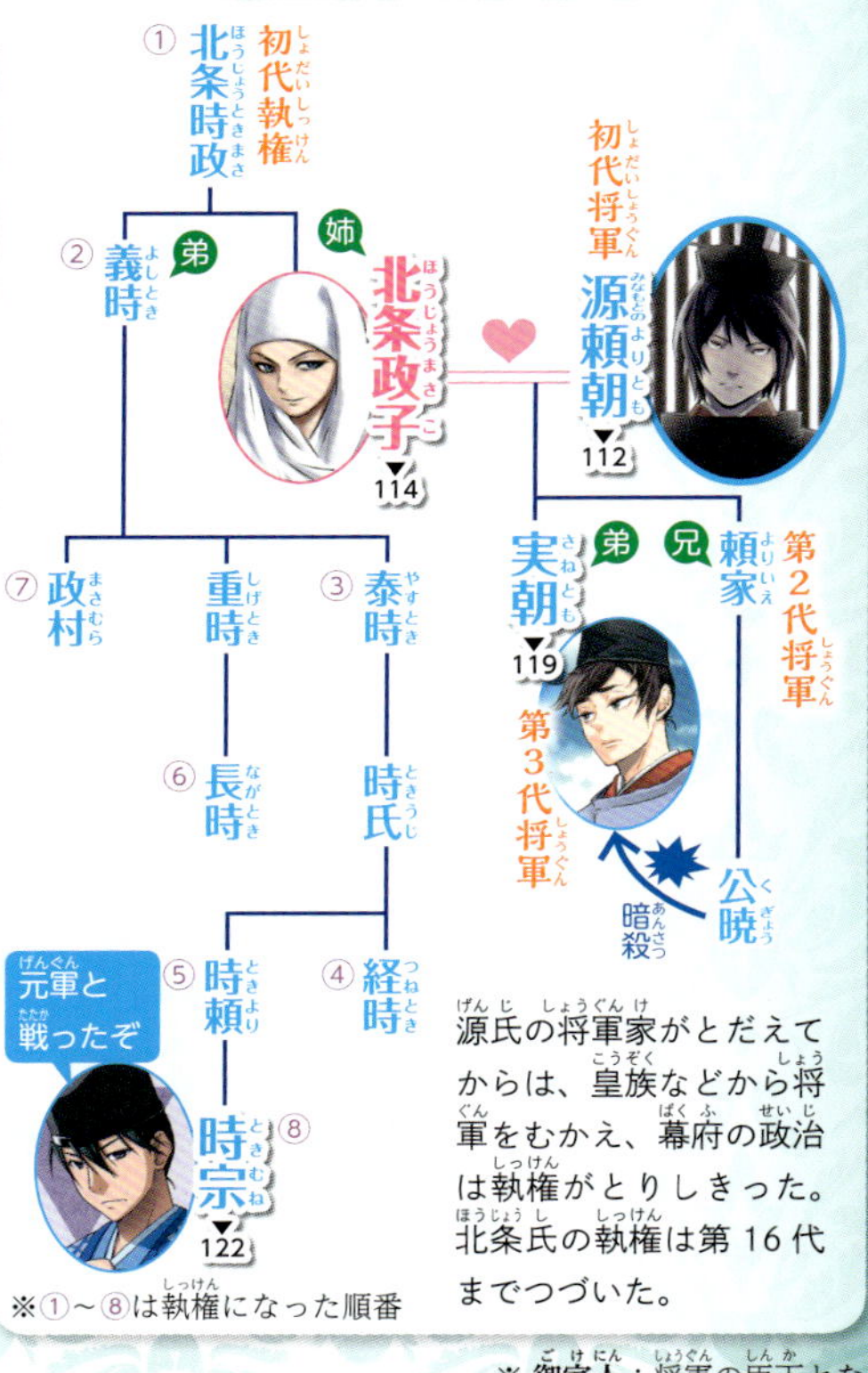

源氏《げんじ》の将軍家《しょうぐんけ》がとだえてからは、皇族《こうぞく》などから将《しょう》軍《ぐん》をむかえ、幕府《ばくふ》の政治《せいじ》は執権《しっけん》がとりしきった。北条氏《ほうじょうし》の執権《しっけん》は第16代までつづいた。

※①〜⑧は執権《しっけん》になった順番

※ 御家人《ごけにん》：将軍《しょうぐん》の臣下《しんか》となった武士《ぶし》

元軍《げんぐん》が攻《せ》めてくる

13世紀《せいき》の初《はじ》め、中国大陸《たいりく》ではチンギス＝ハンがモンゴル民族《みんぞく》をまとめ、中央《ちゅうおう》アジアからロシアまで領土《りょうど》を広げた（▼122）。その孫《まご》のフビライ＝ハンは中国を征服《せいふく》し、**元**《げん》という国をつくった。そして朝《ちょう》鮮半島《せんはんとう》の高麗《こうらい》を通じて、日本も支配《しはい》下に入るよう伝《つた》えてきた。

幕府《ばくふ》の執権《しっけん》となっていた**北条時宗**《ほうじょうときむね》（▼122）は、元《げん》からの要求《ようきゅう》を拒否《きょひ》。元《げん》は2度にわたって攻《せ》めこんできた。日本軍《にほんぐん》は元軍《げんぐん》の攻撃《こうげき》に苦戦《くせん》をしいられたが、なんとか追い返した。この戦《たたか》いを**元寇**《げんこう》（蒙古襲来《もうこしゅうらい》）という。

室町幕府《むろまちばくふ》が開かれる

鎌倉幕府《かまくらばくふ》の力が弱まると、**後醍醐天皇**《ごだいごてんのう》（▼126）は**足利尊氏**《あしかがたかうじ》（▼130）らの協力《きょうりょく》を得《え》て幕府《ばくふ》をほろぼした。ところが後醍醐天皇《ごだいごてんのう》がはじめた**建武の新政**《けんむのしんせい》では武士《ぶし》が出世できず、不満《ふまん》をもった武士《ぶし》たちにあとおしされる形で尊氏《たかうじ》が反乱《はんらん》を起こし、京に**室町幕府**《むろまちばくふ》を開いた。後醍醐天皇《ごだいごてんのう》は奈良《なら》の吉野《よしの》へのがれて、南北ふたつの朝廷《ちょうてい》がならび立つ**南北朝時代**《なんぼくちょうじだい》がはじまる。

南北朝時代《なんぼくちょうじだい》は、ふたつの朝廷《ちょうてい》それぞれに天皇《てんのう》がいた。

室町幕府《むろまちばくふ》の将軍《しょうぐん》

義満以降《よしみついこう》は、朝廷《ちょうてい》内《ない》でも地位を高め、公家《くげ》としての地位も確立《かくりつ》していった。

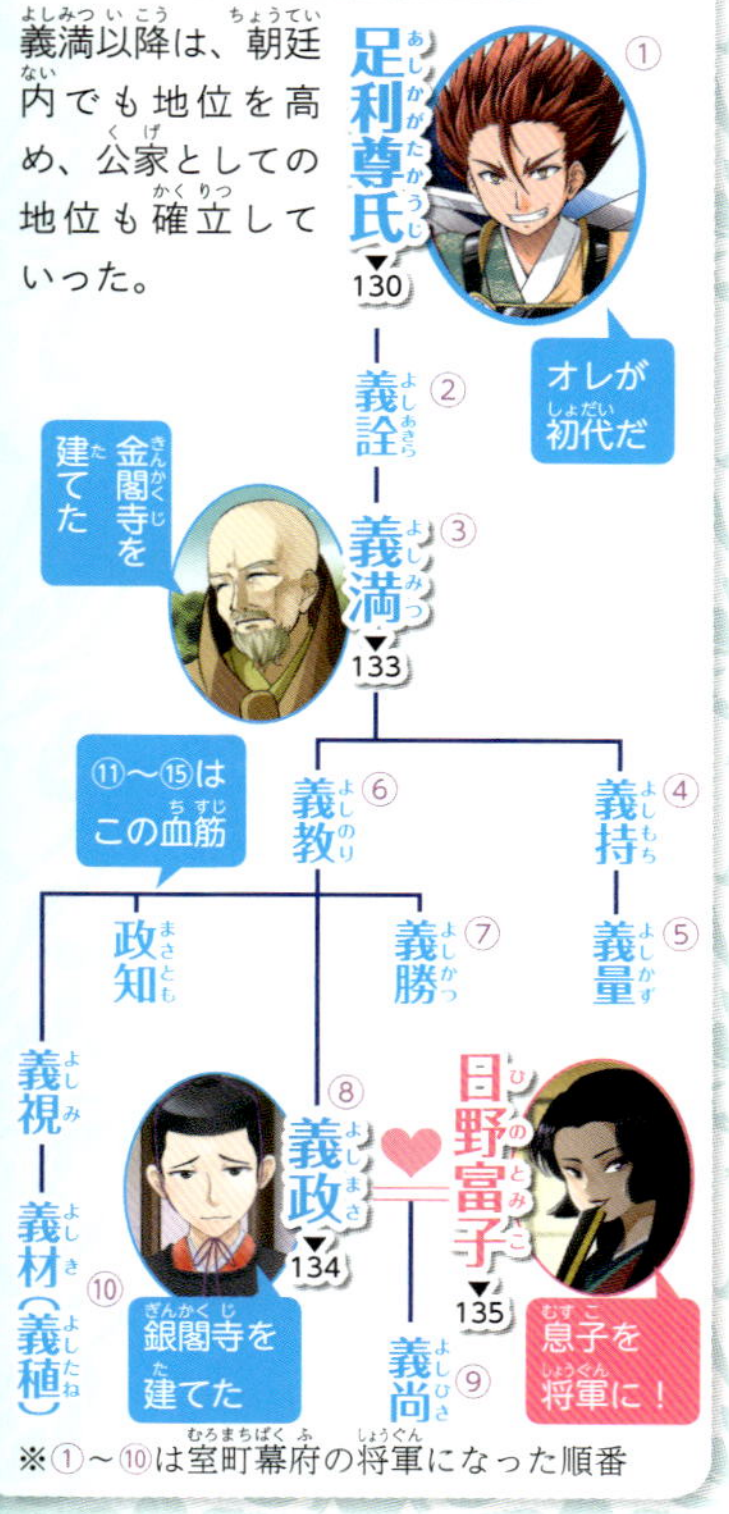

※①～⑩は室町幕府《むろまちばくふ》の将軍《しょうぐん》になった順番

女性《じょせい》にも男性《だんせい》にも人気！　鎌倉幕府《かまくらばくふ》の祖《そ》

源《みなもとの》頼《より》朝《とも》

鎌倉幕府《かまくらばくふ》の初代将軍《しょだいしょうぐん》

出身地：尾張国《おわりのくに》（現在《げんざい》の愛知県《あいちけん》）
生没年《せいぼつねん》：1147〜1199年
特　技《とくぎ》：人を動かす

流刑《るけい》先《さき》で彼女《かのじょ》ゲット！

源頼朝《みなもとのよりとも》は源義朝《みなもとのよしとも》(▼86)の三男。背《せ》は高くはないが、美男子でプレイボーイだったという。

13歳《さい》のときに平清盛《たいらのきよもり》(▼88)との戦《たたか》いに敗《やぶ》れ、伊豆《いず》へ流刑《るけい》となる。伊豆《いず》では北条時政《ほうじょうときまさ》という豪族《ごうぞく》の監視下《かんしか》に置《お》かれ、罪人《ざいにん》として20年以上《いじょう》をすごす。やがて時政《ときまさ》の娘《むすめ》の北条政子《ほうじょうまさこ》(▼114)とこっそりつきあうようになり、時政《ときまさ》をおどろかせる。当然時政《とうぜんときまさ》は猛反対《もうはんたい》したが、かけおちされてしかたなく結婚《けっこん》を許《ゆる》した。

弟たちと平氏《へいし》をほろぼす

以仁王《もちひとおう》(▼94)の令旨《りょうじ》を受け、頼朝《よりとも》は北条氏《ほうじょうし》の全面的なサポートを得《え》て挙兵《きょへい》し、関東《かんとう》の武士団《ぶしだん》のリーダーとなる。頼朝《よりとも》は挙兵《きょへい》の際《さい》、集まってくれた武士《ぶし》たちひとりひとりに「あなたが頼《たよ》りだ、よろしくたのむ」と頭を下げ、信頼《しんらい》を得《え》たという。また、各地《かくち》からは、源義経《みなもとのよしつね》(▼98)ら弟たちがかけつけたので、協力《きょうりょく》して平氏《へいし》をほろぼすことができた。

頼朝《よりとも》はその一方、鎌倉《かまくら》で武士《ぶし》による政治《せいじ》を行《おこな》うための体制《たいせい》をととのえていった。1185年に、全国に守護《しゅご》(地方を治《おさ》める役人)と地頭《じとう》(税《ぜい》を集める役人)を置《お》く許可《きょか》を朝廷《ちょうてい》からもらい、鎌倉幕府《かまくらばくふ》を開いた。

なかなか征夷大将軍《せいいたいしょうぐん》になれない

頼朝《よりとも》は、朝廷《ちょうてい》から勝手に官位《かんい》をもらった義経《よしつね》を鎌倉《かまくら》から追いだし、その義経《よしつね》をかくまった奥州《おうしゅう》(現在《げんざい》の東北地方)の藤原氏《ふじわらし》を義経《よしつね》もろともほろぼした。こうして全国に支配力《しはいりょく》を広げた頼朝《よりとも》は、京へ行って「征夷大将軍《せいいたいしょうぐん》にしてほしい」と申し入れるが、後白河上皇《ごしらかわじょうこう》(▼84)に断《ことわ》られてしまう。1192年、後白河上皇《ごしらかわじょうこう》が亡《な》くなり、ようやく征夷大将軍《せいいたいしょうぐん》に任命《にんめい》される。これにより、征夷大将軍《せいいたいしょうぐん》を武家政権《ぶけせいけん》のリーダーとする体制《たいせい》が完成《かんせい》し、江戸《えど》時代が終わるまで約《やく》680年つづく武士《ぶし》の世がはじまった。

頼朝《よりとも》の死後も幕府《ばくふ》をささえた尼将軍《あましょうぐん》

北《ほう》条《じょう》政《まさ》子《こ》

鎌倉幕府《かまくらばくふ》の「母」

出身地：伊豆国《いずのくに》(現在《げんざい》の静岡県《しずおかけん》)
生没年《せいぼつねん》：1157～1225年
性《せい》　格《かく》：やきもちやき

将軍《しょうぐん》といえども浮気《うわき》は許《ゆる》しません!!

北条時政《ほうじょうときまさ》の娘《むすめ》。伊豆《いず》に流刑《るけい》となって時政《ときまさ》の監視下《かんしか》にあった若《わか》き日の**源頼朝**《みなもとのよりとも》(▼112)と恋《こい》に落ちる。平《へい》氏《し》を恐《おそ》れた時政《ときまさ》は、**政子**《まさこ》をほかの男と結婚《けっこん》させようとするが、政子《まさこ》は雨の降《ふ》るなか屋敷《やしき》を脱出《だっしゅつ》! 山を越《こ》えて頼朝《よりとも》のもとへ走り、時政《ときまさ》に結婚《けっこん》を認《みと》めさせた。のちに大姫《おおひめ》、頼家《よりいえ》、**実朝**《さねとも》(▼119)らの母となる。

当時は一夫多妻《いっぷたさい》(ひとりの男性《だんせい》が妻《つま》を何人ももつこと)がふつうだったが、頼朝《よりとも》には決して側室《※そくしつ》を許《ゆる》さなかった。かくれて浮気《うわき》をされたときは、激怒《げきど》して相手の家をおそわせ破壊《はかい》させたことも。

頼朝《よりとも》の遺志《いし》を継《つ》ぎ鎌倉幕府《かまくらばくふ》を切りもり

鎌倉幕府《かまくらばくふ》が開かれてからは、実家の北条氏《ほうじょうし》とともに全面的に頼朝《よりとも》をささえた。政子《まさこ》は頼朝《よりとも》の死をきっかけに出家《しゅっけ》し、「尼御前《あまごぜん》」とよばれるようになる。

頼朝《よりとも》のあとを継《つ》いで第2代将軍《しょうぐん》となった長男**頼家**《よりいえ》、次男**実朝**《さねとも》があいついで暗殺《あんさつ》され、大姫《おおひめ》も亡《な》くなり、政子《まさこ》は自分の産《う》んだ子どもたち全員に先立たれた。頼朝《よりとも》の子孫《しそん》が絶《た》えたため、政子《まさこ》は遠い親せきにあたる藤原氏《ふじわらし》の男児《だんじ》を京からむかえて将軍《しょうぐん》とし、自《みずか》らは将軍《しょうぐん》の代理「尼将軍《あましょうぐん》」として政治《せいじ》を取りしきった。

御家人《ごけにん》たちの心にうったえた名演説《めいえんぜつ》

一方、京では**後鳥羽上皇**《ごとばじょうこう》(▼124)が「頼朝《よりとも》の血筋《ちすじ》が絶《た》えた今が幕府《ばくふ》をたおすチャンス」と挙兵《きょへい》を考えていた。政子《まさこ》は**御家人**《※ごけにん》たちを集めて演説《えんぜつ》をした。「あなたがたが頼朝《よりとも》から受けた恩《おん》は、山より高く海より深いのだ。名誉《めいよ》を重んじる者は真の敵《てき》を討《う》って恩《おん》に報《むく》いよ。敵《てき》に寝返《ねがえ》りたい者は、まずわたしを殺《ころ》してから行け」

御家人《ごけにん》たちは感動して政子《まさこ》のために立ちあがり、鎌倉軍《かまくらぐん》は上皇《じょうこう》軍《ぐん》に圧勝《あっしょう》して都《みやこ》を制圧《せいあつ》する。

頼朝《よりとも》とともに鎌倉幕府《かまくらばくふ》の基礎《きそ》を築《きず》いた政子《まさこ》は、69歳《さい》で没《ぼっ》した。

※ **側室**《そくしつ》：正妻《せいさい》ではない妻《つま》、**御家人**《ごけにん》：将軍《しょうぐん》の臣下《しんか》となった武士《ぶし》

静《しず》御《ご》前《ぜん》

義経《よしつね》の愛《あい》した白拍子《しらびょうし》

義経《よしつね》の恋人《こいびと》

出身地：不明《ふめい》
生没年《せいぼつねん》：生没年不明《せいぼつねんふめい》
特技《とくぎ》：男装《だんそう》して舞《ま》うこと

女は度胸《どきょう》！敵地《てきち》で舞《ま》う

親子2代つづく京の白拍子《しらびょうし》※で、**源義経《みなもとのよしつね》**(▼98)の恋人《こいびと》。**静《しずか》**は、**源頼朝《みなもとのよりとも》**(▼112)と対立し都《みやこ》から追われた義経《よしつね》とにげていたが、冬の吉野山《よしのやま》ではぐれてしまう。しかたなく京へもどったところを捕《と》らえられ、鎌倉《かまくら》へ連《つ》れていかれた。

頼朝《よりとも》から「何か舞《ま》ってみせろ」と命《めい》じられた静《しずか》は、みごとな舞《まい》をひろうする。そして「吉野山《よしのやま》 峰《みね》の白雪《しらゆき》 踏《ふ》み分《わ》けて 入《い》りにし人《ひと》の跡《あと》ぞ恋《こい》しき」と、義経《よしつね》を恋《こ》い慕《した》う歌を歌った。激怒《げきど》した頼朝《よりとも》に殺《ころ》されそうになるが、妻《つま》の**政子《まさこ》**(▼114)が「わたしが彼女《かのじょ》の立場でも同じことを言う」と静《しずか》の味方をしたので、許《ゆる》されたという。

殺《ころ》されてしまった義経《よしつね》の子

そのとき、静《しずか》は義経《よしつね》の子を妊《にん》娠《しん》していた。生まれた子が男の子だったため、頼朝《よりとも》がかつてそうしたように復讐《ふくしゅう》にくるかもしれないと、むりやり静《しずか》の手から取りあげられ、殺《ころ》された。深く傷《きず》つき京へもどる静御前《しずかごぜん》に、政子《まさこ》は多くの品物《しなもの》をおくったという。

※ **白拍子《しらびょうし》**：烏帽子《えぼし》と刀をつけて男装《だんそう》し、即興《そっきょう》で歌いながら舞《ま》う人

頼朝《よりとも》の側近《そっきん》ナンバーワン

梶《かじ》原《わら》景《かげ》時《とき》

頼朝《よりとも》に信頼《しんらい》された側近《そっきん》

出身地：**不明《ふめい》**
生没年《せいぼつねん》：**生年不明《ふめい》～1200年**
特技《とくぎ》：**密告《みっこく》**

頼朝《よりとも》の命を救《すく》う

源頼朝《みなもとのよりとも》（▼112）にもっとも信頼《しんらい》された、側近《そっきん》ナンバーワンの武士《ぶし》。挙兵《きょへい》した頼朝《よりとも》が**石橋山《いしばしやま》の戦《たたか》い**で平氏《へいし》に敗《やぶ》れて命からがら山中ににげこんだとき、平氏側《へいしがわ》にいて源氏《げんじ》を追っていた**梶原景時《かじわらかげとき》**はかくれている頼朝《よりとも》を発見したが、見て見ぬふりをして命をたすけた。頼朝《よりとも》はこのことに深く感謝《かんしゃ》し、景時《かげとき》を重用したという。

告《つ》げ口《ぐち》が災《わざわ》いとなる

慎重派《しんちょうは》の景時《かげとき》は、血気《けっき》にはやる**義経《よしつね》**（▼98）とは意見が合わず、「義《よし》経《つね》がわがままで困《こま》る」と頼朝《よりとも》に報《ほう》告《こく》している。そのため、「景時《かげとき》の告《つ》げ口《ぐち》のせいで義経《よしつね》は殺《ころ》された」と考える人も多かった。

頼朝《よりとも》の死後、ある御家人《ごけにん》が「頼《より》朝《とも》様への忠誠《ちゅうせい》のあかしに出家《しゅっけ》すればよかった」と言ったのを聞きとがめ、「第2代将軍《しょうぐん》に失礼《しつれい》だ。謀《む》反《ほん》では？」と密告《みっこく》した。それが災《わざわ》いしてほかの御家人《ごけにん》たちからきらわれ、「景時《かげとき》をクビにしてください」という66人分の署名《しょめい》を集めた**連判状《れんばんじょう》**が作成《さくせい》され、失脚《しっきゃく》した。

和《わ》田《だ》義《よし》盛《もり》

鎌倉幕府《かまくらばくふ》の初代侍所別当《しょだいさむらいどころべっとう》
出身地:相模国《さがみのくに》(現在《げんざい》の神奈川県《かながわけん》)
生没年《せいぼつねん》:1147~1213年
特技《とくぎ》:弓

将軍《しょうぐん》は好《す》きだけど…

和田義盛《わだよしもり》は、**源頼朝《みなもとのよりとも》**(▶112)が挙兵《きょへい》したときに味方になった武士《ぶし》のひとり。頼朝《よりとも》から初代《しょだい》**侍所《さむらいどころ》**別当《べっとう》(御《ご》家人《けにん》を統率《とうそつ》する役所の長官)に任《にん》命《めい》される。弓の名人で、頼朝《よりとも》が奥《おう》州藤原氏《しゅうふじわらし》を攻《せ》めたときも、**梶原景《かじわらかげ》時《とき》**(▶117)とともに活《かつ》やくした。頼朝《よりとも》の死後、源頼家《みなもとのよりいえ》が第2代将軍《しょうぐん》になると、13人の宿老《しゅくろう》(重臣《じゅうしん》)のひとりとして政治《せいじ》を行《おこな》う。

あるとき、義盛《よしもり》の息子たちが**執《しっ》権《けん》**(将軍《しょうぐん》の補佐役《ほさやく》)の北条氏《ほうじょうし》に対し反乱《はんらん》をくわだてたことが発覚する。義盛《よしもり》は息子たちの許《ゆる》しを願《ねが》い出たが、北条氏《ほうじょうし》によって目の前で息子を侮辱《ぶじょく》され、ついに挙兵《きょへい》を決意する。

第3代将軍《しょうぐん》の**源実朝《みなもとのさねとも》**が義盛《よしもり》を心配して使者をおくったが、義盛《よしもり》は「将軍《しょうぐん》のことは好《す》きですが、北《ほう》条氏《じょうし》の態度《たいど》があまりに大きくがまんできません」と返事をした。

一族とともに挙兵《きょへい》した義盛《よしもり》は、必死に戦《たたか》ったが討《う》ちとられた(**和《わ》田合戦《だがっせん》**)。※由比ケ浜《ゆいがはま》には義盛《よしもり》の最《さい》期《ご》の地として「和田塚《わだづか》」という地名が残《のこ》っている。

※**由比ケ浜《ゆいがはま》**:神奈川県鎌倉市南部《かながわけんかまくらしなんぶ》の海岸《かいがん》

文系《ぶんけい》のイケメン第3代将軍《しょうぐん》

源《みなもとの》実《さね》朝《とも》

貴族《きぞく》にあこがれた将軍《しょうぐん》
出身地：**相模国《さがみのくに》(現在《げんざい》の神奈川県《かながわけん》)**
生没年《せいぼつねん》：**1192〜1219年**
趣《しゅ》味《み》：**蹴鞠《けまり》、和歌**

京の文化大好《だいす》き！武士《ぶし》らしくない将軍《しょうぐん》

実朝《さねとも》は平氏《へいし》がほろびたあとに誕《たん》生《じょう》した「戦後《せんご》生まれ」で、生後すぐに父・**頼朝《よりとも》**(▼112)は将軍《しょうぐん》となった。兄の頼家《よりいえ》が失脚《しっきゃく》したため、12歳《さい》で第3代将軍《しょうぐん》に任命《にんめい》される。しかし、京で流行していた蹴鞠《けまり》※に熱《ねっ》中《ちゅう》したり、**藤原《ふじわらの》定家《ていか》《さだいえ》**(▼125)に和歌を教わったりと、みやびな京文化へのあこがれを丸出しにしたため、「武士《ぶし》を率《ひき》いる将軍《しょうぐん》のすることではない」と批判《ひはん》された。また、あるときは「前世は宋《そう》(中国)にいたから、宋《そう》に行きたい」と言い出し、大きな船《ふね》をつくらせたが、船は浮《う》かばず失敗《しっぱい》した。

鶴岡八幡宮《つるがおかはちまんぐう》で暗殺《あんさつ》される

実朝《さねとも》は「自分はきっと早死《はやじ》にするから、せめて官位《かんい》がほしい」と昇進《しょうしん》をのぞみ、武士《ぶし》として初《はじ》めて右大臣《うだいじん》となる。その昇進《しょうしん》を祝《いわ》った日、鶴岡八幡宮《つるがおかはちまんぐう》で兄頼家《よりいえ》の息子・公暁《くぎょう》におそわれ、首を落とされた。公暁《くぎょう》は「父の頼家《よりいえ》が暗殺《あんさつ》されたのは実朝《さねとも》のせいだ」とうらんでいたためだ。実朝《さねとも》は28歳《さい》という短い生涯《しょうがい》を終えた。

※ **蹴鞠《けまり》**：鹿《しか》の皮《かわ》でつくった鞠《まり》を足でけりあげ、その回数を競《きそ》う遊び

コラム

東大寺南大門金剛力士像《とうだいじなんだいもんこんごうりきしぞう》

口を閉《と》じた吽形《うんぎょう》
宇宙《うちゅう》の終わりをしめしているという。

奈良《なら》の東大寺《とうだいじ》の南大門《なんだいもん》にむかいあって立っている金剛《こんごう》力士像《りきしぞう》は、鎌倉《かまくら》時代につくられた。

運慶《うんけい》

鎌倉《かまくら》時代の仏師《ぶっし》（仏像《ぶつぞう》をつくる人）。力強い表現《ひょうげん》が得意《とくい》。東《とう》大寺《だいじ》の金剛力士像《こんごうりきしぞう》をつくるときは、全体の指揮《しき》をとった。

生没年《せいぼつねん》：生年不明《ふめい》～1223年

口を開いた阿形《あぎょう》
宇宙《うちゅう》のはじまりをしめしているという。

鎌倉《かまくら》時代に、**運慶**《うんけい》や**快慶**《かいけい》らがつくった像《ぞう》。日本最大の木《もく》造彫刻《ぞうちょうこく》で、国宝《こくほう》にもなっている。金剛力士像《こんごうりきしぞう》は、寺院内《じいんない》に悪霊《あくりょう》などが入らないよう、守護《しゅご》神《しん》として置かれている。

3千個以上《こいじょう》のパーツを組みあわせた「**寄木造**《よせぎづくり》」で、約《やく》70日という短期間《たんきかん》でつくられた。

快慶《かいけい》

鎌倉《かまくら》時代の仏師《ぶっし》。運慶《うんけい》の父親の弟子《でし》といわれる。やさしく美しい表現《ひょうげん》が得意《とくい》。運慶《うんけい》と協力《きょうりょく》して金剛力士像《こんごうりきしぞう》をつくった。

生没年《せいぼつねん》：不明《ふめい》

2度の元寇《げんこう》に立ちむかった執権《しっけん》

北《ほう》条《じょう》時《とき》宗《むね》

元《げん》と戦《たたか》った執権《しっけん》
出身地：相模国《さがみのくに》(現在《げんざい》の神奈川県《かながわけん》)
生没年《せいぼつねん》：1251～1284年
性《せい》 格《かく》：冷《れい》静《せい》

元《げん》に服従《ふくじゅう》などするものか!

時宗《ときむね》が18歳《さい》で**執権《しっけん》**になった年、朝鮮《ちょうせん》半島《はんとう》の高麗《こうらい》から使者がおとずれ、「元《げん》(モンゴル)の皇帝《こうてい》フビライ=ハンに服従《ふくじゅう》するように」という国書《こくしょ》を持参《じさん》した。時宗《ときむね》は朝廷《ちょうてい》と相談し、無視《むし》することに。

1274年、大軍《たいぐん》を乗せた元《げん》の船が博多湾《はかたわん》に上陸《じょうりく》、はげしい戦闘《せんとう》となり日本軍《にほんぐん》は苦戦《くせん》した(**元寇《げんこう》**)。しかし嵐《あらし》がきて、元《げん》の船はしずみ、全滅《ぜんめつ》した。2度目に元《げん》が攻《せ》めてきたときも、台風《たいふう》のため元軍《げんぐん》の8割《わり》が死亡《しぼう》したという。時宗《ときむね》は元軍《げんぐん》がまたやってくることを心配して※防塁《ぼうるい》づくりに力を入れ、そのため赤字がふくらんだ。また、外国《がいこく》軍《ぐん》の攻撃《こうげき》を防《ふせ》いだだけだったので、御家人《ごけにん》たちに領地《りょうち》をあたえることができなかった。時宗《ときむね》はその後《ご》、病気のため34歳《さい》で亡《な》くなった。

マップ MAP モンゴルが征服《せいふく》した地域《ちいき》

朝鮮半島《ちょうせんはんとう》からヨーロッパまでの広大な地域《ちいき》がモンゴル帝国《ていこく》となった。

※ **防塁《ぼうるい》**：敵《てき》の侵入《しんにゅう》を防《ふせ》ぐための石垣《いしがき》や堀《ほり》

元寇《げんこう》の実録《じつろく》絵巻《えまき》を描《か》かせた

竹《たけ》崎《ざき》季《すえ》長《なが》

鎌倉《かまくら》まで押《お》しかけて恩賞《おんしょう》をゲットした強者《つわもの》

肥後国《ひごのくに》（現在《げんざい》の熊本県《くまもとけん》）の武士《ぶし》であった季長《すえなが》は、博多湾《はかたわん》に元《げん》が攻《せ》めてくると真っ先にかけつけて戦《たたか》ったが、ケガをしただけで恩賞《おんしょう》をもらいそこねてしまった。しかし、あきらめきれない季長《すえなが》は、馬や武具を売《う》りはらって鎌倉《かまくら》へ行くための旅費《りょひ》をつくり、「真っ先に戦《たたか》った手柄《てがら》を認《みと》めてほしい」と幕府《ばくふ》に直談判《じかだんぱん》。状況《じょうきょう》を細かくていねいに説明《せつめい》し、季長《すえなが》は恩賞《おんしょう》をもらうことができた。そのときに「奇異《きい》の強者《つわもの》」とほめられたことを、季《すえ》長《なが》は終生ほこりに思ったという。

2度目の元寇《げんこう》でも手柄《てがら》を多く立てて恩賞《おんしょう》をもらった。季長《すえなが》が描《か》かせた『蒙古襲来絵詞《もうこしゅうらいえことば》』は、そのときのことを感謝《かんしゃ》して地元の神社にささげたもの。その後《ご》の季長《すえなが》については、伝《つた》わっていない。

幕府《ばくふ》にほうびをもらいに行った

出身地：**肥後国《ひごのくに》（現在《げんざい》の熊本県《くまもとけん》）**
生没年《せいぼつねん》：**1246年〜没年不明《ぼつねんふめい》**
性格《せいかく》：**ねばり強い**

元《げん》との戦《たたか》い

『蒙古襲来絵詞《もうこしゅうらいえことば》』の一場面。馬に乗っているのが季長《すえなが》。
（国立国会図書館提供）

後《ご》鳥《と》羽《ば》上《じょう》皇《こう》

承久《じょうきゅう》の乱《らん》を起こし隠岐《おき》へ流された

後白河上皇《ごしらかわじょうこう》の孫《まご》

出身地：京（現在《げんざい》の京都府《きょうとふ》）
生没年《せいぼつねん》：1180～1239年
趣《しゅ》　味《み》：和歌

何でもできる マルチタレントな上皇《じょうこう》

後鳥羽上皇《ごとばじょうこう》は、都落《みやこお》ちした平《へい》氏《し》が**三種の神器《さんしゅのじんぎ》**(▶108)を持ち去ったため、神器《じんぎ》のないまま4歳《さい》で即位《そくい》。このことを後々《のちのち》まで気に病《や》んでいたといわれる。

和歌、管弦《かんげん》、書画、蹴鞠《けまり》、囲碁《いご》、相撲《すもう》、水泳と、何でも得意《とくい》だった。刀《かたな》をつくるのも得意《とくい》で、自分で打った刀に菊《きく》の花を彫《ほ》った。その菊《きく》のもようは、のちに天皇家専用《てんのうけせんよう》の「菊の御紋《ごもん》」として定着した。

前代未聞《ぜんだいみもん》の島流し

源実朝《みなもとのさねとも》(▶119)の死後、政治《せいじ》の実権《じっけん》を取りもどそうと※**承久の乱《じょうきゅうのらん》**を起こすが、幕府軍《ばくふぐん》に大敗《たいはい》し、41歳《さい》のとき隠岐島《おきのしま》へ流される。これは「上皇《じょうこう》が武士《ぶし》に島流しにされる」という前代未聞《ぜんだいみもん》の大事件《だいじけん》だった。

上皇《じょうこう》はそのまま隠岐島《おきのしま》ですごし、60歳《さい》で亡《な》くなるまで、大好《だいす》きな『**新古今和歌集《しんこきんわかしゅう》**』の改訂《かいてい》作業に打ちこむ。死後怨霊《おんりょう》になったのではともいわれたが、生前「**崇徳《すとく》上皇《じょうこう》**(▶81)のような怨霊《おんりょう》にはなりたくない、成仏《じょうぶつ》したい」と書き残《のこ》していたことが伝《つた》わっている。

※ **承久の乱《じょうきゅうのらん》**：朝廷《ちょうてい》と鎌倉幕府《かまくらばくふ》とが争《あらそ》い、幕府《ばくふ》が勝利《しょうり》した戦《たたか》い

百人一首を選《えら》んだ歌人

藤原定家《ふじわらのていか》《ふじわらのさだいえ》

和歌を広めた歌道《かどう》の家元

出身地：京（現在《げんざい》の京都府《きょうとふ》）
生没年《せいぼつねん》：1162～1241年
特技《とくぎ》：和歌

和歌にしか興味《きょうみ》なし！

朝廷《ちょうてい》の役人だった**定家《ていか》**は、若《わか》いときから天才的《てんさいてき》な和歌の才能《さいのう》を発《はっ》揮《き》していた。しかしすぐカッとなる性格《せいかく》で、宮中でケンカをしてしばらく出入り禁止《きんし》になったことも。

定家《ていか》が18歳《さい》のとき源平《げんぺい》の戦《いくさ》がはじまった。和歌のことにしか興味《きょうみ》がなかった定家《ていか》は、日記『**明《めい》月記《げっき》**』に「源平《げんぺい》の戦《いくさ》など知ったことか」と書いている。

後鳥羽上皇《ごとばじょうこう》から『**新古今和歌《しんこきんわか》集《しゅう》**』の選定《せんてい》をまかされた。しかし自分のセンスに絶大《ぜつだい》な自信《じしん》のある定家《ていか》は、どの歌を入れるかで上皇《じょうこう》ともめても決してゆずらず、怒《おこ》った上皇《じょうこう》から謹慎《きんしん》をくらう。

明晰《めいせき》な頭脳《ずのう》と独特《どくとく》の言語センスをもち、美しい和歌を詠《よ》んだが、政治《せいじ》には関心《かんしん》がなかったので官位《かんい》は低《ひく》かった。50歳《さい》ごろから少しずつ出世し、80歳《さい》まで長生きした。

今もかるた遊びなどで親しまれている**小倉《おぐら》百人一首**を選《えら》んだのは、70代のころ。親《しん》せきの山荘《さんそう》にかざるために選《えら》んだのだという。百首のなかには、後鳥羽上皇《ごとばじょうこう》の歌も選《えら》ばれている

鎌倉幕府《かまくらばくふ》をほろぼした天皇《てんのう》

後《ご》醍《だい》醐《ご》天《てん》皇《のう》

建武《けんむ》の新政《しんせい》を行《おこな》った天皇《てんのう》

出身地：京（現在《げんざい》の京都府《きょうとふ》）

生没年《せいぼつねん》：1288～1339年

悲願《ひがん》：鎌倉幕府《かまくらばくふ》をたおす

打倒《だとう》！鎌倉幕府《かまくらばくふ》！

承久《じょうきゅう》の乱《らん》(▼124)のあと、鎌倉幕府《かまくらばくふ》は京に**六波羅探題《ろくはらたんだい》**※を置き、朝廷《ちょうてい》を監視《かんし》していた。天皇《てんのう》中心の政治《せい》をしたかった**後醍醐天皇《ごだいごてんのう》**は「打《だ》倒《とう》・鎌倉幕府《かまくらばくふ》」の計画を立てる。しかし計画がばれて、隠岐島《おきのしま》へ流されてしまう。

天皇《てんのう》はすきを見て隠岐島《おきのしま》を脱《だっ》出《しゅつ》し、反乱《はんらん》の兵《へい》をあげる。それを鎮圧《ちんあつ》するために派遣《はけん》された**足利《あしかが》尊氏《たかうじ》**(▼130)を味方にひきいれて、六《ろく》波羅探題《はらたんだい》を攻《せ》め落とした。その直後、**新田義貞《にったよしさだ》**(▼129)が鎌倉《かまくら》に攻《せ》めこみ、1333年、**鎌倉幕府《かまくらばくふ》**は滅亡《めつぼう》した。

武士《ぶし》には不人気《ふにんき》 建武《けんむ》の新政《しんせい》

後醍醐天皇《ごだいごてんのう》は、天皇自《てんのうみずか》らが政治《せいじ》を行《おこな》う**建武《けんむ》の新政《しんせい》**をはじめた。しかし平安《へいあん》時代の政治《せいじ》を理想として公家《くげ》にだけ手厚《てあつ》い恩賞《おんしょう》をあたえたので、武士《ぶし》の心ははなれていった。一方で尊氏《たかうじ》は自分の財産《ざいさん》を切り分けてまで武士《ぶし》に恩賞《おんしょう》をあたえたので、尊氏《たかうじ》に忠誠《ちゅうせい》を誓《ちか》う武《ぶ》士《し》が日ごとに増《ふ》えていった。

これに危機感《ききかん》を覚《おぼ》えた後醍醐天《ごだいごてん》皇《のう》は、義貞《よしさだ》らに「尊氏《たかうじ》を討《う》て」と命《めい》じた。しかし今や破竹《はちく》の勢《いきお》いの足利軍《あしかがぐん》を止められず、義貞《よしさだ》は敗走《はいそう》し、臣下《しんか》の**楠木正成《くすのきまさしげ》**(▼128)は討《う》ち死《じ》にしてしまった。

京をはなれて吉野《よしの》に朝廷《ちょうてい》をつくる

後醍醐天皇《ごだいごてんのう》は、三種《さんしゅ》の神器《じんぎ》を持って比叡山《ひえいざん》へ逃亡《とうぼう》した。一方《いっぽう》、京では尊氏《たかうじ》により神器《じんぎ》なしで新《あたら》しい天皇《てんのう》が立てられた。

尊氏《たかうじ》は後醍醐天皇《ごだいごてんのう》に神器《じんぎ》を返すようにもとめたが、天皇《てんのう》は絶対《ぜったい》に返さないと言い、交渉《こうしょう》は決裂《けつれつ》した。その後《ご》、後醍醐天皇《ごだいごてんのう》は**吉野《よしの》**(現在《げんざい》の奈良県《ならけん》)へうつり、以後《いご》50年以《い》上《じょう》にわたって、**北朝《ほくちょう》**(京)と**南朝《なんちょう》**(吉野《よしの》)でふたりの天皇《てんのう》が同時に存《そん》在《ざい》する**南北朝時代《なんぼくちょうじだい》**をむかえることになる。後醍醐天皇《ごだいごてんのう》は「京を取りもどすまで戦《たたか》え」と遺言《ゆいごん》を残《のこ》して、52年の生涯《しょうがい》を閉《と》じた。

※**六波羅探題《ろくはらたんだい》**：朝廷《ちょうてい》を監視《かんし》するための幕府《ばくふ》の出先機関《でさききかん》

敵《てき》にも尊敬《そんけい》された武士《ぶし》

楠《くすの》木《き》正《まさ》成《しげ》

後醍醐天皇《ごだいごてんのう》に忠義《ちゅうぎ》をつくした武士《ぶし》

出身地《しゅっしんち》：河内国《かわちのくに》（現在《げんざい》の大阪府《おおさかふ》）
生没年《せいぼつねん》：生年不明《ふめい》〜1336年
特技《とくぎ》：ゲリラ戦《せん》

得意技《とくいわざ》はゲリラ戦《せん》

鎌倉時代末期《かまくらじだいまっき》、各地《かくち》で幕府《ばくふ》に反抗《はんこう》する集団《しゅうだん》があらわれた。彼《かれ》らのことを**悪党《あくとう》**といい、**正成《まさしげ》**もそのひとりだった。**後醍醐天皇《ごだいごてんのう》**（▼126）が倒幕《とうばく》計画を実行したとき、正成《まさしげ》は真っ先に天皇《てんのう》に協力《きょうりょく》し、あらゆる奇策《きさく》・奇襲《きしゅう》作戦《さくせん》を使って幕府《ばくふ》にゲリラ戦《せん》をしかけた。なかなか正成《まさしげ》を捕《と》らえることができない幕府《ばくふ》軍《ぐん》を見て、天皇側《てんのうがわ》につく武士《ぶし》がどんどん増《ふ》えていった。

天皇《てんのう》に忠義《ちゅうぎ》をつくす

幕府《ばくふ》をたおしたあと、後醍醐《ごだいご》天皇《てんのう》から十分な恩賞《おんしょう》をもらえなかった武士《ぶし》たちの声にあとおしされ、**足利尊氏《あしかがたかうじ》**（▼130）は朝廷《ちょうてい》と対立するようになる。正成《まさしげ》は、尊氏《たかうじ》と仲《なか》なおりするよう天皇《てんのう》に申し入れたが却下《きゃっか》された。それでも最後《さいご》まで後醍醐天皇《ごだいごてんのう》に忠義《ちゅうぎ》をつくし、**湊川《みなとがわ》の戦《たたか》い**で足利軍《あしかがぐん》に敗《やぶ》れ、自《じ》害《がい》した。

正成《まさしげ》の死を知った尊氏《たかうじ》は、敵《てき》ながら立派《りっぱ》な人物が亡《な》くなったことを惜《お》しみ、亡《な》きがらを丁重《ていちょう》に妻《つま》のもとへおくりとどけたという。

鎌倉幕府《かまくらばくふ》を滅亡《めつぼう》に追いこんだ

新《にっ》田《た》義《よし》貞《さだ》

足利尊氏《あしかがたかうじ》のライバル

出身地：上野国《こうずけのくに》(現在《げんざい》の群馬県《ぐんまけん》)
生没年《せいぼつねん》：1300ごろ〜1338年
性《せい》格《かく》：生《き》まじめな忠義者《ちゅうぎもの》

鎌倉幕府《かまくらばくふ》をほろぼすも足利氏《あしかがし》に敗《やぶ》れる

義貞《よしさだ》は、**足利尊氏《あしかがたかうじ》**(▼130)とは遠い親せきにあたる源氏《げんじ》の名門の出。**鎌倉幕府《かまくらばくふ》**に反抗《はんこう》して、自分の領《りょう》地《ち》である上野国《こうずけのくに》(現在《げんざい》の群馬県《ぐんまけん》)で挙兵《きょへい》してから半月ほどで鎌倉《かまくら》に攻《せ》めこみ、幕府《ばくふ》をほろぼした。

尊氏《たかうじ》が**後醍醐天皇《ごだいごてんのう》**(▼126)と仲《なか》たがいしたあとも朝廷側《ちょうていがわ》に残《のこ》って戦《たたか》い、後醍醐天皇《ごだいごてんのう》とともに京を脱《だっ》出《しゅつ》し、比叡山《ひえいざん》に立てこもった天《てん》皇《のう》をささえた。しかし義貞《よしさだ》は、天《てん》皇《のう》が義貞《よしさだ》に知らせず尊氏《たかうじ》と和平交《わへいこう》渉《しょう》をしていたことを知る。天皇《てんのう》は「相手をあざむくためだ」ととりつくろったが、天皇《てんのう》に裏切《うらぎ》られたと感じた義貞《よしさだ》は天皇《てんのう》の皇子《おうじ》たちを連《つ》れて北陸《ほくりく》へ落ちのびていく。皇《おう》子《じ》を守りながら足利軍《あしかがぐん》と苦しい戦《たたか》いをつづけたが、最期《さいご》は額《ひたい》に矢を受けて戦死《せんし》した。

ひみつのエピソード 稲村《いなむら》ヶ《が》崎《さき》の奇跡《きせき》

義貞軍《よしさだぐん》が鎌倉《かまくら》に攻《せ》めこむ途中《とちゅう》、稲村《いなむら》ヶ《が》崎《さき》の海岸のせまく険《けわ》しい道が通れず苦労したときのこと。義貞《よしさだ》が龍神《りゅうじん》に祈《いの》りをささげ、海中に黄金《おうごん》の太刀《たち》を投げ入れると、波《なみ》がひいて砂浜《すなはま》があらわれた。義貞《よしさだ》は「龍神《りゅうじん》の加護《かご》がある」と兵《へい》たちをはげまし、その砂浜《すなはま》を通って鎌倉《かまくら》に入り、勝利《しょうり》をおさめた。

室町幕府《むろまちばくふ》を開いた将軍《しょうぐん》

足《あし》利《かが》尊《たか》氏《うじ》

気前のよい源氏《げんじ》のリーダー

出身地：下野国《しもつけのくに》(現在《げんざい》の栃木県《とちぎけん》)
生没年《せいぼつねん》：1305～1358年
性《せい》　格《かく》：メンタルが弱い

苦悩《くのう》のすえ天皇《てんのう》側《がわ》に寝返《ねがえ》る

尊氏《たかうじ》は源頼朝《みなもとのよりとも》（▼112）と先祖《せんぞ》を同じくする、源氏《げんじ》の名門の出。

鎌倉幕府《かまくらばくふ》から**後醍醐天皇《ごだいごてんのう》**（▼126）と**楠木正成《くすのきまさしげ》**（▼128）の追討命令《ついとうめいれい》が出たとき、「父の喪中《もちゅう》だから」と断《ことわ》ったのに聞き入れられず、京へ派遣《はけん》される。尊氏《たかうじ》は妻子《さいし》を人質《ひとじち》として鎌《かま》倉《くら》に残《のこ》したまま京へむかったが、幕府《ばくふ》への反感《はんかん》から後醍醐天皇側《ごだいごてんのうがわ》に寝返《ねがえ》って**六波羅探題《ろくはらたんだい》**（▼127）を攻《せ》め落とした。妻《つま》が幕府重臣《ばくふじゅうしん》の北条氏出《ほうじょうししゅつ》身《しん》だったため、ものすごく苦悩《くのう》したという。尊氏《たかうじ》の妻子《さいし》は鎌倉《かまくら》が戦《せん》場《じょう》になる前に脱出《だっしゅつ》して無事《ぶじ》だった。

「北朝《ほくちょう》」で征夷大将軍《せいいたいしょうぐん》に

鎌倉幕府《かまくらばくふ》をほろぼしたあとに、後醍醐天皇《ごだいごてんのう》がはじめた**建武《けんむ》の新政《しんせい》**（▼127）では、武士《ぶし》は出世できなかった。尊氏《たかうじ》は、鎌倉《かまくら》で独自《どくじ》に武士《ぶし》に恩賞《おんしょう》をあたえはじめる。そのため尊氏《たかうじ》に人気が集中し、天皇《てんのう》とは気まずい関係《かんけい》に。後醍醐天皇《ごだいごてんのう》は**新《にっ》田義貞《たよしさだ》**（▼129）をさしむけて尊氏《たかうじ》を討《う》とうとしたが、それを撃退《げきたい》する。その後《ご》、京へ入った尊氏《たかうじ》は、比叡《ひえい》山《ざん》へにげた後醍醐天皇《ごだいごてんのう》と和睦《わぼく》しようとするが失敗《しっぱい》。後醍醐天皇《ごだいごてんのう》は**吉《よし》野《の》**へうつり（**南朝《なんちょう》**▼127）、尊氏《たかうじ》は**北朝《ほくちょう》**（▼127）の天皇《てんのう》のもと**征夷大将軍《せいいたいしょうぐん》**となって**室町幕府《むろまちばくふ》**を開いた。

口《くち》グセは「出家《しゅっけ》したい」

将軍《しょうぐん》となった尊氏《たかうじ》だったが、勇敢《ゆうかん》でもメンタルは弱く、天皇《てんのう》の敵《てき》になるのがとにかくイヤでたまらず「出家《しゅっけ》したい」が口《くち》グセ。しょっちゅう心が折《お》れるので周《しゅう》囲《い》は苦労《くろう》したという。弟の**足利直《あしかがただ》義《よし》**（▼132）を死に追いやってからは、ますます出家《しゅっけ》をのぞんだという。南朝側《なんちょうがわ》とはついに仲《なか》なおりできず、54歳《さい》のとき背中《せなか》の傷《きず》がもとで亡《な》くなる。

死を恐《おそ》れず、欲《よく》がなく、何でも気前よく人にあたえたので、人びとに愛《あい》された。和歌もうまく、絵の才能《さいのう》もあったという。

まじめすぎて嫌《きら》われた実力者《じつりょくしゃ》

足《あし》利《かが》直《ただ》義《よし》

足利尊氏《あしかがたかうじ》の弟で有能《ゆうのう》な政治家《せいじか》

出身地：下野国《しもつけのくに》(現在《げんざい》の栃木県《とちぎけん》)
生没年《せいぼつねん》：1306～1352年
性《せい》格《かく》：とてもまじめ

日本史上最大《にほんしじょうさいだい》の兄弟ゲンカ

室町幕府《むろまちばくふ》の実力者《じつりょくしゃ》。兄の**足利尊《あしかがたか》氏《うじ》**(▼130)にくらべると戦《いくさ》はヘタだが、まじめで冷静《れいせい》、伝統《でんとう》と格式《かくしき》を重んじるすぐれた政治家《せいじか》だった。

最初《さいしょ》のころは兄弟で苦手なところを補《おぎな》いあって幕府《ばくふ》を運営《うんえい》していたが、尊氏《たかうじ》の信頼《しんらい》する高師直《こうのもろなお》と対立するようになり、**直義《ただよし》**は出家《しゅっけ》して幕府《ばくふ》を去った。しかし尊氏《たかうじ》が九州へ遠征《えんせい》したすきに、直《ただ》義《よし》は南朝《なんちょう》(▼127)側《がわ》に寝返《ねがえ》って京をうばいとる。全国を巻《ま》きこんだ戦乱《せんらん》となった日本史上最大《にほんしじょうさいだい》の兄弟ゲンカ、※**観応《かんおう》の擾乱《じょうらん》**に発展《はってん》した。

乱《らん》のあと尊氏《たかうじ》の息子の補佐役《ほさやく》として幕府《ばくふ》にもどった直義《ただよし》だったが、兄弟の仲《なか》はもとにもどらず対立は深まる一方《いっぽう》。尊氏《たかうじ》に敗《やぶ》れた直《ただ》義《よし》は鎌倉《かまくら》に幽閉《ゆうへい》され、数日後に急死。毒殺《どくさつ》されたともいわれる。

ひみつのエピソード　贈《おく》り物《もの》が残《のこ》らない兄弟

当時の武士《ぶし》には、お世話になった人へ8月1日に贈《おく》り物《もの》をする「八朔《はっさく》」という習慣《しゅうかん》があった。しかし直義《ただよし》はワイロをきらい、贈《おく》り物《もの》は絶対《ぜったい》に受け取らなかった。兄の尊《たか》氏《うじ》は、とどけられた贈《おく》り物《もの》をすべて気前よく人にあげてしまうので、兄弟そろって手元には何も残《のこ》らなかったという。

※ **観応《かんおう》の擾乱《じょうらん》**：1349年から約《やく》3年間つづいた室町幕府内《むろまちばくふない》の権力争《けんりょくあらそ》い

金閣寺《きんかくじ》を建《た》てた第3代将軍《しょうぐん》

足《あし》利《かが》義《よし》満《みつ》

南北朝時代を終わらせた将軍《しょうぐん》
出身地：京（現在《げんざい》の京都府《きょうとふ》）
生没年《せいぼつねん》：1358～1408年
性格《せいかく》：時間に厳《きび》しい

南北朝《なんぼくちょう》の動乱《どうらん》を終わらせる

義満《よしみつ》は11歳《さい》で第3代将軍《しょうぐん》となる。京の室町通《むろまちどお》りに広大な邸宅《ていたく》「花の御所《ごしょ》」をつくらせ、幕府《ばくふ》をうつしたので、足利氏《あしかがし》による政権《せいけん》を**室町幕府《むろまちばくふ》**とよぶ。

対立をつづける南朝《なんちょう》と北朝《ほくちょう》を統一《とういつ》しないと幕府《ばくふ》を強化できないと考えた義満《よしみつ》は、「天皇《てんのう》は南朝《なんちょう》と北朝《ほくちょう》から交互《こうご》に即位《そくい》する」「三種《さんしゅ》の神器《じんぎ》を京にもどす」という条件《じょうけん》で、南北朝《なんぼくちょう》の戦乱《せんらん》を終わらせた。

権力《けんりょく》の象徴《しょうちょう》 きらびやかな金閣寺《きんかくじ》

義満《よしみつ》は息子に将軍《しょうぐん》を継《つ》がせ、自分は太政大臣《だいじょうだいじん》となって武士《ぶし》と公家《くげ》の頂点《ちょうてん》に立つ。権力《けんりょく》を見せつけるように、金箔《きんぱく》をほどこした豪《ごう》華《か》な**金閣寺《きんかくじ》**（鹿苑寺《ろくおんじ》）を建《た》てた。

金閣寺《きんかくじ》の1階は公家風《くげふう》の寝殿造《しんでんづく》り、2階は武家造《ぶけづく》り、3階は中国風の禅宗《ぜんしゅう》の様式《ようしき》でつくられている。公家《くげ》の上に武士《ぶし》がいて、その上に僧《そう》（義満《よしみつ》）がいるという意味がこめられていた。

51歳《さい》のとき、義満《よしみつ》は突然《とつぜん》の病で亡《な》くなった。

銀《ぎん》閣《かく》寺《じ》をつくった第8代将軍《しょうぐん》

足《あし》利《かが》義《よし》政《まさ》

政治《せいじ》に興味《きょうみ》がなかった将軍《しょうぐん》

出身地：京（現在《げんざい》の京都府《きょうとふ》）
生没年《せいぼつねん》：1436～1490年
趣《しゅ》　味《み》：茶《ちゃ》の湯《ゆ》

わび・さびに夢中《むちゅう》で政《せい》治《じ》なんてそっちのけ

義政《よしまさ》は8歳《さい》で足利家《あしかがけ》を継《つ》ぎ、14歳《さい》で将軍《しょうぐん》になる。しかし母親や乳母《うば》、妻《つま》の実家などに政治《せいじ》の実権《じっけん》をうばわれ、すっかりやる気をなくしてしまった。農民《のうみん》の反乱《はんらん》や飢《き》きんがあっても、何もしなかった。代わりに庭園《ていえん》づくりや能《のう》・狂言《きょうげん》、茶《ちゃ》の湯《ゆ》や絵画などに熱中《ねっちゅう》した。それらは現在《げんざい》の日本文化の原点となった（**東山文化《ひがしやまぶんか》**）。

京が焼《や》けても知らん顔

義政《よしまさ》には息子がいなかったため、弟の足利義視《あしかがよしみ》をあと継《つ》ぎに決めた。しかし翌年《よくとし》息子が生まれると、妻《つま》の**日野富子《ひのとみこ》**が「わが子を将軍《しょうぐん》に」と強く主張《しゅちょう》したため、あと継《つ》ぎの座《ざ》をめぐって**応仁の乱《おうにんのらん》**が起きる。義政《よしまさ》は戦《いくさ》をやめさせようとしたが、もはや将軍《しょうぐん》の言うことを聞く者はだれもおらず、京の街《まち》は焼《や》け野原《のはら》となった。その戦乱《せんらん》の最中《さいちゅう》でも、義政《よしまさ》はのんきに宴《うたげ》を開いていたという。

応仁《おうにん》の乱《らん》のあと、8年かけて**銀《ぎん》閣《かく》寺《じ》**をつくらせたが、完成《かんせい》を見ずに55歳《さい》で亡《な》くなった。

日《ひ》野《の》富《とみ》子《こ》

日本史上、悪名高いケチな女性《じょせい》

出身地：京（現在《げんざい》の京都府《きょうとふ》）
生没年《せいぼつねん》：1440～1496年
趣味《しゅみ》：貯金《ちょきん》

絶対《ぜったい》に息子《むすこ》を将軍《しょうぐん》に!!

富子《とみこ》は16歳《さい》のとき、4歳《さい》年上の**足利義政《あしかがよしまさ》**と結婚《けっこん》した。最初《さいしょ》の子は生後すぐ亡《な》くなった。富子《とみこ》は「義政《よしまさ》の乳母《うば》たちが呪《のろ》いをかけたからだ」と言いがかりをつけて乳母《うば》たちを追放《ついほう》する。

その後《ご》、早く将軍《しょうぐん》を引退《いんたい》したい義政《よしまさ》は弟の義視《よしみ》をあと継《つ》ぎに決めてしまう。しかし息子の足利《あしかが》義尚《よしひさ》が産《う》まれると、富子《とみこ》は「わが子を将軍《しょうぐん》に」と主張《しゅちょう》し夫婦仲《ふうふなか》が悪化、**応仁《おうにん》の乱《らん》**の原因《げんいん》となる。結局《けっきょく》、将軍《しょうぐん》は義尚《よしひさ》が継《つ》いだが、富子《とみこ》は息子の行動すべてに口を出して、けむたがられた。

敵《てき》味方《みかた》関係《かんけい》なく商売

「これからは物々交換《ぶつぶつこうかん》ではなく貨幣《かへい》の時代」と考えた富子《とみこ》はお金を貸《か》す高利貸《こうりが》しをはじめ、応仁《おうにん》の乱《らん》で出費《しゅっぴ》のかさむ敵味方両軍《てきみかたりょうぐん》から巨額《きょがく》の富《とみ》を得《え》た。また、「戦乱《せんらん》で壊《こわ》れた※内裏《だいり》の修理代《しゅうりだい》」として京の主な関所《せきしょ》に通行税《つうこうぜい》をかけ、その多くを自分のものにしたという。富子《とみこ》の財産《ざいさん》は、今のお金で70億円《おくえん》ともいわれる。

※内裏《だいり》：天皇《てんのう》の住む館《やかた》

「赤入道《あかにゅうどう》」とよばれた荒々《あらあら》しい武将《ぶしょう》

山《やま》名《な》宗《そう》全《ぜん》(持《もち》豊《とよ》)

応仁《おうにん》の乱《らん》で西軍《せいぐん》の大将《たいしょう》となる

出身地：但馬国《たじまのくに》(現在《げんざい》の兵庫県《ひょうごけん》)
生没年《せいぼつねん》：1404～1473年
性《せい》格《かく》：カッとなりやすい

応仁《おうにん》の乱《らん》を起こしたひとり

山名持豊《やまなもちとよ》は40代で出家《しゅっけ》し、**宗全《そうぜん》**と名のった。

山名氏《やまなし》の先祖《せんぞ》は**新田義貞《にったよしさだ》**(▼129)の一族だったが、南北朝《なんぼくちょう》時代に新田《にった》氏《し》をはなれ足利氏《あしかがし》につく。以来《いらい》、勢力《せいりょく》をのばして日本66か国のうち6分の1を一族が治《おさ》め、「六分の一殿《どの》」とよばれた。宗全《そうぜん》の時代には、西日本を中心に多くの領《りょう》地《ち》をもつ最大《さいだい》の※**守護大名《しゅごだいみょう》**となる。

同じくらい広大な領地《りょうち》をもつ細川氏《ほそかわし》との争《あらそ》いをさけるため、養女《ようじょ》を**細川勝元《ほそかわかつもと》**の妻《つま》にしたが、政《せい》治上《じじょう》の意見をめぐってことごとく勝元《かつもと》と対立。将軍《しょうぐん》のあと継《つ》ぎ問題がきっかけで**応仁《おうにん》の乱《らん》**がはじまる。おたがいに一歩もゆずらず戦乱《せんらん》は長びき、宗全《そうぜん》が病気で亡《な》くなったあともつづいた。

あだ名は「赤入道《あかにゅうどう》」

宗全《そうぜん》は「赤入道《あかにゅうどう》」とあだ名される赤ら顔。まっすぐな性格《せいかく》で怒《おこ》りっぽく、敵《てき》が多かった。しかし心根はやさしく、病気の家臣《かしん》をいたわるなどしたので、家臣《かしん》からはしたわれていた。

※**守護大名《しゅごだいみょう》**：その地方の領主《りょうしゅ》となった守護《しゅご》のこと

細《ほそ》川《かわ》勝《かつ》元《もと》

応仁《おうにん》の乱《らん》で東軍《とうぐん》の大将《たいしょう》となる

出身地：摂津国《せっつのくに》（現在《げんざい》の大阪府《おおさかふ》）
生没年《せいぼつねん》：1430～1473年
趣味《しゅみ》：和歌、鷹狩《たかがり》

信仰心《しんこうしん》のあつい若《わか》き管領《かんれい》

山名宗全《やまなそうぜん》と協力《きょうりょく》しようとしたが…

13歳《さい》で細川家《ほそかわけ》を継《つ》ぎ、第7代将《しょう》軍《ぐん》足利義勝《あしかがよしかつ》から「勝《かつ》」の1字をもらって**勝元《かつもと》**と名のる。16歳《さい》で**管領《かんれい》**（将軍《しょうぐん》の補佐役《ほさやく》）となった。有力な**守護大名《しゅごだいみょう》**の山名宗全《やまなそうぜん》の養女《ようじょ》を妻《つま》に、宗全《そうぜん》の息子を養子《ようし》にむかえて勢力《せいりょく》のバランスをとろうとしたが、うまくいかず対立した。**応仁《おうにん》の乱《らん》**では、東軍《とうぐん》の総大将《そうだいしょう》となって足利義視《あしかがよしみ》をたすけ、宗全《そうぜん》と戦《たたか》うことになる。乱《らん》の最中《さいちゅう》に宗全《そうぜん》が亡《な》くなると、2か月後、あとを追うように勝元《かつもと》も病死した。

文武両道《ぶんぶりょうどう》にすぐれた武将《ぶしょう》

勝元《かつもと》は和歌や絵画といった芸《げい》術《じゅつ》にすぐれ、鷹狩《たかがり》や犬追物《いぬおうもの》※などのスポーツも得意《とくい》だった。医術《いじゅつ》にも興味《きょうみ》をもち、応仁《おうにん》の乱《らん》の合間に、医学書《いがくしょ》『霊蘭集《れいらんしゅう》』を書きあげている。

龍安寺《りょうあんじ》の石庭《せきてい》

勝元《かつもと》が創建《そうけん》した龍安寺《りょうあんじ》は、「石庭《せきてい》」という枯山水《かれさんすい》の庭《にわ》で有名。

※**犬追物《いぬおうもの》**：どちらが多くの犬を射《い》たか競《きそ》う競技《きょうぎ》。犬にケガをさせないよう、特別《とくべつ》な矢を使った

コラム

11年もつづいた応仁《おうにん》の乱《らん》

室町《むろまち》時代末期《まっき》、将軍《しょうぐん》のあと継《つ》ぎ問題と、大名（守護大名《しゅごだいみょう》）の勢力争《せいりょくあらそ》いが混《ま》ざって起きた動乱《どうらん》が、応仁《おうにん》の乱《らん》だ。11年ものあいだずるずると戦《たたか》った。

応仁《おうにん》の乱《らん》の人物関係

1 東軍《とうぐん》を率《ひき》いたのは**細川勝元《ほそかわかつもと》**（▶137）で、将軍《しょうぐん》の**足利義政《あしかがよしまさ》**（▶134）と弟の義視《よしみ》の味方をした。西軍《せいぐん》の総大将《そうだいしょう》は**山名《やまな》宗全《そうぜん》**（▶136）、**日野富子《ひのとみこ》**（▶135）と息子・義尚《よしひさ》の側《がわ》についた。

2 しかし、東軍《とうぐん》にいた義視《よしみ》が兄と仲《なか》たがいをして西軍《せいぐん》にくわわると、勝元《かつもと》は西軍《せいぐん》にいた義尚《よしひさ》をかつぎあげる。乱《らん》がはじまったときとメンバーが入れかわってしまった。

3 乱《らん》の最中《さいちゅう》に宗全《そうぜん》が70歳《さい》で亡《な》くなると、同じ年に勝元《かつもと》も病死。両軍《りょうぐん》の総大将《そうだいしょう》が死亡《しぼう》したあとも**応仁《おうにん》の乱《らん》**はつづき、最終的《さいしゅうてき》にだれが勝《か》ったのかよくわからないまま終結《しゅうけつ》した。

4 応仁《おうにん》の乱《らん》をきっかけに、各地《かくち》の大名《だいみょう》は自分の力で領地《りょうち》を守るため、武力《ぶりょく》をたくわえるようになる。こうして**戦国《せんごく》大名《だいみょう》**が生まれ、日本は**戦国《せんごく》時代**へ入っていくことになる。

5章《しょう》 1

信《のぶ》長《なが》の台《たい》頭《とう》（戦《せん》国《ごく》時代～安《あ》土《づち》桃《もも》山《やま》時代）

主なできごと

15世紀《せいき》	室町時代《むろまちじだい》（戦国時代《せんごくじだい》）	1495年ごろ	北条早雲《ほうじょうそううん》（▶142）が小田原城《おだわらじょう》をうばう
16世紀《せいき》		1523年	毛利元就《もうりもとなり》（▶143）が家を継《つ》ぐ
		1541年	武田信玄《たけだしんげん》（▶148）が父親を追放《ついほう》する
		1542年	斎藤道三《さいとうどうさん》（▶144）が美濃国《みののくに》をうばう
		1543年	鉄砲《てっぽう》が日本に伝来《でんらい》する
		1549年	ザビエル（▶145）が鹿児島《かごしま》へ到着《とうちゃく》
		1553年	上杉謙信《うえすぎけんしん》（▶146）が武田信玄《たけだしんげん》と**川中島《かわなかじま》の戦《たたか》い**を行《おこな》う（～1564年）
		1558年	前田利家《まえだとしいえ》（▶160）が**まつ**（▶161）と結婚《けっこん》
		1560年	今川義元《いまがわよしもと》（▶158）が**桶狭間《おけはざま》の戦《たたか》い**で織田信長《おだのぶなが》（▶152）に敗《やぶ》れる
		1567年ごろ	前田慶次《まえだけいじ》（▶159）が京に出る
		1570年	浅井長政《あざいながまさ》（▶156）が**姉川《あねがわ》の戦《たたか》い**に敗《やぶ》れる
		1572年	武田信玄《たけだしんげん》が**三方ヶ原《みかたがはら》の戦《たたか》い**で徳川家康《とくがわいえやす》（▶190）に勝利《しょうり》する
		1573年	浅井長政《あざいながまさ》が**お市《いち》の方《かた》**（▶155）と**茶々《ちゃちゃ》**（▶212）・**お初《はつ》**（▶157）・**お江《ごう》**（▶216）をにがす 室町幕府《むろまちばくふ》が滅亡《めつぼう》
	安土桃山時代《あづちももやまじだい》	1575年	長篠《ながしの》の戦《たたか》いで織田《おだ》・徳川軍《とくがわぐん》が武田軍《たけだぐん》に圧勝《あっしょう》
		1576年	織田信長《おだのぶなが》が安土城《あづちじょう》を築《きず》く
		1585年	長宗我部元親《ちょうそかべもとちか》（▶162）が四国を統一《とういつ》
		1581年	前田利家《まえだとしいえ》が加賀《かが》・能登《のと》の大名《だいみょう》となる
		1582年 1月	**天正遣欧少年使節《てんしょうけんおうしょうねんしせつ》**がヨーロッパへわたる
		6月	**本能寺《ほんのうじ》の変《へん》**で**森蘭丸《もりらんまる》**（▶154）が戦死《せんし》、織田信長《おだのぶなが》が自害《じがい》する

どんな時代だったの？

戦国時代《せんごくじだい》

戦国大名《せんごくだいみょう》の登場

室町《むろまち》時代の終わりごろ、室町幕府《むろまちばくふ》の力がおとろえ、日本の各地《かくち》で力をつけた武士《ぶし》が大小さまざまな国を治《おさ》めはじめた。このような独自《どくじ》の支配《しはい》を行《おこな》った人々を、**戦国大名《せんごくだいみょう》**という。戦国大名《せんごくだいみょう》の多くは、もと**守護《しゅご》**や**守護代《しゅごだい》**（地方を治《おさ》める役人）だったが、家臣《かしん》や商人だった者が実力で国をうばうこともあった（**下剋上《げこくじょう》**）。

大名《だいみょう》たちは交通の整備《せいび》をしたり商業に力を入れたりして、国を栄《さか》えさせていった。

マップ MAP 主な戦国大名《せんごくだいみょう》とその領地《りょうち》（1560年ごろ）

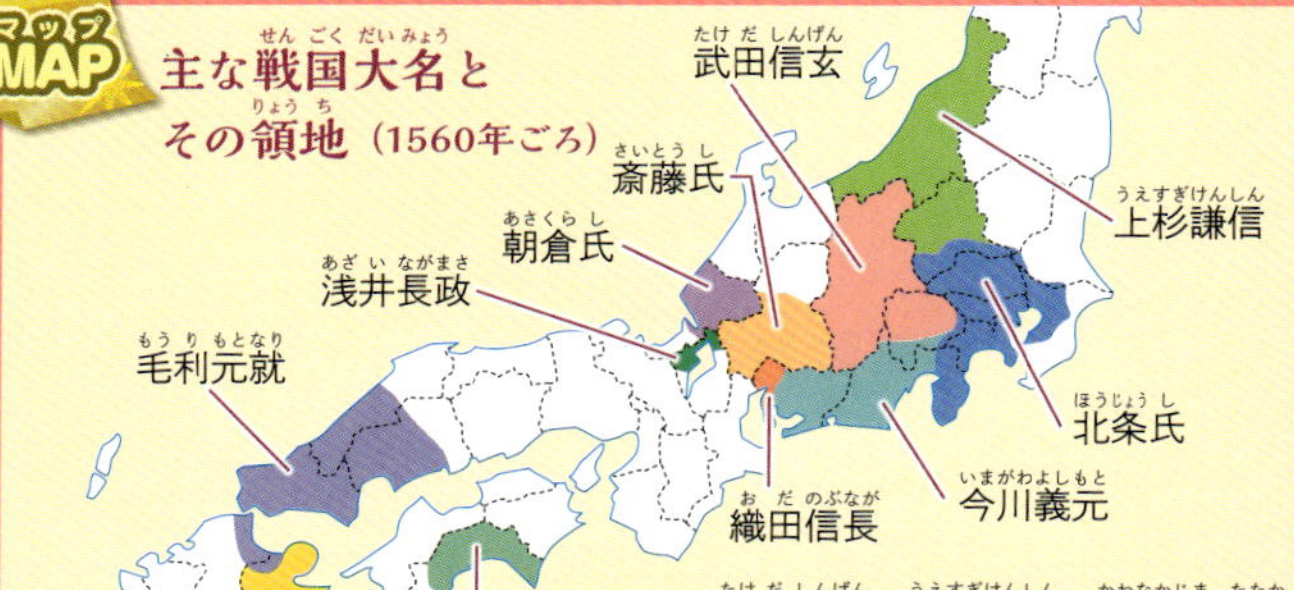

武田信玄《たけだしんげん》と上杉謙信《うえすぎけんしん》が川中島《かわなかじま》の戦《たたか》いをくりひろげていたころの勢力《せいりょく》図《ず》。織田信長《おだのぶなが》の領地《りょうち》はまだ小さかったことがわかる。

鉄砲《てっぽう》が伝《つた》わる

1543年、種子島《たねがしま》（現在《げんざい》の鹿児島《かごしま》県《けん》）にポルトガル人を乗せた船が流れ着いた。そのポルトガル人が持っていたのが「**火縄銃《ひなわじゅう》**」という鉄砲《てっぽう》だった。火縄銃《ひなわじゅう》のつくり方は種子島《たねがしま》から各地《かくち》へ広がり、それまで弓や刀で行《おこな》っていた戦争《せんそう》が大きく変《か》わっていった。

アイテム

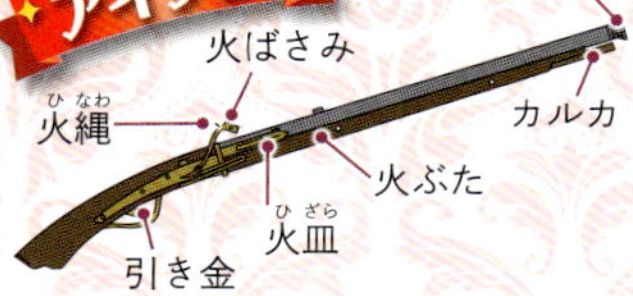

種子島式火縄銃《たねがしましきひなわじゅう》

銃口《じゅうこう》から火薬《かやく》と弾《たま》を入れてカルカという棒《ぼう》で突《つ》きかためる。火縄《ひなわ》の火を火皿《ひざら》につけると火薬《かやく》が爆発《ばくはつ》し、弾《たま》を撃《う》ちだすしくみ。長さ130センチ、重さ4キロくらいある。

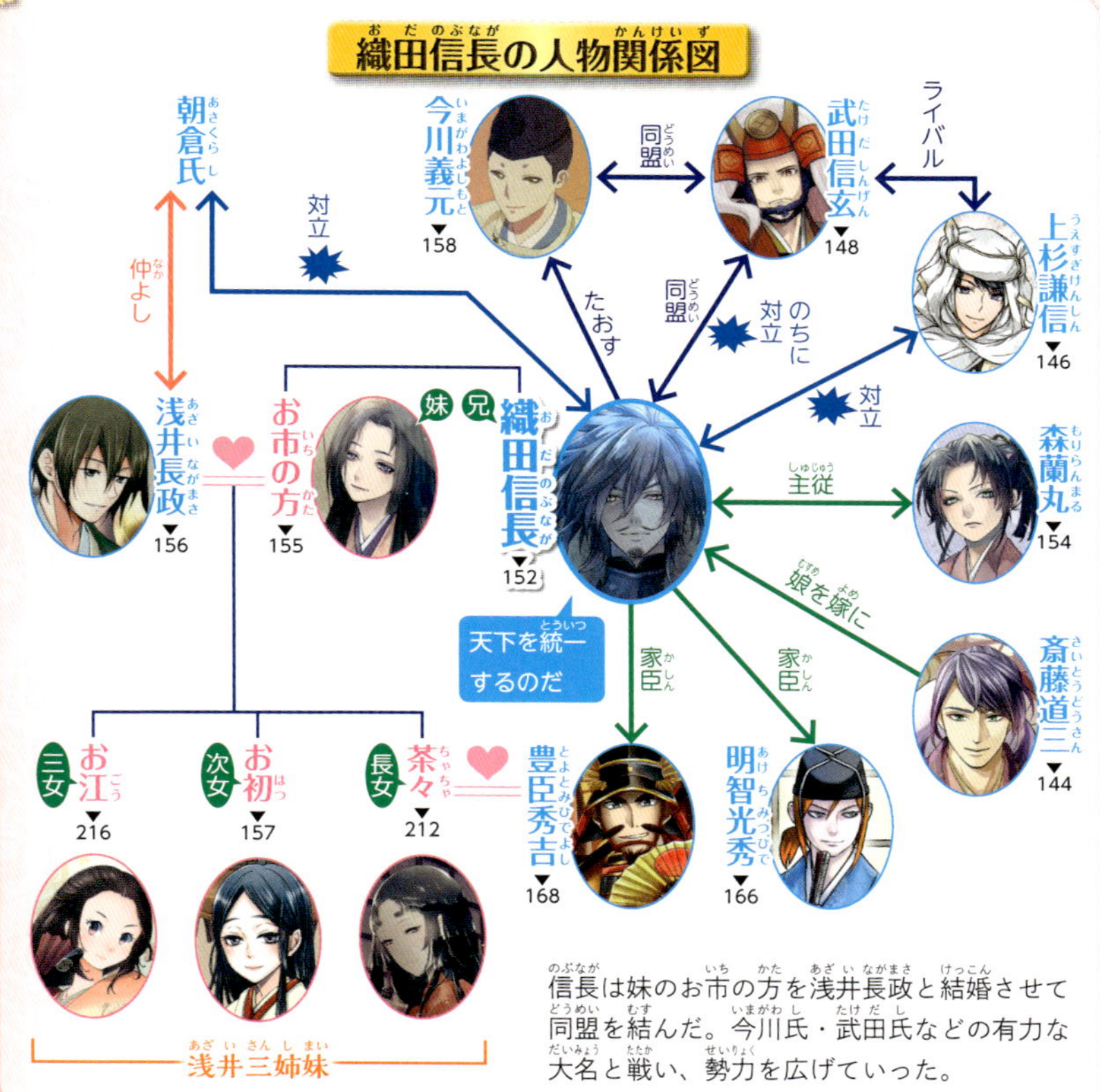

信長《のぶなが》は妹のお市《いち》の方《かた》を浅井長政《あざいながまさ》と結婚《けっこん》させて同盟《どうめい》を結《むす》んだ。今川氏《いまがわし》・武田氏《たけだし》などの有力な大名《だいみょう》と戦《たたか》い、勢力《せいりょく》を広げていった。

天下統一《てんかとういつ》まであと一歩

織田信長《おだのぶなが》（▼152）は尾張国《おわりのくに》（現在《げんざい》の愛《あい》知県《ちけん》）の小さな大名《だいみょう》だった。信長《のぶなが》は、鉄砲隊《てっぽうたい》・槍隊《やりたい》など専門部隊《せんもんぶたい》をつくり、武力《ぶりょく》をたくわえた。そして1560年、**今川義元《いまがわよしもと》**（▼158）を**桶狭《おけはざ》間《ま》の戦《たたか》い**でたおし、その後《ご》はまわりの大名《だいみょう》を次々と家臣《かしん》にしていく。信長《のぶなが》は室町幕府《むろまちばくふ》をほろぼして、天下統一《てんかとういつ》まであと一歩のところにせまった。

1582年、信長《のぶなが》が信頼《しんらい》していた家臣《かしん》の**明智光秀《あけちみつひで》**（▼166）が突然裏切《とつぜんうらぎ》り、**本能寺《ほんのうじ》の変《へん》**を起《お》こす。寝《ね》こみをおそわれた信長《のぶなが》は、にげられないと悟《さと》って自害《じがい》した。

家臣《かしん》からのしあがった戦国大名《せんごくだいみょう》の先がけ

北《ほう》条《じょう》早《そう》雲《うん》

伊豆国《いずのくに》・相模国《さがみのくに》へ攻《せ》めこむ

家紋《かもん》

出身地：備中国《びっちゅうのくに》(現在《げんざい》の岡山県《おかやまけん》)
生没年《せいぼつねん》：1432〜1519年
特《とく》　技《ぎ》：早寝早起《はやねはやお》き

早雲《そううん》が伊豆《いず》をうばいとり戦国《せんごく》時代がはじまった

北条早雲《ほうじょうそううん》の本名は伊勢盛時《いせのもりとき》。早雲《そううん》が40歳《さい》のとき、姉の結婚《けっこん》相手である駿河国《するがのくに》(現在《げんざい》の静岡県東部《しずおかけんとうぶ》)の大名《だいみょう》・今川氏《いまがわし》であと継《つ》ぎ争《あらそ》いが起こった。かけつけた早雲《そううん》が解決《かいけつ》し、ほうびに領地《りょうち》をもらって城《じょう》主《しゅ》となる。

ちょうどそのころ、となりの伊《い》豆国《ずのくに》もあと継《つ》ぎ争《あらそ》いで混乱《こんらん》していた。早雲《そううん》は「このチャンスに伊《い》豆《ず》を手に入れよう」と考え、攻《せ》めこんだ。この「伊豆討《いずう》ち入《い》り」から、**戦国《せんごく》時代**がはじまる。その後《ご》、早《そう》雲《うん》は相模国《さがみのくに》(現在《げんざい》の神奈川県《かながわけん》)も手に入れ、**戦国大名《せんごくだいみょう》**となる。ただの家《か》臣《しん》にすぎなかった早雲《そううん》が大名《だいみょう》にまでのしあがったことは、当時の人々にとっても大事件《だいじけん》であった。

早雲《そううん》は88歳《さい》で亡《な》くなったが、「早寝早起《はやねはやお》き」「ぜいたくな服を着ない」「うそをつかない」「習字や勉強をよくすること」「囲碁《いご》・将《しょう》棋《ぎ》・笛《ふえ》などは、遊びと同じだからあまりしないこと」などと、子孫《しそん》に言い残《のこ》したという。また、読書が好《す》きで、つねに本を持ち歩き、家族にも読書をすすめたと伝《つた》わる。

一代で中国地方を統一《とういつ》

毛《もう》利《り》元《もと》就《なり》

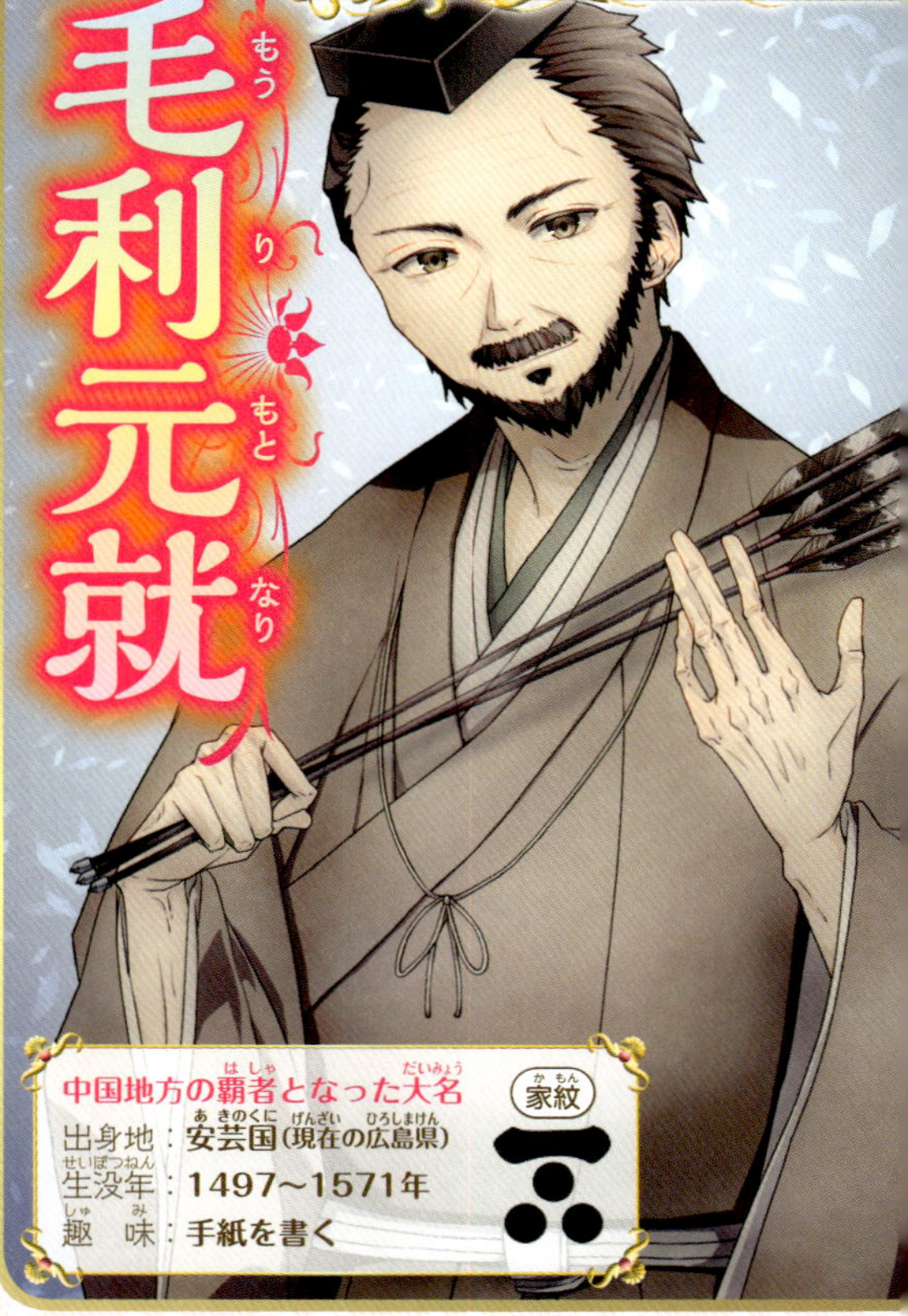

中国地方の覇者《はしゃ》となった大名《だいみょう》

出身地：安芸国《あきのくに》（現在《げんざい》の広島県《ひろしまけん》）
生没年《せいぼつねん》：1497〜1571年
趣味《しゅみ》：手紙を書く

家紋《かもん》

息子たちを養子《ようし》に出し 中国地方統一《とういつ》の足がかりに

元就《もとなり》が安芸国《あきのくに》（現在《げんざい》の広島県《ひろしまけん》）の小さな城《しろ》の城主《じょうしゅ》になったころ、中国地方の多くを尼子氏《あまごし》と大内氏《おおうちし》という強い大名《だいみょう》が支配《しはい》していた。幼《おさな》いころに両親を亡《な》くした元就《もとなり》は、生きぬくために尼子氏《あまごし》や大内氏《おおうちし》の家臣《かしん》となった。

なんとかして毛利家《もうりけ》を強くしたいと考えた元就《もとなり》は、3人の息子のうちふたりを、同じ安芸国《あきのくに》の吉川《きっかわ》家《け》と小早川家《こばやかわけ》へ養子《ようし》に出した。そして、両家を継《つ》いだ息子たちと協力《きょうりょく》して安芸国全域《あきのくにぜんいき》を手に入れた。やがて、大内氏《おおうちし》と尼子氏《あまごし》をたおして、**中国地方全域《ぜんいき》を支配《しはい》**する。

元就《もとなり》は手紙を書くことが好《す》きで、家臣《かしん》や家族にあてた多くの手紙が残《のこ》されている。なかでも、3人の息子にあてた3メートル近くもある長い手紙には、「3人で協力《きょうりょく》して毛利家《もうりけ》を守るように」とくり返し書いてあった。この手紙は「1本の矢はすぐに折《お》れるが3本集めれば折《お》れにくいように、おたがいに力をあわせることが大切だ」という「**三矢《さんし》の教え**」の話のもとになった。

大名《だいみょう》になった「美濃《みの》のマムシ」

斎藤道三《さいとうどうさん》

美濃国《みののくに》をのっとった戦国大名《せんごくだいみょう》

領地《りょうち》：美濃国《みののくに》（現在《げんざい》の岐阜県《ぎふけん》）
生没年《せいぼつねん》：生年不明《ふめい》〜1556年
特技《とくぎ》：槍《やり》、鉄砲《てっぽう》

家紋《かもん》

主《あるじ》を追いだし、美濃《みの》の大名《だいみょう》に

道三《どうさん》は、若《わか》いころ僧《そう》だったとも、油を売り歩く商人だったともいわれている。あるとき武士《ぶし》になろうと決意《けつい》し、槍《やり》や鉄砲《てっぽう》の稽古《けいこ》にはげみ、武芸《ぶげい》の達人《たつじん》になった。その腕《うで》を見こまれて美濃国《みののくに》の**守護**《しゅご》（地方を治《おさ》める役人）の家臣《かしん》になる。

1542年ごろ、美濃国《みののくに》の守護《しゅご》の地位をめぐって争《あらそ》いが起きると、道三《どうさん》はそれを利用《りよう》して守護《しゅご》の土岐氏《ときし》を追放し、ついに美濃国《みののくに》を手に入れてしまった。人々は主君《しゅくん》を追いだした道三《どうさん》を「美濃《みの》のマムシ」とよんで恐《おそ》れたという。「マムシは親の腹《はら》を食いやぶって生まれる」といわれる。道三《どうさん》はのちに息子と戦《たたか》って敗《やぶ》れ、戦死《せんし》した。マムシの子はマムシ、ということなのかもしれない。

ひみつのエピソード

信長《のぶなが》の才能《さいのう》を見ぬいた道三《どうさん》

道三《どうさん》が初《はじ》めて見た織田信長《おだのぶなが》（▶152）は、派手《はで》なかっこうをして部下をひきつれて歩いていた。うわさどおりのバカ者かと思った道三《どうさん》だったが、次に会ったとき信長《のぶなが》が正装《せいそう》してあらわれたのでびっくり。その様子を見て「わが息子たちはあの者にしたがうようになるだろう」と、信長《のぶなが》の才能《さいのう》を見ぬいたという。

日本に初《はじ》めてキリスト教を伝《つた》えた

ザビエル

イエズズ会設立者《せつりつしゃ》のひとり

出身地：ナバラ王国（ヨーロッパの小国）
生没年《せいぼつねん》：1506～1552年
性格《せいかく》：臨機応変《りんきおうへん》

日本にわたりキリスト教を広める

ザビエルはパリ大学に留学中《りゅうがくちゅう》、男子修道会《しゅうどうかい》「**イエズス会**」を設立《せつりつ》した。宣教師《せんきょうし》となったザビエルは、異教徒《いきょうと》をキリスト教に改宗《かいしゅう》させることに情熱《じょうねつ》をそそぎ、マラッカ（マレーシアの港町《みなとまち》）でキリスト教を広める活動中《かつどうちゅう》に、日本人の「アンジロー（ヤジロー）」と出会う。「日本でキリスト教を広めたい」という夢《ゆめ》をもち、2年後に薩摩国《さつまのくに》（現在《げんざい》の鹿児島県《かごしまけん》）に到着《とうちゃく》。大名《だいみょう》の島津氏《しまづし》から許可《きょか》をもらい、信者《しんじゃ》を増《ふ》やした。

その後《ご》、「天皇《てんのう》や将軍《しょうぐん》からもキリスト教を広める許可《きょか》をもらいたい」と京へむかうが、戦国《せんごく》時代で日本中が混乱《こんらん》していたためと、贈《おく》り物《もの》がなかったため、会うことはできなかった。そこで、中国地方の大名《だいみょう》・大内氏《おおうちし》に当時めずらしかったためがねなどの贈《おく》り物《もの》をわたして、布教《ふきょう》の許可《きょか》をもらった。

その後《ご》ザビエルは、日本の文化が中国の影響《えいきょう》を強く受けていることを知る。「日本に布教《ふきょう》するためには、先に中国に布教《ふきょう》したほうがはやい」と考え中国へむかうが、途中《とちゅう》で病死した。

正義《せいぎ》のために戦《たたか》った「越後《えちご》の龍《りゅう》」

上《うえ》杉《すぎ》謙《けん》信《しん》

武田信玄《たけだしんげん》のよきライバル

出身地：越後国《えちごのくに》（現在《げんざい》の新潟県《にいがたけん》）
生没年《せいぼつねん》：1530〜1578年
特技《とくぎ》：槍《やり》での戦《たたか》い

家紋《かもん》

若《わか》くして越後《えちご》を統一《とういつ》

謙信《けんしん》は越後国《えちごのくに》（現在《げんざい》の新潟県《にいがたけん》）の**守護《しゅご》代《だい》**（地方を治《おさ》める守護《しゅご》の代理）の家に生まれた。病弱な兄に代わり、14歳《さい》から戦《いくさ》に出て数々の武《ぶ》勲《くん》をあげ「越後《えちご》の龍《りゅう》」と恐《おそ》れられた。謙信《けんしん》が19歳《さい》で家を継《つ》いだ2年後、越後国《えちごのくに》の守護《しゅご》・上杉定実《うえすぎさだざね》があと継《つ》ぎを残《のこ》さないで亡《な》くなった。そのため、守護代《しゅごだい》の謙信《けんしん》が越後国《えちごのくに》を治《おさ》めるようになる。

困《こま》っている人のために戦《たたか》う

謙信《けんしん》は自分の領地《りょうち》を広げるための戦《いくさ》はしなかった。しかし、謙《けん》信《しん》を頼《たよ》ってきた人々をたすけるためには戦《たたか》った。1552年、**関《かん》東管領《とうかんれい》**（関東《かんとう》を治《おさ》める長官《ちょうかん》の補佐《ほさ》役《やく》）の上杉憲政《うえすぎのりまさ》が、相模国《さがみのくに》（現在《げんざい》の神《か》奈川県《ながわけん》）の北条氏《ほうじょうし》に攻《せ》めこまれて越《えち》後《ご》へのがれてきた。謙信《けんしん》は憲政《のりまさ》をかくまい、北条氏《ほうじょうし》を撃退《げきたい》する。

武田信玄《たけだしんげん》（▼148）が信濃国《しなののくに》（現在《げんざい》の長《なが》野県《のけん》）に攻《せ》めこみ、領地《りょうち》を追《お》われた武将《ぶしょう》らにたすけをもとめられたときは、謙信《けんしん》は信玄《しんげん》と5回にわたる戦《たたか》いをくりひろげた（**川中島《かわなかじま》の戦《たたか》い**）。

敵《てき》に塩《しお》を送る

謙信《けんしん》と信玄《しんげん》はおたがいに実力を認《みと》めあうよきライバルだった。信《しん》玄《げん》が今川《いまがわ》氏《し》と戦《たたか》ったとき、塩《しお》の輸送《ゆそう》を今川氏《いまがわし》にはばまれて、信《しん》玄《げん》の領民《りょうみん》が困《こま》っていた。謙信《けんしん》は「戦《いくさ》は刀《かたな》でするものだ」と言って、信玄《しんげん》に塩《しお》を送った。1573年、「信玄《しんげん》病死」の知らせを食事中に聞いた謙信《けんしん》は、はしを落として大泣《おおな》きした。5年後、謙信《けんしん》は突然《とつぜん》の病にたおれ、49歳《さい》でこの世を去る。

戦《いくさ》には強かったが、趣味《しゅみ》は書道と和歌を詠《よ》むことで、愛読書《あいどくしょ》は『源氏物語《げんじものがたり》』という。

ひみつのエピソード 生涯独身《しょうがいどくしん》だった謙信《けんしん》

謙信《けんしん》は妻子《さいし》をもたず、一生を独身《どくしん》で通した。小柄《こがら》でやさしげな美男子だったといわれ、そのため「小柄《こがら》だから、本当は女性《じょせい》なのでは？」「妻《つま》をめとらなかったのは、男性《だんせい》のほうが好《す》きだからでは……？」と、さまざまなうわさが立った。

戦国最強《せんごくさいきょう》！　無敵《むてき》のカリスマ武将《ぶしょう》

武《たけ》田《だ》信《しん》玄《げん》

上杉謙信《うえすぎけんしん》と５回も戦《たたか》った武将《ぶしょう》

家紋《かもん》

出身地：甲斐国《かいのくに》（現在《げんざい》の山梨県《やまなしけん》）
生没年《せいぼつねん》：1521～1573年
趣《しゅ》味《み》：発明

人を信じた信玄《しんげん》

甲斐国《かいのくに》（現在《げんざい》の山梨県《やまなしけん》）の**守護大名《しゅごだいみょう》**・武田《たけだ》家の長男として生まれる。本名は晴信《はるのぶ》といい、出家《しゅっけ》してから**信玄《しんげん》**を名のった。21歳で父を追放して家を継《つ》いだ。

当時の武将《ぶしょう》にはめずらしく、土塁《どるい》や石垣《いしがき》のある城《しろ》ではなく、平地に建《た》てられた「躑躅ヶ崎館《つつじがさきやかた》」を拠点《きょてん》とした。信玄《しんげん》は、国を守るのは城《しろ》や石垣《いしがき》ではなく人と人との信《しん》頼関係《らいかんけい》と考え、日ごろから「人は城《しろ》、人は石垣《いしがき》」と話していた。そのため才能《さいのう》があれば身分を問わずスカウトし、家臣《かしん》の意見にもよく耳をかたむけたという。

遺言《ゆいごん》は「謙信《けんしん》を頼《たよ》れ」

1572年、天下統一《てんかとういつ》をめざして京へむかう。**織田信長《おだのぶなが》**（▼152）と対決するため兵《へい》を進め、**三方ヶ原《みかたがはら》の**※**戦《たたか》い**で信長《のぶなが》の同盟《どうめい》相手である**徳《とく》川家康《がわいえやす》**（▼190）の軍《ぐん》と対決、圧倒的《あっとうてき》な強さで勝利《しょうり》する。しかし病気になり進軍《しんぐん》を中止、国へもどる途《と》中《ちゅう》で亡《な》くなった。

そのとき信玄《しんげん》は、あと継《つ》ぎの勝《かつ》頼《より》に「自分が死んだら謙信《けんしん》を頼《たよ》れ」と遺言《ゆいごん》を残《のこ》した。領地《りょうち》をめぐって**上杉謙信《うえすぎけんしん》**（▼146）とは何度も戦《たたか》った（**川中島《かわなかじま》の戦《たたか》い**）が、たがいによきライバルとして実力を認《みと》めあっていたのだ。

アイテム

風林火山《ふうりんかざん》の旗《はた》

信玄《しんげん》は、中国の歴史書『孫子《そんし》』からとった「疾《はや》きこと風のごとく、徐《しず》かなること林のごとく、侵掠《しんりゃく》すること火のごとく、動かざること山のごとく」という言葉を旗印《はたじるし》にした。

（山梨市教育委員会提供）

ひみつのエピソード 発明好《ず》きのアイデアマン

信玄《しんげん》は「信玄堤《しんげんづつみ》」とよばれる堤防《ていぼう》を築《きず》いて川の氾濫《はんらん》を防《ふせ》いだり、新田を開拓《かいたく》して食料を増《ふ》やしたり、日本初《はつ》の金貨《きんか》「甲州金《こうしゅうきん》」をつくったりして、人々の暮《く》らしをよくするために力を注いだ。また、6畳《じょう》もある水《すい》洗《せん》トイレをつくらせたことが『甲陽《こうよう》軍鑑《ぐんかん》』（武田氏《たけだし》の戦略《せんりゃく》・戦術《せんじゅつ》を記録《きろく》した軍学書《ぐんがくしょ》）に書かれており、発明家としても有名。

※三方ヶ原《みかたがはら》の戦《たたか》い：現在《げんざい》の静岡県浜松市北区三方原町《しずおかけんはままつしきたくみかたはらちょう》で行《おこな》われた戦《たたか》い

コラム

戦国《せんごく》時代のファッション

鎌倉《かまくら》時代以降《いこう》、人々の服装《ふくそう》は動きやすいものになっていった。よろいやかぶとなどの武具《ぶぐ》も、いろいろなデザインのものができた。

女性《じょせい》

身分の高い女性《じょせい》も、動きやすい着物を着るようになった。着物のたもとが小さくなったのが、この時代の特徴《とくちょう》。

庶民《しょみん》や使用人

髪《かみ》をまとめるため、頭に布をまいた
ひもや細い帯《おび》で結《むす》ぶ
より動きやすい、丈《たけ》の短い着物を着た

武家《ぶけ》の女性《じょせい》（正装《せいそう》）

袖口《そでぐち》がせまく、たもとが小さい「小袖《こそで》」を着るようになった
「打掛《うちかけ》」という派手《はで》な着物をはおる。夏は打掛《うちかけ》を腰《こし》にまいた

外出するときの服装《ふくそう》

「市女笠《いちめがさ》」という、てっぺんが細くなった笠《かさ》をかぶり、虫よけをかねたうすい布をたらす
丈《たけ》の長い着物を腰《こし》のあたりでゆったりと結《むす》ぶ

武将《ぶしょう》がメイク！

戦国《せんごく》時代、武将《ぶしょう》が戦場《せんじょう》に行くときに化粧《けしょう》をした。これは、もし相手に敗《やぶ》れて首をとられたときに見苦しくないようにと考えたからだ。女性《じょせい》と同じようにおしろいをぬり、まゆをかいていた。

男性《だんせい》

男性《だんせい》は、正装《せいそう》でもかなりシンプルな服装《ふくそう》になった。かぶとの下の頭がむれないように、そりあげるようになったのもこのころ。

※かぶき者の服装《ふくそう》

月代《さかやき》をそらず、ひもなどでオシャレにしばる
袖口《そでぐち》がせまくなった「小袖《こそで》」を着る
わざと女物の着物を着るなど、派手《はで》なかっこうをした
すそをたくしあげるのがオシャレ

武士《ぶし》の正装《せいそう》

額《ひたい》から頭頂部《とうちょうぶ》にかけてそりあげる「月代《さかやき》」というスタイル
そでのない「肩衣《かたぎぬ》」という上着
はかまをはく

かぶとコレクター・謙信《けんしん》

戦国《せんごく》時代は「変わりかぶと」が流行した。上杉謙信《うえすぎけんしん》(▶146)も、おもしろいかぶとを集めていた。

飯綱権現《いづなごんげん》という神様がついているかぶと。

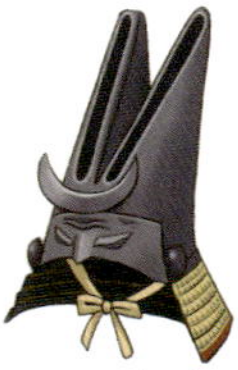
ウサギみたいなかぶと。月のかざりがついている。

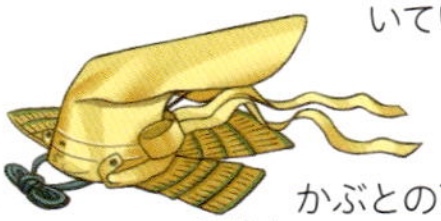
かぶとの下にかぶる烏帽子《えぼし》の形をしたかぶと。

武士《ぶし》の戦闘服《せんとうふく》(よろいかぶと)

戦場《せんじょう》で「自分がここにいるぞ」とみなにわかるようにするため、変《か》わったかたちのかぶとをかぶるようになっていった。

※かぶき者：派手《はで》な着物を着たり変わった髪型《かみがた》をしたりして、ときには非常識《ひじょうしき》な行動をする人のこと

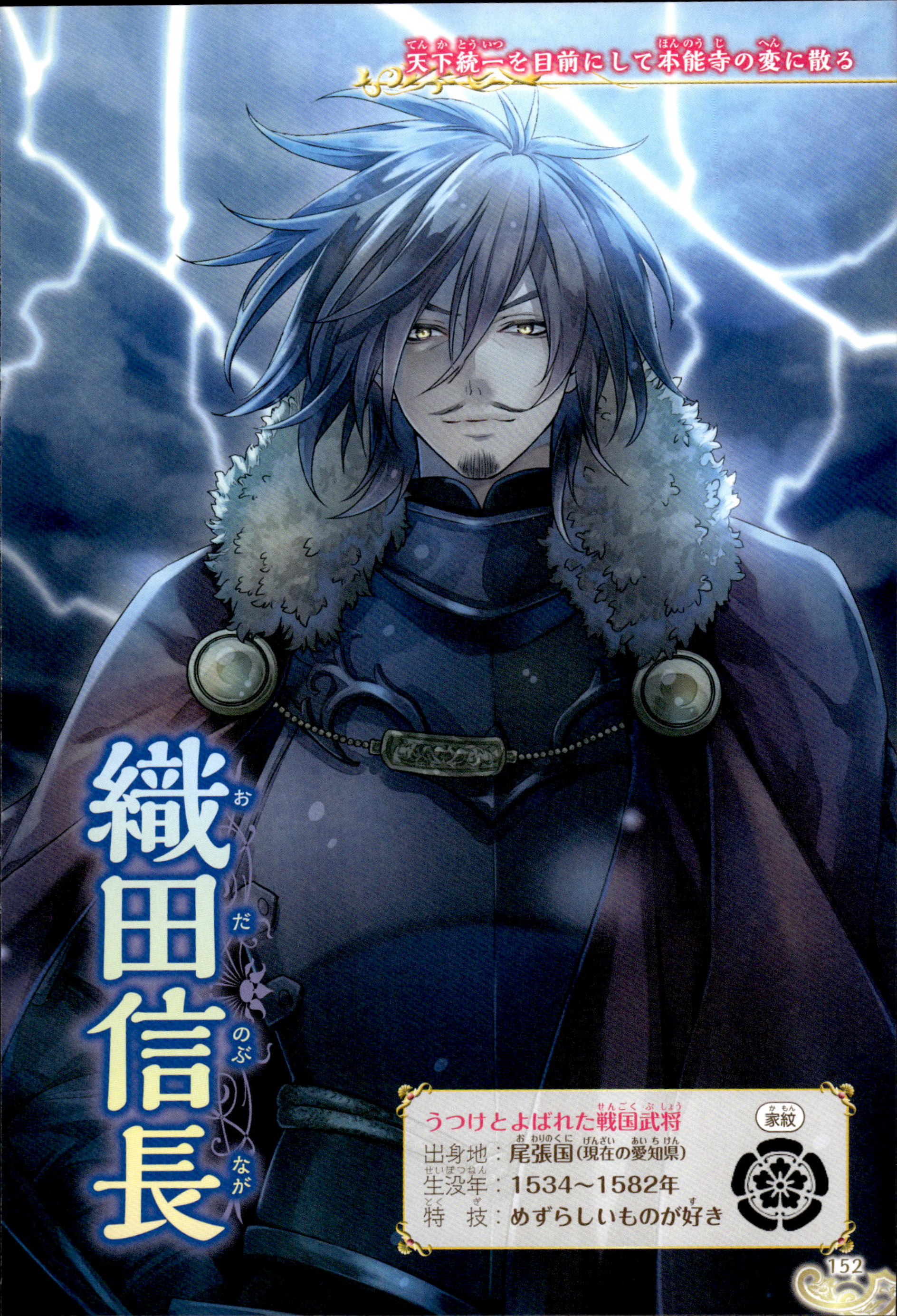

天下統一《てんかとういつ》を目前にして本能寺《ほんのうじ》の変《へん》に散る

織《お》田《だ》信《のぶ》長《なが》

うつけとよばれた戦国武将《せんごくぶしょう》

出身地：尾張国《おわりのくに》(現在《げんざい》の愛知県《あいちけん》)

生没年《せいぼつねん》：1534～1582年

特《とく》技《ぎ》：めずらしいものが好《す》き

家紋《かもん》

天下統一《てんかとういつ》をめざしたうつけ者

信長《のぶなが》は尾張国《おわりのくに》（現在《げんざい》の愛知県《あいちけん》）の守護《しゅご》代《だい》・織田信秀《おだのぶひで》の子として生まれる。少年のころは変《へん》なかっこうをして変《か》わったことばかりをしていたので、「大うつけ（非常識《ひじょうしき》でバカな人）」と思われていた。

ところが18歳《さい》で家を継《つ》ぐと、すぐれた頭脳《ずのう》と統率力《とうそつりょく》を発揮《はっき》し、いっきにイメージチェンジ！ **桶《おけ》狭間《はざま》の戦《たたか》い**では、**今川義元《いまがわよしもと》**（▼158）の2万5千もの大軍《たいぐん》を3千ほどの兵《へい》で破《やぶ》り、その名をとどろかせる。信長《のぶなが》は勢《いきお》いにのって美濃国《みののくに》（現在《げんざい》の岐阜県《ぎふけん》）にも攻《せ》めこみ、天下統一《てんかとういつ》をめざした。

新しいものが大好《だいす》き

信長《のぶなが》は自分の城《しろ》の城下町《じょうかまち》に、だれでも自由に商売ができる**楽《らく》市《いち》・楽座《らくざ》**を導入《どうにゅう》した。ポルトガルやスペインとの**南蛮貿易《なんばんぼうえき》**もすすめ、めずらしい品を輸入《ゆにゅう》した。領内《りょうない》の関所《せきしょ》をなくして自由に交通できるようにしたので、城下《じょうか》町《まち》には多くの商人が集まり、たいへんにぎわったという。

新しいものが好《す》きな信長《のぶなが》は、当時はめずらしかった鉄砲《てっぽう》（火縄《ひなわ》銃《じゅう》）に目をつけ、大量《たいりょう》に買いつけた。これからの戦《たたか》いは弓や刀ではなく鉄砲《てっぽう》の時代だと考え、強力な鉄砲隊《てっぽうたい》をつくりあげた。

明智光秀《あけちみつひで》に裏切《うらぎ》られる

信長《のぶなが》は室町幕府《むろまちばくふ》をほろぼし、有力な大名《だいみょう》をたおしていった。天《てん》下統一《かとういつ》まであと一歩となったとき、**明智光秀《あけちみつひで》**（▼166）の裏切《うらぎ》りにあう。毛《もう》利氏《りし》との戦《たたか》いのために中国地方をめざしていた信長《のぶなが》は、途中《とちゅう》、京の本能寺《ほんのうじ》に泊《と》まった。布団《ふとん》でねていたところ、光秀《みつひで》におそわれたのだ（**本能寺《ほんのうじ》の変《へん》**）。信長《のぶなが》はにげられないと悟《さと》り、自害《じがい》した。

ひみつのエピソード　すもうが好《す》き

信長《のぶなが》はすもうが大《だい》好《す》きで、年に数回、力じまんを集めてすもう大会を開いた。優勝《ゆうしょう》した者や、よくがんばった者にはほうびをあたえ、家臣《かしん》に取りたてた。

本能寺《ほんのうじ》で討《う》ち死《じ》にした「信長《のぶなが》の宝《たから》」

森《もり》蘭《らん》丸《まる》

織田信長《おだのぶなが》の有能《ゆうのう》な小姓《こしょう》

出身地：美濃国《みののくに》(現在《げんざい》の岐阜県《ぎふけん》)
生没年《せいぼつねん》：1565〜1582年
特技《とくぎ》：槍《やり》、鉄砲《てっぽう》
家紋《かもん》

機《き》転《てん》がきく美しい小姓《こしょう》

蘭丸《らんまる》は大変《たいへん》な美少年で、13歳《さい》ごろから**織田信長**《おだのぶなが》(▶152)に小姓《こしょう》(主君の身のまわりの世話をする係)としてめしかかえられた。

あるとき信長《のぶなが》が、となりの部屋の障子《しょうじ》が開いたままだから閉《し》めるよう蘭丸《らんまる》に命《めい》じた。見にいくと障子《しょうじ》は閉《し》まっていたので、蘭《らん》丸《まる》は障子《しょうじ》を少し開けてからわざと音を立てて閉《し》めた。そして「閉まっていました」と報告《ほうこく》した。信《のぶ》長《なが》に「では、なぜ音がしたのか」と問われると、蘭丸《らんまる》は「信長様《のぶながさま》が障《しょう》子《じ》が開いているとおっしゃいましたので、信長様《のぶながさま》が恥《はじ》をかかないようわざと音を立てて閉《し》めました」と答えたという。

信長《のぶなが》が本能寺《ほんのうじ》で**明智光秀**《あけちみつひで》(▶166)におそわれたときは槍《やり》を持って戦《たたか》い、18歳《さい》で討《う》ち死《じ》にした。

ひみつのエピソード 信長《のぶなが》の自慢《じまん》だった蘭丸《らんまる》

信長《のぶなが》は「自分の自慢《じまん》は3つある。1つは奥州《おうしゅう》から献上《けんじょう》された白斑《しらふ》の鷹《たか》、2つ目は青い馬、3つ目が森蘭丸《もりらんまる》」と言っていたという。信《のぶ》長《なが》にとって、蘭丸《らんまる》はなくてはならない大切な存在《そんざい》だった。

戦国《せんごく》時代ナンバーワンの美女

お市《いち》の方《かた》

浅井長政《あざいながまさ》の妻《つま》となった信長《のぶなが》の妹

出身地：**尾張国《おわりのくに》（現在《げんざい》の愛知県《あいちけん》）**
生没年《せいぼつねん》：**1547～1583年**
趣　味《しゅみ》：**和歌**

美人なうえ頭もよかった

　戦国一《せんごくいち》の美女といわれる、**織田《おだ》信長《のぶなが》**（▼152）の妹。**浅井長政《あざいながまさ》**（▼156）の妻《つま》となり、**茶々《ちゃちゃ》**（▼212）・**お初《はつ》**（▼157）・**お江《ごう》**（▼216）の三姉妹《さんしまい》を産《う》む。同盟《どうめい》のための政略結婚《せいりゃくけっこん》だったが、夫婦仲《ふうふなか》はよかったという。

　1570年、長政《ながまさ》と仲《なか》のよい朝《あさ》倉氏《くらし》に信長《のぶなが》が戦《いくさ》をしかけた。夫《おっと》の長政《ながまさ》が朝倉氏《あさくらし》に味方して背後《はいご》から信長《のぶなが》をおそうつもりでいると知ったお市《いち》は、小豆《あずき》をつめた袋《ふくろ》の前と後ろをしばって信長《のぶなが》にとどけさせた。「前後からはさみうち」というメッセージだった。小谷《おだに》城《じょう》の戦《たたか》いで浅井軍《あざいぐん》は信長《のぶなが》に敗《やぶ》れ、長政《ながまさ》は自害《じがい》。お市《いち》と3人の娘《むすめ》はにがされ、織田家《おだけ》にひきとられた。織田《おだ》家にもどったお市《いち》は、9年ほど平穏《へいおん》に暮《く》らした。

　信長《のぶなが》の死後、**豊臣秀吉《とよとみひでよし》**（▼168）のすすめで信長《のぶなが》の家臣《かしん》だった柴田勝家《しばたかついえ》と再婚《さいこん》する。しかし半年ほどで勝《かつ》家《いえ》は秀吉《ひでよし》と戦《いくさ》になる。お市《いち》は娘《むすめ》たちをにがし、自分は勝家《かついえ》とともに自害《じがい》。あわよくばお市《いち》を手に入れようとねらっていた秀吉《ひでよし》がくやしがったという。

朝倉氏《あさくらし》との友情《ゆうじょう》を優先《ゆうせん》し信長《のぶなが》を裏切《うらぎ》る

浅《あざ》井《い》長《なが》政《まさ》

お市《いち》の方《かた》と結婚《けっこん》した近江《おうみ》の大名《だいみょう》

出身地：近江国《おうみのくに》（現在《げんざい》の滋賀県《しがけん》）
生没年《せいぼつねん》：1545〜1573年
性格《せいかく》：家族思い

家紋《かもん》

織田氏《おだし》と朝倉氏《あさくらし》の板ばさみに

長政《ながまさ》は16歳《さい》のとき、近江国《おうみのくに》（現在《げんざい》の滋賀県《しがけん》）を支配《しはい》していた六角氏《ろっかくし》との戦《たたか》いに勝利《しょうり》し、家臣《かしん》の支持《しじ》を受《う》けて浅井家《あざいけ》を継《つ》ぐ。そんな長政《ながまさ》の評判《ひょうばん》を耳にした**織田信長《おだのぶなが》**（▼152）は、妹の**お市《いち》の方《かた》**（▼155）を長政《ながまさ》と結婚《けっこん》させ、同盟《どうめい》を結《むす》んだ。

一方《いっぽう》、浅井氏《あざいし》は越前国《えちぜんのくに》（現在《げんざい》の福井県《いけん》）の大名《だいみょう》・朝倉氏《あさくらし》と以前《いぜん》から親しくしていた。信長《のぶなが》と同盟《どうめい》を結《むす》ぶときも「浅井氏《あざいし》の許可《きょか》なく朝倉氏《あさくらし》を攻《せ》めないこと」という約束《やくそく》をさせたほどだった。

ところが信長《のぶなが》はこの約束《やくそく》をあっさり破《やぶ》り、朝倉氏《あさくらし》を攻撃《こうげき》した。板ばさみになった長政《ながまさ》は、なやんだすえ朝倉氏《あさくらし》の味方をした。長政《ながまさ》の裏切《うらぎ》りに激怒《げきど》した信長《のぶなが》は、朝倉氏《あさくらし》をほろぼしたあと長政《ながまさ》を攻《せ》め、敗《やぶ》れた長政《ながまさ》は自分の城・小谷城《おだにじょう》（現在《げんざい》の滋賀県《しがけん》）で自害《じがい》。愛《あい》する妻子《さいし》を道《みち》連《づ》れにしたくなかった長政《ながまさ》は、攻《せ》めてきた信長《のぶなが》に「あなたの妹の**お市《いち》の方《かた》**と3人《にん》の娘《むすめ》はたすけだしてほしい」とたのんだ。信長《のぶなが》も、浅井家《あざいけ》の血がとだえるのを惜《お》しみ、三姉妹を大切に育てたという。

豊臣家《とよとみけ》と徳川家《とくがわけ》の橋わたし役

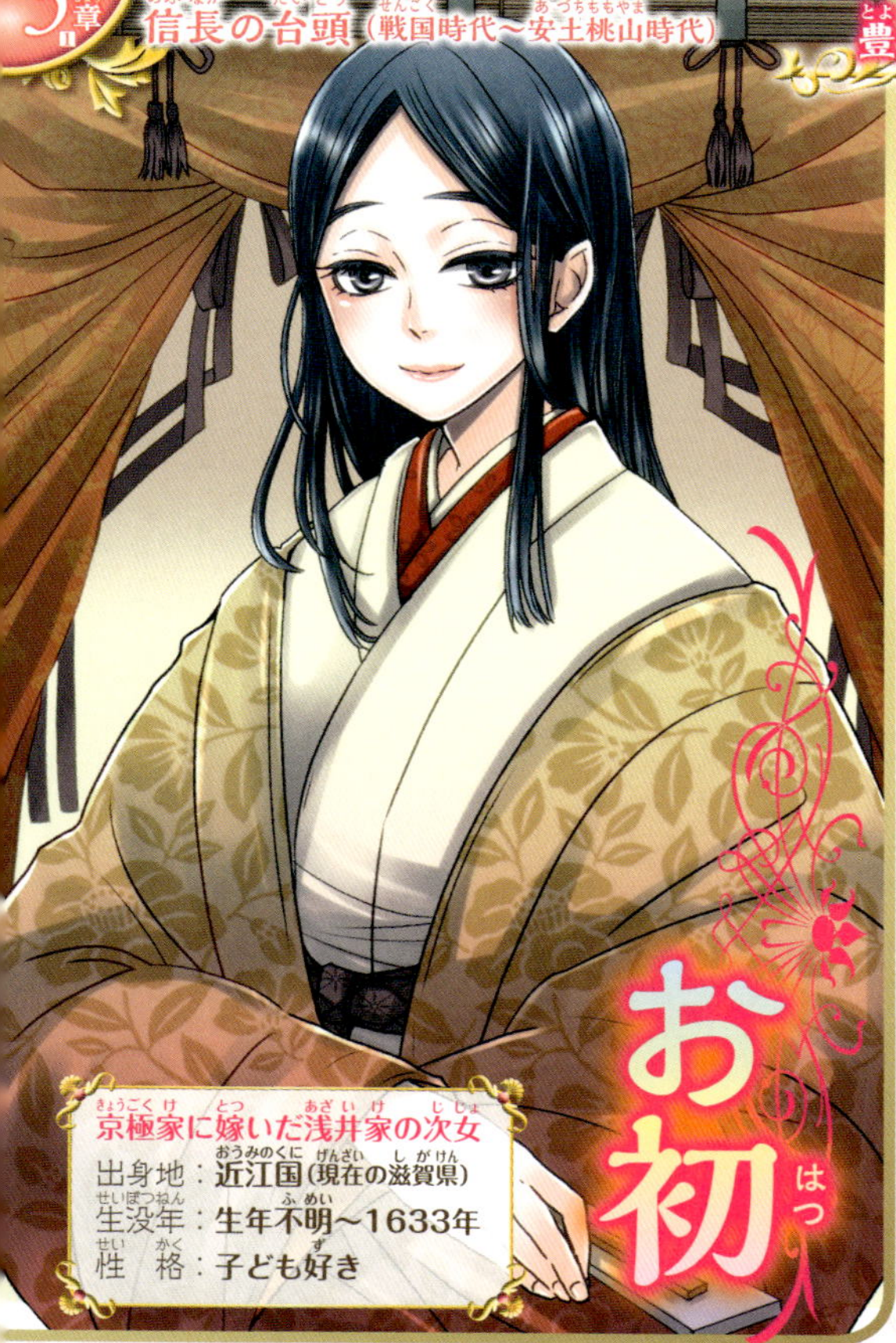

お初《はつ》

京極家《きょうごくけ》に嫁《とつ》いだ浅井家《あざいけ》の次女《じじょ》

出身地：近江国《おうみのくに》（現在《げんざい》の滋賀県《しがけん》）
生没年《せいぼつねん》：生年不明《ふめい》～1633年
性《せい》　格《かく》：子ども好《ず》き

敵味方《てきみかた》にわかれても仲《なか》よし姉妹

お初《はつ》の父は**浅井長政《あざいながまさ》**、母は**お市《いち》の方《かた》**（▼155）。長政《ながまさ》の死後、再婚《さいこん》した母と柴田勝家《しばたかついえ》の城《しろ》で暮《く》らすが、**豊臣秀吉《とよとみひでよし》**（▼168）との戦《いくさ》で勝家《かついえ》とお市《いち》の方《かた》は自害《じがい》。姉の**茶々《ちゃちゃ》**（▼212）、妹の**お江《ごう》**（▼216）とともにたすけだされ、秀吉《ひでよし》のもとで育てられた。

18歳《さい》ごろに、いとこの京極高次《きょうごくたかつぐ》と結婚《けっこん》。子どもはできなかったが、お江《ごう》の娘《むすめ》を養女《ようじょ》にむかえ、親《しん》せきや家臣《かしん》の子どもを育てながら暮《く》らしていた。

お初《はつ》の気がかりは、姉が嫁《とつ》いだ豊臣家《とよとみけ》と、妹が嫁《とつ》いだ徳川家《とくがわけ》の仲《なか》が悪いことだった。**大坂冬の陣《おおさかふゆのじん》**では、両家を仲《なか》なおりさせるための使者となり、力をつくした。しかし、半年後の**大坂夏の陣《おおさかなつのじん》**で姉・茶々《ちゃちゃ》が自害。その後《ご》は妹・お江《ごう》とよく会っていたという。

敵味方《てきみかた》に別《わか》れた三姉妹だったがみな仲《なか》がよく、おたがいに会いに行ったり手紙をやりとりしたという。3人の中ではお初《はつ》がいちばん長生きで、60歳《さい》ぐらいまで生きた。お初《はつ》の葬儀《そうぎ》には、大切に育てた養《よう》子《し》たちが、大勢《おおぜい》集まったという。

今《いま》川《がわ》義《よし》元《もと》

東海地方を支配《しはい》した戦国大名《せんごくだいみょう》

公家《くげ》文化にもくわしかった武将《ぶしょう》

家紋《かもん》

出身地：駿河国《するがのくに》（現在《げんざい》の静岡県《しずおかけん》）
生没年《せいぼつねん》：1519～1560年
趣味《しゅみ》：和歌

桶《おけ》狭《はざ》間《ま》で信《のぶ》長《なが》に敗《やぶ》れる

義元《よしもと》は4歳《さい》から禅宗《ぜんしゅう》の寺で修行《しゅぎょう》していたため、和歌などの公家《くげ》文化にくわしく、歌会も開いていたという。18歳《さい》で今川家《いまがわけ》を継《つ》いだ当時、今川家《いまがわけ》のある駿河国《するがのくに》（現在《げんざい》の静岡《しずおか》県《けん》）は、強い国に囲《かこ》まれていた。義《よし》元《もと》は、まず甲斐国《かいのくに》（現在《げんざい》の山梨県《やまなしけん》）の**武《たけ》田信玄《だしんげん》**（▶148）と同盟《どうめい》を結《むす》んだ。そのため相模国《さがみのくに》（現在《げんざい》の神奈川県《かながわけん》）の北条氏《ほうじょうし》と争《あらそ》いになったが、最終的《さいしゅうてき》に両方と同盟《どうめい》を結《むす》ぶことができた。

そのころ、三河国《みかわのくに》（現在《げんざい》の静岡県西《しずおかけんせい》部《ぶ》）の松平氏《まつだいらし》が「臣下《しんか》になるから織《お》田氏《だし》から守ってほしい」と、息子の竹千代《たけちよ》（のちの**徳川家康《とくがわいえやす》**）を人質《ひとじち》としてさしだしてきた。義元《よしもと》は三《み》河国《かわのくに》を手に入れ、遠江《とおとうみ》まで領土《りょうど》を広げ、「海道一《かいどういち》の弓取《ゆみと》り」※とよばれるようになる。

義元《よしもと》は、1560年、**織田信長《おだのぶなが》**（▶152）を攻《せ》めるため、大軍《たいぐん》を率《ひき》いて出陣《しゅつじん》。しかし突然《とつぜん》の大雨にあい、休んでいたところ信長《のぶなが》の奇襲攻撃《きしゅうこうげき》を受ける。義元《よしもと》は、むかってきた相手のひざを斬《き》りつけるなど勇敢《ゆうかん》に戦《たたか》ったが、最後は討《う》ちとられた（**桶狭間《おけはざま》の戦《たたか》い**）。42歳《さい》だった。

※**海道一《かいどういち》の弓取《ゆみと》り**：東海地方でもっとも戦《いくさ》がうまいということ

戦国一《せんごくいち》のかぶき者とよばれる

前《まえ》田《だ》慶《けい》次《じ》

前田家《まえだけ》・上杉家《うえすぎけ》に仕えた武将《ぶしょう》

家紋《かもん》

出身地：不明《ふめい》
生没年《せいぼつねん》：不明《ふめい》
好《す》きなこと：いたずら

戦《いくさ》もうまい自由人

慶次《けいじ》は、前田家《まえだけ》に養子《ようし》としてむかえられ、家を継《つ》ぐ予定だった。しかし、**織田信長**《おだのぶなが》（▶152）の命令で、前田家《まえだけ》は養父《ようふ》の弟・**前田利家**《まえだとしいえ》（▶160）が継《つ》ぐことになる。そのため、慶《けい》次は養父《ようふ》とともに城《しろ》を出ることになった。放浪中《ほうろうちゅう》は、「穀蔵院瓢戸《こくぞういんひょっと》斎《さい》」というふざけた名を名のった。京で暮《く》らしていたときは、派手《はで》なかっこうをして、和歌や茶道・連《れん》歌《が》などをたしなみ、「かぶき者」※として知られた。**豊臣秀吉**《とよとみひでよし》（▶168）からも「かぶき者として好《す》きに生きよ」と許《ゆる》しをもらったという。

その後《ご》、**直江兼続**《なおえかねつぐ》（▶199）にさそわれて**上杉景勝**《うえすぎかげかつ》（▶198）に仕えた。**関《せき》ケ《が》原《はら》の戦《たたか》い**と同じころ、上杉軍《うえすぎぐん》として**伊達政宗**《だてまさむね》（▶180）らの軍《ぐん》と戦《たたか》う。とくに撤退《てったい》するときにはみごとな戦《たたか》いぶりを見せ、伝説《でんせつ》となった。

晩年《ばんねん》、病でからだが不自由《ふじゆう》になると「龍砕軒不便斎《りゅうさいけんふべんさい》」と名のるなど、死ぬまでかぶき者を通した。

ひみつのエピソード　大根のように

慶次《けいじ》が景勝《かげかつ》に初《はじ》めて会ったとき、どろのついた大根を見せて「このように見かけは悪くとも、かめばかむほど味が出ます」とアピールした。

※かぶき者：派手《はで》な着物を着たり変わった髪型《かみがた》をしたりして、ときには非常識《ひじょうしき》な行動をする人のこと

前《まえ》田《だ》利《とし》家《いえ》

豊臣家《とよとみけ》の重臣《じゅうしん》となった武将《ぶしょう》

出身地：尾張国《おわりのくに》（現在《げんざい》の愛知県《あいちけん》）
生没年《せいぼつねん》：1538～1599年
性格《せいかく》：派手《はで》なことが好《す》き

家紋《かもん》

加賀《かが》百万石《ひゃくまんごく》の基礎《きそ》を築《きず》いた武将《ぶしょう》

信長《のぶなが》と秀吉《ひでよし》にかわいがられて出世

利家《としいえ》は尾張国《おわりのくに》（現在《げんざい》の愛知県《あいちけん》）の前田《まえだ》氏《し》の四男に生まれ、14歳《さい》から**織田《おだ》信長《のぶなが》**（▼152）に仕えた。派手《はで》好《ず》きのかぶき者で、信長《のぶなが》の愛人《あいじん》なのではとうわさになるほどかわいがられたが、※茶坊主《ちゃぼうず》を斬《き》り殺《ころ》して城《しろ》を追いだされたこともある。32歳《さい》で病弱な兄に代わって前田家《まえだけ》の当主となり、44歳《さい》のとき信長《のぶなが》から能登《のと》国《くに》（現在《げんざい》の石川県北部《いしかわけんほくぶ》）をあたえられる。

信長《のぶなが》の死後は、**豊臣秀吉《とよとみひでよし》**（▼168）の家臣《かしん》として仕える。戦《いくさ》で手柄《てがら》をたてて加賀国《かがのくに》（現在《げんざい》の石川県南部《いしかわけんなんぶ》）をあたえられ、のちに「加賀百万石《かがひゃくまんごく》」といわれる加賀藩《かがはん》の基礎《きそ》を築《きず》く。秀吉《ひでよし》にもっとも信頼《しんらい》された武将《ぶしょう》で、秀吉《ひでよし》の死後、豊臣家《とよとみけ》をささえる重臣《じゅうしん》として期待《きたい》されたが、62歳《さい》で病死。その死により豊臣家《とよとみけ》の家《か》臣《しん》のまとめ役《やく》がいなくなり、**関《せき》ケ《が》原《はら》の戦《たたか》い**へとむかうことになる。

ひみつのエピソード　そろばんが得意《とくい》

利家《としいえ》はそろばんが得意《とくい》で、前田家《まえだけ》の財政《ざいせい》は利家《としいえ》が自分で管理《かんり》していた。当時はそろばんを使えること自体がめずらしかった。利家《としいえ》が使ったそろばんは、今も前田家《まえだけ》で保管《ほかん》されている。

※**茶坊主《ちゃぼうず》**：来客《らいきゃく》の接待係《せったいがかり》の武家《ぶけ》の者で、頭をそっていたが僧《そう》ではない

前田家《まえだけ》を守ることに人生をかけた

子だくさんな前田夫妻《まえだふさい》

まつは、**前田利家《まえだとしいえ》**のいとこ。4歳《さい》で父を亡《な》くし、叔母《おば》である利家《としいえ》の母にひきとられて育つ。12歳《さい》のとき、21歳《さい》の利家《としいえ》と結婚《けっこん》、その後《ご》11人もの子どもを産《う》む。

結婚《けっこん》した翌年《よくとし》、利家《としいえ》が**織田信長《おだのぶなが》**（▶152）の茶坊主《ちゃぼうず》を斬《き》り殺《ころ》す事件《じけん》が起こる。まつが利家《としいえ》にプレゼントした笄《こうがい》（髪《かみ》をととのえるために使う道具）を茶坊主《ちゃぼうず》が盗《ぬす》んだことが原因《げんいん》だった。

前田家《まえだけ》を守る

豊臣政権《とよとみせいけん》の実力者だった利家《としいえ》の死後、**徳川家康《とくがわいえやす》**（▶190）が前田家《まえだけ》に謀反《むほん》の疑《うたが》いをかけて前田家《まえだけ》をつぶそうとしたときは、まつは自《みずか》ら人《ひと》質《じち》として江戸《えど》へ行き、前田家《まえだけ》の危機《きき》を救《すく》った。その後《ご》15年間も江戸《えど》で暮《く》らし、加賀《かが》へもどれたのは息子が亡《な》くなってからだった。

前田家《まえだけ》を守った利家《としいえ》の妻《つま》

出身地：尾張国《おわりのくに》（現在《げんざい》の愛知県《あいちけん》）
生没年《せいぼつねん》：1547〜1617年
性格《せいかく》：決断《けつだん》が早い

ひみつのエピソード おねと仲《なか》よし

まつは秀吉《ひでよし》の妻《つま》・おね（▶170）とは幼《おさな》なじみで、とても仲《なか》がよかった。子どものいない秀吉《ひでよし》夫妻《ふさい》のために、四女の豪《ごう》姫《ひめ》を養女《ようじょ》に出した。豪姫《ごうひめ》は秀吉《ひでよし》とおねにかわいがられて育ち、やはり秀吉《ひでよし》の養子《ようし》になっていた宇喜《うき》多秀家《たひでいえ》の妻《つま》となった。

四国から天下統一《てんかとういつ》をめざすが秀吉《ひでよし》に敗《やぶ》れる

長《ちょう》宗《そ》我《か》部《べ》元《もと》親《ちか》

四国を統一《とういつ》した武将《ぶしょう》

出身地：土佐国《とさのくに》（現在《げんざい》の高知県《こうちけん》）

生没年《せいぼつねん》：1539～1599年

性格《せいかく》：家臣《かしん》思い

家紋《かもん》

イケメン武将《ぶしょう》、四国を統一《とういつ》

土佐国《とさのくに》（現在《げんざい》の高知県《こうちけん》）の大名《だいみょう》・長《ちょう》宗《そ》我《か》部《べ》氏の21代目当主。

色白で少女のようだった元親《もとちか》は、家臣《かしん》から「姫若子《ひめわこ》」とよばれていた。

しかし22歳《さい》のときの初陣《ういじん》で、槍《やり》をふるって勇敢《ゆうかん》に戦《たたか》って以来《いらい》、「鬼《おに》若子《わこ》」とよばれるようになる。

37歳《さい》のとき、7つの勢力《せいりょく》に分かれていた土佐国《とさのくに》を統一《とういつ》し、その後《ご》、四国を統一《とういつ》する。**織田信長《おだのぶなが》**（▼152）や**豊臣秀吉《とよとみひでよし》**（▼168）と同じように天下統一《てんかとういつ》をめざしていたが、秀吉《ひでよし》に敗《やぶ》れて降伏《こうふく》する。せっかく統一《とういつ》した四国のうち、土佐以外《とさいがい》の3国を取りあげられてしまった。

情にあつく武勇《ぶゆう》にすぐれた名君だったが、秀吉《ひでよし》の死の翌年《よくとし》、体調をくずし61歳《さい》で亡《な》くなった。

ひみつのエピソード

まんじゅうを家臣《かしん》に分けます

秀吉《ひでよし》が大名《だいみょう》を集めてまんじゅうを配ったときのこと。元親《もとちか》は少しだけちぎって食べ、残《のこ》りを持ち帰ろうとした。秀吉《ひでよし》が「それをどうするのか」とたずねると、「太閤殿下《たいこうでんか》からいただいたありがたいまんじゅうなので、家臣《かしん》にも分けます」と答えた。秀吉《ひでよし》はよろこんで、用意していたまんじゅうをすべてあたえたという。

5章《しょう》 2

秀吉《ひで よし》の天下《てん か》統一《とう いつ》（安土桃山《あづちももやま》時代）

主なできごと

安土桃山《あづちももやま》時代	16世紀《せいき》	1577年	織田信長《おだのぶなが》（▶152）の命《めい》で 豊臣秀吉《とよとみひでよし》（▶168）が中国地方を 攻略《こうりゃく》するため出陣《しゅつじん》
		1578年	明智光秀《あけちみつひで》（▶166）の娘《むすめ》・ ガラシャ（▶184）が細川忠興《ほそかわただおき》と結婚《けっこん》
		1579年	竹中半兵衛《たけなかはんべえ》（▶174）が亡《な》くなる
		1581年ごろ	山内一豊《やまうちかずとよ》（▶176）が、 織田信長《おだのぶなが》の「馬揃《うまぞろ》え」の際《さい》に 妻《つま》・千代《ちよ》（▶177）の協力《きょうりょく》で すばらしい馬を出し、ほめられる
		1582年	明智光秀《あけちみつひで》が**本能寺《ほんのうじ》の変《へん》**を起こす 豊臣秀吉《とよとみひでよし》が黒田官兵衛《くろだかんべえ》（▶172）の すすめで中国地方からもどり、 **山崎《やまざき》の戦《たたか》い**で明智光秀《あけちみつひで》をたおす **太閤検地《たいこうけんち》**を行《おこな》う（～1598年） **天正遣欧少年使節《てんしょうけんおうしょうねんしせつ》**（▶178）が ヨーロッパへ出発 女城主・井伊直虎《いいなおとら》（▶175）が亡《な》くなる
		1583年	豊臣秀吉《とよとみひでよし》が**賤ヶ岳《しずがたけ》の戦《たたか》い**に勝利《しょうり》、 柴田勝家《しばたかついえ》とお市《いち》の方《かた》（▶155）が自害《じがい》
		1584年	小牧《こまき》・長久手《ながくて》の戦《たたか》いで 豊臣秀吉《とよとみひでよし》と徳川家康《とくがわいえやす》（▶190）が対決したが 決着《けっちゃく》がつかず和睦《わぼく》
		1585年	豊臣秀吉《とよとみひでよし》が関白《かんぱく》になり、 おね（▶170）が北政所《きたのまんどころ》とよばれる 長宗我部元親《ちょうそかべもとちか》（▶162）が降伏《こうふく》し、 四国を平定
		1586年	豊臣秀吉《とよとみひでよし》が太政大臣《だいじょうだいじん》になる
		1587年	豊臣秀吉《とよとみひでよし》、九州を平定する **バテレン追放令《ついほうれい》**が出される
		1588年	**刀狩令《かたながりれい》**が出される 茶々《ちゃちゃ》（▶212）が秀吉《ひでよし》の側室《そくしつ》になる
		1590年	豊臣秀吉《とよとみひでよし》の小田原《おだわら》攻め《ぜ》の際《さい》、 伊達政宗《だてまさむね》（▶180）が片倉小十郎《かたくらこじゅうろう》（▶182）と ともにかけつけ、秀吉《ひでよし》の配下《はいか》に入る 豊臣秀吉《とよとみひでよし》が**天下統一《てんかとういつ》**をなしとげる
		1592年	朝鮮半島《ちょうせんはんとう》へ出兵《しゅっぺい》（**文禄《ぶんろく》の役《えき》**）
		1596年	サン＝フェリペ号事件《じけん》が起こる
		1597年	朝鮮半島《ちょうせんはんとう》へふたたび出兵《しゅっぺい》（**慶長《けいちょう》の役《えき》**）
		1598年	**五大老《ごたいろう》・五奉行《ごぶぎょう》**を設置《せっち》する 豊臣秀吉《とよとみひでよし》が亡《な》くなり、朝鮮半島《ちょうせんはんとう》から撤退《てったい》
		1600年	**関ヶ原《せきがはら》の戦《たたか》い**
江戸《えど》時代	17世紀《せいき》	1613年	支倉常長《はせくらつねなが》（▶183）が**慶長遣欧使節《けいちょうけんおうしせつ》**として ヨーロッパへわたる

どんな時代だったの？

安土桃山時代《あづちももやまじだい》

秀吉《ひでよし》が天下統一《てんかとういつ》する

織田信長《おだのぶなが》（▼152）が本能寺《ほんのうじ》の変《へん》で亡《な》くなると、**豊臣秀吉《とよとみひでよし》**（▼168）がすぐに**明智光秀《あけちみつひで》**（▼166）をたおし、信長《のぶなが》のあとを継《つ》いで天下統一《てんかとういつ》にのりだした。

秀吉《ひでよし》は各地《かくち》を治《おさ》める大名《だいみょう》をたおしたり、同盟《どうめい》を結《むす》んだりして、どんどん勢力《せいりょく》をのばしていく。朝廷《ちょうてい》から**関白《かんぱく》**（天皇《てんのう》の補佐役《ほさやく》）の位《くらい》をもらい、1590年に天下を統一《とういつ》した。

この時代を、信長《のぶなが》と秀吉《ひでよし》の城があった場所の名前をとって、**安土《あづち》桃山《ももやま》時代**という。

豊臣秀吉《とよとみひでよし》の人物関係図《かんけいず》

秀吉《ひでよし》は、有能《ゆうのう》な家臣《かしん》たちをしたがえて天下統一《てんかとういつ》をめざした。側室《そくしつ》の茶々《ちゃちゃ》とのあいだには、息子・秀頼《ひでより》が生まれた。

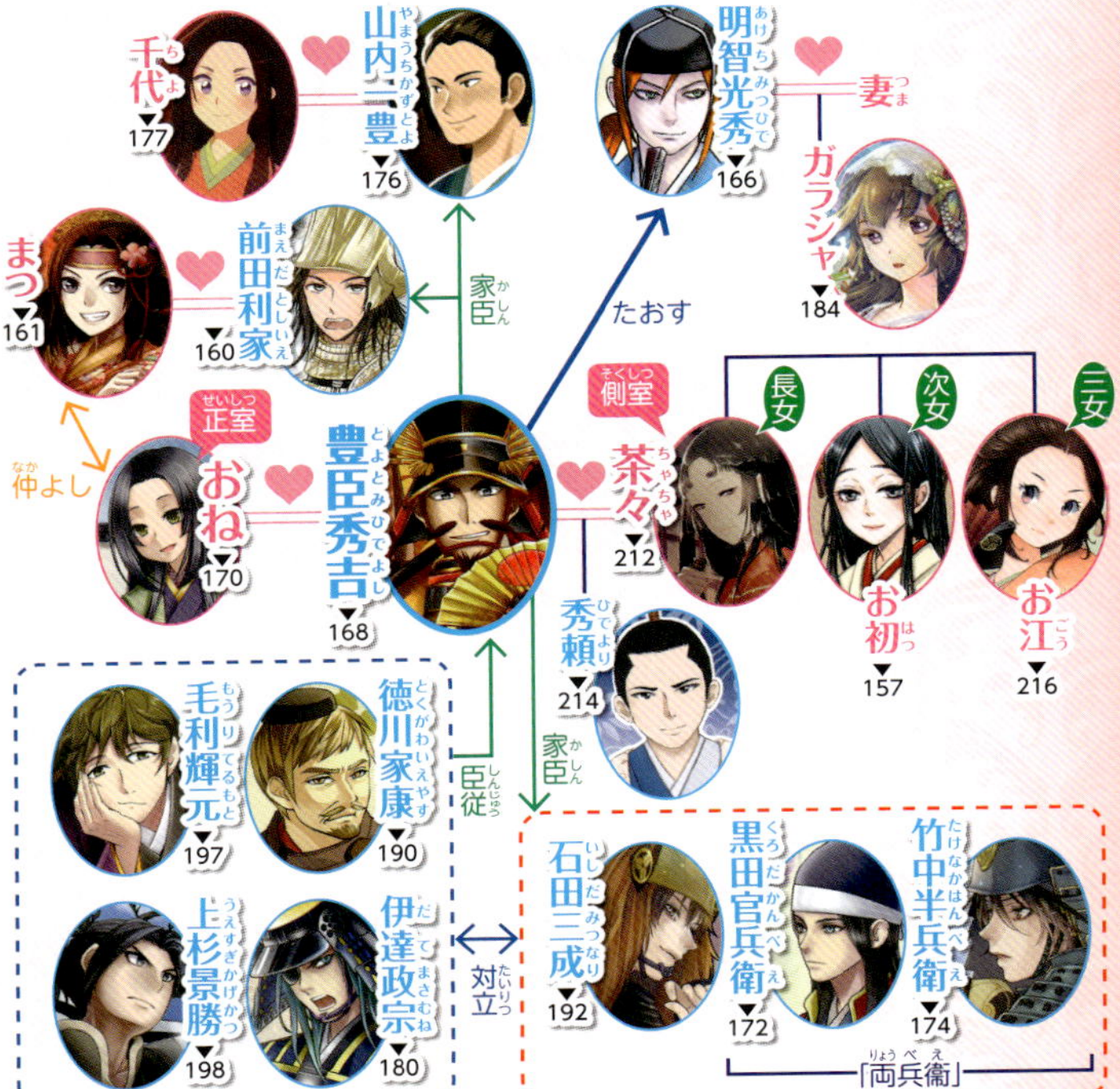

マップ MAP 秀吉《ひでよし》の天下統一《てんかとういつ》までの勢力図《せいりょくず》

秀吉《ひでよし》は本能寺《ほんのうじ》の変《へん》のあと、わずか８年で天下統《てんかとう》一《いつ》をなしとげた。その際《さい》、毛利《もうり》・上杉《うえすぎ》・徳川《とくがわ》など強力な大名《だいみょう》とは争《あらそ》いをさけて臣従《しんじゅう》させた。

❶1582年6月 本能寺《ほんのうじ》の変《へん》の直後

秀吉《ひでよし》

秀吉《ひでよし》は信長《のぶなが》の命令で、毛利氏《もうりし》と戦《たたか》っていた。

信長《のぶなが》が支配《しはい》していた地域《ちいき》

❷1582年6月 山崎《やまざき》の戦《たたか》いの直後

信長《のぶなが》のかたき明智光秀《あけちみつひで》をたおす。

❸1583年 柴田勝家《しばたかついえ》をたおす

対立した柴田《しばた》勝家《かついえ》を攻《せ》めてほろぼす。

その後《ご》、上《うえ》杉氏《すぎし》を臣従《しんじゅう》させる。

❹1585年 中国・四国を支配《しはい》

毛利氏《もうりし》を臣下《しんか》に入れた。

四国の長宗我《ちょうそか》部氏《べし》を攻《せ》めて臣従《しんじゅう》させた。

❺1587年 九州を支配《しはい》

九州の島津氏《しまづし》を攻《せ》めて臣従《しんじゅう》させる。

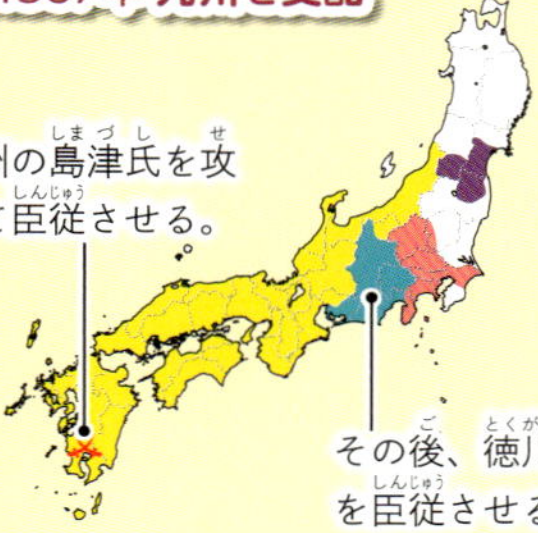

その後《ご》、徳川氏《とくがわし》を臣従《しんじゅう》させる。

❻1590年3月 関東《かんとう》を攻《せ》める

関東《かんとう》の北条氏《ほうじょうし》を攻《せ》めている最中《さいちゅう》に伊《だ》達氏《てし》が臣従《しんじゅう》。

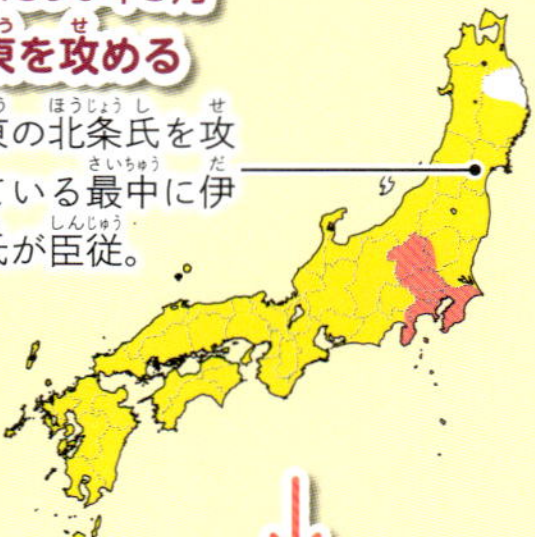

❼1590年7月 天下統一《てんかとういつ》

奥州《おうしゅう》での反乱《はんらん》をしずめる。

関東《かんとう》の北条氏《ほうじょうし》を攻《せ》めほろぼして、天下統《てんかとう》一《いつ》が完成《かんせい》した。

本能寺《ほんのうじ》の変《へん》で信長《のぶなが》を自害《じがい》に追いこむ

明《あけ》智《ち》光《みつ》秀《ひで》

信長《のぶなが》を裏切《うらぎ》った重臣《じゅうしん》

家紋《かもん》

出身地：美濃国《みののくに》(現在《げんざい》の岐阜県《ぎふけん》)
生没年《せいぼつねん》：1528ころ～1582年
性　格《せいかく》：妻《つま》を大切にする

40歳《さい》で歴史《れきし》の舞台《ぶたい》に登場

明智光秀《あけちみつひで》は40歳《さい》をすぎて初《はじ》めて歴史上《れきしじょう》に登場する。謎《なぞ》が多い人物で、前半生のことはほとんどわからないが、「人間50年」と言われた戦国《せんごく》時代に、40歳《さい》でのデビューはそうとうおそい。

光秀《みつひで》は**織田信長《おだのぶなが》**(▶152)に仕え、浅《あざ》井《い》氏との**姉川《あねがわ》の戦《たたか》い**や、朝廷《ちょうてい》とのパイプ役として手柄《てがら》を立て、織《お》田軍団《だぐんだん》のエースとなった。

光秀《みつひで》が信長《のぶなが》のもとで大出世をしたのは、信長《のぶなが》と同じような合理主義者《ごうりしゅぎしゃ》だったから。目的《もくてき》を達成《たっせい》するためには手段《しゅだん》を選《えら》ばないところや、才能《さいのう》のある者を身分にかかわらず採用《さいよう》したところなどが、信長《のぶなが》とよくにている。

謎《なぞ》の裏切《うらぎ》り・本能寺《ほんのうじ》の変《へん》

1582年6月2日の夜明け前、光秀《みつひで》は信長《のぶなが》が宿泊《しゅくはく》する本能寺《ほんのうじ》を1万3千人の大軍《たいぐん》で包囲《ほうい》した。信《のぶ》長《なが》の手勢《てぜい》はわずか100人ほど、信長《のぶなが》も弓や槍《やり》で戦《たたか》ったが、勝てないと悟《さと》り自害《じがい》した（**本能寺《ほんのうじ》の変《へん》**）。このとき光秀《みつひで》がなぜ信長《のぶなが》をおそったのか、いまだに理由ははっきりしていない。

信長《のぶなが》をたおした光秀《みつひで》だったが、残念《ざんねん》ながら光秀《みつひで》に味方をするものはほとんどいなかった。本能寺《ほんのうじ》の変《へん》からわずか11日後《ご》、中国地方から大急ぎでもどってきた**豊臣秀吉《とよとみひでよし》**(▶168)の大軍《たいぐん》を、京の山崎《やまざき》（現在《げんざい》の京都《きょうと》府大山崎町付近《ふおおやまざきちょうふきん》）でむかえうった（**山崎《やまざき》の戦《たたか》い**）。しかし秀吉軍《ひでよしぐん》の勢《いきお》いを止められず、自分の城をめざして落ちのびる途中《とちゅう》で討《う》ちとられたといわれている。

妻《つま》ひとすじだった光秀《みつひで》

光秀《みつひで》は愛妻家《あいさいか》としても知られる。当時の男性《だんせい》は何人もの側室《そくしつ》※をもつことがふつうだったが、光秀《みつひで》は妻《つま》が生きているあいだはひとりも側《そく》室《しつ》をもたず、妻《つま》を大切にした。妻《つま》の熙子《ひろこ》も、光秀《みつひで》がお金がなくて困《こま》っていたとき、自分の髪《かみ》を売って光秀《みつひで》をたすけたという。

※**側室《そくしつ》**：正妻《せいさい》ではない妻《つま》

豊《とよ》臣《とみ》秀《ひで》吉《よし》

信長《のぶなが》のあとを継《つ》いで天下を統一《とういつ》

家紋《かもん》

出身地：尾張国《おわりのくに》（現在《げんざい》の愛知県《あいちけん》）
生没年《せいぼつねん》：1537ころ～1598年
趣《しゅ》味《み》：茶道《さどう》

冷《ひ》えたぞうりをあたためる

秀吉《ひでよし》はまずしい農民《のうみん》の家に生まれた。武士《ぶし》になりたくて家を飛び出し、**織田信長《おだのぶなが》**(▼152)に仕えたのが18歳《さい》のとき。雑用係《ざつようがかり》だった秀吉《ひでよし》は、ある冬の日、信長《のぶなが》のぞうりをふところに入れてあたためた。気配りがうまいと信長《のぶなが》に気に入られ、出世していく。

めずらしい恋愛《れんあい》結婚《けっこん》

25歳《さい》のとき、**おね**(▼170)と結婚《けっこん》。当時の結婚《けっこん》は家どうしで決めることが多かったが、ふたりはめずらしく恋愛結婚《れんあいけっこん》。まずしいふたりの結婚式《けっこんしき》は、わらとうすい敷物《しきもの》をしいただけのものだったという。

だれにも負けないスピード

秀吉《ひでよし》が29歳《さい》のとき、信長《のぶなが》は美濃《みの》国《くに》(現在《げんざい》の岐阜県《ぎふけん》)に攻《せ》めこんだ。そのとき秀吉《ひでよし》は拠点《きょてん》となる城を数日でつくりあげたという。

本能寺《ほんのうじ》の変《へん》で信長《のぶなが》が亡《な》くなったとき、秀吉《ひでよし》は中国地方で毛利氏《もうりし》と戦《たたか》っていた。秀吉《ひでよし》は大急ぎで毛《もう》利氏《りし》と和睦《わぼく》をして、信長《のぶなが》のかたきをとるために京へかけつけた。約《やく》200キロの道のりをわずか7日間で移動《いどう》したという(中国大返《ちゅうごくおおがえ》し)。そして信長《のぶなが》の死の11日後に**明智光秀《あけちみつひで》**(▼166)をたおし、信長《のぶなが》のあとを継《つ》いで天下統一《とういつ》にのりだす。

天下統一《てんかとういつ》、そして朝鮮《ちょうせん》へ

秀吉《ひでよし》は有力な大名《だいみょう》を次々に破《やぶ》り、54歳《さい》のときついに天下統一《てんかとういつ》をなしとげる。朝廷《ちょうてい》からは**関白《かんぱく》**(天《てん》皇《のう》の補佐役《ほさやく》)の位《くらい》をあたえられた。

秀吉《ひでよし》の野望《やぼう》は日本だけにとどまらなかった。明《みん》(中国)をも支配《しはい》しようとし、朝鮮半島《ちょうせんはんとう》へ攻《せ》めこんだが失敗《しっぱい》に終わる。おそく生まれた幼《おさな》い息子・**秀頼《ひでより》**(▼214)の行くすえを案《あん》じながら亡《な》くなった。

ひみつのエピソード　茶道《さどう》を広める

秀吉《ひでよし》は、茶道《さどう》を人々に広めたことでも知られている。茶人《ちゃじん》・千利休《せんのりきゅう》をめしかかえたり、庶《しょ》民《みん》も参加《さんか》できる「大茶《だいちゃ》会《かい》」を開いたりした。黄金《おうごん》の茶室《ちゃしつ》や茶道具《ちゃどうぐ》をつくらせ、人々をおどろかせた。

天下人《てんかびと》をささえた妻《つま》

おね

人望《じんぼう》のあつい秀吉《ひでよし》の正室《せいしつ》

出身地：尾張国《おわりのくに》(現在《げんざい》の愛知県《あいちけん》)
生没年《せいぼつねん》：1549ころ〜1624年
特《とく》　技《ぎ》：めんどうみがよい

両親の反対を押《お》しきって結婚《けっこん》

おねは14歳《さい》のころ、のちの**豊臣《とよとみ》秀吉《ひでよし》**（▼168）である木下藤吉郎《きのしたとうきちろう》と結婚《けっこん》した。おねは思いたったら一途《いちず》な性格《せいかく》だったといわれ、両親の反対を押《お》しきっての恋愛結婚《れんあいけっこん》だった。

ふたりのあいだには子どもができなかったので、秀吉《ひでよし》の親せきの**加《か》藤清正《とうきよまさ》**（▼204）や**福島正則《ふくしままさのり》**（▼204）などをあずかって育てた。

本能寺の変《ほんのうじのへん》のあと、秀吉《ひでよし》が朝《ちょう》廷《てい》から関白《かんぱく》の位《くらい》をあたえられると、おねは「**北政所《きたのまんどころ》**」というよび名をもらう。そして天下人《てんかびと》の妻《つま》として、朝廷《ちょうてい》との交渉事《こうしょうごと》をまかされるようになった。

信長《のぶなが》からはげましの手紙

おねは秀吉《ひでよし》の浮気《うわき》ぐせになやんでいた。そんなとき、夫《おっと》の主君である**織田信長《おだのぶなが》**（▼152）からこんな手紙がとどいた。

「そなたのような美人を妻《つま》にしておきながら、藤吉郎《とうきちろう》はけしからぬ。そなたほどのおなごはどこを探《さが》しても見つかるまい。あのハゲネズミ（秀吉《ひでよし》のこと）にはもったいないほどじゃ。だからそなたも、奥方《おくがた》らしく寛大《かんだい》にふるまわれよ。軽々しくやきもちなどやくものではないぞ」

あの信長《のぶなが》にこれほどの心づかいをさせるだけの魅力《みりょく》のある女性《じょせい》だったのだ。

夫《おっと》の秀吉《ひでよし》も、おねに多くの手紙を送っている。戦《いくさ》の最中《さいちゅう》に「あなたから手紙が来ないので不安《ふあん》です。お返事をお待ちしています」という、妻《つま》を想《おも》う手紙を書いたという。

豊臣家《とよとみけ》をささえる

おねは、秀吉《ひでよし》と豊臣家《とよとみけ》をささえつづけた。秀吉《ひでよし》が亡《な》くなったあとも、側室《そくしつ》の**淀殿《よどどの》**（▼212）とともに**豊臣《とよとみ》秀頼《ひでより》**（▼214）の後見《こうけん》にあたった。

おねが大坂城《おおさかじょう》を出て京の町にうつり住んだとき、夫《おっと》・秀吉《ひでよし》との思い出につながる品々を、すべて大坂城《おおさかじょう》から持ちだし、夫《おっと》をしのんで暮《く》らしたという。

黒《くろ》田《だ》官《かん》兵《べ》衛《え》

秀吉《ひでよし》に天下をとらせた軍師《ぐんし》

家紋《かもん》

出身地：播磨国《はりまのくに》（現在《げんざい》の兵庫県《ひょうごけん》）

生没年《せいぼつねん》：1546～1604年

特《とく》　技《ぎ》：敵《てき》の説得《せっとく》

秀吉《ひでよし》の部下に任命《にんめい》される

官兵衛《かんべえ》は父とともに、小寺政職《こでらまさもと》という戦国大名《せんごくだいみょう》に仕えていた。織田信長《おだのぶなが》（▼152）の才能《さいのう》を早くから評価《ひょうか》していた官兵衛《かんべえ》は、主君に織田家《おだけ》の家臣《かしん》になるようすすめた。信長《のぶなが》も官兵衛《かんべえ》の才能《さいのう》を認《みと》め、豊臣秀吉《とよとみひでよし》（▼168）の軍師《ぐんし》（戦《いくさ》の作戦《さくせん》を考える係）に任命《にんめい》した。

官兵衛《かんべえ》は秀吉《ひでよし》にしたがって、中国地方の毛利氏《もうりし》との戦《たたか》いに出かけた。しかしその最中《さいちゅう》に本能寺《ほんのうじ》の変《へん》が起こり、官兵衛《かんべえ》は秀吉《ひでよし》に「すぐに毛利氏《もうりし》と和平を結《むす》び、京に帰って信長様《のぶながさま》の仇討《あだう》ちをするべきです」とアドバイスをした。このとき「天下を取るチャンスですぞ」とささやいたともいわれている。

山崎《やまざき》の戦《たたか》いで明智光秀《あけちみつひで》（▼166）をたおしたあと、息子の長政《ながまさ》（▼203）に家を継《つ》がせる。しかし引退《いんたい》したわけではなく、秀吉《ひでよし》が小田原《おだわら》（現在《げんざい》の神奈川県《かながわけん》）の北条氏《ほうじょうし》を攻《せ》めたときは、たったひとりで小田原城《おだわらじょう》へのりこみ、北条氏《ほうじょうし》を説得《せっとく》して降伏《こうふく》させている。

関ケ原《せきがはら》では家康《いえやす》につく

秀吉《ひでよし》が亡《な》くなり、豊臣家《とよとみけ》の家臣《かしん》のあいだで対立が起こったとき、官兵衛《かんべえ》は藤堂高虎《とうどうたかとら》（▼206）らとともに徳川家康《とくがわいえやす》（▼190）の味方をした。その関係《かんけい》で、関ケ原《せきがはら》の戦《たたか》いのときには家康側《いえやすがわ》（東軍《とうぐん》）として九州で戦《たたか》った（▼188）。じつはこのとき、官兵衛《かんべえ》もひそかに天下取りをねらっていた。しかし関ケ原《せきがはら》の戦《たたか》いがわずか1日で終わってしまったため、あきらめたという。その後《ご》はのんびりと隠居《いんきょ》生活を送り、59歳《さい》で亡《な》くなった。

ひみつのエピソード　キリシタン大名《だいみょう》だった官兵衛《かんべえ》

官兵衛《かんべえ》は40歳《さい》くらいのころに洗礼《せんれい》を受けてキリシタン（キリスト教信者《しんじゃ》）となる。しかし秀吉《ひでよし》がバテレン追放令《ついほうれい》を出すなど、キリスト教の取りしまりを強化したので、官兵衛《かんべえ》はキリシタンをやめてしまった。それでも「命を大切にする」というキリスト教の教えをひそかに守り、戦《いくさ》のときにはできるだけ犠牲者《ぎせいしゃ》が出ないように心がけていた。

秀吉《ひでよし》をささえたもうひとりの軍師《ぐんし》

竹《たけ》中《なか》半《はん》兵《べ》衛《え》

官兵衛《かんべえ》とともに「両兵衛《りょうべえ》」とよばれる

出身地：美濃国《みののくに》（現在《げんざい》の岐阜県《ぎふけん》）
生没年《せいぼつねん》：1544～1579年
特技《とくぎ》：戦術《せんじゅつ》を立てること

家紋《かもん》

36歳《さい》の早すぎる死

竹中半兵衛《たけなかはんべえ》は、初《はじ》め美濃国《みののくに》（現《げん》在《ざい》の岐阜県《ぎふけん》）の斎藤氏《さいとうし》に仕えていた。「一見したところ女性《じょせい》のよう」といわれる見た目だったが、「やるときはやる」男だった。

当時、**織田信長《おだのぶなが》**（▶152）が美濃国《みののくに》に攻《せ》めこんでいた。半兵衛《はんべえ》の戦術《せんじゅつ》により、どうにか追い返すことができていたが、当主の斎藤龍興《さいとうたつおき》は酒ばかり飲んで何もしなかった。

そこで半兵衛《はんべえ》は主君をいさめるため、わずか18名の仲間《なかま》とともに城をのっとったのである。それを聞いた信長《のぶなが》が城をわたすようもとめてきたが、半兵衛《はんべえ》は「殿《との》をいさめるためにやったまで」と、城を主君に返した。

その後《ご》、半兵衛《はんべえ》は**豊臣秀吉《とよとみひでよし》**（▶168）の軍師《ぐんし》となり、秀吉《ひでよし》をささえる。36歳《さい》のときに病気で亡《な》くなり、その若《わか》さと才能《さいのう》を惜《お》しまれた。

ひみつのエピソード

黒田長政《くろだながまさ》をたすける

織田家《おだけ》の重臣《じゅうしん》であった荒木村重《あらきむらしげ》が謀反《むほん》を起こしたとき、黒田官兵衛《くろだかんべえ》（▶172）が説得《せっとく》にむかった。しかし官兵衛《かんべえ》は捕《つか》まって牢《ろう》に入れられてしまう。官兵衛《かんべえ》が裏切《うらぎ》ったのではないかと疑《うたが》った信長《のぶなが》は、10歳《さい》だった官兵衛《かんべえ》の息子・長政《ながまさ》（▶203）を殺《ころ》そうとしたが、竹中半兵衛《たけなかはんべえ》が長政《ながまさ》をかくまい、命を救《すく》った。

尼《あま》になるも、家の危機《きき》で表舞台《おもてぶたい》に

井《い》伊《い》直《なお》虎《とら》（次《じ》郎《ろう》法《ほう》師《し》）

井伊家《いいけ》を守った女領主《おんなりょうしゅ》

出身地：遠江国《とおとうみのくに》（現在《げんざい》の静岡県《しずおかけん》）

生没年《せいぼつねん》：生年不明《ふめい》～1582年

性格《せいかく》：男まさり

家紋《かもん》

波乱《はらん》の運命を生きぬいた

井伊直虎《いいなおとら》は、井伊家《いいけ》第《だい》22代当主・井伊直盛《いいなおもり》の子。男性名《だんせいめい》がついているが、じつは女性《じょせい》である。井伊家《いいけ》のひとり娘《むすめ》だったので、

いとこの直親《なおちか》が婿《むこ》になって井伊家《いいけ》を継《つ》ぐ予定だった。ところが直親《なおちか》の父が今川氏《いまがわし》に殺《ころ》され、直親《なおちか》も身をかくすことに。彼女《かのじょ》は直親《なおちか》が亡《な》くなったと思い、出家《しゅっけ》して**次郎《じろう》法師《ほうし》**と名のった。

11年後、生きてもどった直親《なおちか》が井伊家《いいけ》を継《つ》ぎ、別の女性《じょせい》とのあいだに**直政《なおまさ》**（▶205）が生まれた。しかし直親《なおちか》は家臣《かしん》に暗殺《あんさつ》され、幼《おさな》い直《なお》政《まさ》も身を守るため寺へあずけられることになる。当主不在《ふざい》となった井伊家《いいけ》は、存続《そんぞく》の危機《きき》におちいってしまった。

困《こま》りはてた家臣《かしん》たちにたのみこまれた次郎法師《じろうほうし》は、※還俗《げんぞく》して井伊《いい》直虎《なおとら》を名のり、女領主《おんなりょうしゅ》として領《りょう》地《ち》をおさめることになった。直虎《なおとら》は直政《なおまさ》を養子《ようし》にむかえて育てながら、戦乱《せんらん》で荒《あ》れた領地《りょうち》を立て直す。そして15歳《さい》になった直政《なおまさ》が**徳《とく》川家康《がわいえやす》**（▶190）に出仕《しゅっし》したのを見とどけ、波乱《はらん》の生涯《しょうがい》を閉《と》じた。

※ **還俗《げんぞく》**：出家《しゅっけ》して僧《そう》や尼《あま》になった人が、ふつうの人にもどること

土佐国《とさのくに》を手に入れたラッキーマン

山内一豊《やまうちかずとよ》

土佐藩初代藩主《とさはんしょだいはんしゅ》となった武将《ぶしょう》

家紋《かもん》

出身地：尾張国《おわりのくに》(現在《げんざい》の愛知県《あいちけん》)
生没年《せいぼつねん》：1545ころ～1605年
特技《とくぎ》：槍《やり》

勇敢《ゆうかん》さと機転《きてん》をそなえた男

山内一豊《やまうちかずとよ》はさまざまな主君に仕えたのち、23歳《さい》ごろから**織田信長《おだのぶなが》**(▼152)に仕え、のちに**豊臣秀吉《とよとみひでよし》**(▼168)の家臣《かしん》となった。

織田《おだ》氏《し》と朝倉《あさくら》氏《し》との戦《いくさ》のときには、一豊《かずとよ》は顔面に矢を射《い》こまれながらも、ひるまずに敵将《てきしょう》を討《う》ちとるという手柄《てがら》を立てた。また、一豊《かずとよ》は槍《やり》の名手だったという。

関ヶ原《せきがはら》の戦《たたか》いのとき、**徳川家康《とくがわいえやす》**(▼190)にしたがっていた一豊《かずとよ》は、家康軍《いえやすぐん》の通り道となる自分の領《りょう》地《ち》と城をさしだした。それにともなってほかの武将《ぶしょう》たちも同じ道すじの領地《りょうち》をさしだしたので、家康《いえやす》は関ヶ原《せきがはら》までの安全な道のりを確保《かくほ》することができた。一豊《かずとよ》はこのことをきっかけとして、のちに土佐《とさ》20万石《まんごく》の大名《だいみょう》へと出世するのである。

ひみつのエピソード　カツオのたたき

一豊《かずとよ》は、土佐《とさ》の領民《りょうみん》に対して「食中毒《しょくちゅうどく》にならないよう、カツオをさしみで食べないように」とおふれを出した。そこで領民《りょうみん》はカツオの表面だけをサッとあぶり「さしみじゃありませんよ」と言って食べるようになった。これが「カツオのたたき」のはじまりといわれている。

※カツオのたたきの起源については諸説あります。

「内助《ないじょ》の功《こう》」で知られる賢夫人《けんぷじん》

千《ち》代《よ》

山内一豊《やまうちかずとよ》の妻《つま》

出身地：美濃国《みののくに》（現在《げんざい》の岐阜県《ぎふけん》）
生没年《せいぼつねん》：1557～1617年
性格《せいかく》：しっかり者

夫《おっと》を出世させた千代《ちよ》

妻《つま》のバックアップにより夫《おっと》が出世することを「内助《ないじょ》の功《こう》」という。**山内一豊《やまうちかずとよ》**の妻《つま》となった**千代《ちよ》**は、この内助《ないじょ》の功《こう》で夫《おっと》を土佐《とさ》の大名《だいみょう》へ押《お》しあげた女性《じょせい》。

一豊《かずとよ》がまだ**織田信長《おだのぶなが》**（▶152）の家臣《かしん》だったころ、「馬揃《うまぞろ》え」という軍事《ぐんじ》パレードが開かれることになった。一豊《かずとよ》はすばらしい馬を手に入れたかったが、お金がない。そこで千《ち》代《よ》は「これで馬を買ってください」と、へそくりをさしだした。よい馬を買えた一豊《かずとよ》は、信長《のぶなが》に注目してもらうことができたという。

関《せき》ヶ《が》原《はら》の戦《たたか》いの直前、千代《ちよ》は一豊《かずとよ》に「手紙の封《ふう》を切らずに家康《いえやす》殿《どの》にわたすこと」とメモ書きをつけた手紙を送った。手紙をわたされた**徳川家康《とくがわいえやす》**（▶190）が封《ふう》を開くと「石田三成《いしだみつなり》が兵《へい》をあげた。わたしはどうなってもかまわないから、あなたは家康殿《いえやすどの》に忠誠《ちゅうせい》をちかうように」と書いてあった。この件《けん》によって、一豊《かずとよ》は家康《いえやす》の信頼《しんらい》を得《え》ることができた。

一豊《かずとよ》の死後は京にうつり住み、61歳《さい》で亡《な》くなった。

コラム

ヨーロッパへわたった少年たち 天正遣欧少年使節《てんしょうけんおうしょうねんしせつ》

キリシタン大名《だいみょう》とイエズス会によって、ヨーロッパへ派遣《はけん》された4人の少年がいた。彼《かれ》らは初《はじ》めてヨーロッパにわたった日本人といわれている。

キリシタン大名《だいみょう》の代わりに

1549年、イエズス会の**ザビエル**（▼145）が日本へキリスト教を伝《つた》えた。九州の大村純忠《おおむらすみただ》、大友宗麟《おおともそうりん》、有馬晴信《ありまはるのぶ》などの大名《だいみょう》がキリスト教徒《きょうと》となり、**キリシタン大名《だいみょう》**とよばれた。

1579年にバリニャーノという宣《せん》教師《きょうし》が来日し、日本人の性格《せいかく》や勤勉《きんべん》さに感動して、ヨーロッパへ紹介《しょうかい》したいと考えるようになった。バリニャーノは、イエズス会が建《た》てた学校から**天正遣欧少年使節《てんしょうけんおうしょうねんしせつ》**となる4人を選《えら》び、キリシタン大名《だいみょう》の代理としてヨーロッパへ送りだした。

マップ MAP 使節団《しせつだん》が通ったルート

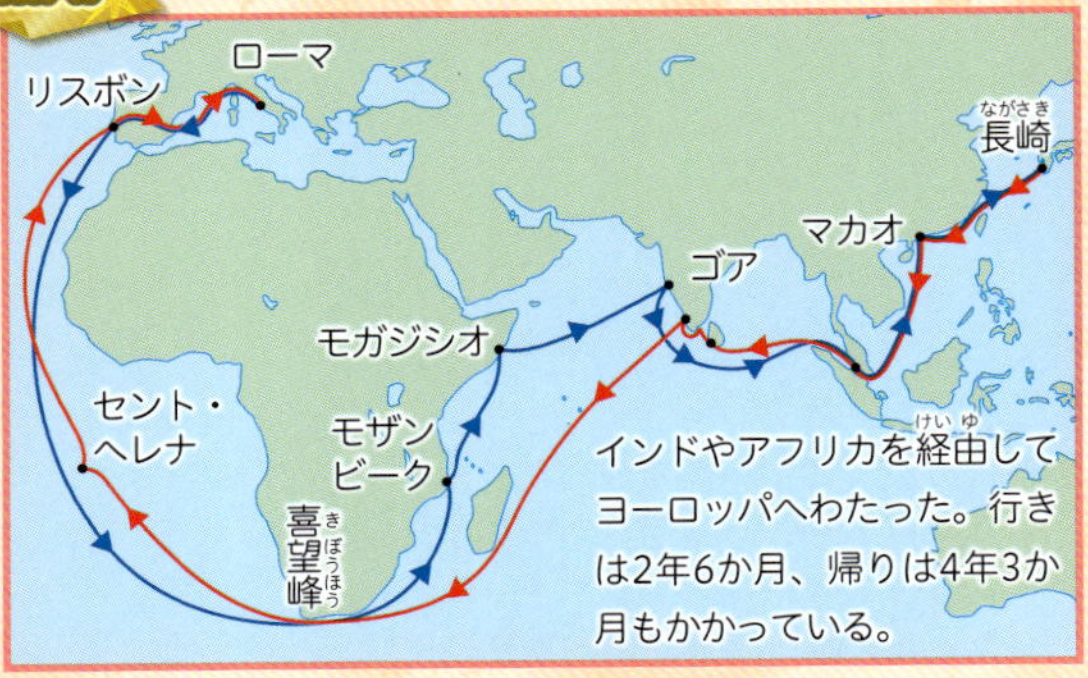

インドやアフリカを経由《けいゆ》してヨーロッパへわたった。行きは2年6か月、帰りは4年3か月もかかっている。

8年半の大旅行

1582年2月に長崎《ながさき》を出発した使《し》節団《せつだん》は、2年半かかってヨーロッパへ到着《とうちゃく》した。「地の果《は》てからの使者」とよばれて大変《たいへん》な歓迎《かんげい》を受け、ローマ教皇《きょうこう》やスペイン国王に謁見《えっけん》した。

帰国する途中《とちゅう》のマカオで、日本でキリスト教が禁止《きんし》されたことを知っておどろく。4人はバリニャーノが手をつくしたおかげで、8年半ぶりに日本へもどることができた。そして**豊臣秀吉《とよとみひでよし》**（▼168）にヨーロッパでの経験《けいけん》を報告《ほうこく》し、持ち帰っためずらしい品々をわたしたという。

伊東《いとう》マンショ

出身地：日向国《ひゅうがのくに》（現在《げんざい》の宮崎県《みやざきけん》）
生没年《せいぼつねん》：1569ころ～1612年

使節団《しせつだん》のリーダー。大友宗麟《おおともそうりん》の親せきだったため選《えら》ばれた。帰国後はマカオにわたって修行《しゅぎょう》をつみ、その後《ご》長崎《ながさき》で司祭《しさい》となる。九州の各地《かくち》でキリスト教の布教活動《ふきょうかつどう》をつづけ、44歳《さい》ごろに亡《な》くなった。

千々石《ちぢわ》ミゲル

出身地：肥前国《ひぜんのくに》（現在《げんざい》の長崎県《ながさきけん》）
生没年《せいぼつねん》：1570～没年不明《ぼつねんふめい》

有馬晴信《ありまはるのぶ》のいとこ。おだやかでやさしい性格《せいかく》だったといわれる。帰国後、身の危険《きけん》を感じてかキリスト教徒《きょうと》をやめる。結婚《けっこん》して子どもも生まれたといわれるが、くわしいことはわかっていない。

中浦《なかうら》ジュリアン

出身地：肥前国《ひぜんのくに》（現在《げんざい》の長崎県《ながさきけん》）
生没年《せいぼつねん》：1570～1633年

裕福《ゆうふく》な農家《のうか》に生まれる。帰国後は司祭《しさい》となり、キリスト教の布教《ふきょう》をつづけた。九州などで、身をかくしながら弾圧《だんあつ》されているキリスト教徒《きょうと》をなぐさめて歩き、最後は捕《つか》まって処刑《しょけい》されたという。

原《はら》マルティノ

出身地：肥前国《ひぜんのくに》（現在《げんざい》の長崎県《ながさきけん》）
生没年《せいぼつねん》：1568ころ～1629年

使節団《しせつだん》のほかの3人よりもからだがじょうぶで、ラテン語が得意《とくい》だったという。帰国後はイエズス会の司祭《しさい》となったが、江戸幕府《えどばくふ》によってマカオへ追放され、60歳《さい》ごろ亡《な》くなった。

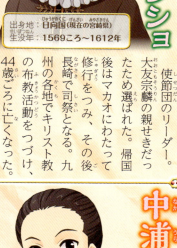

天下取りをねらっていた独眼竜《どくがんりゅう》

伊《だ》達《て》政《まさ》宗《むね》

東北を治《おさ》めた大名《だいみょう》

出身地：出羽国《でわのくに》（現在《げんざい》の山形県《やまがたけん》）
生没年《せいぼつねん》：1567～1636年
趣《しゅ》　味《み》：料理

家紋《かもん》

登場《とうじょう》がおそかった天才武将《ぶしょう》

のちに「独眼竜《どくがんりゅう》」とよばれた**政宗《まさむね》**は幼《おさな》いころに病気で右目を失明《しつめい》したため、母親にかわいがられなかった。しかし父親は政宗《まさむね》の才《さい》能《のう》を見ぬき、18歳《さい》で家を継《つ》がせた。

多くの戦国武将《せんごくぶしょう》と同じように天下取りの野望《やぼう》をいだいていた政宗《まさむね》は、24歳《さい》のときには東北地方の3分の1を治《おさ》めるようになった。

豊臣秀吉《とよとみひでよし》(▼168)が天下統一《てんかとういつ》のために小田原《おだわら》(現在《げんざい》の神奈川県《かながわけん》)の北条氏《ほうじょうし》を攻《せ》めたとき、北条氏《ほうじょうし》と同盟関係《どうめいかんけい》にあった政宗《まさむね》は、どちら側《がわ》につくかぎりぎりまでまよっていた。重い腰《こし》をあげて秀吉軍《ひでよしぐん》に参上《さんじょう》した政宗《まさむね》を見て、秀吉《ひでよし》はおどろいた。死に装束《しょうぞく》である白い着物を着ていたからだ。秀吉《ひでよし》は政宗《まさむね》の覚悟《かくご》のほどを知って気に入り、そのまま東北地方を治《おさ》めさせた。

スペインとの同盟《どうめい》を計画

石田三成《いしだみつなり》(▼192)と**徳川家康《とくがわいえやす》**(▼190)が対立したとき、政宗《まさむね》は家康側《いえやすがわ》について東北地方で**上杉景勝《うえすぎかげかつ》**(▼198)と戦《たたか》った。江戸幕府《えどばくふ》が開かれると、仙台藩《せんだいはん》(現在《げんざい》の宮城県《みやぎけん》)の初代藩主《しょだいはんしゅ》となる。しかし、まだ天下取りの野望《やぼう》をすてたわけではなかった。

政宗《まさむね》はスペインと同盟《どうめい》を結《むす》んで家康《いえやす》と対決しようと考え、**支倉常長《はせくらつねなが》**(▼183)をヨーロッパへ使者として送った。しかし同盟《どうめい》に失敗《しっぱい》し、天下取りをあきらめたという。

じつは料理好《ず》き

政宗《まさむね》は健康《けんこう》オタクといってよいほど健康《けんこう》に気を配った。医学知識《いがくちしき》はプロなみで、身近な者であれば政宗自《まさむねみずか》ら診察《しんさつ》をした。診察後《しんさつご》、医師《いし》にわたした薬の処方《しょほう》は、一度もまちがえたことがなかったという。食事にも気を配り、メニューをチェックしたり、ときには自分で調理《ちょうり》したりした。

江戸《えど》時代になって戦《いくさ》がなくなると、政宗《まさむね》は料理を趣味《しゅみ》として、客《きゃく》が来ると自《みずか》ら腕《うで》をふるってごちそうしたという。

代々「小十郎《こじゅうろう》」を名のり伊達家《だてけ》をささえた

片《かた》倉《くら》小《こ》十《じゅう》郎《ろう》

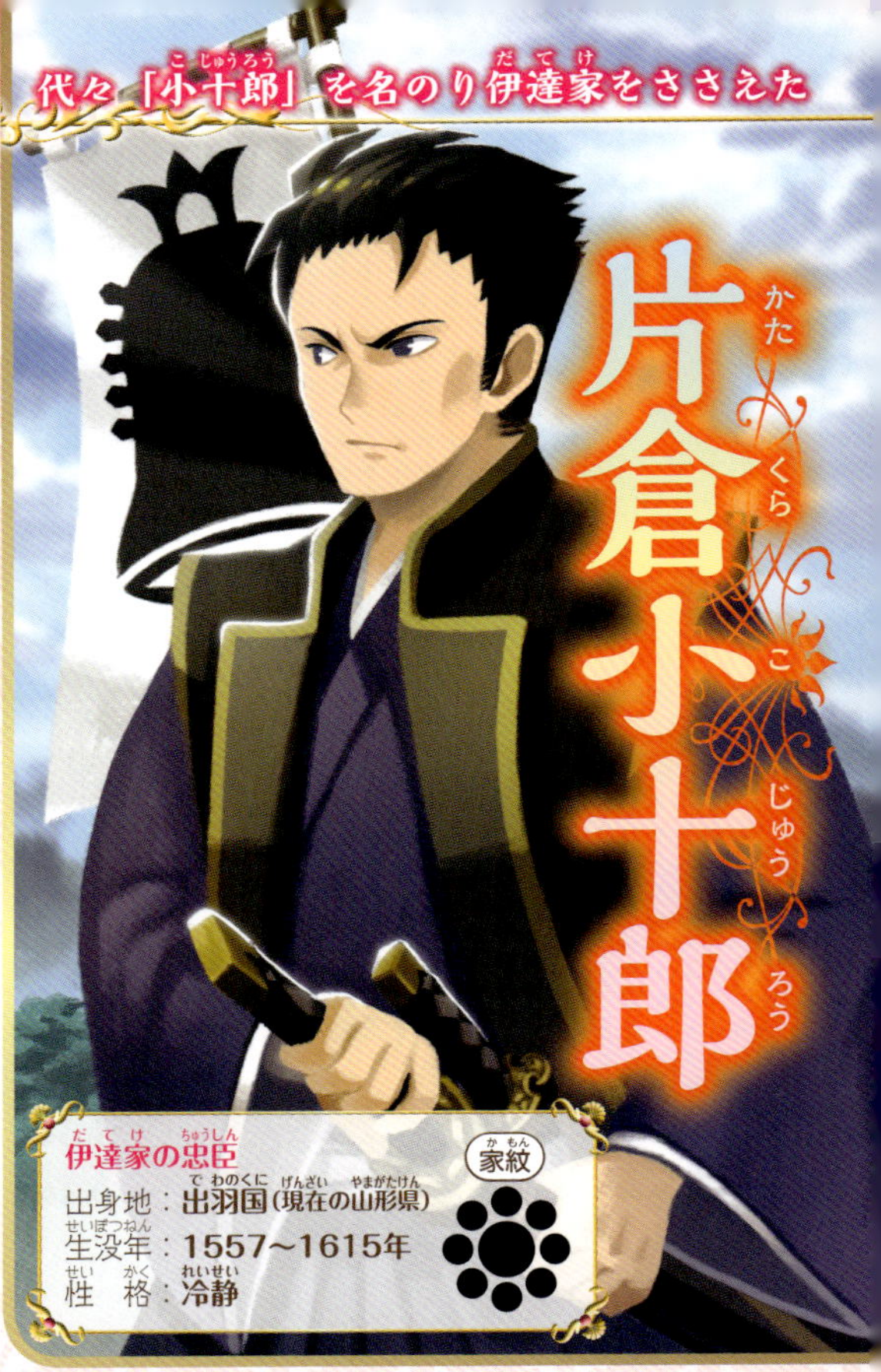

伊達家《だてけ》の忠臣《ちゅうしん》

出身地：出羽国《でわのくに》（現在《げんざい》の山形県《やまがたけん》）
生没年《せいぼつねん》：1557〜1615年
性《せい》　格《かく》：冷静《れいせい》

家紋《かもん》

初代《しょだい》には秀吉《ひでよし》もホレた

伊達家《だてけ》の家臣《かしん》片倉家《かたくらけ》は、代々「小十郎《こじゅうろう》」を名のっている。

初代《しょだい》小十郎《こじゅうろう》・**景綱《かげつな》**は、つねに主君・**伊達政宗《だてまさむね》**（▼180）と行動をともにし、政治《せいじ》や戦《いくさ》で伊達家《だてけ》をささえた。政宗《まさむね》が**豊臣秀吉《とよとみひでよし》**（▼168）につくか秀吉《ひでよし》と戦《たたか》うかまよっていたときも、政宗《まさむね》を説得《せっとく》して秀吉《ひでよし》のもとへむかわせたという。その有能《ゆうのう》さに秀吉《ひでよし》がホレこみ、「予《よ》の家臣《かしん》にならぬか？ 伊達家《だてけ》よりも高い給料《きゅうりょう》を出すぞ」とさそったが、景綱《かげつな》は政宗《まさむね》への忠誠《ちゅうせい》をつらぬき、これを辞退《じたい》している。

政宗《まさむね》が右目を失明《しつめい》したとき、政《まさ》宗《むね》が自分の右目を小十郎《こじゅうろう》にくりぬかせたという話も伝《つた》わっている。強い信頼関係《しんらいかんけい》で結《むす》ばれたふたりだったのだ。

ひみつのエピソード

2代目は真田幸村《さなだゆきむら》の大ファン

2代目小十郎《こじゅうろう》の片倉重長《かたくらしげなが》は、父親ゆずりの武勇《ぶゆう》をほこる。大坂《おおさか》の陣《じん》では、豊臣軍《とよとみぐん》の猛将《もうしょう》を討《う》ちとって「鬼《おに》の小十郎《こじゅうろう》」とよばれた。また、真田幸村《さなだゆきむら》（▶210）の大ファンだったため、幸村《ゆきむら》の子どもたちを保護《ほご》して育て、妻《つま》が亡《な》くなったあと幸村《ゆきむら》の娘《むすめ》・阿梅《おうめ》を後妻《ごさい》としてむかえた。

伊達政宗《だてまさむね》がヨーロッパへ送った使者

支《はせ》倉《くら》常《つね》長《なが》

ローマで貴族《きぞく》となった日本人

出身地：出羽国《でわのくに》（現在《げんざい》の山形県《やまがたけん》）
生没年《せいぼつねん》：1571～1622年
性格《せいかく》：忍耐強《にんたいづよ》い

家紋《かもん》

スペインとの同盟《どうめい》ならず

支倉常長《はせくらつねなが》は、**伊達政宗**《だてまさむね》（▼180）の家臣《かしん》。43歳《さい》のとき、常長《つねなが》は政宗《まさむね》の命《めい》により**慶長遣欧使節団**《けいちょうけんおうしせつだん》のリーダーとしてヨーロッパへわたる。使節《しせつ》団《だん》の目的は、スペインと同盟《どうめい》を結《むす》んで貿易《ぼうえき》をする許可《きょか》をもらうことと、ローマ教皇《きょうこう》にキリスト教の宣教師《せんきょうし》の派遣《はけん》をお願《ねが》いするためだった。

常長《つねなが》はローマの市民権《しみんけん》を得《え》て貴《き》族《ぞく》の身分をもらい、ローマ教皇《きょうこう》から宣教師《せんきょうし》の派遣《はけん》の許《ゆる》しをもらうことに成功《せいこう》した。しかしスペインとの交渉《こうしょう》には失敗《しっぱい》した。

5年間のヨーロッパ滞在《たいざい》ののち常長《つねなが》が日本へ帰国したとき、日本ではすでにキリスト教が禁止《きんし》されていた。常長《つねなが》は失意《しつい》のうちに、52歳《さい》で亡《な》くなった。

ひみつのエピソード 常長《つねなが》が鼻《はな》をかんだ紙

常長《つねなが》がヨーロッパへ行ったときに鼻《はな》をかんだ紙が、※バチカン市国《しこく》の人類博物館《じんるいはくぶつかん》に展示《てんじ》されていたことがある。ヨーロッパでは紙で鼻《はな》をかむことがなく、とてもめずらしがられたためだ。日本人が鼻《はな》をかんですてた紙をひろった人が大勢《おおぜい》いたという。

※バチカン市国《しこく》：イタリアのローマ市内にあり、ローマ教皇《きょうこう》がいる世界最小《せかいさいしょう》の国

美しくも壮絶《そうぜつ》な散りぎわ

細川《ほそかわ》ガラシャ

キリスト教徒《きょうと》となった武将《ぶしょう》の妻《つま》

出身地：越前国《えちぜんのくに》（現在《げんざい》の福井県《ふくいけん》）
生没年《せいぼつねん》：1563〜1600年
性格《せいかく》：信仰心《しんこうしん》があつい

キリスト教徒《きょうと》として誇《ほこ》り高く死んだ美女

細川《ほそかわ》ガラシャは本名を珠《たま》といい、**明智光秀《あけちみつひで》**（▶166）の娘。16歳《さい》で織田信《おだのぶ》長《なが》（▶152）の家臣《かしん》・**細川忠興《ほそかわただおき》**と結婚《けっこん》、仲《なか》のよい夫婦《ふうふ》だったという。ところが**本能寺《ほんのうじ》の変《へん》**が起こり、珠《たま》は夫《おっと》の忠興《ただおき》によって別《べつ》の屋敷《やしき》に幽閉《ゆうへい》※される。父親の罪《つみ》が珠《たま》におよばないようにするためであった。

幽閉《ゆうへい》がとかれたあと、珠《たま》は使用《しよう》人《にん》からキリスト教の話を聞く機《き》会《かい》があった。そのときは興味《きょうみ》のないような顔をしていたがじつは興味津々《きょうみしんしん》だった珠《たま》は、のちにこっそり教会へ出かけた。当時はキリスト教が禁止《きんし》されていたため、珠《たま》は自宅《じたく》でひそかに信仰《しんこう》をつづけていたが、25歳《さい》のとき洗礼《せんれい》を受けて**ガラシャ**という名をもらう。

関ヶ原《せきがはら》の戦《たたか》いの直前、敵方《てきがた》の**石田三成《いしだみつなり》**（▶192）がガラシャを人質《ひとじち》にとろうとした。ガラシャは「人質《ひとじち》になるくらいなら自害《じがい》するように」と夫《おっと》に言われていた。しかしキリスト教では自殺《じさつ》は厳禁《げんきん》。そこで屋敷《やしき》の者をすべてにがすと、ただひとり残《のこ》った家臣《かしん》に胸《むね》を突《つ》かせて亡《な》くなった。

※ **幽閉《ゆうへい》**：自宅《じたく》とは別《べつ》の屋敷《やしき》や自宅《じたく》の一部屋などに閉《と》じこめること

5章《しょう》 3

家《いえ》康《やす》の天《てん》下《か》取《と》り（関《せき》ヶ《が》原《はら》の戦《たたか》い）

安土桃山《あづちももやま》時代

16世紀《せいき》

主なできごと

1598年	8月	**豊臣秀吉《とよとみひでよし》**（▶168）が亡《な》くなる
1599年	1月	**豊臣秀頼《とよとみひでより》**（▶214）が**大坂城《おおさかじょう》**に入る
	閏《うるう》3月	**前田利家《まえだとしいえ》**（▶160）が亡《な》くなる **石田三成《いしだみつなり》**（▶192）が **加藤清正《かとうきよまさ》**（▶204）らにおそわれ、 **徳川家康《とくがわいえやす》**（▶190）に保護《ほご》される 石田三成《いしだみつなり》が**五奉行《ごぶぎょう》**を辞職《じしょく》
1600年	5月	**上杉景勝《うえすぎかげかつ》**（▶198）が 徳川家康《とくがわいえやす》のよび出しに応《おう》じないため 上杉《うえすぎ》攻《ぜ》めを決定
	6月	徳川家康《とくがわいえやす》が伏見城《ふしみじょう》に入り、 **伊達政宗《だてまさむね》**（▶180）が仙台《せんだい》へ帰る
		徳川家康《とくがわいえやす》が上杉《うえすぎ》攻《ぜ》めに出発する
	7月	石田三成《いしだみつなり》が打倒《だとう》・家康《いえやす》を決意し、 **大谷吉継《おおたによしつぐ》**（▶194）を味方にひきいれる
		毛利輝元《もうりてるもと》（▶197）が三成側《みつなりがわ》（西軍《せいぐん》）の 総大将《そうだいしょう》となり、大坂城《おおさかじょう》に入る
		細川《ほそかわ》ガラシャ（▶184）が、 石田三成《いしだみつなり》の人質《ひとじち》になることを こばんで死亡《しぼう》
		西軍《せいぐん》が伏見城《ふしみじょう》を攻《せ》める
		徳川家康《とくがわいえやす》が上杉《うえすぎ》攻《ぜ》めをやめ、 東軍《とうぐん》を率《ひき》いて 石田三成《いしだみつなり》と戦《たたか》うことにする
	8月	各地《かくち》で西軍《せいぐん》と東軍《とうぐん》が戦《たたか》う
	9月	**徳川秀忠《とくがわひでただ》**（▶215）が上田城《うえだじょう》を攻《せ》めるが 攻《せ》め落とせずにあきらめる
	9月14日	西軍《せいぐん》が関ヶ原《せきがはら》に移動《いどう》したことに 気づいた徳川家康《とくがわいえやす》が、 東軍《とうぐん》を関ヶ原《せきがはら》に移動《いどう》させる
	9月15日	**関ヶ原《せきがはら》の戦《たたか》い** 西軍《せいぐん》の中に裏切《うらぎ》り者が多く わずか1日で東軍《とうぐん》が勝利《しょうり》する
	9月21日	逃亡《とうぼう》していた石田三成《いしだみつなり》が捕《つか》まる
	10月1日	石田三成《いしだみつなり》が斬首刑《ざんしゅけい》となる

どんな時代だったの？

天下分け目の関ケ原《せきがはら》の戦《たたか》い

豊臣家《とよとみけ》を守ろうとした三成《みつなり》

豊臣秀吉《とよとみひでよし》(▼168)亡《な》きあと、わずか5歳《さい》の**秀頼**《ひでより》(▼214)を家臣《かしん》たちがささえながら、豊臣政権《とよとみせいけん》をつづけていた。しかし**五大老**《ごたいろう》のひとり、**徳川家康**《とくがわいえやす》(▼190)が急速《きゅうそく》に力をつけはじめる。豊臣家《とよとみけ》を守ろうと考えた**石田三成**《いしだみつなり》(▼192)が、家康《いえやす》をたおそうと立ちあがった。

きっかけは「直江状《なおえじょう》」

そのころ、会津《あいづ》(現在《げんざい》の福島県《ふくしまけん》)では五大老《ごたいろう》のひとりである**上杉景勝**《うえすぎかげかつ》(▼198)が、やがて起こるであろう戦《いくさ》にそなえていた。家康《いえやす》がそれを問いただすと、家老《かろう》の**直江兼続**《なおえかねつぐ》(▼199)が主君の代わりに反抗的《はんこうてき》な手紙「**直江状**《なおえじょう》」を出す。その手紙を読んだ家康《いえやす》は上杉氏《うえすぎし》の討伐《とうばつ》を決意、江戸《えど》を出発する。

そのすきをついて、三成《みつなり》が大坂《おおさか》で挙兵《きょへい》。三成《みつなり》の挙兵《きょへい》を知った家《いえ》康《やす》は部下と話し合い、三成《みつなり》と戦《たたか》うために大急ぎ反転《はんてん》し、両軍《りょうぐん》は**関ケ原**《せきがはら》(現在《げんざい》の岐阜県不破郡関ケ原町《ぎふけんふわぐんせきがはらちょう》)で対決。多くの大名《だいみょう》を巻《ま》きこんでの一大決戦《いちだいけっせん》となった。

秀頼《ひでより》をささえた家臣《かしん》

五大老《ごたいろう》 豊臣家《とよとみけ》の臣下《しんか》になった有力な大名《だいみょう》(武力担当《ぶりょくたんとう》)

徳川家康《とくがわいえやす》 ▼190

上杉景勝《うえすぎかげかつ》 ▼198

宇喜多秀家《うきたひでいえ》

前田利家《まえだとしいえ》 ▼160

毛利輝元《もうりてるもと》 ▼197

五奉行《ごぶぎょう》 豊臣政権内《とよとみせいけんない》の実力者《じつりょくしゃ》(行政担当《ぎょうせいたんとう》)

浅野長政《あさのながまさ》

石田三成《いしだみつなり》 ▼192

増田長盛《ましたながもり》

長束正家《なつかまさいえ》

前田玄以《まえだげんい》

幼《おさな》い秀頼《ひでより》の代わりに、五大老《ごたいろう》と五奉行《ごぶぎょう》が話し合いながら政治《せいじ》を行《おこな》うしくみだった。

関ヶ原《せきがはら》の戦《たたか》い 主な人物相関図《そうかんず》

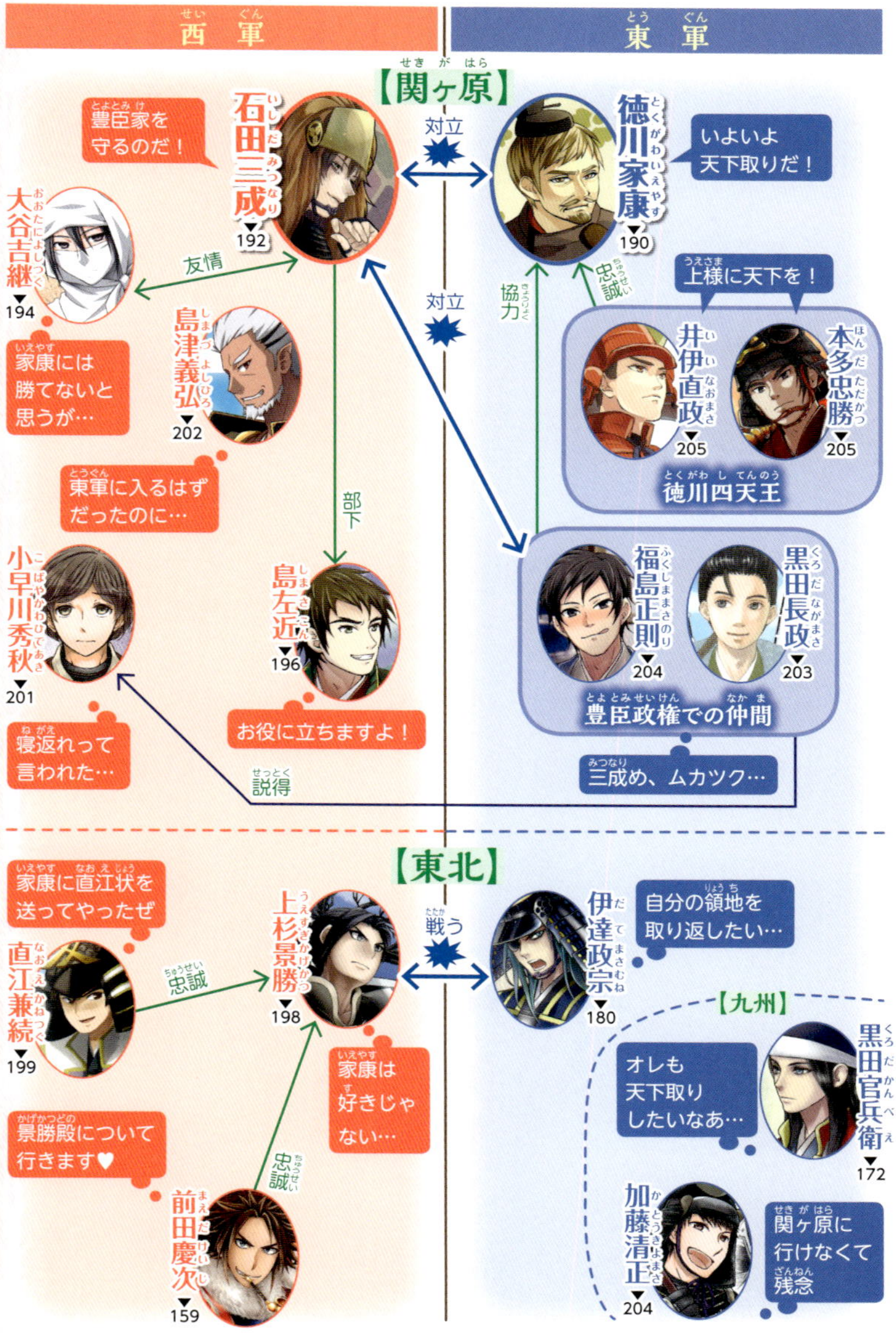

開《かい》戦《せん》直後は西《せい》軍《ぐん》有《ゆう》利《り》

1600年9月15日、関《せき》ケ《が》原《はら》の戦《たたか》いがはじまった。

両軍《りょうぐん》の兵力《へいりょく》はほぼ同じで、開《かい》戦《せん》直後は**石田三成**《いしだみつなり》(▶192)が率《ひき》いる西《せい》軍《ぐん》の勢《いきお》いのほうが強かった。しかし、西軍《せいぐん》にいた**小早川秀秋**《こばやかわひであき》(▶201)が裏《うら》切《ぎ》って、徳川家康《とくがわいえやす》が率《ひき》いる東《とう》軍《ぐん》に味方をした。

小早川隊《こばやかわたい》の裏《うら》切《ぎ》りを見て、東軍《とうぐん》に寝返《ねがえ》る者が続出《ぞくしゅつ》した。さらに西《せい》軍《ぐん》の半数以上《いじょう》が参戦《さんせん》しなかったため、西軍《せいぐん》は圧倒的《あっとうてき》に不利《ふり》になった。関《せき》ケ《が》原《はら》の戦《たたか》いはわずか1日で決着がつき、三成《みつなり》は捕《と》らえられて処刑《しょけい》された。

東軍《とうぐん》の主力部隊《しゅりょくぶたい》は三成隊《みつなりたい》と対決し、裏《うら》切《ぎ》った小早川隊《こばやかわたい》は大谷隊《おおたにたい》をおそった。家康隊《いえやすたい》の後方にいた部隊《ぶたい》は参戦《さんせん》しなかった。

コラム

三英傑《さんえいけつ》のプロフィールくらべ

天下統一《てんかとういつ》をめざした
信長《のぶなが》・秀吉《ひでよし》・家康《いえやす》は
「三英傑《さんえいけつ》」とよばれている。
3人のプロフィールを
くらべてみよう。

名前 織田信長《おだのぶなが》

出身 尾張国《おわりのくに》の小大名《しょうだいみょう》

生没年《せいぼつねん》 1534~1582年(49歳《さい》)

妻《つま》(9)人、子ども(22)人…男(12)人、女(10)人

ニックネーム	好《す》きなコト	得意《とくい》なワザ
第六天魔王《だいろくてんまおう》	すもう!!	鉄砲《てっぽう》を使う戦《いくさ》

★天下取りは? (全コンプ ほぼコンプ とちゅう)

★部下が裏切《うらぎ》ったらどうする?

一族みな殺《ごろ》し(使えるやつは殺《ころ》さないよ♥)

★忘《わす》れられないエピソード

インド人(アフリカ人?)の部下がいた

★ひとことコメント

キンカン頭の明智《あけち》め、おぼえてろ

※キンカン頭:はげ頭

名前 豊臣秀吉《とよとみひでよし》

出身 尾張国《おわりのくに》の農民《のうみん》

生没年《せいぼつねん》 1537ころ~1598年(61歳《さい》)

妻《つま》(15)人、子ども(3)人…男(3)人、女(0)人

ニックネーム	好《す》きなコト	得意《とくい》なワザ
~~さる~~ ハゲネズミ	茶道《さどう》	城攻《しろぜ》め

★天下取りは? (全コンプ ほぼコンプ とちゅう)

★部下が裏切《うらぎ》ったらどうする?

そんなやついないよ?

★忘《わす》れられないエピソード

お市《いち》の方《かた》さまは美人だったなあ♥

★ひとことコメント

秀頼《ひでより》を守ってくれって言ったのに!!

名前 徳川家康《とくがわいえやす》

出身 三河国《みかわのくに》の小大名《しょうだいみょう》

生没年《せいぼつねん》 1543~1616年(75歳《さい》)

妻《つま》(19)人、子ども(16)人…男(11)人、女(5)人

ニックネーム	好《す》きなコト	得意《とくい》なワザ
たぬきおやじ	鷹狩《たかがり》	野戦《やせん》

★天下取りは? (全コンプ ほぼコンプ とちゅう)

★部下が裏切《うらぎ》ったらどうする?

そもそも裏切《うらぎ》られないようにする

★忘《わす》れられないエピソード

戦《いくさ》に負けてにげるときにもらしちゃったこと

★ひとことコメント

食べすぎは、よくない

※家康《いえやす》の死因《しいん》に「天ぷらの食べすぎ説《せつ》」がある。

3人をまとめて表現《ひょうげん》した「織田《おだ》がつき 羽柴《はしば》がこねし 天下もち すわりしままに 食《う》ふは徳川《とくがわ》」という歌がある。信長《のぶなが》の「日本を統一《とういつ》する」という野望《やぼう》を、秀吉《ひでよし》が受け継《つ》いで成しとげ、じっくり機会《きかい》を待っていた家康《いえやす》が完《かん》成《せい》させて戦乱《せんらん》のない江戸《えど》時代を築《きず》きあげた、という意味だ。

戦国《せんごく》の世を終わらせた苦労人《くろうにん》

徳《とく》川《がわ》家《いえ》康《やす》

江戸幕府《えどばくふ》の初代将軍《しょだいしょうぐん》

家紋《かもん》

出身地：三河国《みかわのくに》(現在《げんざい》の愛知県《あいちけん》)
生没年《せいぼつねん》：1542〜1616年
性　格《せいかく》：がまん強い

人質《ひとじち》から三河国《みかわのくに》の城主《じょうしゅ》へ

家康《いえやす》は三河国《みかわのくに》（現在《げんざい》の愛知県《あいちけん》）の小さい大名家《だいみょうけ》に生まれた。6歳《さい》のころ今川氏《いまがわし》の人質《ひとじち》となるが、大切にされて日本の歴史《れきし》や中国の学問を学んだ。19歳《さい》のときに今川氏《いまがわし》が**織田《おだ》信長《のぶなが》**（▼152）に敗《やぶ》れ、自由の身となる。三河《みかわ》の岡崎城主《おかざきじょうしゅ》となり信長《のぶなが》と同盟《どうめい》を結《むす》んだが、まるで家臣《かしん》のようにあつかわれた。その信長《のぶなが》が**本能寺《ほんのうじ》の変《へん》**で亡《な》くなり、**豊臣秀吉《とよとみひでよし》**（▼168）が天下統一《てんかとういつ》にのりだす。家康《いえやす》は豊臣《とよとみ》家《け》の家臣《かしん》のなかでは**前田利家《まえだとしいえ》**（▼160）などと肩《かた》をならべる実力者となったが、三河《みかわ》から関東《かんとう》へ領地《りょうち》を替《か》えられるなど苦労《くろう》がつづいた。

秀吉《ひでよし》の死から天下人《てんかびと》へ

秀吉《ひでよし》の死後、ついに家康《いえやす》は天下を取るために動きだした。このころ家康《いえやす》が武将《ぶしょう》たちへ出した手紙は、2か月でじつに155通。味方になってくれた武将《ぶしょう》には手あつい恩賞《おんしょう》を約束《やくそく》し、心ならずも敵対《てきたい》した武将《ぶしょう》には同情《どうじょう》や理解《りかい》をしめして、中立の立場で情勢《じょうせい》をうかがうよう提案《ていあん》した。

こうして家康《いえやす》は敵方《てきがた》の裏切《うらぎ》りをさそい、**関ヶ原《せきがはら》の戦《たたか》い**当日は戦《せん》闘《とう》開始からわずか1日で圧勝《あっしょう》した。人の心のつかみ方を知っている家康《いえやす》だからこそたどり着くことができた、天下人《てんかびと》の座《ざ》だった。

戦国《せんごく》の世を終わらせる

1603年、家康《いえやす》は征夷大将軍《せいいたいしょうぐん》となって**江戸幕府《えどばくふ》**を開く。2年後、息子の**秀忠《ひでただ》**（▼215）に将軍《しょうぐん》をゆずる。これは徳川家《とくがわけ》が将軍《しょうぐん》を継《つ》いでいくことをしめすためで、家康《いえやす》はその後《ご》も「大御所《おおごしょ》」として政治《せいじ》を取りしきった。

しかし豊臣家《とよとみけ》が存在《そんざい》していることは、将来《しょうらい》の心配の種であった。そこで1614年と1615年に豊臣家《とよとみけ》のいる大坂城《おおさかじょう》を攻《せ》め（**大坂《おおさか》の陣《じん》**）、とうとう豊臣家《とよとみけ》をほろぼした。こうして家康《いえやす》は長かった戦《せん》国《ごく》の世を終わらせ、その翌年《よくとし》に75歳《さい》で息をひきとった。

ひたすら豊臣《とよとみ》家《け》のためを願《ねが》った

石《いし》田《だ》三《みつ》成《なり》

秀吉《ひでよし》に見いだされた武将《ぶしょう》

出身地：近江国《おうみのくに》（現在《げんざい》の滋賀《しが》県《けん》）
生没年《せいぼつねん》：1560～1600年
性《せい》格《かく》：とにかくまじめ

家紋《かもん》

秀吉《ひでよし》に出した3杯《ばい》の茶

石田三成《いしだみつなり》は、近江国《おうみのくに》(現在《げんざい》の滋賀県《しがけん》)に生まれ、少年時代に**豊臣秀吉《とよとみひでよし》**(▼168)に見いだされた。

のどがかわいた秀吉《ひでよし》が、とある寺に入ったときのこと。寺小姓《てらこしょう》※が1杯《ぱい》目は大きな茶碗《ちゃわん》にたっぷりのぬるい茶を、2杯《はい》目はふつうの茶碗《ちゃわん》にあたたかい茶を、3杯《ばい》目は小さな茶碗《ちゃわん》に熱《あつ》い茶を入れて出した。この気配りのうまい少年が、石田三成《いしだみつなり》だった。

豊臣家《とよとみけ》のために生きる

三成《みつなり》は戦場《せんじょう》で戦《たたか》うことよりも、合戦《かっせん》の準備《じゅんび》が得意《とくい》だった。武器《ぶき》や食糧《しょくりょう》の調達《ちょうたつ》やお金の管理《かんり》などがだれよりもうまかった。

また、三成《みつなり》は自分を見いだしてくれた秀吉《ひでよし》の恩《おん》に報《むく》いるため、豊臣家《とよとみけ》のことだけを考えていた。自分の欲《よく》も保身《ほしん》も考えず、ほかの武将《ぶしょう》の思惑《おもわく》も完全《かんぜん》に無視《むし》。そのため、ほかの武将《ぶしょう》たちから誤解《ごかい》され、けむたがられるようになっていった。

秀吉《ひでよし》の死後、豊臣家《とよとみけ》をないがしろにする**徳川家康《とくがわいえやす》**(▼190)と対立し、**関ヶ原《せきがはら》の戦《たたか》い**へ突入《とつにゅう》する。三成《みつなり》は自分の財産《ざいさん》をすべて使って戦《いくさ》の準備《じゅんび》にあて、まさに一世一代《いっせいちだい》の大勝負《おおしょうぶ》に出た。ところが秀吉《ひでよし》を敬愛《けいあい》するあまり、「だれもが反家《はんいえ》康《やす》に立ちあがるはず」と思いこみ、味方を増《ふ》やす努力《どりょく》をおこたってしまった。そのため家康《いえやす》の地道な根まわしにより、味方だったはずの者に次々と裏切《うらぎ》られた。戦《たたか》いに敗《やぶ》れた三成《みつなり》は関ヶ原《せきがはら》の戦場《せんじょう》からにげだしたが、捕《と》らえられて処刑《しょけい》された。処刑《しょけい》される前、三成《みつなり》は「戦《いくさ》で負けるのはふつうのことで、恥《はじ》ではない」と言い、家康《いえやす》を感心させたという。

ひみつのエピソード

「大一大万大吉《だいいちだいまんだいきち》」

三成《みつなり》は関ヶ原《せきがはら》の戦《たたか》いのとき「大一大万大吉《だいいちだいまんだいきち》」という旗印《はたじるし》をかかげた。これは「1人が万人《ばんにん》のために、万人《ばんにん》は1人のためにつくせば、大きな幸せ(吉)となる」という意味。三成《みつなり》は、亡《な》き秀吉《ひでよし》や人々のためを思い、平和な世を願《ねが》ったともいわれている。

※**寺小姓《てらこしょう》**:寺の雑用《ざつよう》をする少年

石田三成《いしだみつなり》の生涯《しょうがい》の友

大谷吉継《おおたによしつぐ》

病気に苦《くる》しんだ戦国武将《せんごくぶしょう》

家紋《かもん》

出身地：近江国《おうみのくに》（現在《げんざい》の滋賀県《しがけん》）
生没年《せいぼつねん》：1559〜1600年
性格《せいかく》：人情《にんじょう》にあつい

秀吉《ひでよし》も認《みと》めた軍才《ぐんさい》

吉継《よしつぐ》は、**石田三成《いしだみつなり》**（▶192）と同じころに**豊臣秀吉《とよとみひでよし》**（▶168）にめしかかえられた。吉継《よしつぐ》と三成《みつなり》はともに仕事をすることが多く、たがいの能力《のうりょく》を認《みと》めあい友情《ゆうじょう》をはぐくんでいく。秀吉《ひでよし》は吉継《よしつぐ》の事務能力《じむのうりょく》を評価《ひょうか》するいっぽう、武将《ぶしょう》としての才能《さいのう》にも着目《ちゃくもく》し、「100万の軍《ぐん》勢《ぜい》をあたえて好《す》きなように指揮《しき》をとらせてみたい」と語ったと伝《つた》えられる。

友と運命をともに

関ケ原《せきがはら》の戦《たたか》いの直前、三成《みつなり》をたずねた吉継《よしつぐ》は、三成《みつなり》が家康《いえやす》と戦《いくさ》をしようとしていることを知る。三成《みつなり》を心配した吉継《よしつぐ》は、「おぬしは知恵《ちえ》はあるが勇気《ゆうき》がない。そしておうへいで傲慢《ごうまん》な口をきくので人望《じんぼう》もない。そんな男についてくるものなどおらぬ」と、あえてきびしいことを言って止めようとした。しかし三成《みつなり》の決《けつ》意《い》はかたく、吉継《よしつぐ》は友と運命をともにする覚悟《かくご》をかため、病気のからだで関ケ原《せきがはら》の戦《たたか》いにのぞみ、戦死《せんし》した。

1600年 石田《いしだ》三成《みつなり》と徳川家康《とくがわいえやす》の仲《なか》は最悪《さいあく》になっていた。そんななか…
三成《みつなり》
何用《なによう》だ
吉継《よしつぐ》…
じつは家康《いえやす》と一戦交《いっせんまじ》えようと思っておるのだ
なに!?
無茶《むちゃ》だ!!
負けるに決まっている!
止めるな!!
――もう
決めたのだ
……
そうか
お主《ぬし》を見すてることはできぬ
――この命 お主《ぬし》にやろう…!
友のために使う命なら惜《お》しくはない

石田三成《いしだみつなり》に命をささげた家臣《かしん》

島《しま》左《さ》近《こん》

鬼神《きしん》といわれた武将《ぶしょう》

出身地：大和国《やまとのくに》(現在《げんざい》の奈良県《ならけん》)
生没年《せいぼつねん》：生年不明《ふめい》〜1600年
性《せい》格《かく》：意志《いし》が強く、くじけない

家紋《かもん》

三成《みつなり》の信頼《しんらい》にこたえて奮戦《ふんせん》

島左近《しまさこん》は初《はじ》め、筒井氏《つついし》に仕えていた。48歳《さい》のころに筒井氏《つついし》の家臣《かしん》をやめ、※浪人《ろうにん》となる。**石田三成《いしだみつなり》**(▼192)にスカウトされたのは、ちょうどそのころだった。このとき三成《みつなり》の禄高《ろくだか》(給料《きゅうりょう》の額《がく》)は4万石《まんごく》だったが、なんと半分の2万石《まんごく》をあたえるという破格《はかく》の待遇《たいぐう》で島左《しまさ》近《こん》をむかえた。

関ヶ原《せきがはら》の戦《たたか》いで、左近《さこん》は三成《みつなり》の信頼《しんらい》にこたえるべく、三成軍《みつなりぐん》の先陣《せんじん》として大奮闘《だいふんとう》。左近《さこん》の鬼気《きき》せまる戦《たたか》いぶりは「鬼左近《おにさこん》」とよばれて恐《おそ》れられたという。左近《さこん》は負《ふ》傷《しょう》してもなお戦《たたか》いつづけ、乱戦《らんせん》のなかで戦死《せんし》した。

命がけで主君に仕えた

「三成《みつなり》に過《す》ぎたるものがふたつあり。島《しま》の左近《さこん》と佐和山《さわやま》の城」とうたわれ、石田三成《いしだみつなり》の片腕《かたうで》として生きた島左近《しまさこん》。「士《し》は己《おのれ》を知る者のために死す(誠《まこと》の士《し》たるものは自分の真価《しんか》を認《みと》めてくれる人のためには、命を投げ出してこたえる)」という言葉がピタリとあてはまる男であった。

※浪人《ろうにん》：主君をもたない武士《ぶし》

毛《もう》利《り》輝《てる》元《もと》

三成側《みつなりがわ》(西軍《せいぐん》)の総大将《そうだいしょう》

家紋《かもん》

出身地：安芸国《あきのくに》(現在《げんざい》の広島県《ひろしまけん》)
生没年《せいぼつねん》：1553〜1625年
性《せい》　格《かく》：優柔不断《ゆうじゅうふだん》

戦《たたか》わずに戦場《せんじょう》を去った

西軍《せいぐん》の総大将《そうだいしょう》となるが…

毛利輝元《もうりてるもと》は中国地方の覇者《はしゃ》・**毛利元就《もうりもとなり》**(▼143)の孫《まご》。11歳《さい》で毛利家《もうりけ》を継《つ》ぎ、**豊臣秀吉《とよとみひでよし》**(▼168)に仕えた※**五大老《ごたいろう》**のひとり。

関ヶ原《せきがはら》の戦《たたか》いでは、一門の者や家臣《かしん》に相談せずに石田三成側《いしだみつなりがわ》**(西軍《せいぐん》)**の総大将《そうだいしょう》をひきうけ、大坂城《おおさかじょう》に入る。しかし自分は出陣《しゅつじん》せず、戦場《せんじょう》へは養子《ようし》の**毛利秀元《もうりひでもと》**を送った。

西軍《せいぐん》が敗《やぶ》れたことを知ると、輝元《てるもと》は周囲《しゅうい》の反対を無視《むし》して大坂城《おおさか》からさっさとひきあげてしまう。戦《たたか》わずしてにげ去ったことで、のちに毛利家《もうりけ》は領地《りょうち》を大はばにへらされた。

ひみつのエピソード　宰相殿《さいしょうどの》の空弁当《からべんとう》

関ヶ原《せきがはら》の戦《たたか》いがはじまっても、毛利秀元《もうりひでもと》の隊《たい》は動かなかった。すでに家康《いえやす》に寝返《ねがえ》る約束《やくそく》をしていた、一族の吉川広家《きっかわひろいえ》がじゃまをしたためだった。秀元隊《ひでもとたい》の後ろにいた長宗我部《ちょうそかべ》隊《たい》から「早く進んでくれ」と言われ、秀元《ひでもと》は苦《くる》しまぎれに「兵《へい》に弁当《べんとう》を食べさせている」と言《い》った。そのため、秀元《ひでもと》の役職《やくしょく》が「宰相《さいしょう》」だったので「宰相殿《さいしょうどの》の空弁当《からべんとう》」とからかわれることになった。

※ **五大老《ごたいろう》**：豊臣家《とよとみけ》に仕えた重臣《じゅうしん》。前田利家《まえだとしいえ》、徳川家康《とくがわいえやす》、宇喜多秀家《うきたひでいえ》、上杉景勝《うえすぎかげかつ》、毛利輝元《もうりてるもと》の５人。

上《うえ》杉《すぎ》景《かげ》勝《かつ》

感情《かんじょう》をみせない武骨《ぶこつ》な武将《ぶしょう》

出身地：越後国《えちごのくに》（現在《げんざい》の新潟県《にいがたけん》）
生没年《せいぼつねん》：1555～1623年
性《せい》格《かく》：無口《むくち》

家紋《かもん》

上杉謙信《うえすぎけんしん》のあと継《つ》ぎ

上杉景勝《うえすぎかげかつ》は、叔父《おじ》である**上杉謙信《うえすぎけんしん》**（▼146）の養子《ようし》となる。無口《むくち》でほとんど笑わなかったことで知られる。謙信《けんしん》の死後、あと継《つ》ぎ争《あらそ》いに勝《しょう》利《り》して上杉家《うえすぎけ》を継《つ》いだものの、天《てん》下統一《かとういつ》をめざす**織田信長《おだのぶなが》**（▼152）の軍《ぐん》に攻《せ》められて、あやうくほろぼされそうになった。

本能寺《ほんのうじ》の変《へん》のあと、景勝《かげかつ》は上杉《うえすぎ》家《け》を守るため**豊臣秀吉《とよとみひでよし》**（▼168）の家臣《かしん》となる。朝鮮出兵《ちょうせんしゅっぺい》にも参加《さんか》して活やくし、会津《あいづ》120万石《まんごく》をあたえられた。秀吉《ひでよし》が亡《な》くなると、景《かげ》勝《かつ》は会津《あいづ》へ帰って武器《ぶき》や食糧《しょくりょう》の調達《ちょうたつ》をはじめた。**石田三成《いしだみつなり》**（▼192）と**徳川家康《とくがわいえやす》**（▼190）が対立し、「天下争《てんかそう》乱《らん》は近い」と予想《よそう》したためである。

上杉家《うえすぎけ》を守りぬく

景勝《かげかつ》の予想《よそう》通り、天下分け目の戦《たたか》いがはじまった。上杉軍《うえすぎぐん》は独自《どくじ》に**伊達政宗《だてまさむね》**（▼180）の軍《ぐん》と戦《たたか》うが、関ケ原《せきがはら》で家康《いえやす》が勝ったことを知り降伏《こうふく》した。景勝《かげかつ》は家臣《かしん》の**直江《なおえ》兼続《かねつぐ》**とともに家康《いえやす》に謝罪《しゃざい》したので、領地《りょうち》を替《か》えられてへらされたが、上杉家《うえすぎけ》を守ることはできた。

関《せき》ヶ《が》原《はら》の戦《たたか》いのきっかけをつくった

直江兼続《なおえかねつぐ》

家康《いえやす》を怒《おこ》らせた「直江状《なおえじょう》」

兼続《かねつぐ》は上杉家《うえすぎけ》の家臣《かしん》の子として生まれ、23歳《さい》で直江家《なおえけ》を継《つ》ぐ。上《うえ》杉家《すぎけ》の家老《かろう》として**上杉景勝**《うえすぎかげかつ》をささえ、その才能《さいのう》は**豊臣秀吉**《とよとみひでよし》（▼168）にも高く評価《ひょうか》された。

秀吉《ひでよし》の死後、景勝《かげかつ》が会津《あいづ》で武《ぶ》器《き》の調達《ちょうたつ》をはじめると、謀反《むほん》を疑《うたが》った**徳川家康**《とくがわいえやす》（▼190）が大坂《おおさか》へ来るように言ってきた。そこで兼続《かねつぐ》は「**直江状**《なおえじょう》」という返事を送った。

兼続《かねつぐ》はわざと家康《いえやす》を怒《おこ》らせるようなことを書き連《つら》ねた。「謀反《むほん》のうわさが立っているようだが真っ赤なウソ」「9月に帰国したばかりなのに、すぐに大坂《おおさか》へ行くなんて無理。だいいち雪で道が通れない」「武器《ぶき》を集めるのは武士《ぶし》のたしなみ。そんなこと気にするなんて家康殿《いえやすどの》らしくない」

この手紙を読んだ家康《いえやす》は激怒《げきど》して上杉氏討伐《うえすぎしとうばつ》を決める。その動乱《どうらん》のすきに**石田三成**《いしだみつなり》（▼192）が兵《へい》をあげ、**関**《せき》**ヶ**《が》**原**《はら》**の戦**《たたか》**い**につながる。関《せき》ヶ《が》原《はら》の戦《たたか》いののち、兼続《かねつぐ》は景勝《かげかつ》とともに家康《いえやす》に謝罪《しゃざい》した。そして新しい領地《りょうち》となった米沢藩《よねざわはん》（現在《げんざい》の山形《やまがた》県《けん》）の整備《せいび》に力をそそいだ。

上杉家《うえすぎけ》をささえた 家老《かろう》

家紋《かもん》

出身地：越後国《えちごのくに》（現在《げんざい》の新潟県《にいがたけん》）
生没年《せいぼつねん》：1560〜1619年
性《せい》　格《かく》：誠実《せいじつ》で人情《にんじょう》にあつい

家康《いえやす》がもっとも恐《おそ》れた信濃《しなの》の武将《ぶしょう》

真田《さなだ》昌《まさ》幸《ゆき》

武田領《たけだりょう》をめぐり争《あらそ》う

真田昌幸《さなだまさゆき》は、**真田幸村**《さなだゆきむら》(▶210)の父。**武田信玄**《たけだしんげん》(▶148)に仕えていたが、武田《たけ》氏は織田《おだ》氏にほろぼされてしまう。旧武田領《きゅうたけだりょう》をめぐって、昌幸《まさゆき》は**徳川家康**《とくがわいえやす》(▶190)と対決する。7千の家康軍《いえやすぐん》を2千の軍《ぐん》で破《やぶ》り、世にその名をとどろかせた。

親子で敵味方《てきみかた》に分かれる

豊臣秀吉《とよとみひでよし》(▶168)の没後《ぼつご》、**石田三成**《いしだみつなり》(▶192)が家康《いえやす》に対抗《たいこう》して兵《へい》をあげたと聞いた昌幸《まさゆき》は、すぐさま三成《みつなり》に味方することに決めた。昌幸《まさゆき》と家《いえ》康《やす》はおたがいに何度も争《あらそ》った犬《けん》猿《えん》の仲《なか》だったからだ。しかし長男の信之《のぶゆき》(信幸《のぶゆき》)は家康《いえやす》の重臣《じゅうしん》・**本**《ほん》**多忠勝**《だただかつ》(▶205)の娘《むすめ》と結婚《けっこん》しており、家康側《いえやすがわ》につくしかなかった。

このような事情《じじょう》から、**関ヶ原**《せきがはら》**の戦**《たたか》**い**では昌幸《まさゆき》・幸村《ゆきむら》は三成側《みつなりがわ》(西軍《せいぐん》)に、信之《のぶゆき》(信幸《のぶゆき》)は家康側《いえやすがわ》(東軍《とうぐん》)に分かれて参戦《さんせん》することになった。戦《たたか》いは西軍《せいぐん》が敗北《はいぼく》したため、昌幸《まさゆき》と幸村《ゆきむら》は高野山《こうやさん》のふもとの九度山《くどやま》(現在《げんざい》の和歌山県《わかやまけん》)へ流罪《るざい》となり、昌幸《まさゆき》は故郷《こきょう》の信濃《しなの》へもどることなく65歳《さい》で病死した。

家康《いえやす》**がライバルと認**《みと》**めた武将**《ぶしょう》

出身地：信濃国《しなののくに》(現在《げんざい》の長野県《ながのけん》)
生没年《せいぼつねん》：1547～1611年
特技《とくぎ》：計略《けいりゃく》を立てること

家紋《かもん》

秀吉《ひでよし》にふりまわされた人生

秀秋《ひであき》は豊臣秀吉《とよとみひでよし》の妻《つま》・**おね**（▼170）の甥《おい》。秀吉《ひでよし》の養子《ようし》となって豊臣家《とよとみけ》の一員《いちいん》になる予定《よてい》だったが、**豊臣《とよとみ》秀頼《ひでより》**（▼214）が生まれたため小早川家《こばやかわけ》に養子《ようし》として出された。その後《ご》はかなり冷《つめ》たくあしらわれ、朝鮮《ちょうせん》出兵後《しゅっぺいご》、言いがかりをつけられて領地《りょうち》をへらされてしまう。秀秋《ひであき》が豊臣家《とよとみけ》にうらみをもったとしてもおかしくはない。

秀吉《ひでよし》が亡《な》くなったあと、**徳川家《とくがわいえ》康《やす》**（▼190）らのはからいで、秀秋《ひであき》の領《りょう》地《ち》はもとにもどされた。秀秋《ひであき》は領地《りょうち》の農民《のうみん》を大切にし、領民《りょうみん》からはしたわれていたという。

小《こ》早《ばや》川《かわ》秀《ひで》秋《あき》

西軍《せいぐん》を裏切《うらぎ》った小早川家《こばやかわけ》の養子《ようし》

家紋《かもん》

出身地：近江国《おうみのくに》（現在《げんざい》の滋賀県《しがけん》）
生没年《せいぼつねん》：1582～1602年
性格《せいかく》：気が弱い

関《せき》ヶ原《がはら》の戦《たたか》いのとき、秀秋《ひであき》はなりゆきで西軍《せいぐん》に入っていたが、恩《おん》のある家康《いえやす》に味方しようと考えていた。しかし合戦《かっせん》当日、秀秋《ひであき》はなかなか行動を起こさない。しびれをきらした家康《いえやす》に鉄砲《てっぽう》でおどされて、ようやく軍《ぐん》を動かしたともいわれる。秀秋《ひであき》の裏切《うらぎ》りが決定打《けっていだ》となり、戦《たたか》いは家康側《いえやすがわ》の勝利《しょうり》で終わった。2年後、秀秋《ひであき》は21歳《さい》で急死。**大谷吉継《おおたによしつぐ》**（▼194）の祟《たた》りともうわさされた。

命がけで敵軍《てきぐん》を突破《とっぱ》した猛将《もうしょう》

島《しま》津《づ》義《よし》弘《ひろ》

島津《しまづ》四兄弟の次男

出身地：薩摩国《さつまのくに》(現在《げんざい》の鹿児島県《かごしまけん》)

生没年《せいぼつねん》：1535〜1619年

性《せい》格《かく》：勇敢《ゆうかん》

家紋《かもん》

心ならずも西軍《せいぐん》に入る

島津家《しまづけ》の次男として生まれた**義弘**《よしひろ》は、兄が家を継《つ》ぐと補佐役《ほさやく》として島津家《しまづけ》をもりたて、九州各地《かくち》を転戦《てんせん》した。

その後《ご》、**豊臣秀吉**《とよとみひでよし》(▼168)の朝鮮出兵《ちょうせんしゅっぺい》などで手柄《てがら》を立て、「**鬼島津**《おにしまづ》」と恐《おそ》れられる。

関ケ原の戦い《せきがはらのたたかい》では、義弘《よしひろ》は**徳川家康**《とくがわいえやす》(▼190)の東軍《とうぐん》にくわわる予定だった。ところが手ちがいで東軍《とうぐん》に入れず、義弘《よしひろ》は心ならずも**石田三成**《いしだみつなり》(▼192)の西軍《せいぐん》に入り、戦《たたか》うことになる。

絶対《ぜったい》に生きてもどる！

関ケ原の戦い《せきがはらのたたかい》で西軍《せいぐん》の敗北《はいぼく》が決定的《けっていてき》になったとき、義弘軍《よしひろぐん》は1500人から300人にへっていた。一時は自害《じがい》を考えた義弘《よしひろ》だったが、「絶対《ぜったい》に薩摩《さつま》へ帰る」と決め、敵軍《てきぐん》に突撃《とつげき》して命がけで突破《とっぱ》。この退却戦《たいきゃくせん》は「**島津の退き口**《しまづののきぐち》」といわれ、後々《のちのち》まで語《かた》り継《つ》がれた。多《おお》くの犠牲者《ぎせいしゃ》を出しながらも追っ手をふりきり、生きて薩摩《さつま》へ帰った者はわずか80人ほどだったという。

東軍勝利《とうぐんしょうり》の影《かげ》の立役者《たてやくしゃ》

黒田長政《くろだながまさ》

福岡藩《ふくおかはん》の初代藩主《しょだいはんしゅ》

家紋《かもん》

出身地：**播磨国《はりまのくに》（現在《げんざい》の兵庫県《ひょうごけん》）**
生没年《せいぼつねん》：**1568～1623年**
性格《せいかく》：**石田三成《いしだみつなり》がきらい**

西軍《せいぐん》の裏切《うらぎ》りをさそう

黒田長政《くろだながまさ》は**黒田官兵衛《くろだかんべえ》**（▼172）の子。父親ゆずりの計略家《けいりゃくか》だった。

石田三成《いしだみつなり》（▼192）と対立し、にくんでいた長政《ながまさ》は、**豊臣秀吉《とよとみひでよし》**（▼168）の死後、早くから**徳川家康《とくがわいえやす》**（▼190）に接近《せっきん》する。三成《みつなり》が打倒家康《だとういえやす》の兵《へい》をあげると、三成側《みつなりがわ》についた武将《ぶしょう》に対してさかんに裏工作《うらこうさく》をしかけた。長政《ながまさ》は「三成《みつなり》を勝たせてなるものか」という執念《しゅうねん》を燃《も》やしつつ、**小《こ》早川秀秋《ばやかわひであき》**（▼201）や毛利《もうり》一族《いちぞく》の吉川広《きっかわひろ》家《いえ》に働《はたら》きかけ、裏切《うらぎ》らせることに成功《せいこう》する。**関ヶ原《せきがはら》の戦《たたか》い**当日は三成隊《みつなりたい》と直接対決《ちょくせつたいけつ》をし、三成《みつなり》の腹心《ふくしん》の猛将《もうしょう》・**島左近《しまさこん》**（▼196）に銃《じゅう》で重傷《じゅうしょう》を負《お》わせている。

このようなさまざまな働《はたら》きが認《みと》められ、長政《ながまさ》は福岡藩《ふくおかはん》（現在《げんざい》の福岡《ふくおか》県《けん》）52万石の初代藩主《しょだいはんしゅ》となった。

ひみつのエピソード　家康《いえやす》の養女《ようじょ》を妻《つま》に

長政《ながまさ》には糸姫《いとひめ》という妻《つま》がいた。しかし関ヶ原《せきがはら》の戦《たたか》いの直前、長政《ながまさ》は糸姫《いとひめ》と離婚《りこん》、代わりに家康《いえやす》の養女《ようじょ》・栄姫《えいひめ》と結婚《けっこん》する。糸姫《いとひめ》とのあいだに男子が生まれなかったためとも、長政《ながまさ》が家康《いえやす》とのつながりを強めたいと考えたためともいわれている。

福《ふく》島《しま》正《まさ》則《のり》

出身地：尾張国《おわりのくに》（現在《げんざい》の愛知県《あいちけん》）
生没年《せいぼつねん》：1561～1624年
家紋《かもん》

東軍《とうぐん》についた秀吉《ひでよし》のいとこ

福島正則《ふくしままさのり》は**豊臣秀吉《とよとみひでよし》**（▼168）のいとこで、少年時代から秀吉《ひでよし》に※小姓《こしょう》として仕えた。秀吉《ひでよし》の死後、**石田三成《いしだみつなり》**（▼192）と対立を深め、**黒田長政《くろだながまさ》**（▼203）や**加藤清正《かとうきよまさ》**らと石田三成襲撃事件《いしだみつなりしゅうげきじけん》を起こす。計画を察知《さっち》した三成《みつなり》はにげだし、**徳川家康《とくがわいえやす》**（▼190）が仲裁《ちゅうさい》に入って事件《じけん》はおさまった。**関ケ原《せきがはら》の戦《たたか》い**では、三成《みつなり》をたおすため家康《いえやす》側《がわ》（東軍《とうぐん》）につく。多くの犠牲《ぎせい》を出すも、東軍《とうぐん》のなかでもっとも勇敢《ゆうかん》に戦《たたか》い、勝利《しょうり》をもたらした。

※**小姓《こしょう》**：武将《ぶしょう》の身のまわりの世話《せわ》をする係

加《か》藤《とう》清《きよ》正《まさ》

出身地：尾張国《おわりのくに》（現在《げんざい》の愛知県《あいちけん》）
生没年《せいぼつねん》：1562～1611年
家紋《かもん》

東軍《とうぐん》として戦《たたか》うも豊臣家《とよとみけ》への恩《おん》も忘《わす》れず

加藤清正《かとうきよまさ》は**豊臣秀吉《とよとみひでよし》**の親《しん》せきで、少年時代から秀吉《ひでよし》の小姓《こしょう》となった。戦《いくさ》ではばつぐんの勇敢《ゆうかん》さで戦《たたか》い、領地《りょうち》の肥後《ひご》（現在《げんざい》の熊本県《くまもとけん》）では、農業《のうぎょう》や商業《しょうぎょう》をもりたて、洪水《こうずい》をふせぐ工事をするなど、よい政治《せいじ》を行《おこな》った。**関ケ原《せきがはら》の戦《たたか》い**では、九州で**黒田官兵衛《くろだかんべえ》**（▼172）とともに東軍《とうぐん》として戦《たたか》う。しかし豊臣家《とよとみけ》への恩《おん》も忘《わす》れず、家康《いえやす》と**豊臣秀頼《とよとみひでより》**（▼214）との会見を取りもつなど、両家の和解《わかい》に力をつくした。

本《ほん》多《だ》忠《ただ》勝《かつ》

出身地：三河国《みかわのくに》(現在《げんざい》の愛知県《あいちけん》)
生没年《せいぼつねん》：1548〜1610年
家紋《かもん》

無傷《むきず》で戦場《せんじょう》をかけぬけた名将《めいしょう》

本多忠勝《ほんだただかつ》は幼《おさな》いころから**徳川家康《とくがわいえやす》**(▼190)に仕え、「家《いえ》康《やす》に過《す》ぎたるもの」とよばれたほどの名将《めいしょう》で、※**徳川四《とくがわし》天王《てんのう》**のひとり。切れ味のするどい「**蜻蛉切《とんぼぎり》**」という名の6メートルもの大槍《おおやり》を愛用《あいよう》した。生涯《しょうがい》に57回もの合戦《かっせん》に参加《さんか》したが、かすり傷《きず》ひとつ負《お》わなかったという。**関ヶ原《せきがはら》の戦《たたか》い**でも、少ない手勢《てぜい》で大きな戦果《せんか》をあげた。**福島正則《ふくしままさのり》**にその采配《さいはい》を称賛《しょうさん》されると「敵《てき》が弱すぎたせいじゃ」と応《おう》じたという。

※**徳川四天王《とくがわしてんのう》**：徳川家康《とくがわいえやす》をささえた重臣《じゅうしん》のことで、酒井忠次《さかいただつぐ》、本多忠勝《ほんだただかつ》、榊原康政《さかきばらやすまさ》、井伊直政《いいなおまさ》をさす。

井《い》伊《い》直《なお》政《まさ》

出身地：遠江国《とおとうみのくに》(現在《げんざい》の静岡県《しずおかけん》)
生没年《せいぼつねん》：1561〜1602年
家紋《かもん》

徳川四天王《とくがわしてんのう》として活やく

井伊直政《いいなおまさ》は、**井伊直虎《いいなおとら》**(▼175)の養子《ようし》で、15歳《さい》から**徳川家康《とくがわいえやす》**(▼190)に仕えた。小柄《こがら》で少年のような顔つきだったが、赤いよろいを身につけた**井伊《いい》の赤《あか》備《そな》え**という強力な部隊《ぶたい》を率《ひき》いて戦《たたか》う姿《すがた》から「井伊《いい》の赤鬼《あかおに》」と恐《おそ》れられた。**関ヶ原《せきがはら》の戦《たたか》い**では、**福島《ふくしま》正則《まさのり》**が先鋒《せんぽう》(部隊《ぶたい》の先頭)と決まっていたのに、ぬけがけをして戦闘《せんとう》をはじめてしまう。**島津義弘《しまづよしひろ》**(▼202)を追って受けた傷《きず》がもとで亡《な》くなった。

主君を何度も変《か》えた、変《か》わり身の達人《たつじん》

藤《とう》堂《どう》高《たか》虎《とら》

秀吉《ひでよし》に才能《さいのう》を見こまれた武将《ぶしょう》

出身地：近江国《おうみのくに》（現在《げんざい》の滋賀県《しがけん》）
生没年《せいぼつねん》：1556〜1630年
性格《せいかく》：家臣《かしん》を大切にする

家紋《かもん》

主君を変《か》えながら力をつけた

高虎《たかとら》は浅井家《あざいけ》の家臣《かしん》の子として生まれた。身長190センチ、体重110キロもある大男だったという。

浅井氏《あざいし》がほろびると、何度も主君を変《か》えたあと**豊臣秀吉**《とよとみひでよし》（▼168）の弟・豊臣秀長《とよとみひでなが》に仕え、いくつもの合戦《かっせん》で活やくした。秀長《ひでなが》が亡《な》くなるとその甥《おい》の秀保《ひでやす》に仕える。秀保《ひでやす》が若《わか》くして亡《な》くなると、高虎《たかとら》は出家《しゅっけ》して高野山《こうやさん》に入る。しかしその才能《さいのう》を惜《お》しんだ秀吉《ひでよし》が還俗《げんぞく》※させ、伊予国《いよのくに》（現在《げんざい》の愛媛県《えひめけん》）に領地《りょうち》をあたえて大名《だいみょう》とした。秀吉《ひでよし》の死後は、**徳川家康**《とくがわいえやす》（▼190）に仕えた。

関《せき》**ヶ**《が》**原**《はら》**の戦**《たたか》**い**では、西軍《せいぐん》を裏《うら》切《ぎ》った**小早川秀秋**《こばやかわひであき》（▼201）とともに、**大谷吉継**《おおたによしつぐ》（▼194）の陣《じん》に攻《せ》めかかり自《じ》害《がい》に追いこんだ。高虎《たかとら》はそのときに大切な家臣《かしん》を多く失ったことを、くやんでいたという。

ひみつのエピソード　城づくりの名人

高虎《たかとら》は城をつくるのがとてもうまかった。そのため、家康《いえやす》は江戸城《えどじょう》などいくつもの城をつくらせた。高虎《たかとら》は宇和島城《うわじまじょう》（現在《げんざい》の愛媛県《えひめけん》）など自分の城をふくめ、生涯《しょうがい》に12もの城をつくったという。

※ **還俗**《げんぞく》：出家《しゅっけ》して僧《そう》や尼《あま》になった人が、ふつうの人にもどること

6章《しょう》 江《え》戸《ど》時代

主なできごと

17世紀《せいき》	1603年	徳川家康《とくがわいえやす》(▶190)が江戸幕府《えどばくふ》を開く
	1604年	お江《ごう》(▶216)が徳川家光《とくがわいえみつ》(▶217)を産《う》み、 春日局《かすがのつぼね》(▶218)が家光《いえみつ》の乳母《うば》に任命《にんめい》される
	1605年	徳川秀忠《とくがわひでただ》(▶215)が第２代将軍《しょうぐん》になる
	1607年	出雲阿国《いずものおくに》(▶224)が江戸城内《えどじょうない》で かぶき踊《おど》りを上演《じょうえん》
	1612年ごろ	宮本武蔵《みやもとむさし》(▶222)と佐々木小次郎《ささきこじろう》(▶223)が 決闘《けっとう》をする
	1614年	大坂冬《おおさかふゆ》の陣《じん》が起こる
	1615年	大坂夏《おおさかなつ》の陣《じん》で、真田幸村《さなだゆきむら》(▶210)が討《う》ち死《じ》に、 茶々《ちゃちゃ》(▶212)と豊臣秀頼《とよとみひでより》(▶214)が大坂城《おおさかじょう》で自害《じがい》
	1623年	徳川家光《とくがわいえみつ》が第３代将軍《しょうぐん》となる
	1634年	幕府《ばくふ》が長崎《ながさき》に出島《でじま》をつくり貿易《ぼうえき》を制限《せいげん》する
	1635年	参勤交代《さんきんこうたい》の制度《せいど》ができる
	1637年	天草四郎時貞《あまくさしろうときさだ》(▶225)を総大将《そうだいしょう》として 島原《しまばら》の乱《らん》が起こる
	1639年	鎖国《さこく》が完成《かんせい》する
	1657年	徳川光圀《とくがわみつくに》(▶228)が『大日本史《だいにほんし》』の 編《へん》さんをはじめる(～1906年)
18世紀《せいき》	1702年	大石内蔵助《おおいしくらのすけ》(▼231)らが吉良上野介《きらこうずけのすけ》(▶230)の 家に討《う》ち入る(赤穂事件《あこうじけん》)
	1716年	徳川吉宗《とくがわよしむね》(▶232)が第８代将軍《しょうぐん》となり 享保《きょうほう》の改革《かいかく》をすすめる
	1717年	大岡忠相《おおおかただすけ》(▶233)が江戸町奉行《えどまちぶぎょう》(南町)となる
	1776年	平賀源内《ひらがげんない》(▶234)がエレキテルを修理《しゅうり》する
	1792年	大黒屋光太夫《だいこくやこうだゆう》(▶243)がロシアから帰国
	1800年	伊能忠敬《いのうただたか》(▶236)が蝦夷地《えぞち》の測量《そくりょう》をはじめる
19世紀《せいき》	1804年	華岡加恵《はなおかかえ》(▶246)の協力《きょうりょく》により完成《かんせい》した 全身麻酔薬《ぜんしんますいやく》を使って手術《しゅじゅつ》が行《おこな》われる
	1808年	間宮林蔵《まみやりんぞう》(▶237)が間宮海峡《まみやかいきょう》を確認《かくにん》する
	1813年ごろ	井上伝《いのうえでん》(▶245)とからくり儀右衛門《ぎえもん》(▶244)が 協力《きょうりょく》して久留米絣《くるめがすり》の技法《ぎほう》を考える
	1814年	二宮尊徳《にのみやそんとく》(▶235)が小田原藩《おだわらはん》の 家老《かろう》の家の財政《ざいせい》を立て直す
	1823年ごろ	葛飾北斎《かつしかほくさい》(▶239)が「富嶽《ふがく》三十六景《けい》」の 制作《せいさく》をはじめる(～1833年ごろ)
	1827年	楠本《くすもと》イネ(▶241)が生まれる
	1828年	シーボルト(▶240)が日本から追放《ついほう》される
	1840年	遠山景元《とおやまかげもと》(▶248)が江戸町奉行《えどまちぶぎょう》(北町)となる このころ天保《てんぽう》の改革《かいかく》が行《おこな》われる
	1845年	遠山景元《とおやまかげもと》が江戸町奉行《えどまちぶぎょう》(南町)となる
	1851年	島津斉彬《しまづなりあきら》(▶247)が薩摩藩主《さつまはんしゅ》となる ジョン万次郎《まんじろう》(▶242)がアメリカから帰国

江《え》戸《ど》時代

どんな時代だったの?

江戸《えど》時代

260年もつづいた政権《せいけん》

1603年、**徳川家康**《とくがわいえやす》(▼190)が**江戸幕府**《えどばくふ》を開き、**江戸時代**《えどじだい》がはじまる。家康《いえやす》は、300人近い大名《だいみょう》を3つのグループに分けた。

①親藩《しんぱん》**…将軍家**《しょうぐんけ》**と血縁関係**《けつえんかんけい》**がある大名**《だいみょう》

②譜代大名《ふだいだいみょう》**…関ヶ原**《せきがはら》**の戦**《たたか》**い以前**《いぜん》**から徳川氏**《とくがわし》**に仕えていた大名**《だいみょう》

③外様大名《とざまだいみょう》**…関ヶ原**《せきがはら》**の戦**《たたか》**い前後に徳川氏**《とくがわし》**にしたがった大名**《だいみょう》

これらの大名《だいみょう》は将軍《しょうぐん》が任命《にんめい》し、領地《りょうち》(**藩**《はん》)を治《おさ》めさせた。幕府《ばくふ》自体《たい》も全国の4分の1にあたる広大な領地《りょうち》をもち、大きな都市《とし》や鉱山《こうざん》を支配《しはい》した。こうした将軍《しょうぐん》(幕府《ばくふ》)と大名《だいみょう》(藩《はん》)による支配体制《しはいたいせい》を、**幕藩体制**《ばくはんたいせい》という。

また、大名《だいみょう》の城はひとりにつきひとつとし、ほかの城は取りこわしてしまった(**一国一城令**《いっこくいちじょうれい》)。これにより、全国の城の数が調整《ちょうせい》され、幕府《ばくふ》が統治《とうち》しやすくなった。

第3代将軍《しょうぐん》・**徳川家光**《とくがわいえみつ》(▼217)の時代に、大名《だいみょう》を取りしまるための**武家諸法度**《ぶけしょはっと》を定める。そのなかには**参勤交代**《さんきんこうたい》(▼226)の制度《せいど》があり、大名《だいみょう》は1年おきに江戸《えど》と領地《りょうち》を行き来することになった。

戦国時代《せんごくじだい》と大きく変《か》わったのは、「士農工商《しのうこうしょう》」という身分制度《みぶんせいど》だった。農民《のうみん》は武士《ぶし》の次に身分《みぶん》が高く、これは武士《ぶし》の生活が農民《のうみん》のつくる米にささえられていたためだった。

マップ MAP 江戸《えど》時代の主な藩《はん》

主な藩《はん》のなかには、現在《げんざい》も地名として残《のこ》っているものがある。

徳川将軍家系図《とくがわしょうぐんかけいず》

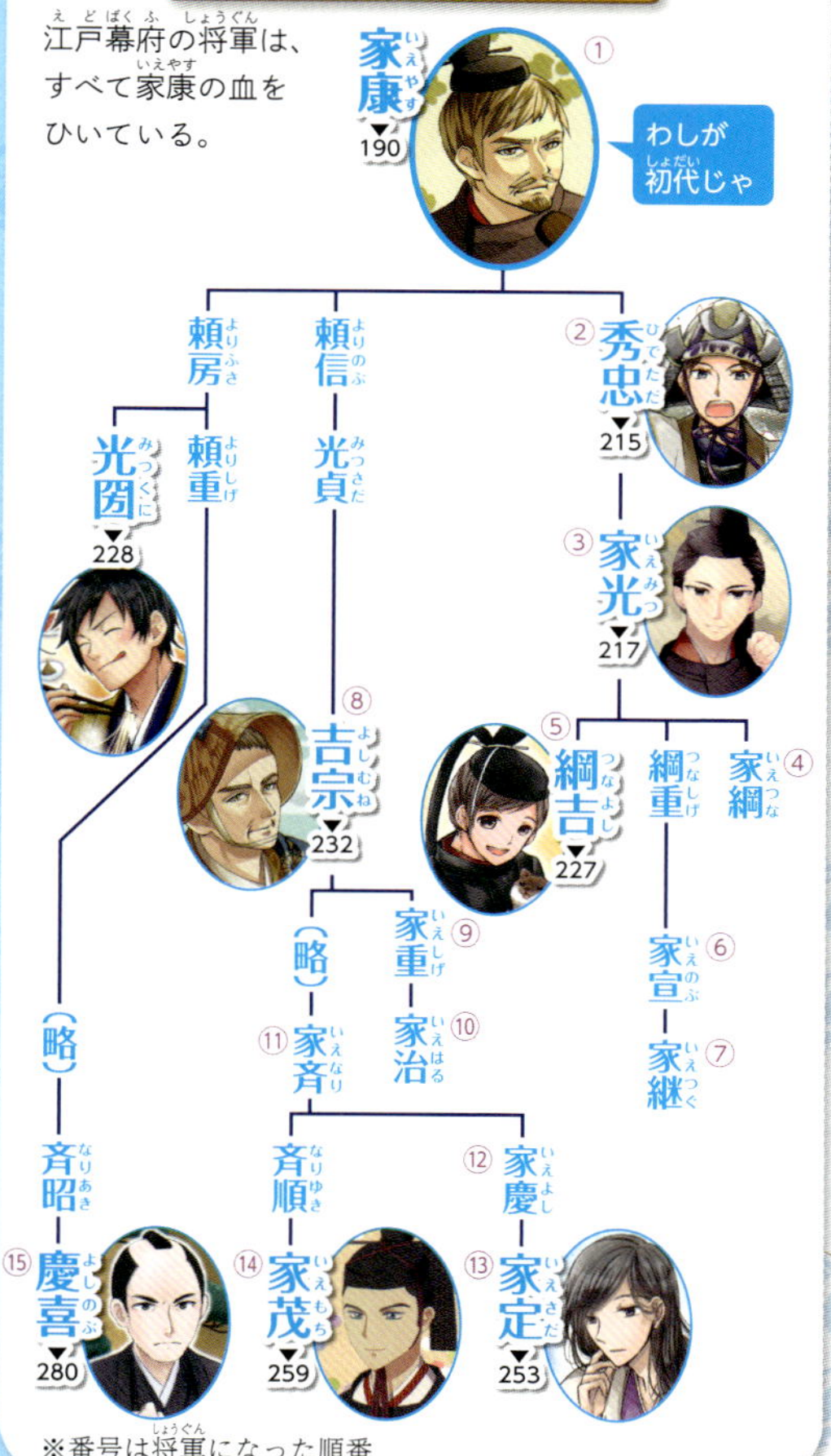

江戸幕府《えどばくふ》の将軍《しょうぐん》は、すべて家康《いえやす》の血をひいている。

※番号は将軍《しょうぐん》になった順番

外国人おことわり！

江戸《えど》時代にはキリスト教が広まり、信仰《しんこう》によって支配体制《しはいたいせい》がゆらぐことを恐《おそ》れた幕府《ばくふ》は、外国との貿易《ぼうえき》を制限《せいげん》する※**鎖国**《さこく》政策《せいさく》をとった。

そのため世界の進歩におくれをとることになったが、国内では戦乱《せんらん》のない平和な世がつづいた。能《のう》や**歌舞伎**《かぶき》などの芸能《げいのう》や、**浮世絵**《うきよえ》などの絵画、俳諧《はいかい》や川柳《せんりゅう》など、日本《にほん》独自《どくじ》の文化が育っていった。

子どもたちは**寺子屋**《てらこや》という学校へ通って、字の読み書きや計算（そろばん）などを習っていた。当時の外国とくらべると、識字率《しきじりつ》（字が読めること）が世界でナンバーワンだったという。

アイテム 食事が1日3回になった

江戸《えど》時代のなかごろから「1日3食」の習慣《しゅうかん》が広まった。人気のおかずは、きんぴらごぼうや煮豆《にまめ》、切り干し大根の煮物《にもの》などだった。魚は月に3回くらい食べることができたという。

※ **鎖国**《さこく》：外国との貿易《ぼうえき》を清《しん》（中国）とオランダ・李氏朝鮮《りしちょうせん》だけに制限《せいげん》した

真田《さなだ》幸《ゆき》村《むら》

家康《いえやす》をふるえあがらせた武将《ぶしょう》

家紋《かもん》

出身地：信濃国《しなののくに》（現在《げんざい》の長野県《ながのけん》）
生没年《せいぼつねん》：1567～1615年
性《せい》　格《かく》：もの静かでしんぼう強い

天下人《てんかびと》・秀吉《ひでよし》に愛《あい》された人質《ひとじち》

本名は信繁《のぶしげ》。父の**真田昌幸**《さなだまさゆき》(▼200)が**豊臣秀吉**《とよとみひでよし》(▼168)の家臣《かしん》になったとき、次男の**幸村**《ゆきむら》は「人質《ひとじち》」として秀吉《ひでよし》のもとにあずけられた。人質《ひとじち》とはいえ、幸村《ゆきむら》は秀吉《ひでよし》に気に入られ、幸村《ゆきむら》もその恩《おん》に報《むく》いようと誠心誠意《せいしんせいい》仕えたという。

少数の兵《へい》で徳川軍《とくがわぐん》を足止め

秀吉《ひでよし》の死後に起きた1600年の**関ケ原の戦い**《せきがはらのたたか》では、石田三成《いしだみつなり》側《がわ》(西軍《せいぐん》)についた。天下を取ろうとたくらむ**徳川家康**《とくがわいえやす》(▼190)率《ひき》いる東軍《とうぐん》約9万に対し、西軍《せいぐん》は約《やく》8万。幸村《ゆきむら》は勝つチャンスがあると考えていた。

幸村《ゆきむら》は真田家《さなだけ》の城である上田城《うえだじょう》(現在《げんざい》の長野県《ながのけん》)に父と立てこもり、関ケ原《せきがはら》にむかう**徳川秀忠**《とくがわひでただ》(▼215)の大軍《たいぐん》をむかえうった。3千ほどの兵《へい》で、3万8千もの大軍《たいぐん》を相手に戦《たたか》い、徳川秀忠軍《とくがわひでただぐん》を3日間足止めした。しかし関ケ原《せきがはら》の戦《たたか》いは家康側《いえやすがわ》の勝利《しょうり》に終わり、幸村《ゆきむら》は父とともに、紀伊国《きいのくに》(現在《げんざい》の和歌山県《わかやまけん》)の九度山《くどやま》へ流罪《るざい》となった。

家康《いえやす》に死を覚悟《かくご》させた猛攻撃《もうこうげき》

江戸幕府《えどばくふ》が開かれると豊臣家《とよとみけ》は一大名《いちだいみょう》に格下《かくさ》げとなり、徳川家《とくがわけ》と豊臣家《とよとみけ》の関係《かんけい》はだんだん悪化していった。

1614年、家康《いえやす》が**豊臣秀頼**《とよとみひでより》(▼214)を攻めると知らされた幸村《ゆきむら》は、九度山《くどやま》をぬけだして大坂城《おおさかじょう》へかけつけ、家康《いえやす》と対決した。**大坂冬の陣**《おおさかふゆのじん》では、大坂城《おおさかじょう》の南に築《きず》いた出城《でじろ》「真田丸《さなだまる》」で、徳川軍《とくがわぐん》をけちらした。翌年《よくとし》の**大坂夏の陣**《おおさかなつのじん》では、幸村《ゆきむら》は家康《いえやす》の首を取ろうと何度も突撃《とつげき》し、家康《いえやす》は絶望《ぜつぼう》のあまり切腹《せっぷく》しかけたほどであった。しかし家康《いえやす》を守る兵《へい》が多く、あと一歩のところで家康《いえやす》を討《う》ちとれず、力つきて戦死《せんし》した。

幸村《ゆきむら》の戦《たたか》いぶりは、徳川軍《とくがわぐん》の兵士《へいし》も「日本一《ひのもといち》の兵《つわもの》」とたたえたほど。戦乱《せんらん》の時代最後《さいご》の名将《めいしょう》として名を残《のこ》したのだった。

大坂城《おおさかじょう》と運命をともにした

茶《ちゃ》々《ちゃ》（淀《よど》殿《どの》）

豊臣家《とよとみけ》を守ろうとした秀吉《ひでよし》の側室《そくしつ》

出身地：近江国《おうみのくに》(現在《げんざい》の滋賀県《しがけん》)
生没年《せいぼつねん》：生年不明《ふめい》～1615年
性《せい》　格《かく》：心やさしい

親を死なせた男の側室《そくしつ》に

茶々《ちゃちゃ》の母は、美女と名高いお市《いち》の方《かた》(▼155)。背《せ》が高く、母ゆずりのたいへん美しい女性《じょせい》だった茶々《ちゃちゃ》は、1588年ごろ豊臣秀吉《とよとみひでよし》(▼168)の側室《そくしつ》※となった。秀吉《ひでよし》は、父の浅井《あざい》長《なが》政《まさ》(▼156)を戦《いくさ》で死なせ、さらに母と養父《ようふ》の柴田勝家《しばたかついえ》を攻《せ》め、自害《じがい》に追いこんだ男である。

にっくき親のかたきではあるが、茶々《ちゃちゃ》は運命を受け入れ、秀吉《ひでよし》の子・秀頼《ひでより》(▼214)を産《う》んだ。秀頼《ひでより》が6歳《さい》のときに秀吉《ひでよし》が亡《な》くなり、その後《ご》は「お袋《ふくろ》さま」とよばれて、秀頼《ひでより》の後見人《こうけんにん》として大坂城《おおさかじょう》の実権《じっけん》をにぎった。

威勢《いせい》はいいが 砲弾《ほうだん》はやっぱり恐《こわ》い

関ヶ原《せきがはら》の戦《たたか》い後《ご》、豊臣家《とよとみけ》は領地《りょうち》をへらされて大名《だいみょう》に格下《かくさ》げされる。茶々《ちゃちゃ》は徳川家康《とくがわいえやす》(▼190)の権力《けんりょく》が拡大《かくだい》していくことに腹《はら》を立てていた。家康《いえやす》は伯父《おじ》である織田信長《おだのぶなが》(▼152)の同盟《どうめい》相手だった大名《だいみょう》であり、信長《のぶなが》の死後は、夫《おっと》となった秀吉《ひでよし》の重臣《じゅうしん》だったからだ。

1605年、家康《いえやす》が豊臣家《とよとみけ》に「わが子・秀忠《ひでただ》の将軍就任《しょうぐんしゅうにん》を祝《いわ》うために、秀頼公《ひでよりこう》に京へ来てほしい」と申し入れると、茶々《ちゃちゃ》は「まるで臣下《しんか》のようなあつかいをして!」と怒《いか》りを爆発《ばくはつ》させて断固拒否《だんこきょひ》した。

江戸幕府《えどばくふ》と豊臣家《とよとみけ》の関係《かんけい》が悪化して起きた1614年の大坂冬《おおさかふゆ》の陣《じん》では、自《みずか》ら大坂城内《おおさかじょうない》の兵士《へいし》をはげましてまわったという。しかし威勢《いせい》はよかったが、城内《じょうない》に大砲《たいほう》が撃《う》ちこまれると恐怖《きょうふ》のあまり戦《いくさ》をやめるよう指示《しじ》を出した。

大坂城《おおさかじょう》の堀《ほり》を埋《う》めるという条件《じょうけん》で和睦《わぼく》したものの、半年後、家康《いえやす》が和平の約束《やくそく》を破《やぶ》ってふたたび大坂城《おおさかじょう》に攻《せ》めてきた(大坂夏《おおさかなつ》の陣《じん》)。真田幸村《さなだゆきむら》(▼210)をはじめ、みな懸命《けんめい》に戦《たたか》ったが、豊臣軍《とよとみぐん》は敗《やぶ》れた。降伏《こうふく》すれば命だけはたすかったかもしれなかったが、茶々《ちゃちゃ》は息子の秀頼《ひでより》とともに、豊臣家《とよとみけ》の誇《ほこ》りをもって大坂城内《おおさかじょうない》で自害《じがい》した。

※側室《そくしつ》:正妻《せいさい》ではない妻《つま》

豊《とよ》臣《とみ》秀《ひで》頼《より》

見かけは立派《りっぱ》だった貴公子《きこうし》

大坂城《おおさかじょう》に消えた秀吉《ひでよし》の息子

家紋《かもん》

出身地：摂津国《せっつのくに》（現在《げんざい》の大阪府《おおさかふ》）
生没年《せいぼつねん》：1593〜1615年
趣味《しゅみ》：武芸《ぶげい》

堂々《どうどう》たる体つきの若君《わかぎみ》

豊臣秀頼《とよとみひでより》は、身長約《やく》197センチ、体重約《やく》161キロという、当時としてはおどろくほど大きな体だった。武芸《ぶげい》も好《す》きで、よく練習をしていたという。

1611年に秀頼《ひでより》と二条城《にじょうじょう》（現在《げんざい》の京都府《きょうとふ》）で対面した**徳川家康《とくがわいえやす》**（▶190）は、秀頼《ひでより》の堂々《どうどう》とした若武者《わかむしゃ》ぶりにおどろき、そのカリスマ性《せい》を見ぬいて、豊臣家《とよとみけ》をほろぼすことを決意したともいわれている。

経験不足がまねいた死

秀頼《ひでより》は甘《あま》やかされて育てられたため、トップとしての統率力《とうそつりょく》が足りなかった。そのため、**大坂冬《おおさかふゆ》の陣《じん》**では大坂城内《おおさかじょうない》の武将《ぶしょう》たちをうまく統率《とうそつ》できなかった。

翌年《よくとし》の**大坂夏《おおさかなつ》の陣《じん》**では、**真田幸村《さなだゆきむら》**（▶210）から何度も「出撃《しゅつげき》してほしい」と言われたが、母の**茶々《ちゃちゃ》**（▶212）の反対にあい、ついに城を出ることはなかった。最期《さいご》は、大坂城《おおさかじょう》で母や家臣《かしん》たちとともに自害《じがい》した。秀頼《ひでより》の息子の国松《くにまつ》も捕《つか》まって殺《ころ》されたので、これにより豊臣家《とよとみけ》の血《ち》筋《すじ》はとだえた。

徳《とく》川《がわ》秀《ひで》忠《ただ》

合戦《かっせん》よりも政治《せいじ》が得意《とくい》だった

けっして平凡《へいぼん》ではなかった将軍

出身地：遠江国《とおとうみのくに》（現在《げんざい》の静岡県《しずおかけん》）
生没年《せいぼつねん》：1579〜1632年
性《せい》格《かく》：たまにおっちょこちょい

家紋《かもん》

父親の教えに忠実《ちゅうじつ》 頼《たよ》れる第2代将軍《しょうぐん》

秀忠《ひでただ》は27歳《さい》で**江戸幕府《えどばくふ》**第2代将《しょう》軍《ぐん》となった。幼《おさな》いころから思いやり、孝行心《こうこうしん》、礼儀《れいぎ》などをわきまえ、わがままも言わず、なにより父親の教えを忠実《ちゅうじつ》に守る、**徳川家《とくがわいえ》康《やす》**（▼190）にとっては頼《たよ》れるあと継《つ》ぎであった。

また、政治手腕《せいじしゅわん》もすぐれており、家康《いえやす》の死後、反乱《はんらん》しそうな**大名《だいみょう》**の領地《りょうち》をへらすなど、幕府《ばくふ》の権力強《けんりょくきょう》化《か》につとめた。45歳《さい》で将軍職《しょうぐんしょく》をゆずったあとも「大御所《おおごしょ》」として幕政《ばくせい》を取りしきった。

戦《いくさ》のセンスは、ゼロ

秀忠《ひでただ》は、「東海道《とうかいどう》でいちばん合《かっ》戦《せん》がうまい」と言われた家康《いえやす》の子でありながら、残念《ざんねん》ながら戦《いくさ》のセンスはなかった。**関《せき》ケ《が》原《はら》の戦《たたか》い**では、徳川軍《とくがわぐん》の主力部隊《しゅりょくぶたい》を率《ひき》いながら、真田《さなだ》親子の立てこもる上《うえ》田城《だじょう》を攻《せ》めあぐねたあげく、関《せき》ケ《が》原《はら》での本戦《ほんせん》に間に合わなかった。**大坂冬の陣《おおさかふゆのじん》**では、関《せき》ケ《が》原《はら》での失態《しったい》をばん回《かい》しようと行軍《こうぐん》を急がせたため、兵士《へいし》がつかれてしまって戦《たたか》うことができなかったという。

お江《ごう》

浅井《あざい》三姉妹の末《すえ》っ子《こ》

出身地：近江国《おうみのくに》（現在《げんざい》の滋賀県《しがけん》）
生没年《せいぼつねん》：1573～1626年
性格《せいかく》：浮気《うわき》は許《ゆる》さない

愛《あい》する人々の死をのりこえ

近江国《おうみのくに》（現在《げんざい》の滋賀県《しがけん》）の大名《だいみょう》・**浅井《あざい》長政《ながまさ》**（▼156）の三女に生まれた**お江《ごう》**は、3度の結婚《けっこん》をしている。最初《さいしょ》の夫《おっと》は織田信長《おだのぶなが》（▼152）の次男の家臣《かしん》・佐治一成《さじかずなり》で、2度目の夫《おっと》は豊臣秀《とよとみひで》吉《よし》（▼168）の甥《おい》・羽柴秀勝《はしばひでかつ》だった。いずれも政略結婚《せいりゃくけっこん》で、佐治《さじ》とはむりやり離婚《りこん》させられ、秀勝《ひでかつ》とは死別《しべつ》。また、父や母を戦《いくさ》で亡《な》くし、**大《おお》坂夏《さかなつ》の陣《じん》**で姉・**茶々《ちゃちゃ》**（▼212）を亡《な》くすなど過酷《かこく》な運命だったが、お江《ごう》はその悲しみをのりこえていった。

将軍《しょうぐん》の妻《つま》となる

3度目の結婚相手《けっこんあいて》は、徳川家《とくがわいえ》康《やす》の息子・**徳川秀忠《とくがわひでただ》**（▼215）。お江《ごう》は将軍《しょうぐん》の**御台所《みだいどころ》**（妻《つま》）となったのだ。お江《ごう》の産んだ**家光《いえみつ》**は、のちに第3代将軍《しょうぐん》となる。江戸幕府《えどばくふ》の長い歴《れき》史《し》のなかで、将軍《しょうぐん》の生母《せいぼ》となった御台所《みだいどころ》はお江《ごう》だけであった。

お江《ごう》と秀忠《ひでただ》とは仲《なか》がよく、7人の子どもをもうけた。お江《ごう》は秀忠《ひでただ》が側室《そくしつ》をもつことを許《ゆる》さなかった。秀忠《ひでただ》は一度だけ女中《じょちゅう》に子どもを産《う》ませたが、お江《ごう》の怒《いか》りを恐《おそ》れ、すぐに養子《ようし》に出してしまった。

参勤交代《さんきんこうたい》を定めた「生まれながらの将軍《しょうぐん》」

徳《とく》川《がわ》家《いえ》光《みつ》

江戸幕府《えどばくふ》の基礎《きそ》をかためた将軍《しょうぐん》

出身地：江戸《えど》（現在《げんざい》の東京都《とうきょうと》）
生没年《せいぼつねん》：1604～1651年
趣味《しゅみ》：馬に乗っての遠乗り

自分の短所を見つめ新しい制度《せいど》を考え出す

江戸《えど》幕府《ばくふ》第3代将軍《しょうぐん》・**家光《いえみつ》**は、生まれつきからだが弱く、ことあるごとに寝《ね》こんでいた。家光《いえみつ》は病《やまい》に苦しみつつも、冷静《れいせい》に自身を見つめ、「将軍《しょうぐん》に健康不安《けんこうふあん》などの問題がある場合でも、政治《せいじ》がとどこおらない方法《ほうほう》はないだろうか?」と真剣《しんけん》に考えていた。

家光《いえみつ》が思いついたのは、将軍《しょうぐん》の下に「**大老《たいろう》**」「**老中《ろうじゅう》**」という役職《やくしょく》をつくり、政務《せいむ》を担当《たんとう》させることだった。これにより、幕府《ばくふ》は将《しょう》軍《ぐん》の能力《のうりょく》に関係《かんけい》なく、政治《せいじ》を行《おこな》えるようになった。また、各地《かくち》の大名《だいみょう》の力を弱めるため、**参勤交《さんきんこう》代《たい》**（▼226）の制度《せいど》をつくって、大名《だいみょう》は1年おきに領地《りょうち》と江戸《えど》を行ったり来たりするようにした。

男好《ず》きな将軍《しょうぐん》

家光《いえみつ》は女性《じょせい》よりも男性《だんせい》が好《す》きだったため妻《つま》と仲《なか》が悪く、なかなか子どもができなかった。このままではあと継《つ》ぎができないと心配した乳母《うば》※の**春日局《かすがのつぼね》**（▼218）は家光《いえみつ》が好《この》みそうな女性《じょせい》を探《さが》して**大奥《おおおく》**（▼220）に集め、無事《ぶじ》にあと継《つ》ぎが誕生《たんじょう》した。

※乳母《うば》：実母《じつぼ》の代わりに子どもを育てる女性《じょせい》

家光《いえみつ》に生涯《しょうがい》をささげた乳母《うば》

春日《かすがの》局《つぼね》

大奥《おおおく》をつくった家光《いえみつ》の乳母《うば》

出身地：不明《ふめい》
生没年《せいぼつねん》：1579～1643年
特　技《とくぎ》：家光好《いえみつごの》みの女性《じょせい》を見つける

大御所《おおごしょ》家康《いえやす》に直談判《じかだんぱん》

本名は斎藤福《さいとうふく》。1604年、**徳《とく》川秀忠《がわひでただ》**(▼215)の息子・**家光《いえみつ》**(▼217)の乳《う》母《ば》となる。病弱で内気な家光《いえみつ》を、実の子のようにかわいがって育てた。家光《いえみつ》は好《す》ききらいが多く、食事をさせるのに苦労《くろう》したという。

秀忠《ひでただ》夫妻《ふさい》が次男の忠長《ただなが》ばかりをかわいがっていたため「将軍《しょうぐん》は忠長《ただなが》が継《つ》ぐ」とのうわさが立った。それを聞いた**春日局《かすがのつぼね》**は、家光《いえみつ》を思うあまり、大御所《おおごしょ》・**徳川家康《とくがわいえやす》**(▼190)のもとにひとりでおもむいた。そして「弟が兄をさしおいて将軍《しょうぐん》になったら、天下が乱《みだ》れるもとになります。将軍家《しょうぐんけ》が見本をしめさねばなりません」とうったえた。家康《いえやす》も納得《なっとく》して、あと継《つ》ぎを家光《いえみつ》に決めたという。

家光《いえみつ》の関心を女性《じょせい》にむけさせる

春日局《かすがのつぼね》がとくに心配したのは、家光《いえみつ》が女性《じょせい》よりも男性《だんせい》を好《この》むことだった。それは将軍《しょうぐん》になっても変《か》わらず、妻《つま》をむかえても、30歳《さい》をすぎても、女性《じょせい》に興味《きょうみ》をしめさなかった。

男性《だんせい》が男性《だんせい》を好《この》む「**衆道《しゅうどう》**」そのものは、当時の武士《ぶし》としてはふつうのことだったので問題視《もんだいし》されなかったが、世継《よつ》ぎが生まれない点は大問題だった。

そこで春日局《かすがのつぼね》は、養女《ようじょ》のお振《ふり》を**大奥《おおおく》**(▼220)によびよせた。お振《ふり》はボーイッシュな美少女で、立《た》ち居《い》ふるまい、スタイル、会話術《かいわじゅつ》などすべての面において、家光好《いえみつごの》みに訓練《くんれん》されていた。春日局《かすがのつぼね》が徳《とく》川家《がわけ》のために用意しておいた少女だった。

ねらいはみごと的中《てきちゅう》し、お振《ふり》は家光《いえみつ》の娘《むすめ》を産《う》む。これをきっかけに、家光《いえみつ》は女性《じょせい》に興味《きょうみ》をもつようになり、無事《ぶじ》に世継《よつ》ぎが生まれたのだった。

その後《ご》も、春日局《かすがのつぼね》は家光《いえみつ》の側《そく》室《しつ》を探《さが》しつづけた。そして大奥《おおおく》の基礎《きそ》を築《きず》いて幕政《ばくせい》の安定化《あんていか》をはかった。つねに愛《あい》する家光《いえみつ》のために働《はたら》き、65歳《さい》で亡《な》くなった。

コラム

大奥《おおおく》って何をするところ？

江戸《えど》時代に実在《じつざい》した「大奥《おおおく》」は春日局《かすがのつぼね》がしくみをととのえたといわれている。

Q1 いつからあったの？

家康様《いえやすさま》のころからありましたよ。でもそのころは大奥《おおおく》だけが分かれてはいませんでした。秀忠様《ひでただざま》のときに、大奥《おおおく》が独立《どくりつ》しました。

Q2 何をしていたの？

大奥《おおおく》には、将軍《しょうぐん》の妻《つま》や子どもたちが住んでいました。その生活をささえる、たくさんの女中たちがいたんですよ。食事をつくったり、着物を仕立《した》てたり、手紙を書いたり、たくさんの仕事がありました。

Q3 どんな人がいたの？

将軍《しょうぐん》の正室《せいしつ》(妻《つま》)である御台所様《みだいどころさま》をトップとして、いろいろな役《やく》職《しょく》の人が、多いときには千人以《い》上《じょう》いました。代表的《だいひょうてき》な役職《やくしょく》を紹《しょう》介《かい》しますね。

Q4 どこにあったの？

江戸城《えどじょう》の中にありました。将軍《しょうぐん》が政務《せいむ》をとる「表」とは、たった1本のろうかでつながっていたんです。将軍《しょうぐん》も、そのろうかからしか入ることができなかったのです。

将軍《しょうぐん》の正室《せいしつ》。大奥《おおおく》の女主人。基本的《きほんてき》に公家《くげ》や天皇家《てんのうけ》出身の女性《じょせい》。

大奥《おおおく》の仕事を仕切るナンバー2。江戸幕府《えどばくふ》の「老中《ろうじゅう》」にあたる。

将軍《しょうぐん》・御台所《みだいどころ》のお世話係。将軍《しょうぐん》の側室《そくしつ》は御中《おちゅう》﨟《ろう》から選《えら》ばれた。

御台所《みだいどころ》の小間使い。7～16歳《さい》くらいの少女が多かった。

日記から書類《しょるい》にいたるまでのすべての文書を書く係。

大奥《おおおく》の出入り口のカギを管理《かんり》する係。とても大切な役目だった。

Q5 大奥《おおおく》の1日を教えて？

本当は秘密《ひみつ》なのですが…。特別《とくべつ》に御台所様《みだいどころさま》の1日の様子をお教えしましょう。左に、一般的《いっぱんてき》な1日の例《れい》をあげましたので見てください。食事は1日3回、着《き》替《が》えは1日に5回もあったんですよ。

御台所《みだいどころ》の1日

午前7時 起床《きしょう》

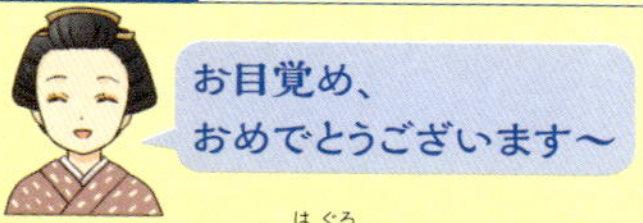
お目覚め、
おめでとうございます～

歯みがきをして、お歯黒《はぐろ》をつける。お風呂《ふろ》に入って着替《きか》える（1回目）。

午前8時 朝食

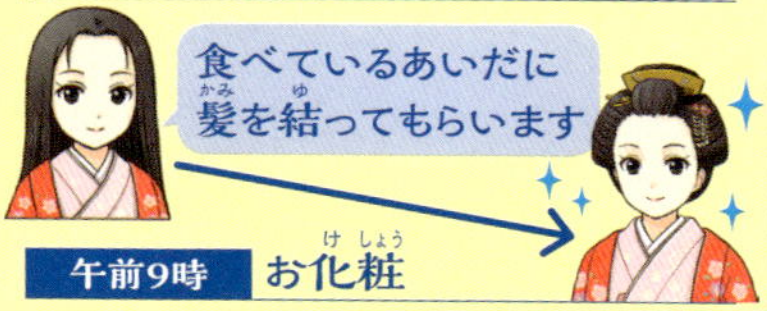
食べているあいだに
髪《かみ》を結《ゆ》ってもらいます

午前9時 お化粧《けしょう》

お化粧《けしょう》のあと、正装《せいそう》に着替《きか》える（2回目）。

午前10時 将軍《しょうぐん》が大奥《おおおく》に来る

将軍《しょうぐん》は大奥《おおおく》にある仏間《ぶつま》に参拝《さんぱい》し、御台所《みだいどころ》にあいさつをする。

午前10時半 朝の総触《そうぶ》れ

将軍《しょうぐん》に会える身分の女中たちがずらりとならんで将軍《しょうぐん》と御台所《みだいどころ》にあいさつをする。これが終わると将軍《しょうぐん》が帰り、御台所《みだいどころ》はふだん着に着《き》替《か》える（3回目）。

正午 昼食

昼食のあとは自由時間。和歌を詠《よ》んだり、カルタで遊んだりした。

午後2時 将軍《しょうぐん》とおやつタイム

こんぺいとうなどを食べる。将軍《しょうぐん》が来られない日は、自由時間。将軍《しょうぐん》が帰ったら着替《きか》える（4回目）。

午後6時 夕食

夕食後は自由時間。

午後8時 夜の総触《そうぶ》れ

将軍《しょうぐん》の夜のお相手を選《えら》ぶ。

午後9時 就寝《しゅうしん》

ねまきに着替《きか》える（5回目）。

Q6 どんなきまりがあったの？

大奥《おおおく》のきまりは5つだけ。でも、絶対《ぜったい》に守らないといけないきびしいきまりでした。

一、女であっても、外部の者が許可《きょか》なく出入りをしてはならない

一、午後6時すぎの出入りは禁止《きんし》。大急ぎで走って帰ってきたとしても追いかえす

一、監督責任者《かんとくせきにんしゃ》は1日ごとに交代で大奥《おおおく》に詰《つ》め、決まりを破《やぶ》った者がいたらすぐに報告《ほうこく》すること。かくしたら厳罰《げんばつ》をあたえる

一、大奥《おおおく》を修理《しゅうり》したりそうじしたりするときは、監督責任者《かんとくせきにんしゃ》が立ち合うこと

一、大奥《おおおく》には、男は入ってはならない

生涯無敗《しょうがいむはい》だった孤高《ここう》の剣豪《けんごう》

宮《みや》本《もと》武蔵《むさし》

二刀流「二天一流《にてんいちりゅう》」の創始者《そうししゃ》

出身地：**播磨国《はりまのくに》(現在《げんざい》の兵庫県《ひょうごけん》)**
生没年《せいぼつねん》：**1584年ごろ～1645年**
特《とく》　技《ぎ》：**剣術《けんじゅつ》**

二刀流を考案《こうあん》し佐々木小次郎《ささきこじろう》と決闘《けっとう》

剣術家《けんじゅつか》の家に生まれた武蔵《むさし》は、関《せき》ケ原《がはら》の戦《たたか》いのあと、剣《けん》の腕《うで》をみがくため、武者修行《むしゃしゅぎょう》の旅に出た。180センチの長身で力も強かったことから、両手で剣《けん》を使う**二刀流《にとうりゅう》**の剣術《けんじゅつ》「二天一流《にてんいちりゅう》」を開く。生涯《しょうがい》に60回以上《いじょう》の決闘《けっとう》を行《おこな》い、1度も負けたことがなかった。数ある決闘《けっとう》のなかでもっとも有名なのは、**佐々木小次郎《ささきこじろう》**との**巌流島《がんりゅうじま》**(現在《げんざい》の山口県下関市《やまぐちけんしものせきし》)での決闘《けっとう》だ。

このとき、「武蔵《むさし》が小次郎《こじろう》の心を乱《みだ》して勝負を有利《ゆうり》にするため、約束《やくそく》の時間にわざとおくれた」といわれているが、これはつくり話《ばなし》。武蔵《むさし》はきちんと約束《やくそく》の時間にやってきて、小次郎《こじろう》相手に正々堂々《せいせいどうどう》と立ち合い、一撃《いちげき》でたおしている。

文武両道《ぶんぶりょうどう》にすぐれていた

武蔵《むさし》は剣術一筋《けんじゅつひとすじ》の人物でなく、書画《しょが》にすぐれた文化人でもあった。あちこちの大名《だいみょう》や幕府《ばくふ》おかかえの学者と交流をもつなど、交流関係《かんけい》も広かった。晩年《ばんねん》に自分の兵法《へいほう》の極意《ごくい》を書いた『**五輪書《ごりんのしょ》**』は、現在《げんざい》も読み継《つ》がれている。

巌流島《がんりゅうじま》で武蔵《むさし》と決闘《けっとう》

小次郎《こじろう》は**宮本武蔵《みやもとむさし》**との**巌流島《がんりゅうじま》**の決闘《けっとう》で知られる剣術家《けんじゅつか》。諸国《しょこく》を武《む》者修行《しゃしゅぎょう》して秘剣《ひけん》「**燕返《つばめがえ》し**」をあみだす。「巌流《がんりゅう》」という剣術《けんじゅつ》の流派《りゅうは》を開き、小倉藩《こくらはん》（現在《げんざい》の福岡県《ふくおかけん》）の剣術《けんじゅつ》指南《しなん》役《やく》になったといわれている。

決闘《けっとう》当日、巌流島《がんりゅうじま》へわたる途中《とちゅう》、船頭《せんどう》が「島には武蔵《むさし》の弟子《でし》が多数待ちかまえています。生きて島から出られないからおにげなさい」とすすめたが、小次郎《こじろう》は「約束《やくそく》をやぶるわけにはいかない。生きて島から帰るつもりもない」と返事して巌流島《がんりゅうじま》に降《お》り立った。「物干《ものほ》し竿《ざお》」とよばれる3尺《じゃく》（約《やく》1メートル）の刀を手に武蔵《むさし》と立ち合うも、武蔵《むさし》の一撃《いちげき》でたおされた。

出身地も生まれた年も不明《ふめい》

小次郎《こじろう》の出身地は、福井県福井《ふくいけんふくい》市《し》、滋賀県近江八幡市《しがけんおうみはちまんし》など8つも説《せつ》がある。年齢《ねんれい》も決闘《けっとう》のとき18歳《さい》だった、流派《りゅうは》を開いたときが18歳《さい》だった、などの説《せつ》がある。名字《みょうじ》が本当に「佐々木《ささき》」だったかもわからない、謎《なぞ》だらけの剣豪《けんごう》なのだ。

佐々木小次郎《ささきこじろう》

武蔵《むさし》と決闘《けっとう》して敗《やぶ》れた剣術家《けんじゅつか》

出身地	不明《ふめい》
生没年《せいぼつねん》	生年不明《ふめい》～1612年
必殺技《ひっさつわざ》	燕返《つばめがえ》し

かぶき者をヒントに「かぶき踊《おど》り」をあみだす

阿国《おくに》は「ややこ踊《おど》り」という、少女のしぐさをもとにした踊《おど》りが得《とく》意《い》な踊《おど》り手だった。

江戸《えど》時代の初《はじ》めごろ、京などの大都市に「かぶき者」とよばれる人々がいた。ド派手《はで》なかっこうで奇抜《きばつ》なことをすることが、当時の流行《はや》りであった。阿国《おくに》はこのかぶき者をヒントに、「**かぶき踊《おど》り**」を考えだした。それは派手《はで》な衣装《いしょう》で男装《だんそう》し、かぶき者が茶屋《ちゃや》の女とたわむれる様子を舞《ま》うものだった。

前代未聞《ぜんだいみもん》の踊《おど》りは、たちまち京で大評判《だいひょうばん》となった。とくに徳《とく》川家康《がわいえやす》(▼190)の次男・結城秀康《ゆうきひでやす》は「天下一の女」と阿国《おくに》を絶賛《ぜっさん》した。1607年には秀康《ひでやす》の紹介《しょうかい》により江戸城内《えどじょうない》で上演《じょうえん》したというが、その後《ご》、阿国《おくに》がどうなったかは伝《つた》わっていない。

阿国《おくに》の考えた「かぶき踊《おど》り」は、いろいろと形を変《か》えながら受け継《つ》がれていき、現在《げんざい》の**歌舞伎《かぶき》**のもととなった。流行《はや》りのかぶき者から「かぶき踊《おど》り」を考えだした阿国《おくに》は、人気ナンバーワンの女性《じょせい》エンターテイナーであった。

出雲《いずもの》阿《お》国《くに》

「かぶき踊《おど》り」をはじめた芸能者《げいのうしゃ》

出身地：出雲国《いずものくに》(現在《げんざい》の島根県《しまねけん》)
生没年《せいぼつねん》：不明《ふめい》
特技《とくぎ》：踊《おど》り

島原《しまばら》の乱《らん》に散った若《わか》き命

天《あま》草《くさ》四《し》郎《ろう》時《とき》貞《さだ》

反乱軍《はんらんぐん》の総大将《そうだいしょう》
出身地：肥後国《ひごのくに》（現在《げんざい》の熊本県《くまもとけん》）
生没年《せいぼつねん》：1623ごろ～1638年
特《とく》技《ぎ》：奇跡《きせき》を起こす

島原《しまばら》の乱《らん》を率《ひき》いたキリシタンの少年

1637年、九州《きゅうしゅう》の島原《しまばら》（現在《げんざい》の長崎県《ながさきけん》）で**島原《しまばら》の乱《らん》**が起きた。重い年貢《ねんぐ》に苦しんでいた農民《のうみん》と、弾圧《だんあつ》されていた**キリシタン**（キリスト教徒《きょうと》）が手を結《むす》び、領主《りょうしゅ》に対して反乱《はんらん》を起こしたのだ。

この反乱軍《はんらんぐん》の総大将《そうだいしょう》となった美少年が、天草四郎《あまくさしろう》だった。乱《らん》に先立つ25年前、「これより25年後、16歳《さい》の天童《てんどう》※がこの地にあらわれて、パライゾ（天国）をつくるだろう」との予言《よげん》があり、四郎《しろう》こそ予言《よげん》の天童《てんどう》だと信じられていたからだ。四郎《しろう》には「水の上を歩いた」「盲目《もうもく》の少女の目を治《なお》した」などの伝説《でんせつ》がある。心やさしい四郎《しろう》は自身のもとに集った人々を見すてることなく、ともに原城《はらじょう》（現在《げんざい》の長崎県《ながさきけん》）に立てこもって戦《たたか》った。戦《たたか》いは約《やく》4か月におよび、反乱軍《はんらんぐん》は全滅《ぜんめつ》、四郎《しろう》も運命をともにしたのだった。

アイテム 反乱軍《はんらんぐん》がかかげた旗《はた》

原城内《はらじょうない》にかかげられていた旗《はた》。
（天草市立天草キリシタン館所蔵）

※ **天童《てんどう》**：神や天人が子どもの姿《すがた》になって地上にあらわれたもの

コラム

参勤交代《さんきんこうたい》って？

徳川家光《とくがわいえみつ》の時代に定められた参勤交代《さんきんこうたい》は、大名《だいみょう》が1年おきに自分の領地《りょうち》と江戸《えど》を行ったり来たりする制度《せいど》。大名《だいみょう》の石高《こくだか》（収入《しゅうにゅう》）に合わせた人数をそろえるため、とてもお金がかかった。

妻《つま》と子は江戸《えど》に

参勤交代《さんきんこうたい》は、江戸幕府《えどばくふ》と大名《だいみょう》の主従《しゅじゅう》関係《かんけい》を明確《めいかく》にするための制度《せいど》で、大きくふたつのきまりがあった。

①大名《だいみょう》は原則《げんそく》として1年おきに領地《りょうち》と江戸《えど》を行き来すること

②妻子《さいし》は人質《ひとじち》として江戸《えど》に住《す》むこと

つまり、大名《だいみょう》は領地《りょうち》と江戸《えど》にそれぞれ家があり、妻子《さいし》と暮《く》らせるのは江戸《えど》にいるときだけ。往復《おうふく》の**大名行列《だいみょうぎょうれつ》**にかかる費用《ひよう》や江戸《えど》での生活費《せいかつひ》など、すべて大名《だいみょう》がまかなわなくてはならなかった。幕府《ばくふ》はこうして大名《だいみょう》にお金を使わせてたくわえをへらし、反乱《はんらん》をふせいでいたのだ。

参勤交代《さんきんこうたい》のしくみ

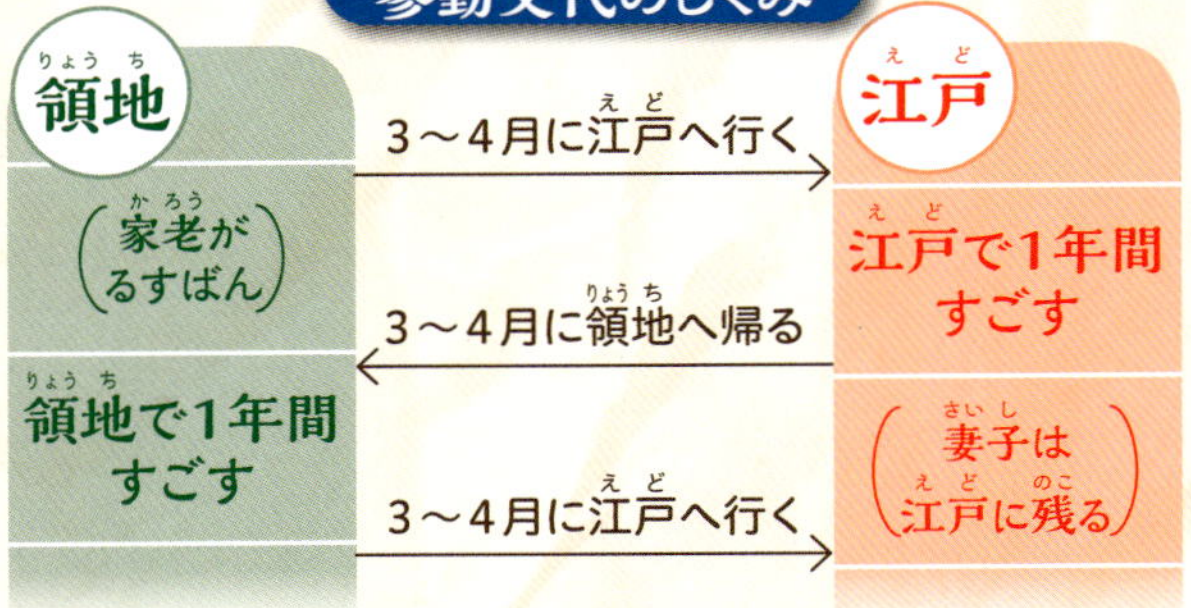

大名《だいみょう》がいないあいだ、領地《りょうち》では「国家老《くにがろう》」が、江戸屋敷《えどやしき》では「江戸家老《えどがろう》」が大名《だいみょう》のるすを守っていた。

道や町が整備《せいび》された

参勤交代《さんきんこうたい》は、藩《はん》にとっては負担《ふたん》の大きい制度《せいど》だったが、よいこともあった。大名行列《だいみょうぎょうれつ》の人数は、少ない藩《はん》で300人、多い藩《はん》では数千人にもなった。移動《いどう》にかかる日数は、近い藩《はん》で数日、もっとも遠い薩摩藩《さつまはん》（現在《げんざい》の鹿児島《かごしま》県《けん》）は2か月近くかかった。また、決められた日までに江戸《えど》に着かなくてはならなかったので、各藩《かくはん》は道や橋を整《せい》備《び》し、行列《ぎょうれつ》がスムーズに通れるようにした。街道《かいどう》ぞいの、大名《だいみょう》が宿泊《しゅくはく》する宿《しゅく》場《ば》町《まち》が栄《さか》え、江戸《えど》の文化が各地《かくち》へ伝《つた》えられたり、反対に各地《かくち》の文化が江戸《えど》に伝《つた》わったりした。

命の大切さを伝《つた》えたかった

徳《とく》川《がわ》綱《つな》吉《よし》

「犬公方《いぬくぼう》」とよばれた第５代将軍《しょうぐん》

出身地：江戸《えど》（現在《げんざい》の東京都《とうきょうと》）
生没年《せいぼつねん》：1646～1709年
好《す》きなもの：犬

人間も動物も大切に

徳川綱吉《とくがわつなよし》は、**徳川家光《とくがわいえみつ》**（▼217）の四男。35歳《さい》で第5代将軍《しょうぐん》になると、領地《りょうち》の治《おさ》め方が悪い大名《だいみょう》をクビにするなど、政治改革《せいじかいかく》を行《おこな》う。不正《ふせい》を許《ゆる》さず、能力《のうりょく》のあるものを出世させていった。

綱吉《つなよし》が将軍《しょうぐん》になったころは戦乱《せんらん》がなくなり、力をもてあました武士《ぶし》が人を斬《き》ったり、犬を殺《ころ》して食べたりすることがあった。そこで

綱吉《つなよし》は**生類憐《しょうるいあわれ》みの令《れい》**を出し、殺生《せっしょう》をいましめた。この法令《ほうれい》は「生き物を大切にしよう」という意味で出されたが、人々の楽しみをうばうことになり、不満《ふまん》がふくらんだ。

ひみつのエピソード

何度も出された「生類憐《しょうるいあわれ》みの令《れい》」

1685年	将軍《しょうぐん》の前で、犬ねこをつながなくてもよい
1687年	病人や子ども、牛馬をすててはいけない
1689年	田畑を荒《あ》らすけものは、銃《じゅう》でおどかしてもよい
1691年	動物に芸《げい》を覚えさせて見せ物にしてはいけない
1693年	遊びで釣《つ》りをしてはいけない
1694年	犬をきずつけた者は捕《つか》まえること

「生類憐《しょうるいあわれ》みの令《れい》」は、なかなか守られなかったので、具体《ぐたい》的《てき》なきまりが次々と出されていった。決まりを破《やぶ》ったものは、切腹《せっぷく》や島流しにされたという。

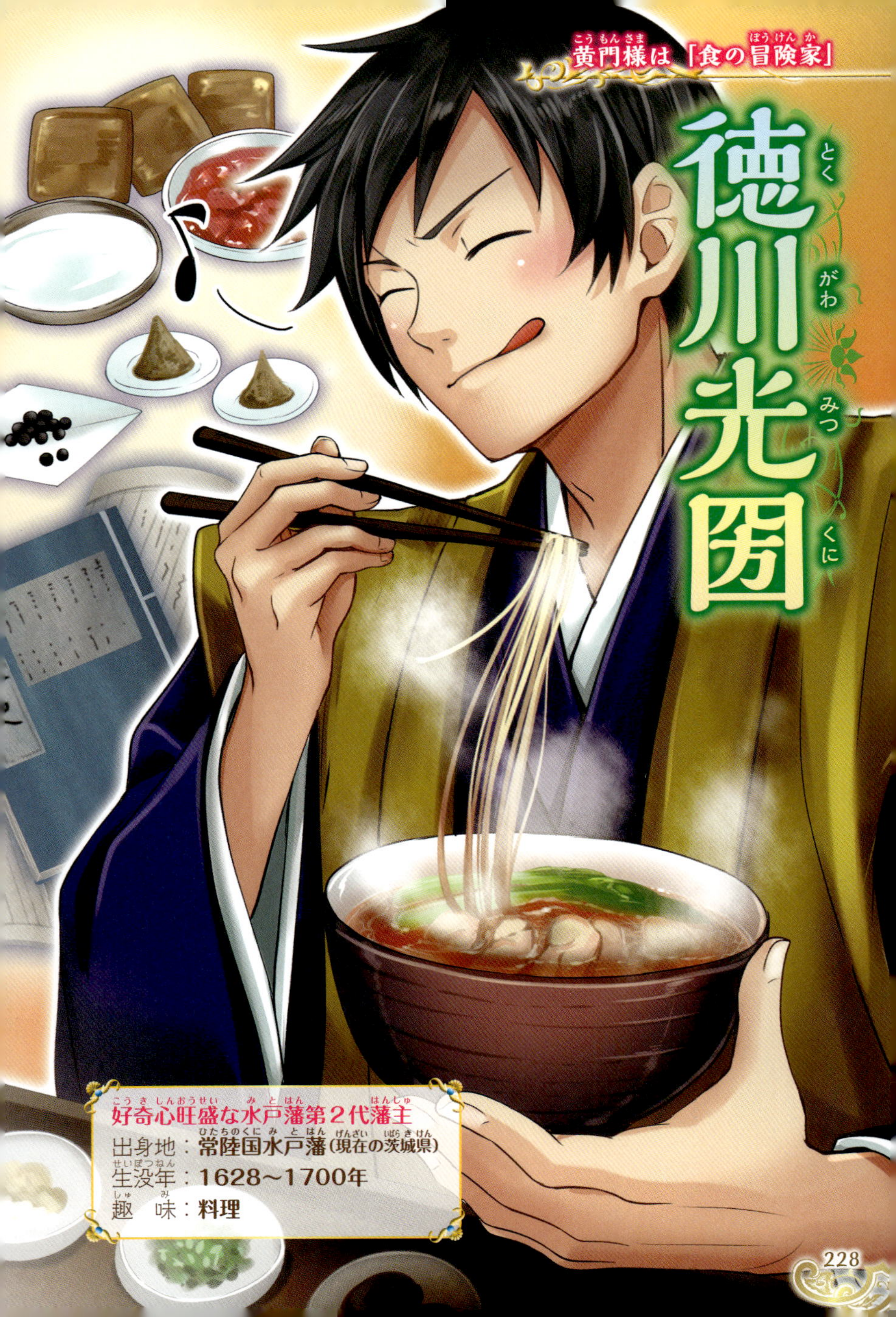

黄門様《こうもんさま》は「食《しょく》の冒険家《ぼうけんか》」

徳《とく》川《がわ》光《みつ》圀《くに》

好奇心旺盛《こうきしんおうせい》な水戸藩《みとはん》第２代藩主《はんしゅ》

出身地：常陸国水戸藩《ひたちのくにみとはん》（現在《げんざい》の茨城県《いばらきけん》）

生没年《せいぼつねん》：1628～1700年

趣《しゅ》　味《み》：料理

人生を変《か》えた『史記《しき》』

「水戸黄門《みとこうもん》」の愛称《あいしょう》で親しまれている光圀《みつくに》は、少年時代はなかなかの悪ガキだった。18歳《さい》のとき中国の歴史書《れきししょ》『史記《しき》』を読んで感動し、それ以来《いらい》まじめに勉強するようになった。

34歳《さい》で、**水戸藩《みとはん》**の第2代藩主《はんしゅ》となる。『史記《しき》』の影響《えいきょう》をうけ、「藩《はん》主《しゅ》になったら名君《めいくん》になろう」と思っていた光圀《みつくに》は、殉死《じゅんし》（主君が死んだとき、あとを追って死ぬこと）を禁止《きんし》したり、水道の施設《しせつ》をつくらせたりした。また、快風《かいふう》丸《まる》という大型船《おおがたせん》をつくって蝦夷地《えぞち》（現在《げんざい》の北海道《ほっかいどう》）を探検《たんけん》させた。

光圀《みつくに》は日本の歴史《れきし》を漢文で書いた『**大日本史**』の編《へん》さんにも取り組んだ。史料《しりょう》を集めるため、家臣《かしん》や学者を各地《かくち》へ派遣《はけん》した。

隠居後《いんきょご》は料理を楽しみ 藩《はん》の人々と親しく交流

光圀《みつくに》は63歳《さい》のとき、藩主《はんしゅ》を養子《ようし》にゆずり、「西山荘《せいざんそう》」で隠居《いんきょ》生活をはじめる。そこで光圀《みつくに》は料理の研究にいそしみ、ヨーグルト・ジャム・ビスケットなどをつくっていた。中国から伝《つた》わった**ラーメン**を日本で最初《さいしょ》に食べたのが光圀《みつくに》といわれ、自分でもつくったという。

また、丸薬《がんやく》・粉薬《こなぐすり》・薬用酒などを研究させ、海外の薬も取りよせた。藩《はん》の人々が薬を必要《ひつよう》としたときは、それらの貴重《きちょう》な薬をおしげもなくあたえた。また、光圀《みつくに》は時間を見つけては領内《りょうない》を歩いて、人々とざっくばらんなつきあいをした。

こうしたわけへだてない態度《たいど》や慈悲深《じひぶか》さが伝《つた》わり、江戸《えど》時代の終わりごろに『水戸黄門漫遊記《みとこうもんまんゆうき》』という物語がつくられた。この漫遊記《まんゆうき》が、のちにテレビドラマ『水戸黄《みとこう》門《もん》』のもとになったのだ。

アイテム

光圀《みつくに》のくつした

光圀《みつくに》はオランダ製《せい》のくつしたをはいていた。

（ナイガイ提供）

吉《き》良《ら》上野《こうずけの》介《すけ》(義《よし》央《ひさ》)

重要《じゅうよう》な儀式《ぎしき》を行《おこな》う幕府《ばくふ》の役人

出身地：江戸《えど》(現在《げんざい》の東京都《とうきょうと》)
生没年《せいぼつねん》：1641〜1702年
性《せい》格《かく》：完璧主義《かんぺきしゅぎ》

赤穂事件《あこうじけん》の悪役として有名

儀式《ぎしき》の指導《しどう》がきびしすぎて反感をもたれる

歌舞伎《かぶき》などで有名な物語『忠臣蔵《ちゅうしんぐら》』のかたき役である**吉良上野介《きらこうずけのすけ》**は、江戸幕府《えどばくふ》で儀式《ぎしき》などを取りしきる役目をになっていた人物。吉《き》良《ら》は朝廷《ちょうてい》の使者をもてなすという重要《じゅうよう》な儀式《ぎしき》を完璧《かんぺき》にこなそうとしていたため、係の大名《だいみょう》への指導《しどう》が非常《ひじょう》にきびしかった。そのため、反感をもたれることが多かった。

江戸城松之大廊下《えどじょうまつのだいろうか》で斬《き》りつけられる

吉良《きら》に反感をもっていたひとりが、赤穂藩主《あこうはんしゅ》・**浅野内匠頭《あさのたくみのかみ》**だった。1701年、江戸城《えどじょう》の松之大《まつのだい》廊下《ろうか》で、吉良《きら》は浅野《あさの》に斬《き》りかかられ負傷《ふしょう》した。浅野《あさの》はその日のうちに切腹《せっぷく》させられたが、吉良《きら》には何もおとがめがなかった。後日、「両方《りょうほう》とも罰《ばつ》を受けないのはおかしい」と腹《はら》を立てた浅野《あさの》の家臣《かしん》の**大石内蔵助《おおいしくらのすけ》**らに自宅《じたく》を襲撃《しゅうげき》される。吉良《きら》は台所の炭小屋にかくれていたところを発見され、ものを投げつけ、脇差《わきざし》で抵抗《ていこう》しようとしたが討《う》ちとられた。この一連《いちれん》の事件《じけん》を、**赤穂事件《あこうじけん》**という。

『忠臣蔵《ちゅうしんぐら》』の主人公となった家老《かろう》

大《おお》石《いし》内蔵《くらの》助《すけ》(良雄《よしお》《よしたか》)

主君の仇《あだ》を討《う》った赤穂藩家老《あこうはんかろう》

出身地：播磨国赤穂藩《はりまのくにあこうはん》(現在《げんざい》の兵庫県《ひょうごけん》)
生没年《せいぼつねん》：1659〜1703年
好物《こうぶつ》：蕎麦《そば》

赤穂浪士《あこうろうし》をまとめ 主君の仇討《あだう》ちをなしとげる

赤穂藩《あこうはん》の家老《かろう》であった**大石内蔵《おおいしくらの》助《すけ》**は「昼行燈《ひるあんどん》(うすぼんやりした役に立たない人)」とよばれていた。

主君の**浅野内匠頭《あさのたくみのかみ》**は政務《せいむ》を家臣《かしん》にまかせっぱなしにしていた藩主《はんしゅ》だったが、内蔵助《くらのすけ》はそんな主君に意見もしなかったからだ。

しかし、1701年に江戸城松《えどじょうまつ》之大廊下《のだいろうか》で起きた事件《じけん》により主君の浅野内匠頭《あさのたくみのかみ》は切腹《せっぷく》、赤穂藩《あこうはん》は取りつぶしになる。内蔵助《くらのすけ》は藩《はん》の取りつぶしをやめてほしいと江戸幕府《えどばくふ》へうったえたがかなわなかった。そこで主君の仇討《あだう》ちをするため、47名の部下をまとめ、吉良邸《きらてい》への討《う》ち入りを決行、主君のかたきをとったのだった。全員が切腹《せっぷく》を覚悟《かくご》のうえ討《う》ち入りに参加《さんか》したことが人々の心をうち、後々《のちのち》まで語り継《つ》がれた。

ひみつのエピソード

討《う》ち入り前に蕎麦《そば》を食べた!?

吉良邸《きらてい》へ討《う》ち入る前日、メンバーが集まって宴《うたげ》を開いた。そのときのおつまみに、蕎麦《そば》が入っていたという。内蔵助《くらのすけ》の好物《こうぶつ》は蕎麦《そば》だったというから、最後に好《す》きなものを食べたかったのかもしれない。

江戸幕府《えどばくふ》の財政《ざいせい》を立て直そうとした将軍《しょうぐん》

徳《とく》川《がわ》吉《よし》宗《むね》

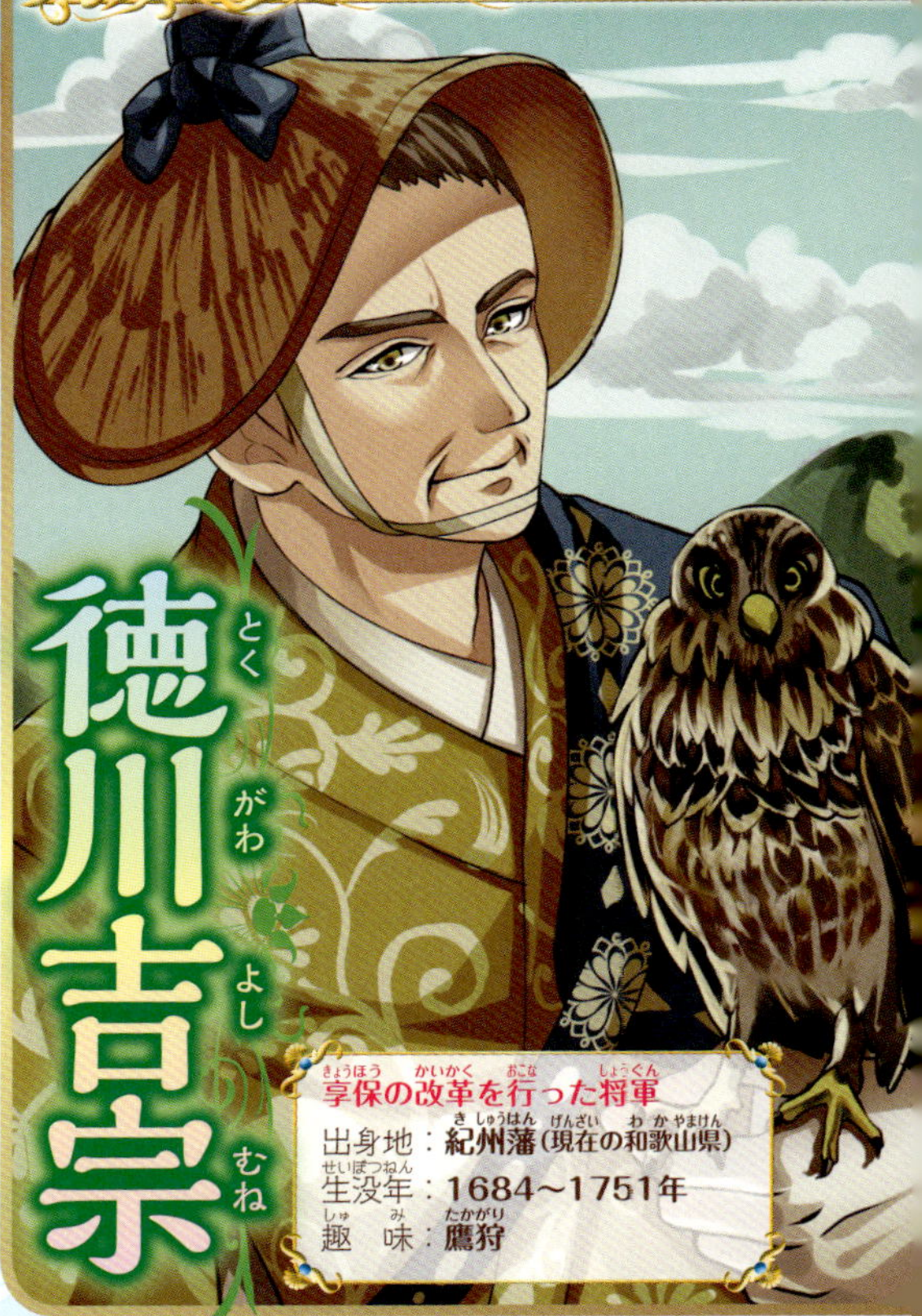

享保《きょうほう》の改革《かいかく》を行《おこな》った将軍《しょうぐん》

出身地：紀州藩《きしゅうはん》（現在《げんざい》の和歌山県《わかやまけん》）
生没年《せいぼつねん》：1684～1751年
趣味《しゅみ》：鷹狩《たかがり》

将軍《しょうぐん》自《みずか》ら倹約《けんやく》につとめ 美女を優先的《ゆうせんてき》にリストラ

吉宗《よしむね》が第8代将軍《しょうぐん》になったとき、江戸幕府《えどばくふ》にはほとんどお金がない状態《じょうたい》だった。そこで吉宗《よしむね》は、倹《けん》約《やく》のため自《みずか》ら木綿《もめん》や麻《あさ》の着物を着たり、食事の回数をへらしたりした。さらに**大奥《おおおく》**（▶220）にかかるお金をへらすために、美しい女性《じょせい》たちをリストラした。「美しければ条《じょう》件《けん》のよい仕事や結婚《けっこん》の機会《きかい》も多いだろう」と考えたからだった。

享保《きょうほう》の改革《かいかく》をすすめる

吉宗《よしむね》は、大名《だいみょう》には**参勤交代《さんきんこうたい》**の期間を短くする代わりに米をおさめさせた。農民《のうみん》へは田畑の開発をうながし、サツマイモの栽培《さいばい》をすすめた。庶民《しょみん》から意見を集めるための**目安箱《めやすばこ》**を設置《せっち》したり、まずしい人々が無料《むりょう》で受診《じゅしん》できる病院を建《た》てるなど、**享保《きょうほう》の改革《かいかく》**をすすめた。吉宗《よしむね》は将軍職《しょうぐんしょく》を息子にゆずってからも、68歳《さい》で亡《な》くなるまで大御所《おおごしょ》として政治《せいじ》を取りしきった。

鷹狩《たかがり》を好《この》んだ吉宗《よしむね》は、大男で力も強く、すもうで力士《りきし》を投げとばしたこともあったという。

将軍《しょうぐん》相手にも意見を通す

大《おお》岡《おか》忠《ただ》相《すけ》

吉宗《よしむね》お気に入りの町奉行《まちぶぎょう》
出身地：江戸《えど》（現在《げんざい》の東京都《とうきょうと》）
生没年《せいぼつねん》：1677～1751年
特技《とくぎ》：公正な裁判《さいばん》

江戸《えど》の町奉行《まちぶぎょう》として享保《きょうほう》の改革《かいかく》をささえる

徳川吉宗《とくがわよしむね》が**享保《きょうほう》の改革《かいかく》**をすすめるにあたり、片腕《かたうで》として活《かつ》やくしたのが、江戸《えど》の**町奉行《まちぶぎょう》**（南町）であった**大岡忠相《おおおかただすけ》**（大岡越前《おおおかえちぜん》）であった。町奉行《まちぶぎょう》とは、江戸《えど》の町を取りしきる役人のこと。警察《けいさつ》・裁判《さいばん》・防災《ぼうさい》など、町を守るためのすべての仕事を一手にひきうけていた。江戸《えど》の町は火災《かさい》が多かったので、忠相《ただすけ》は**町火消《まちびけし》**という消防《しょうぼう》制度《せいど》をつくった。

忠相《ただすけ》は、仕事はできるが大変《たいへん》ながんこ者で、吉宗《よしむね》とは政策《せいさく》をめぐって意見がよくぶつかった。それでも「正しい」と思ったことは相手が将軍《しょうぐん》でも押し通そうとする忠相《ただすけ》を吉宗《よしむね》が気に入り、信頼《しんらい》されていたという。

忠相《ただすけ》は庶民《しょみん》にも人気があり、亡《な》くなったあとも「大岡政談《おおおかせいだん》」という物語がつくられるなど親しまれた。

ひみつのエピソード　愛用品《あいようひん》は「ひげぬき」

忠相《ただすけ》は裁判《さいばん》の前に事件《けん》の容疑者《ようぎしゃ》から話を聞くときに、目をつぶってひげぬきを使っていたという。相手の顔を見ず、心をしずめ、公平に裁《さば》こうとした忠相《ただすけ》の工夫《くふう》だったのだろう。

多方面《たほうめん》に才能《さいのう》を発揮《はっき》した天才

平賀《ひらが》源内《げんない》

さまざまな研究をした天才学者

出身地：讃岐国高松藩《さぬきのくにたかまつはん》（現在《げんざい》の香川県《かがわけん》）
生没年《せいぼつねん》：1728〜1779年
特技《とくぎ》：歌舞伎《かぶき》の脚本《きゃくほん》を書く

あらゆることに興味《きょうみ》をもつ

源内《げんない》は子どものころから科学者としてのセンスがずばぬけていた。「お神酒天神《みきてんじん》」というからくりじかけのかけ軸《じく》をつくって評判《ひょうばん》になり、藩《はん》おかかえの医師《いし》のもとで**本《ほん》草学《そうがく》**（薬や動植物を研究する学問）を学ぶことになる。

源内《げんない》の興味《きょうみ》は本草学《ほんぞうがく》だけにとどまらず、石綿《いしわた》（細い糸のような鉱物《こうぶつ》）を使って「火浣布《かかんぷ》（燃《も》えない布《ぬの》）」を試作《しさく》したり、静電気《せいでんき》を起こす機械《きかい》「**エレキテル**」を修理《しゅうり》して大名《だいみょう》に見せてまわったりした。また、戯作者《げさくしゃ》（小説家《しょうせつか》）としても活動し、「土用《どよう》の丑《うし》の日はウナギを食べよう」というキャッチコピーを考えたともいわれている。しかし当時の日本では源内《げんない》の豊かな才能《さいのう》を受け入れることができず、不遇《ふぐう》のうちに亡《な》くなった。

アイテム

エレキテル
オランダから日本へ持ちこまれ、平賀源内《ひらがげんない》が修理《しゅうり》・復元《ふくげん》した。静電気《せいでんき》を起こして火花を飛ばす装置《そうち》。
（郵政博物館所蔵）

多くの農村《のうそん》を立ち直らせた指導者《しどうしゃ》

二宮《にのみや》金次郎《きんじろう》(尊徳《そんとく》)

荒《あ》れた農村《のうそん》を救《すく》った偉人《いじん》
出身地：相模国小田原藩《さがみのくにおだわらはん》
(現在《げんざい》の神奈川県《かながわけん》)
生没年《せいぼつねん》：1787〜1856年
趣味《しゅみ》：倹約《けんやく》

14歳《さい》から家計をささえ多くの農村《のうそん》を救《すく》った

金次郎《きんじろう》が5歳《さい》のとき、実家が洪《こう》水《ずい》で流されてしまう。14歳《さい》のとき父が、その2年後に母が亡《な》くなり、伯父《おじ》の家にひきとられた。金次郎《きんじろう》が夜に勉強していると伯父《おじ》は「行《あん》燈《どん》※の油のむだだ」と文句《もんく》を言った。そこで金次郎《きんじろう》は自分でアブラナを育てて油をとり、行燈《あんどん》の油にしたという。

必死《ひっし》で働《はたら》いて、20歳《さい》のときに家と田畑の買いもどしをはじめた。その評判《ひょうばん》を聞いた小田原藩《おだわらはん》の家《か》老《ろう》から家の財政《ざいせい》立て直しを頼《たの》まれ、成功《せいこう》させる。金次郎《きんじろう》は能力《のうりょく》を認《みと》められ、まずしい農村《のうそん》の立て直しを依頼《いらい》されるようになった。

生涯《しょうがい》に600もの農村《のうそん》を立て直した金次郎《きんじろう》の像《ぞう》は、いまも全国の学校などに置かれている。

アイテム

二宮金次郎像《にのみやきんじろうぞう》
たきぎを背負《せお》って本を読む姿《すがた》の金次《きんじ》郎《ろう》の像《ぞう》。

※**行燈《あんどん》**：江戸時代《えどじだい》に使われた照明器具《しょうめいきぐ》。油を燃《も》やして明るくした

伊《い》能《のう》忠《ただ》敬《たか》

商人から測量家《そくりょうか》へ

出身地《しゅっしんち》：上総国《かずさのくに》（現在《げんざい》の千葉県《ちばけん》）
生没年《せいぼつねん》：1745〜1818年
性格《せいかく》：厳格《げんかく》できちょうめん

17年かけて全国を測量《そくりょう》し日本地図をつくる

裕福《ゆうふく》な商人だった**忠敬《ただたか》**は、暦《れき》学《がく》・天文学《てんもんがく》を学びたい気持ちがおさえきれなくなり、50歳《さい》で家を息子にゆずって江戸《えど》に出た。明けても暮《く》れても学問にはげむ忠敬《ただたか》を、人々は「推歩《すいほ》先生」とよんだ。「推《すい》歩《ほ》」とは暦学《れきがく》のこと。

忠敬《ただたか》は「正しい暦《こよみ》をつくるために地球の大きさを知りたい」と思い、**蝦夷地《えぞち》**（現在《げんざい》の北海道《ほっかいどう》）への測量《そくりょう》旅行を計画。蝦夷地《えぞち》へ行くには江戸《えど》幕府《ばくふ》の許可《きょか》が必要《ひつよう》だったので、忠《ただ》敬《たか》は「地図をつくるため」という理由をつけ、許可《きょか》をもらった。

忠敬《ただたか》はその後《ご》17年をかけて日本全土を測量《そくりょう》し、詳細《しょうさい》な地図をつくりつづけた。そして、忠敬《ただたか》の死の3年後、弟子たちによって**『大日本沿海《えんかい》輿地《よち》全図《ぜんず》』**のすべての地図が完成《かんせい》した。

マップ MAP **忠敬《ただたか》がつくった地図**

現在《げんざい》の神奈川県《かながわけん》三浦半島《みうらはんとう》の地図。いまの地図と変《か》わらないほど正確《せいかく》に測量《そくりょう》されている。

（国立国会図書館提供）

樺太《からふと》が島であることを確認《かくにん》した幕臣《ばくしん》

間《ま》宮《みや》林《りん》蔵《ぞう》

蝦夷地《えぞち》を測量《そくりょう》した探検家《たんけんか》

出身地：常陸国《ひたちのくに》（現在《げんざい》の茨城県《いばらきけん》）
生没年《せいぼつねん》：1775～1844年
特《とく》　技《ぎ》：変装《へんそう》

数学《すうがく》の才能《さいのう》を認《みと》められ蝦夷地《えぞち》を測量《そくりょう》してまわる

林蔵《りんぞう》はまずしい農民《のうみん》の子として生まれた。家の近くの小貝川《こかいがわ》の工事に来ていた江戸幕府《えどばくふ》の役人に数《すう》学《がく》の才能《さいのう》を認《みと》められて江戸《えど》に出る。

のちに**蝦夷地**《えぞち》（現在《げんざい》の北海道《ほっかいどう》）で伊能忠《いのうただ》敬《たか》に出会い、測量技術《そくりょうぎじゅつ》を学んだ。それ以来《いらい》、蝦夷地《えぞち》を中心に生活し、12年もの時間をかけて蝦夷地《えぞち》全土を測量《そくりょう》してまわった。そして樺太《からふと》（北海道《ほっかいどう》の北にある島）を探検《たんけん》して※**間宮海峡**《まみやかいきょう》を確認《かくにん》し、樺太《からふと》が島であることをつきとめた。

江戸《えど》にもどった林蔵《りんぞう》は、今度は幕府《ばくふ》の命《めい》により、外国の船が来たという報告《ほうこく》があった地を調査《ちょうさ》するなど、密偵《みってい》のような役目もはたした。晩年《ばんねん》には水戸藩主《みとはんしゅ》の徳川家《とくがわけ》とも親しくし、蝦夷地《えぞち》で得《え》た知識《ちしき》を伝《つた》えたという。

ひみつのエピソード　変装《へんそう》の名人

蝦夷地《えぞち》で江戸《えど》と同じようなかっこうをしているとあやしまれるので、ときにはアイヌ人に変《へん》装《そう》して測量《そくりょう》したという。そのほか、商人やまずしい人に変装《へんそう》してさまざまな調査《ちょうさ》を行《おこな》った。「まずしい人に変装《へんそう》したときは、着物がボロボロで、あずかっていた調査《ちょうさ》資金《しきん》をかくす場所がなくて苦労《くろう》した」と話していたという。

※**間宮海峡**《まみやかいきょう》：樺太《からふと》とロシアのあいだにある海峡《かいきょう》

コラム

浮世絵《うきよえ》が大人気！

江戸《えど》時代の人々に大人気だったのが浮《うき》世絵《よえ》。人気の役者や美女、美しい風景など、さまざまな浮世絵《うきよえ》が登場した。

庶民《しょみん》の生活を描《えが》く

「浮世《うきよ》」とは「現実《げんじつ》」という意味で、人々の生活を描《えが》いた絵を**浮世絵**《うきよえ》という。江戸《えど》時代の後半、版画《はんが》の印刷技術《いんさつぎじゅつ》が発達して、カラフルな版画《はんが》で浮世絵《うきよえ》がつくられるようになった。**歌川広重**《うたがわひろしげ》の「東海道《とうかいどう》五十三次《つぎ》」や**葛飾北斎**《かつしかほくさい》の「冨嶽《ふがく》三十六景《けい》」などの風景画、**東洲斎写楽**《とうしゅうさいしゃらく》の役者絵など、当時の様子を生き生きと描《えが》いた浮世絵《うきよえ》は、ヨーロッパの画家たちにも大きな影響《えいきょう》をあたえた。

歌川広重《うたがわひろしげ》「東海道《とうかいどう》五十三次《つぎ》」より「庄野《しょうの》・白雨《はくう》」
夕立にあった旅人たちの様子を描《えが》いている。

東洲斎写楽《とうしゅうさいしゃらく》「市川鰕蔵《いちかわえびぞう》の竹村定之進《たけむらさだのしん》」
歌舞伎《かぶき》役者の表情をうまくとらえている。

（3点とも慶応義塾所蔵）

葛飾北斎《かつしかほくさい》「冨嶽《ふがく》三十六景《けい》」より「凱風快晴《がいふうかいせい》」「赤富士」ともいわれる、美しい富士山。

葛《かつ》飾《しか》北《ほく》斎《さい》

「漫画《まんが》」の生みの親

鏡職人《かがみしょくにん》の家の養子だった**葛飾北斎**《かつしかほくさい》は、14歳《さい》ごろ版画《はんが》の版木《はんぎ》を彫《ほ》る仕事につく。仕事をするうちに、自分でも絵を描《か》きたいと思うようになり、浮世絵《うきよえ》のほか、日本画や西洋の絵画も学んだ。

55歳《さい》のとき、町人たちのおもしろいしぐさや表情を描《えが》いた『**北**《ほく》**斎漫画**《さいまんが》』を発表し、大人気となる。人物、風景、妖怪《ようかい》など、あらゆるものを描《えが》いた北斎《ほくさい》が70歳《さい》をすぎてから出した「**冨嶽**《ふがく》**三十六景**《けい》」は、あらゆる角度から富士山《ふじさん》を描いたシリーズで、これも大人気となった。

北斎《ほくさい》はそうじがきらいで、部屋がきたなくなるとすぐに引《ひ》っ越《こ》しをした。90歳《さい》で亡《な》くなるまで、生涯《しょうがい》に93回も引《ひ》っ越《こ》しをしたといわれている。

30回もペンネームを変《か》えた浮世絵師《うきよえし》

出身地：江戸《えど》（現在《げんざい》の東京都《とうきょうと》）
生没年《せいぼつねん》：1760～1849年
趣《しゅ》味《み》：引《ひ》っ越《こ》し

日本を愛《あい》したドイツ人の医師《いし》

シーボルト

日本人に西洋医学を伝《つた》えた医師《いし》

出身地：ドイツ
生没年《せいぼつねん》：1796～1866年
特技《とくぎ》：植物学

長崎《ながさき》に塾《じゅく》を開き西洋医学を教える

シーボルトは貴族《きぞく》の家に生まれ、1歳《さい》のときに父を亡《な》くしたため、叔父《おじ》に育てられる。大学で医学のほか、動植物学や地理学を学んだ。

27歳《さい》で、オランダ政府《せいふ》の軍医《ぐんい》となる。翌年《よくとし》、長崎《ながさき》のオランダ商館づきの医師《いし》として日本に到着《とうちゃく》。日本人に西洋医学や西洋の文化を教えるため、長崎《ながさき》に**鳴滝塾《なるたきじゅく》**を開く。

1828年、国外持ちだし禁止《きんし》の日本地図を持っていたことが明るみになり、スパイの疑《うたが》いをかけられ日本から追放《ついほう》される（**シーボルト事件《じけん》**）。ドイツにもどってから、ヨーロッパの人々に日本を紹介《しょうかい》する本を数多く出版《しゅっぱん》した。

アジサイに妻《つま》の名をつける

シーボルトは長崎《ながさき》の女性《じょせい》・楠本《くすもと》滝《たき》とのあいだに娘《むすめ》・**イネ**をもうけた。滝《たき》を心から愛《あい》していたシーボルトは、自分で発見したアジサイの品種《ひんしゅ》に、滝《たき》の名をつけている。明治《めいじ》になって日本が開国してからふたたび来日したシーボルトは、愛《あい》する滝《たき》やイネと再会《さいかい》することができたのだった。

日本で初《はじ》めて、西洋医学の産科医《さんかい》となる

楠本《くすもと》イネ

産科医《さんかい》となったシーボルトの娘《むすめ》

出身地：肥前国《ひぜんのくに》（現在《げんざい》の長崎県《ながさきけん》）
生没年《せいぼつねん》：1827～1903年
特技《とくぎ》：医術《いじゅつ》

西洋医学を学んで産科医《さんかい》に

ドイツ人医師《いし》の**シーボルト**と、楠本滝《くすもとたき》のあいだに生まれた**イネ**は、2歳《さい》のとき**シーボルト事件《じけん》**によって父と生きわかれた。

ドイツ人との混血《こんけつ》だったため差《さ》別《べつ》を受けることもあったが、イネは父の弟子《でし》などから西洋医学を学んで産科医《さんかい》をめざし、東京《とうきょう》の築地《つきじ》で開業《かいぎょう》する。**明治天皇《めいじてんのう》**（▼298）の女官《じょかん》の出産《しゅっさん》に立ち合ったことも。その後《ご》、長崎《ながさき》へもどって助産院《じょさんいん》を開いた。生涯独身《しょうがいどくしん》だったイネだが、父の弟子《でし》とのあいだに娘《むすめ》をひとり産《う》んでいる。娘《むすめ》の高子《たかこ》は、琴《こと》や三味《しゃみ》線《せん》などの芸事《げいごと》が得意《とくい》だったという。

大村益次郎《おおむらますじろう》の看病《かんびょう》にかけつける

医学《いがく》に必要《ひつよう》なオランダ語をイネに教えたのは村田蔵六《むらたぞうろく》という人物で、のちの**大村益次郎《おおむらますじろう》**（明治政府《めいじせいふ》で陸軍《りくぐん》をつくった政治家《せいじか》）である。大村《おおむら》が暴漢《ぼうかん》におそわれ、大坂《おおさか》の病院に入院していたとき、イネがかけつけて大村《おおむら》が亡《な》くなるまで看病《かんびょう》した。ふたりは結婚《けっこん》しなかったが、相思相愛《そうしそうあい》だったといわれている。

ジョン万《まん》次《じ》郎《ろう》

アメリカの知識《ちしき》を伝《つた》えたもと漁師《りょうし》

出身地：土佐国《とさのくに》（現在《げんざい》の高知県《こうちけん》）
生没年《せいぼつねん》：1827〜1898年
特技《とくぎ》：英語《えいご》

アメリカ本土に最初《さいしょ》に上陸《じょうりく》した日本人

アメリカで学んだ知識《ちしき》を日本に伝《つた》える

まずしい漁師《りょうし》の家に生まれた**万次郎《まんじろう》**は、15歳《さい》のころ、漁《りょう》の最《さい》中《ちゅう》に嵐《あらし》にあって船が流され、無《む》人島《じんとう》の鳥島《とりしま》に流れ着く。アメリカの捕鯨船《ほげいせん》にたすけられたものの、当時日本が※**鎖国《さこく》**していたため帰国できず、そのままアメリカへわたる。万次郎《まんじろう》は、アメリカ本土に上陸《じょうりく》した最初《さいしょ》の日本人となった。捕鯨船《ほげいせん》の船長の養子《ようし》となって、英語《えいご》・数学《すうがく》・航海術《こうかいじゅつ》などを勉強した。トップの成績《せいせき》で学校を卒業し、捕鯨船《ほげいせん》で働《はたら》いていたが、どうしても日本へ帰りたいと思って金《きん》を採掘《さいくつ》する仕事でお金をため、苦労《くろう》のすえに日本へもどる。

その後《ご》、アメリカのことを知りたいという江戸幕府《えどばくふ》にまねかれて江戸《えど》へ出る。そのころの日本は開国にむけて動きだしていた時代で、万次郎《まんじろう》は、「日本の役に立ちたい」との思いから、積極的《せっきょくてき》にアメリカで学んだ知識《ちしき》を日本の人々に教えた。また、通訳《つうやく》としても活《かつ》やくし、アメリカと日本との橋わたしにつとめた。万次郎《まんじろう》は東京《とうきょう》でその生《しょう》涯《がい》を閉《と》じている。

※ **鎖国《さこく》**：外国との交流や貿易《ぼうえき》を制限《せいげん》すること

ロシアへ行って帰ってきた初《はじ》めての日本人

伊勢《いせ》から江戸《えど》へ荷物《にもつ》を運ぶ船の船頭《せんどう》だった**光太夫《こうだゆう》**は、嵐《あらし》のために船が流され、7か月後、太平洋のはるか北にあるアリューシャン列島・アムチトカ島に流れ着いた。

光太夫《こうだゆう》は島にいたロシア人からロシア語を教わりながら生活した。4年後、島で手に入れた材料《ざいりょう》で船をつくって島を脱出《だっしゅつ》。なんとかロシアの地にたどり着いた光太夫《こうだゆう》は、博物学者《はくぶつがくしゃ》のラクスマンらの協力《きょうりょく》を得《え》て、首都サンクトペテルブルクへむかった。そして女王**エカテリーナ2世**に会うことができ、帰国の許《ゆる》しをもらう。

光太夫《こうだゆう》は**蝦夷地《えぞち》**(現在《げんざい》の北海道《ほっかいどう》)の根《ね》室《むろ》に到着《とうちゃく》したあと、江戸《えど》で第11代将軍《しょうぐん》・徳川家斉《とくがわいえなり》にあいさつし、いろいろな質問《しつもん》を受けた。光太夫《こうだゆう》は質問《しつもん》にていねいに答え、ロシアで見聞きしたことを話した。

その後《ご》、光太夫《こうだゆう》は江戸《えど》小石川《こいしかわ》の薬草園《やくそうえん》に家をもらって、亡《な》くなるまで30年以上《いじょう》をそこですごした。日本人で初《はじ》めてロシアから帰国した光太夫《こうだゆう》のもとへは、多くの蘭学《らんがく》者《しゃ》がおとずれ、交流したという。

大《だい》黒《こく》屋《や》光《こう》太《だ》夫《ゆう》

漂流《ひょうりゅう》してロシアへわたる

出身地：伊勢国《いせのくに》(現在《げんざい》の三重県《みえけん》)
生没年《せいぼつねん》：1751～1828年
特《とく》　技《ぎ》：ロシア語

からくり儀《ぎ》右《え》衛門《もん》

田中製造所《たなかせいぞうじょ》の創立者《そうりつしゃ》
出身地：筑後国久留米藩《ちくごのくにくるめはん》（現在《げんざい》の福岡県《ふくおかけん》）
生没年《せいぼつねん》：1799〜1881年
趣　味《しゅみ》：からくりづくり

からくり師《し》から機械製造《きかいせいぞう》へ

本名は田中久重《たなかひさしげ》。べっこう細工《ざいく》師《し》の家に生まれた儀右衛門《ぎえもん》は、手先が器用で、「弓曳童子《ゆみひきどうじ》」などのからくり人形のほか、折《お》りたたみ式の燭台《しょくだい》（ろうそく立て）、全自動の万年時計などを次々と発明した。幕末《ばくまつ》には佐賀藩《さがはん》（現在《げんざい》の佐賀県《さがけん》）で、蒸気機関車《じょうききかんしゃ》や蒸気船《じょうきせん》の模型《もけい》をつくったり、大砲《たいほう》を開発したりした。1875（明治《めいじ》8）年、東京《とうきょう》に電信機械《しんきかい》をつくる**田中製造所**《たなかせいぞうじょ》（のちの東芝《とうしば》）を設立《せつりつ》した。「東洋《とうよう》のエジソン」とよばれた発明家は、83歳《さい》で亡《な》くなるまで「ものづくり」をつづけた。

人生を変《か》えた出会い

儀右衛門《ぎえもん》が15歳《さい》のとき、近所に住む**井上伝**《いのうえでん》がたずねてきた。伝《でん》は「久留米絣《くるめがすり》」という織物《おりもの》をつくる職《しょく》人《にん》として有名だった。儀右衛門《ぎえもん》は、「花や鳥のもようの布《ぬの》を織《お》りたい」という伝《でん》の希望《きぼう》にこたえ、板締《いたじ》め技法《ぎほう》という糸の染《そ》め方を考え出した。このことがきっかけで、「からくり儀右衛門《ぎえもん》」として人々に知られるようになった。

織物《おりもの》に人生をかけた女性《じょせい》

井《い》上《うえ》伝《でん》

久留米絣《くるめがすり》を考え出した織物師《おりものし》

出身地：筑後国久留米藩《ちくごのくにくるめはん》
（現在《げんざい》の福岡県《ふくおかけん》）
生没年《せいぼつねん》：1788～1869年
特技《とくぎ》：織物《おりもの》

あきらめずに取り組んで完成《かんせい》させた久留米絣《くるめがすり》

紺《こん》の生地《きじ》に織《お》りこまれた白いもようが特徴《とくちょう》の**久留米絣《くるめがすり》**。国の重要《じゅうよう》無形文化財《むけいぶんかざい》にも指定されていることの織物《おりもの》は、江戸《えど》時代の後期に**井上《いのうえ》伝《でん》**が考えたものだ。

米屋に生まれた伝《でん》は、7歳《さい》ごろから織物《おりもの》をはじめた。ある日、古くなった着物に白いもようができているのを見つけ、「こういうもようの布《ぬの》が織《お》りたい」と考え、試《し》行錯誤《こうさくご》のすえ完成《かんせい》させた。それを「加寿利《かすり》」と名づけて売り出すと、すぐに人気となる。伝《でん》はその後も熱心《ねっしん》に研究を重ね、さまざまなもようの布《ぬの》をつくりだした。

伝《でん》は、花や鳥の絵を織《お》りだしたいと考えた。しかし、どうしてもうまく織《お》ることができなかった。そこで思い切って近所に住む「**からくり儀右衛門《ぎえもん》**」こと**田中久重《たなかひさしげ》**（初代《しょだい》）に相談し、糸の染《そ》め方を考えてもらい、試作《しさく》を重ねてついに完成《かん》させたのだった。情熱《じょうねつ》をもって織物《おりもの》に取り組むひたむきな伝《でん》の姿《すがた》を見た人々は、「男お伝《でん》」とよんでたたえたという。

夫《おっと》のために視力《しりょく》を失《うしな》った妻《つま》

華《はな》岡《おか》加《か》恵《え》

医師華岡青洲《いしはなおかせいしゅう》をささえた妻《つま》

出身地：紀伊国《きいのくに》（現在《げんざい》の和歌山県《わかやまけん》）
生没年《せいぼつねん》：1760〜1827年
性格《せいかく》：しっかり者

夫《おっと》のために　麻酔薬《ますいやく》の実験台《じっけんだい》となる

1804年、世界で初《はじ》めて**全《ぜん》身麻酔《しんますい》**による乳《にゅう》がんの手術《しゅじゅつ》が行《おこな》われた。手術《しゅじゅつ》をした医師《いし》は**華岡《はなおか》青洲《せいしゅう》**といい、妹が乳《にゅう》がんで亡《な》くなったことをきっかけに、全身麻《ぜんしんま》酔薬《すいやく》の開発をすすめていた。

この青洲《せいしゅう》の妻《つま》が**加恵《かえ》**である。夫《おっと》が自分の体で全身麻酔薬《ぜんしんますいやく》の効《こう》果《か》を確《たし》かめていることを知った加《か》恵《え》は、「乳《にゅう》がんは女性《じょせい》の病気です。わたしの体で試《ため》してください」と実験台《じっけんだい》になることを申し出た。麻《ま》酔薬《すいやく》の効果《こうか》は知りたいと思いつつも、命の危険《きけん》がともなうこともよくわかっていた青洲《せいしゅう》は、そんなことはできないと反対したが、加《か》恵《え》の決意は変《か》わらなかった。加恵《かえ》の命をかけた協力《きょうりょく》のおかげで全《ぜん》身麻酔薬《しんますいやく》「**通仙散《つうせんさん》**（麻沸散《まふつさん》）」は完成《かんせい》した。しかし副作用《ふくさよう》のため加恵《かえ》は失明《しつめい》してしまう。

乳《にゅう》がん手術《しゅじゅつ》の成功後《せいこうご》、青洲《せいしゅう》は麻《ま》酔薬《すいやく》を使ってほかの手術《しゅじゅつ》も次々と成功《せいこう》させる。失明《しつめい》した加恵《かえ》は、夫《おっと》が建《た》てた新居《しんきょ》にうつり、亡《な》くなるまで20数年間をたがいにいたわりあいながらすごしたという。

いちはやく西洋技術《せいようぎじゅつ》を導入《どうにゅう》した名君

島《しま》津《づ》斉《なり》彬《あきら》

強い薩摩藩《さつまはん》をつくった藩主《はんしゅ》

出身地：薩摩藩《さつまはん》（現在《げんざい》の鹿児島県《かごしまけん》）
生没年《せいぼつねん》：1809〜1858年
性《せい》格《かく》：小さいことにこだわらない

薩摩藩《さつまはん》の近代化《きんだいか》をすすめる

薩摩藩《さつまはん》（現在《げんざい》の鹿児島県《かごしまけん》）の藩主《はんしゅ》の息子として生まれる。**斉彬《なりあきら》**は、曽祖《そうそ》父《ふ》の影響《えいきょう》で海外の学問に興味《きょうみ》をもちながら育った。父親がなかなか藩主《はんしゅ》を継《つ》がせようとしなかったため、43歳《さい》でようやく藩主《はんしゅ》となる。

斉彬《なりあきら》は藩《はん》の政治《せいじ》を一新するため、**西郷隆盛《さいごうたかもり》**（▶270）や**大久保利通《おおくぼとしみち》**（▶300）など才能《さいのう》のある人材を出身に関係なく採用《さいよう》した。また、西洋科学技術《せいようかがくぎじゅつ》の導入《どうにゅう》にもつとめ、アジアでも初《はじ》めての近代工業の工場である**集成《しゅうせい》館《かん》**を建《た》てた。集成館《しゅうせいかん》には武器《ぶき》をつくるための反射炉《はんしゃろ》や溶鉱炉《ようこうろ》を備《そな》え、軍艦《ぐんかん》・大砲《たいほう》・ガラスなどを製造《せいぞう》した。斉彬《なりあきら》は「大金を有益《ゆうえき》な事業に使うのなら少しも惜《お》しむことはない。少額《しょうがく》の金銭《きんせん》はかえって惜《お》しむ気になる」と言っていたという。

養女《ようじょ》の**篤姫《あつひめ》**（▶252）を将軍《しょうぐん》の妻《つま》にして幕府《ばくふ》への発言力を得《え》たが、藩主《はんしゅ》の座《ざ》についてわずか7年後、急な病で亡《な》くなる。

斉彬《なりあきら》は「君主は愛憎《あいぞう》で人を判断《はんだん》してはならない」など数々の言葉を残《のこ》した。幕末《ばくまつ》をかけぬけた名君であった。

庶民《しょみん》の楽しみを守った名奉行《めいぶぎょう》

遠《とお》山《やま》景《かげ》元《もと》（金《きん》四《し》郎《ろう》）

2度も江戸《えど》の町奉行《まちぶぎょう》をつとめる

出身地：江戸《えど》（現在《げんざい》の東京都《とうきょうと》）
生没年《せいぼつねん》：1793～1855年
特技《とくぎ》：裁判《さいばん》

天保《てんぽう》の改革《かいかく》に反対した町奉行《まちぶぎょう》

景元《かげもと》は青年時代、江戸《えど》で遊び暮《く》らしていた。遠山家《とおやまけ》のあと継ぎ問題で家のなかがごたついていたためだった。30歳《さい》をすぎてようやく家を継《つ》ぐことができ、江戸幕府《えどばくふ》の役人となる。46歳《さい》のとき、江戸《えど》の町奉行《まちぶぎょう》（北町）に任命《にんめい》された。

そのころ老中《ろうじゅう》の水野忠邦《みずのただくに》が贅沢《ぜいたく》を禁《きん》じた**天保《てんぽう》の改革《かいかく》**をすすめていた。この改革《かいかく》は庶民《しょみん》の生活もきびしく取りしまり、庶民《しょみん》の楽しみであった芝居《しばい》を全面禁止《きんし》にしようとしていた。しかし、町人に混《ま》ざって暮《く》らしたことがあり、楽しみをへらすと人々の不満《ふまん》がふくれあがることをよく知っていた景元《かげもと》の反対により、一部ではあるがつづけることが許《ゆる》された。このことに感謝《かんしゃ》して『遠山の金さん』という芝居《しばい》が上演《じょうえん》されるようになった。

景元《かげもと》は改革《かいかく》に反対したため、町《まち》奉行《ぶぎょう》をクビになった。しかし将《しょう》軍《ぐん》に気に入られていたため、のちに南町の町奉行《まちぶぎょう》として復帰《ふっき》する。景元《かげもと》は歴代《れきだい》の町奉行《まちぶぎょう》で初《はじ》めて南北両方の町奉行《まちぶぎょう》をつとめたのである。

7章《しょう》
幕末《ばくまつ》～明治維新《めいじいしん》

江戸時代《えどじだい》

19世紀《せいき》

明治時代《めいじじだい》

主なできごと

1853年	6月	**ペリー**(▶254)が来航《らいこう》する
1854年	3月	アメリカと**日米和親条約《にちべいわしんじょうやく》**を結《むす》ぶ
1856年	7月	アメリカ総領事《そうりょうじ》**ハリス**(▶255)が下田《しもだ》に着任《ちゃくにん》
	11月	第13代将軍《しょうぐん》**徳川家定《とくがわいえさだ》**(▶253)と **篤姫《あつひめ》**(▶252)が結婚《けっこん》
1857年	12月	**久坂玄瑞《くさかげんずい》**(▶262)が**杉文《すぎふみ》**(▶263)と結婚《けっこん》
1858年	2月	**孝明天皇《こうめいてんのう》**(▶257)が条約《じょうやく》を結《むす》ぶことを拒否《きょひ》
	6月	井伊直弼《いいなおすけ》が**日米修好通商条約《にちべいしゅうこうつうしょうじょうやく》**に調印《ちょういん》
	このころ	**千葉佐那子《ちばさなこ》**(▶267)が**坂本龍馬《さかもとりょうま》**(▶264)と婚約《こんやく》
1859年	10月	**安政《あんせい》の大獄《たいごく》**で**吉田松陰《よしだしょういん》**(▶260)が処刑《しょけい》される
1860年	1月	**勝海舟《かつかいしゅう》**(▶268)や**福沢諭吉《ふくざわゆきち》**(▶276)を 乗せた**咸臨丸《かんりんまる》**がアメリカへ出航《しゅっこう》
1862年	2月	第14代将軍《しょうぐん》**徳川家茂《とくがわいえもち》**(▶259)と **和宮《かずのみや》**(▶258)が結婚《けっこん》
1863年	5月	長州藩《ちょうしゅうはん》が外国船を砲撃《ほうげき》する(下関事件《しものせきじけん》)
	6月	**高杉晋作《たかすぎしんさく》**(▶275)が奇兵隊《きへいたい》をつくる
	7月	薩英戦争《さつえいせんそう》が起こる
1864年	6月	**新選組《しんせんぐみ》**(▶282)が池田屋《いけだや》を襲撃《しゅうげき》(池田屋事件《いけだやじけん》)
	7月	**蛤御門《はまぐりごもん》の変《へん》(禁門《きんもん》の変《へん》)**で長州藩《ちょうしゅうはん》が敗《やぶ》れる **幾松《いくまつ》**(▶274)が**桂小五郎《かつらこごろう》**(▶272)に おにぎりをとどける
	8月	長州藩《ちょうしゅうはん》がヨーロッパの艦隊《かんたい》に砲撃《ほうげき》される (四国艦隊下関砲撃事件《しこくかんたいしものせきほうげきじけん》) 第1次長州征伐《ちょうしゅうせいばつ》
1866年	1月	**西郷隆盛《さいごうたかもり》**(▶270)と桂小五郎《かつらこごろう》との 話し合いにより、**薩長同盟《さっちょうどうめい》**が結《むす》ばれる 坂本龍馬《さかもとりょうま》が寺田屋《てらだや》でおそわれ、 恋人《こいびと》の**お龍《りょう》**(▶266)に救《すく》われる
	7月	第2次長州征伐《ちょうしゅうせいばつ》の途中《とちゅう》、 徳川家茂《とくがわいえもち》が亡《な》くなる
	12月	**徳川慶喜《とくがわよしのぶ》**(▶280)が第15代将軍《しょうぐん》となる
1867年	6月	坂本龍馬《さかもとりょうま》が「**船中八策《せんちゅうはっさく》**」を提出《ていしゅつ》
	10月	徳川慶喜《とくがわよしのぶ》が**大政奉還《たいせいほうかん》**を申し出る
	11月	坂本龍馬《さかもとりょうま》が暗殺《あんさつ》される
	12月	**王政復古《おうせいふっこ》の大号令《だいごうれい》**が出され、江戸幕府《えどばくふ》が滅亡《めつぼう》
1868年	1月	鳥羽《とば》・伏見《ふしみ》の戦《たたか》い(**戊辰戦争《ぼしんせんそう》**がはじまる)
	4月	**江戸城無血開城《えどじょうむけつかいじょう》**
	7月	江戸《えど》を「東京《とうきょう》」と改称《かいしょう》する
	8月	**明治天皇《めいじてんのう》**(▶298)が即位《そくい》
	9月	会津若松城《あいづわかまつじょう》で**新島八重《にいじまやえ》**(▶279)らが戦《たたか》うも、 会津藩主《あいづはんしゅ》**松平容保《まつだいらかたもり》**(▶278)が降伏《こうふく》する
1869年	5月	**五稜郭《ごりょうかく》の戦《たたか》い**で**榎本武揚《えのもとたけあき》**(▶281)が 降伏《こうふく》する(戊辰戦争《ぼしんせんそう》が終結《しゅうけつ》する)

どんな時代だったの？

開国か!? 攘夷《じょうい》か!? 日本中がゆれた幕末《ばくまつ》

突然《とつぜん》せまられた開国

1853年に**ペリー**（▶254）がアメリカ大統領《だいとうりょう》の開国をもとめる手紙を持って来たことにより、200年以上《いじょう》**鎖国**《さこく》をつづけていた日本は、突然《とつぜん》開国するかどうかの決断《けつだん》をせまられることになった。

開国して外国の文化を取り入れようという**開国派**《かいこくは》、外国に対抗《たいこう》して戦《たたか》おうという**攘夷派**《じょういは》、江戸幕府《えどばくふ》を支持《しじ》する**佐幕派**《さばくは》、反対に幕府《ばくふ》をたおそうという**倒幕派**《とうばくは》など、さまざまな意見をもった人々が争《あらそ》うことになったのがこの時代だ。

開国だ!!

当時、ヨーロッパの国々やアメリカがアジアの国を植民地《※しょくみんち》にしようと進出していた。幕府《ばくふ》は、清《しん》(中国)がイギリスに敗《やぶ》れたことを知っていたともいわれる。「日本を守るためには、開国して外国の文化を取り入れ、日本を強くしなければならない」と考えたのが、**開国派**《かいこくは》の人々だ。

勝海舟《かつかいしゅう》▶268

坂本龍馬《さかもとりょうま》▶264

榎本武揚《えのもとたけあき》▶281

対立

攘夷《じょうい》だ!!

江戸《えど》時代の人々にとって、外国人とは「何だかよくわからない恐《おそ》ろしいもの」だった。だから外国人を追いだしたいと思った人が大勢《おおぜい》いた。外国の要求《ようきゅう》に対して弱腰《よわごし》な幕府《ばくふ》を見て、腹《はら》を立てる人もいた。やがて、天皇《てんのう》をうやまい外国人を追いだそうという**尊王攘夷派**《そんのうじょういは》が力をつけていった。

吉田松陰《よしだしょういん》▶260

久坂玄瑞《くさかげんずい》▶262

高杉晋作《たかすぎしんさく》▶275

※ **植民地**《しょくみんち》：別の国によって支配《しはい》された地域《ちいき》

幕末《ばくまつ》の勢力図《せいりょくず》

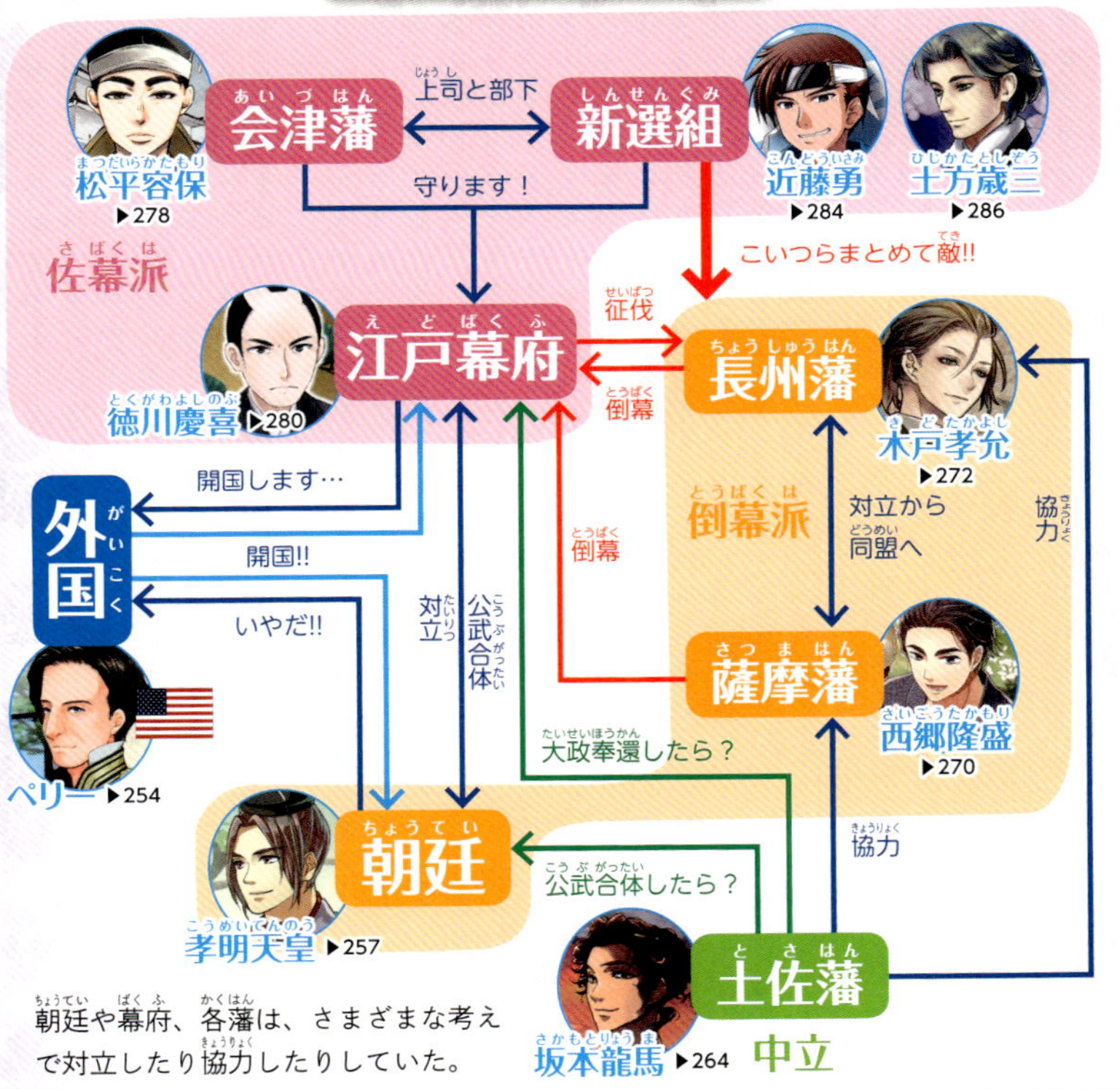

朝廷《ちょうてい》や幕府《ばくふ》、各藩《かくはん》は、さまざまな考えで対立したり協力《きょうりょく》したりしていた。

各地《かくち》で戦乱《せんらん》が起《お》こる

第15代将軍《しょうぐん》・**徳川慶喜《とくがわよしのぶ》**（▶280）は、フランスの力を借《か》りて幕府《ばくふ》を強化しようとした。しかし世の中の流れは倒幕《とうばく》（幕府《ばくふ》をたおす）にかたむいていた。慶喜《よしのぶ》は土佐藩《とさはん》からの提《てい》案《あん》を受け入れて、政権《せいけん》を**朝廷《ちょうてい》**に返す**大政奉還《たいせいほうかん》**を行《おこな》った。しかし幕府《ばくふ》の勢力《せいりょく》を完全《かんぜん》につぶしたい倒幕派《とうばくは》は、慶喜《よしのぶ》から官位《かんい》も領地《りょうち》もすべて取りあげようとした。

これをきっかけにして**戊辰戦争《ぼしんせんそう》**（▶294）がはじまり、日本の各地《かくち》で**旧《きゅう》幕府軍《ばくふぐん》**と**新政府軍《しんせいふぐん》**との戦《たたか》いが起こる。約《やく》1年半の戦《たたか》いののち、新政《しんせい》府軍《ふぐん》が勝利《しょうり》した。

篤《あつ》姫《ひめ》

第13代将軍徳川家定《しょうぐんとくがわいえさだ》の妻《つま》

出身地：**薩摩藩《さつまはん》（現在《げんざい》の鹿児島県《かごしまけん》）**
生没年《せいぼつねん》：**1836〜1883年**
性格《せいかく》：**責任感《せきにんかん》が強い**

徳川家《とくがわけ》を守ろうと力をつくす

大がかりだった結婚《けっこん》行列

薩摩藩《さつまはん》（現在《げんざい》の鹿児島県《かごしまけん》）の島津家《しまづけ》の一門に生まれ、**島津斉彬《しまづなりあきら》**（▼247）の養女《ようじょ》になった**篤姫《あつひめ》**は、21歳《さい》で**徳川家定《とくがわいえさだ》**と結婚《けっこん》した。

結婚《けっこん》のときの行列は大変《たいへん》大がかりで、先頭が江戸城《えどじょう》に着いても最後尾《さいこうび》がまだ渋谷《しぶや》の藩邸《はんてい》にいたというほどだった。

しかし結婚《けっこん》して2年もたたずに家定《いえさだ》が亡《な》くなる。薩摩藩《さつまはん》からはもどるように言ってきたが、篤姫《あつひめ》は「わたしはもう徳川《とくがわ》の人間です」と断《ことわ》った。**戊辰戦争《ぼしんせんそう》**（▼294）のときは、薩摩《さつま》の島津家《しまづけ》や朝廷《ちょうてい》に働《はたら》きかけて徳川家《とくがわけ》を守るために力をつくした。幕府滅亡《ばくふめつぼう》後も薩摩《さつま》に帰らず、徳川家《とくがわけ》の屋敷《やしき》で暮《く》らした。**和宮《かずのみや》**（▼258）や**勝海舟《かつかいしゅう》**（▼268）などとも、たびたび会っていたという。

大奥関係者《おおおくかんけいしゃ》の生活を保障《ほしょう》

明治維新後《めいじいしんご》は自分の生活費《せいかつひ》を切りつめ、大奥《おおおく》で働《はたら》いていた女性《じょせい》たちが生活に困《こま》らないよう、嫁《とつ》ぎ先《さき》や就職先《しゅうしょくさき》を探《さが》した。そのため、亡《な》くなったときは、手元にお金がほとんど残《のこ》っていなかったという。

病弱なりにつとめをはたそうとした

徳《とく》川《がわ》家《いえ》定《さだ》

からだが弱かった第13代将軍《しょうぐん》

出身地：江戸《えど》（現在《げんざい》の東京都《とうきょうと》）

生没年《せいぼつねん》：1824〜1858年

特《とく》技《ぎ》：お菓子《かし》づくり

アメリカから来たハリスにねぎらいの言葉をかける

家定《いえさだ》は生まれつき病弱で、人前に出ることが苦手だった。将軍《しょうぐん》になったものの、ふだんの政務《せいむ》は※老中《ろうじゅう》たちにまかせていた。だからといって政治《せいじ》に関心《かんしん》がなかったわけではない。**ハリス**（▼255）がアメリカ総領事《そうりょうじ》として会いに来たとき、家定《いえさだ》はハリスに遠路はるばる来日したことをねぎらい、両国の友好《ゆうこう》を願《ねが》う言葉をかけたという。

篤姫《あつひめ》との夫婦仲《ふうふなか》はよかったが、子どもができなかったため、あと継《つ》ぎ問題が起きた。

1858年6月、家定《いえさだ》は大名《だいみょう》を集めて「次の将軍《しょうぐん》を**家茂**《いえもち》（▼259）とする」と発表した。その翌月《よくげつ》、家《いえ》定《さだ》は35歳《さい》で急死する。将軍《しょうぐん》になってわずか5年後のことだった。毒殺《どくさつ》されたともいわれている。

ひみつのエピソード

甘《あま》いものが大好《だいす》き！

家定《いえさだ》はお菓子《かし》が好《す》きで、自分でカステラを焼《や》くこともあったという。また、小豆《あずき》を煮《に》たりサツマイモをふかしたりして家臣《かしん》へふるまったので、「芋公方《いもくぼう》」とよばれた。しかし、自分で調理《ちょうり》をしたのは、毒殺《どくさつ》を恐《おそ》れたからともいわれている。家定《いえさだ》の疑《うたが》い深く慎重《しんちょう》な一面だったともいえる。

※老中《ろうじゅう》：江戸幕府《えどばくふ》における最高職《さいこうしょく》

鎖国《さこく》を終わらせたアメリカ軍人《ぐんじん》

ペリー

アメリカの東インド艦隊司令長官《かんたいしれいちょうかん》

出身地：アメリカ

生没年《せいぼつねん》：1794〜1858年

苦手なもの：お歯黒《はぐろ》

日本を開国させる切り札《ふだ》は蒸気船《じょうきせん》

ペリーはアメリカの軍人《ぐんじん》の家に生まれ、父や兄のいる海軍《かいぐん》に入った。当時、アメリカ政府《せいふ》は、日本に捕鯨基地《ほげいきち》をつくりたいと思っていた。そこでペリーを**東《ひがし》インド艦隊《かんたい》**の司令長官《しれいちょうかん》に任命《にんめい》し、日本へ使者として派遣《はけん》した。

ペリーがこだわったのは、蒸気《じょうき》の力で動く最新鋭《さいしんえい》の軍艦《ぐんかん》で日本へむかうことだった。近代兵器《きんだいへいき》の力を見せつけ、江戸幕府《えどばくふ》に開国をせまろうと考えたのだ。

1853年には4隻《せき》の蒸気船《じょうきせん》(**黒船《くろふね》**)で来航《らいこう》し、ペリーはアメリカ大統領《だいとうりょう》からの開国をうながす手紙をわたして帰国した。翌年《よくとし》、今度は7隻《せき》の蒸気船《じょうきせん》で来航《らいこう》する。あらためて開国をもとめ、**日米和親条約《にちべいわしんじょうやく》**を結《むす》び、ペリーは日本を開国させることに成功《せいこう》した。

ひみつのエピソード　お歯黒《はぐろ》は苦手…

ペリーは日本の女《じょ》性《せい》を見て、「美人で活発で自主的《じしゅてき》」とよい印象《いんしょう》をもった。しかし結婚《けっこん》した女《じょ》性《せい》が歯を黒く染《そ》める「お歯《は》黒《ぐろ》」は気に入らなかったようだ。「笑《わら》うと黒い歯が見えるから、笑《わら》わないほうがいいのに……」と記録《きろく》に書き残《のこ》している。

幕府《ばくふ》を説得《せっとく》して日米修好通商条約《にちべいしゅうこうつうしょうじょうやく》を結《むす》ぶ

日本で領事《りょうじ》になりたい！

ハリスは1856年、アメリカ総領事《そうりょうじ》として来日した。以前《いぜん》から日本へ行きたかったため、総領事《そうりょうじ》になれるようあちこち手をまわしたという。

仕事熱心《しごとねっしん》なハリスは何度も江戸《えど》幕府《ばくふ》にかけあい、将軍《しょうぐん》**徳川家定《とくがわいえさだ》**（▼253）に謁見《えっけん》することができた。謁《えっ》見《けん》の翌年《よくとし》、※大老《たいろう》の井伊直弼《いいなおすけ》が**日米《にちべい》修好通商条約《しゅうこうつうしょうじょうやく》**に調印《ちょういん》した。

最初《さいしょ》に領事館《りょうじかん》が置かれたのは下田《しもだ》（現在《げんざい》の静岡県下田市《しずおかけんしもだし》）の玉泉寺《ぎょくせんじ》だった。ハリスは時間を見つけては、下田《しもだ》の町を散歩《さんぽ》していたという。「清潔《せいけつ》で日当たりもよく、下《しも》田《だ》よりもいいところは世界中にないだろう」と日記に書くほど、下《しも》田《だ》を気に入っていた。しかし体調をくずし、1862年に帰国した。

ひみつのエピソード　混浴《こんよく》の風呂《ふろ》におろおろ…

まじめで信仰心《しんこうしん》があつく、生涯独身《しょうがいどくしん》だったハリスは、日本の公衆浴場《こうしゅうよくじょう》（風呂《ふろ》）を見てびっくりした。「男も女も、老人《ろうじん》も子どもも、同じ風呂《ふろ》にはだかで入っている…。どうしてこういう品の悪いことをするのか理解《りかい》に苦しむ」と書き残《のこ》している。

※**大老《たいろう》**：臨時《りんじ》に老中《ろうじゅう》の上に置かれる職《しょく》で、将軍《しょうぐん》の補佐《ほさ》をする

コラム

黒船来航《くろふねらいこう》で大さわぎ!

200年以上《いじょう》外国との交流がなかった日本に、突然《とつぜん》あらわれた巨《きょ》大《だい》なアメリカ船。開国をせまられた日本は大混乱《だいこんらん》におちいった。

日本中が大混乱《だいこんらん》

江戸《えど》時代の末期、日本は外国から開国をもとめられるようになっていたが、幕府《ばくふ》はそれを拒否《きょひ》していた。1853年、アメリカが巨大《きょだい》な蒸気船《じょうきせん》（**黒船**《くろふね》）で使者を送って開国をせまった。どうしたらいいかわからなくなった幕府《ばくふ》は、開国するかどうか各地《かくち》の大名《だいみょう》だけでなく庶民《しょみん》にまで意見をもとめたため、日本中が大混乱《だいこんらん》におちいった。その結果《けっか》、勝ち目がないと悟《さと》った幕府《ばくふ》はアメリカと**日米和親条約**《にちべいわしんじょうやく》と**日米修好通商条約**《にちべいしゅうこうつうしょうじょうやく》を結《むす》び、イギリスなどほかの国とも同じような条約《じょうやく》を結《むす》ぶことになった。

この条約《じょうやく》は、輸入品《ゆにゅうひん》に税金《ぜいきん》をかけられない（**関税自主権**《かんぜいじしゅけん》がない）、外国人が罪《つみ》をおかしたときに日本人が裁《さば》けない（**治外法権**《ちがいほうけん》）など、日本にとって不利《ふり》なものだった。

黒船《くろふね》はこんなに大きい!

アメリカの蒸気船《じょうきせん》は、全長78.3メートル、重さ2450トンという巨大《きょだい》なものだった。当時の日本の大型船《おおがたせん》の全長は20メートル、重さは150トンほどだったので、人々はその大きさにおどろいた。

▲ペリーが乗ってきた蒸気船《じょうきせん》（軍艦《ぐんかん》）

◀江戸《えど》時代の日本の大型船《おおがたせん》

開国したくなかった天皇《てんのう》

孝《こう》明《めい》天《てん》皇《のう》

外国人をきらった天皇《てんのう》

出身地：京（現在《げんざい》の京都府《きょうとふ》）
生没年《せいぼつねん》：1831〜1867年
好《こう》物《ぶつ》：おから

なやみ多き天皇《てんのう》

孝明天皇《こうめいてんのう》は16歳《さい》で父の天皇《てんのう》が亡《な》くなり、即位《そくい》した。

1853年に**ペリー**（▼254）が来航《らいこう》して以来《いらい》、「開国しよう」と言う人々と「外国人《がいこくじん》を追いだしてしまえ（**攘夷《じょうい》**）」と言う人々とのあいだで意見が分かれていた。

孝明天皇《こうめいてんのう》の考えは「攘夷《じょうい》」だった。1858年、江戸幕府《えどばくふ》が**日米《にちべい》修好通商条約《しゅうこうつうしょうじょうやく》**を結《むす》ぶための許可《きょか》をもとめると、「異国人《いこくじん》の願《ねが》い通りになぞならない」と断《ことわ》る。幕府《ばくふ》はしかたなく、許可《きょか》を得《え》ないで条約《じょうやく》を結《むす》ぶ。それを知った孝明天皇《こうめいてんのう》は、怒《おこ》って天皇《てんのう》をやめると言いだした。

さらに幕府《ばくふ》は「朝廷《ちょうてい》と幕府《ばくふ》が協《きょう》力《りょく》（**公武合体《こうぶがったい》**）して軍備《ぐんび》をととのえて外国に対抗《たいこう》する準備《じゅんび》をしたい」と言い、そのために孝明天皇《こうめいてんのう》の妹の**和宮《かずのみや》**（▼258）を将軍《しょうぐん》の妻《つま》にほしいと申し入れてきた。和宮《かずのみや》には婚約《こんやく》者《しゃ》がいたので、孝明天皇《こうめいてんのう》は何度も断《ことわ》ったが、最後にはおれて和宮《かずのみや》を説得《せっとく》した。しかし結局《けっきょく》「攘夷《じょうい》」は行《おこな》われず、世の中が倒幕《とうばく》にむけて動き出すなか、孝明天皇《こうめいてんのう》は突然《とつぜん》の病で急死した。

朝廷《ちょうてい》と幕府《ばくふ》との和平のために結婚《けっこん》

和宮《かずのみや》

将軍徳川家茂《しょうぐんとくがわいえもち》の妻《つま》となった皇女《こうじょ》

出身地：京（現在《げんざい》の京都府《きょうとふ》）
生没年《せいぼつねん》：1846〜1877年
性格《せいかく》：自己主張《じこしゅちょう》がはっきりしている

夫の愛《あい》につつまれて

孝明天皇《こうめいてんのう》（▶257）の妹。朝廷《ちょうてい》と江戸《えど》幕府《ばくふ》のつながりを強める**公武合体《こうぶがったい》**のため、第14代将軍《しょうぐん》**徳川家茂《とくがわいえもち》**と結婚《けっこん》した。幕府《ばくふ》から結婚《けっこん》の申し入れがあったとき、**和宮《かずのみや》**には有栖川宮《ありすがわのみや》熾仁親王《たるひとしんのう》という婚約者《こんやくしゃ》がいた。そのため何度も断《ことわ》ったが、最後にはあきらめて江戸《えど》へむかう。

しぶしぶ将軍《しょうぐん》の妻《つま》になった和宮《かずのみや》だったが、夫《おっと》の家茂《いえもち》に深く愛《あい》されたことでしだいに心はほぐれ、ふたりはいつしか仲《なか》むつまじい夫婦《ふうふ》となる。家茂《いえもち》が関西へ出陣《しゅつじん》する直前に「土産《みやげ》は何がいいか」ときかれ、和宮《かずのみや》は「西陣織《にしじんおり》がいい」と答えた。ところが大坂城《おおさかじょう》にいた家茂《いえもち》は体調をくずして急死。和宮《かずのみや》はとどけられた西陣織《にしじんおり》を見て泣《な》きくずれたという。

明治維新《めいじいしん》後は京都や東京《とうきょう》に住み、皇族《こうぞく》や徳川家《とくがわけ》の人々と交流をもった。しかし30歳《さい》ごろから病気になり、32歳《さい》で亡《な》くなる。遺言《ゆいごん》により家茂《いえもち》の墓《はか》のとなりに葬《ほうむ》られた。昭《しょう》和《わ》30年代の調査《ちょうさ》で棺《ひつぎ》を開けたところ、和宮《かずのみや》は家茂《いえもち》の写真をいだいて静《しず》かに眠《ねむ》っていたという。

公武合体《こうぶがったい》をすすめた第14代将軍《しょうぐん》

出身地：紀州藩《きしゅうはん》（現在《げんざい》の和歌山県《わかやまけん》）
生没年《せいぼつねん》：1846〜1866年
好物《こうぶつ》：ようかん、金平糖《こんぺいとう》、カステラ

妻《つま》を愛《あい》した若《わか》き将軍《しょうぐん》

紀州藩《きしゅうはん》（現在《げんざい》の和歌山県《わかやまけん》）の藩主《はんしゅ》の子として生まれる。第13代将軍《しょうぐん》**徳川《とくがわ》家定《いえさだ》**（▶253）が急死したため、次の将《しょう》軍《ぐん》を**徳川慶喜《とくがわよしのぶ》**（▶280）にしたい「一橋《ひとつばし》派《は》」と、家茂《いえもち》にしたい「南紀派《なんきは》」の争《あらそ》いが起こるが、その結果《けっか》、**家《いえ》茂《もち》**が第14代将軍《しょうぐん》となる。

若《わか》いながらも時代が激動期《げきどうき》をむかえていることを理解《りかい》していた家《いえ》茂《もち》は、朝廷《ちょうてい》と江戸幕府《えどばくふ》の結《むす》びつきを強める**公武合体《こうぶがったい》**のため、**孝明《こうめい》天皇《てんのう》**（▶257）の妹・**和宮《かずのみや》**と結婚《けっこん》。政略《せいりゃく》結婚《けっこん》だったが、家茂《いえもち》は和宮《かずのみや》を心から愛《あい》し、大切にした。

家茂《いえもち》は、もちまえの賢《かしこ》さと決断《けつだん》力《りょく》をもって政務《せいむ》にあたった。外国からの圧力《あつりょく》に対抗《たいこう》するほか、江《え》戸《ど》幕府《ばくふ》に逆《さか》らう長州藩《ちょうしゅうはん》との戦《たたか》い（**長州征伐《ちょうしゅうせいばつ》**）のなかにあっても、妻《つま》を思いやることを忘《わす》れず、たびたびプレゼントをおくった。

また、ようかんや金平糖《こんぺいとう》、カステラなどの甘《あま》いものが大好《だいす》きで、和宮《かずのみや》ともよくお菓子《かし》を食べたという。しかし、激務《げきむ》がつづいたためか、21歳《さい》という若《わか》さで亡《な》くなった。

多くの弟子《でし》を育てた天才

吉《よし》田《だ》松《しょう》陰《いん》

松下村塾《しょうかそんじゅく》の塾長《じゅくちょう》

出身地：**長州藩《ちょうしゅうはん》（現在《げんざい》の山口県《やまぐちけん》）**
生没年《せいぼつねん》：**1830〜1859年**
性《せい》　格《かく》：**まじめだがカッとなりやすい**

9歳《さい》で学校の先生になる

松陰《しょういん》は長州藩《ちょうしゅうはん》（現在《げんざい》の山口県《やまぐちけん》）の藩《はん》士《し》の息子。教育熱心《きょういくねっしん》な父親のもと毎日勉強して、9歳《さい》のときには明倫館《めいりんかん》という藩《はん》の学校の先生になる。叔父《おじ》が**松下村塾《しょうかそんじゅく》**を開くと、そこに通ってさらに勉強し、21歳《さい》のときには九州をまわって知識《ちしき》を広げた。その後《ご》江戸《えど》に出て、兵《へい》学《がく》や**蘭学《らんがく》**（西洋の学問）にはげむ。

密航《みっこう》をくわだてる

1853年にアメリカの艦隊《かんたい》が来航《らいこう》して開国をもとめると、日本中がハチの巣《す》をつついたような大さわぎになった。松陰《しょういん》は、欧米《おうべい》の国々の本当の姿《すがた》を知りたいと考えた。しかし日本人が海外へ行くことは禁止《きんし》されていたので、松陰《しょういん》はアメリカ船に密航《みっこう》しようとしたが、捕《つか》まって長州藩《ちょうしゅうはん》へ送り返された。

塾《じゅく》で若者《わかもの》を教育

故郷《こきょう》へもどされて自宅謹慎《じたくきんしん》となった松陰《しょういん》は、叔父《おじ》の松下村塾《しょうかそんじゅく》を継《つ》いで藩《はん》の若者《わかもの》を教育した。「学問をしたい」という思いがあれば、だれでも門下生になれた。松陰《しょういん》は身分にとらわれず、すべての人と平等に接《せっ》した。指導《しどう》はきびしくとも人にはやさしく、つねに長所をのばすようにつとめていたという。門下生には**高杉晋作《たかすぎしんさく》**（▶275）や**伊《い》藤博文《とうひろぶみ》**（▶299）など、その後《ご》の日本を変《か》えていく人物がいた。

しかし、日本にとって不利《ふり》な条件《じょうけん》で**日米修好通商条約《にちべいしゅうこうつうしょうじょうやく》**が結《むす》ばれたことを聞いた松陰《しょういん》は、腹《はら》を立てたあまり江戸幕府《えどばくふ》の老中襲撃《ろうじゅうしゅうげき》計画を立てて捕《つか》まる。国の行くすえを考えてのことだったが、井伊《いい》直弼《なおすけ》による**安政《あんせい》の大獄《たいごく》**のさなかでもあり、翌年斬首刑《よくとしざんしゅけい》となった。

ひみつのエピソード 安政《あんせい》の大獄《たいごく》って？

江戸幕府《えどばくふ》の大老《たいろう》・井伊直弼《いいなおすけ》は、天皇《てんのう》の許《ゆる》しを得《え》ないままアメリカとの条約《じょうやく》を結《むす》んだ。西洋の国々と争《あらそ》うわけにはいかないと考えたからだ。直弼《なおすけ》は反対する攘夷《じょうい》派《は》の人々を次々に捕《つか》まえて処刑《しょけい》する。これを「安政《あんせい》の大獄《たいごく》」といい、松陰《しょういん》も捕《つか》まって処刑《しょけい》された。

吉田松陰《よしだしょういん》に認《みと》められたイケメンの秀才《しゅうさい》

久《く》坂《さか》玄《げん》瑞《ずい》

吉田松陰《よしだしょういん》が才能《さいのう》を愛《あい》した塾生《じゅくせい》

出身地：長州藩《ちょうしゅうはん》（現在《げんざい》の山口県《やまぐちけん》）
生没年《せいぼつねん》：1840～1864年
性《せい》　格《かく》：まじめで一直線

吉田松陰《よしだしょういん》に学び攘夷運動《じょういうんどう》の先頭に立つ

久坂玄瑞《くさかげんずい》は長州藩《ちょうしゅうはん》（現在《げんざい》の山口県《やまぐちけん》）の医師《いし》の家に生まれ、**吉田松陰**《よしだしょういん》（▼260）の**松下村塾**《しょうかそんじゅく》に入門。メキメキと頭角《とうかく》をあらわし、**高杉晋作**《たかすぎしんさく》（▼275）とともに「松門《しょうもん》の双璧《そうへき》※」とよばれた。松陰《しょういん》の死後は、外国人を追いだそうとする攘夷運動《じょういうんどう》の先頭に立って戦《たたか》う。しかし、長州藩《ちょうしゅうはん》と幕府軍《ばくふぐん》が戦《たたか》った１８６４年の**蛤**《はまぐり》**御門の変**《ごもんのへん》**（禁門の変**《きんもんのへん》**）**で戦死《せんし》した。

吉田松陰《よしだしょういん》の妹と結婚《けっこん》したくなかった!?

師《し》である吉田松陰《よしだしょういん》から、その才《さい》能《のう》を「周防《すおう》・長州《ちょうしゅう》における第一流の人物」と絶賛《ぜっさん》された玄瑞《げんずい》。のちに**西郷隆盛**《さいごうたかもり》（▼270）も「久坂《くさか》先生が生きておられたら、わたしなどとてもおよぶものではない」と話している。

このように評価《ひょうか》の高い玄瑞《げんずい》だが、完全無欠《かんぜんむけつ》というわけではない。松陰《しょういん》の妹・**文**《ふみ》との結婚話《けっこんばなし》がもちあがったとき、「見た目が好《この》みでないので」と一度は断《ことわ》り、「見た目で選《えら》ぶとは情《なさ》けない」と、同じ塾《じゅく》生《せい》からたしなめられたという人間くさいエピソードも残《のこ》っている。

※ **双璧**《そうへき》：ともにすぐれていて優劣《ゆうれつ》つけがたい２つのもの

ふたりの夫《おっと》をささえたよき妻《つま》

杉《すぎ》文《ふみ》（楫《か》取《とり》美《み》和《わ》子《こ》）

久坂玄瑞《くさかげんずい》の妻《つま》となった吉田松陰《よしだしょういん》の妹

出身地：長州藩《ちょうしゅうはん》（現在《げんざい》の山口県《やまぐちけん》）
生没年《せいぼつねん》：1843～1921年
性《せい》　格《かく》：おだやかで前むき

結婚《けっこん》相手は兄の弟子《でし》

杉文《すぎふみ》は**吉田松陰《よしだしょういん》**（▼260）の妹。15歳《さい》のとき、兄の門下生・**久坂玄瑞《くさかげんずい》**の妻《つま》となった。しかし、夫《おっと》の玄瑞《げんずい》は外国に対抗《たいこう》する攘夷運動《じょういうんどう》でいそがしく、夫婦《ふうふ》でおだやかにすごした時間はほとんどなかった。

そんなふたりだったが、玄瑞《げんずい》は行く先々から文《ふみ》へ手紙を送っている。また、文《ふみ》も玄瑞《げんずい》へ着物をぬって送るなどした。

7年後に玄瑞《げんずい》は戦死《せんし》。文《ふみ》は22歳《さい》で未亡人《みぼうじん》になってしまう。

再婚《さいこん》相手は政府《せいふ》の役人

文《ふみ》が再婚《さいこん》したのは41歳のとき。2度目の夫《おっと》は、楫取素彦《かとりもとひこ》という明《めい》治政府《じせいふ》の役人だった。

素彦《もとひこ》はもともと姉の夫《おっと》だったが、病気で動けなくなった姉の代わりに、文《ふみ》が素彦《もとひこ》の身のまわりの世話をするうちに愛情《あいじょう》がめばえたという。姉の死後、母親のすすめで結婚《けっこん》、名前も美和子《みわこ》とあらためた。素彦《もとひこ》が男爵《だんしゃく》の位《くらい》をもらったため、美和子《みわこ》は男爵夫人《だんしゃくふじん》としていそがしい毎日をすごす。晩年《ばんねん》は山口《やまぐち》県《けん》で暮《く》らし、79歳《さい》で亡《な》くなった。

幕末《ばくまつ》の日本をかけぬけた風雲児《ふううんじ》

坂《さか》本《もと》龍《りょう》馬《ま》

日本初《はつ》の貿易会社《ぼうえきがいしゃ》を設立《せつりつ》

出身地：土佐藩《とさはん》(現在《げんざい》の高知県《こうちけん》)

生没年《せいぼつねん》：1835～1867年

性格《せいかく》：新しいものが好《す》き

龍馬《りょうま》を変《か》えた武術《ぶじゅつ》

龍馬《りょうま》は10歳《さい》をすぎても寝小便《ねしょうべん》のくせが直らない、気の弱い少年だった。12歳《さい》のとき「小栗流《おぐりりゅう》」という武術《ぶじゅつ》に出会い、熱心《ねっしん》に取り組んで自信をつける。17歳《さい》のとき、剣術修行《けんじゅつしゅぎょう》のため江戸《えど》の千葉定吉《ちばさだきち》の道場に入門。その直後、アメリカ艦隊《かんたい》が来航《らいこう》し、西洋の武力《ぶりょく》を目《ま》の当たりにする。

土佐《とさ》へもどった龍馬《りょうま》は、28歳《さい》のときに**脱藩《だっぱん》**※してふたたび江戸《えど》へ出る。開国派《かいこくは》の**勝海舟《かつかいしゅう》**(▶268)を暗殺《あんさつ》しようと押しかけるが、勝《かつ》の考えを聞いて感動した龍馬《りょうま》は、そのまま勝《かつ》に弟子《でし》入りした。

※**脱藩《だっぱん》**：藩《はん》の許可《きょか》なしで勝手に藩《はん》を出ていくこと

薩摩藩《さつまはん》と長州藩《ちょうしゅうはん》を仲《なか》なおりさせる

龍馬《りょうま》は「強い日本にするためには国内で争《あらそ》っている場合ではない」と考え、仲《なか》の悪い薩摩藩《さつまはん》と長《ちょう》州藩《しゅうはん》を和解《わかい》させようと活動した。薩摩藩《さつまはん》の援助《えんじょ》を受けて貿易会社《ぼうえきがいしゃ》**亀《かめ》山社中《やましゃちゅう》**（のちの海援隊《かいえんたい》）をつくり、薩摩藩《さつまはん》と長州藩《ちょうしゅうはん》のあいだで米や武器《ぶき》を取り引きさせた。経済的《けいざいてき》な結《むす》びつきをつくったことが、**薩長《さっちょう》同盟《どうめい》**が結《むす》ばれるきっかけとなった。

江戸幕府《えどばくふ》に対抗《たいこう》する最大勢力《さいだいせいりょく》を誕生《たんじょう》させた龍馬《りょうま》は、幕府側《ばくふがわ》にマークされるようになる。そして京の寺田屋《てらだや》にいるところをおそわれ、両手を負傷《ふしょう》した。

新しい国家の方針《ほうしん》を考える

やがて薩摩藩《さつまはん》と長州藩《ちょうしゅうはん》は、武力《ぶりょく》で江戸《えど》幕府《ばくふ》をたおそうと考えはじめる。しかし土佐藩《とさはん》は武力《ぶりょく》での倒幕《とうばく》はさけたいと考えており、龍馬《りょうま》に相談《そうだん》をもちかけてきた。龍馬《りょうま》は政権《せいけん》を朝廷《ちょうてい》へ返す**大《たい》政奉還《せいほうかん》**をふくむ「**船中八策《せんちゅうはっさく》**※」という8つの方策《ほうさく》を提案《ていあん》した。この「船《せん》中八策《ちゅうはっさく》」は土佐藩《とさはん》を通じて将軍《しょうぐん》**徳《とく》川慶喜《がわよしのぶ》**(▶280)に伝《つた》えられ、慶喜《よしのぶ》は大《たい》政奉還《せいほうかん》を決意する。

こうして新しい日本の基礎《きそ》をかためた龍馬《りょうま》だったが、33歳《さい》の誕《たん》生日《じょうび》に京の近江屋《おうみや》で何者かに暗殺《あんさつ》され、この世を去った。

※**船中八策《せんちゅうはっさく》**：「政権《せいけん》を朝廷《ちょうてい》に返す」「政策《せいさく》は議会《ぎかい》で決める」「有能《ゆうのう》な人材を登用《とうよう》する」「海軍を整備《せいび》する」など8つの案

坂本龍馬《さかもとりょうま》に愛《あい》された女性《じょせい》

坂《さか》本《もと》龍《りょう》（お龍《りょう》）

龍馬《りょうま》と新婚旅行《しんこんりょこう》をした妻《つま》

出身地：京（現在《げんざい》の京都府《きょうとふ》）
生没年《せいぼつねん》：1841〜1906年
性格《せいかく》：男まさりで気が強い

浴衣《ゆかた》1枚《まい》で危機《きき》を知らせる

坂本龍馬《さかもとりょうま》（▶264）の妻《つま》。**お龍《りょう》**の父親は医師《いし》だったと伝《つた》わる。

1866年1月24日未明《みめい》、伏見《ふしみ》の宿・寺田屋《てらだや》は、伏見奉行所《ふしみぶぎょうしょ》がさしむけた大勢《おおぜい》の捕《と》り手※にかこまれた。坂本龍馬《さかもとりょうま》を捕《つか》まえるためだ。入浴中《にゅうよくちゅう》だったお龍《りょう》は捕《と》り手に気づき、浴衣《ゆかた》をはおると2階へかけあがって龍馬《りょうま》に危機《きき》を知らせた。龍馬《りょうま》は手にケガをしたものの、間一髪《かんいっぱつ》のところでのがれることができた。

日本初《はつ》の新婚旅行《しんこんりょこう》

この**寺田屋事件《てらだやじけん》**のあと、お龍《りょう》と龍馬《りょうま》は結婚《けっこん》する。そして龍馬《りょうま》の傷《きず》の治療《ちりょう》のため、鹿児島《かごしま》の温《おん》泉《せん》へ出かけ、各地《かくち》を見て歩いた。これが**日本で初《はじ》めての新婚旅行《しんこんりょこう》**といわれている。

お龍《りょう》についての評判《ひょうばん》は「美しいことは美しいが、賢《かし》い夫人《ふじん》だったかはわからない」「男まさりで、ずうずうしいところがある」などイマイチ。しかし、龍馬《りょうま》を命がけで愛《あい》していたことだけはたしかである。

※**捕《と》り手**：罪人《ざいにん》を捕《と》らえる役目や役人

幕末《ばくまつ》を代表する美しい女剣士《おんなけんし》

千葉《ちば》佐那子《さなこ》

坂本龍馬《さかもとりょうま》の婚約者《こんやくしゃ》

出身地：江戸《えど》（現在《げんざい》の東京都《とうきょうと》）
生没年《せいぼつねん》：1838〜1896年
特技《とくぎ》：剣術《けんじゅつ》（北辰一刀流《ほくしんいっとうりゅう》）

坂本龍馬《さかもとりょうま》と結婚《けっこん》の約束《やくそく》をする

北辰一刀流《ほくしんいっとうりゅう》の開祖《かいそ》・千葉周作《ちばしゅうさく》の弟である千葉定吉《ちばさだきち》の娘《むすめ》として生まれた。幼《おさな》いころから剣術《けんじゅつ》を学び、10代で※免許皆伝《めんきょかいでん》となる。

美人で知られた**佐那子《さなこ》**は「小千葉小町《こちばこまち》」「千葉《ちば》の鬼小町《おにこまち》」などとよばれていた（「小千葉《こちば》」とは、父の道場のよび名）。

坂本龍馬《さかもとりょうま》（▼264）との出会いは、剣術修行《けんじゅつしゅぎょう》のために父の道場に龍馬《りょうま》が入門したため。凛《りん》とした美しい佐那子《さなこ》を見た龍馬《りょうま》が、ひと目ぼれをしたともいう。龍馬《りょうま》が姉にあてた手紙にも「とてもすばらしい女性《じょせい》だ」と書いたほどだった。

ふたりは結婚《けっこん》の約束《やくそく》をして、千葉家《ちばけ》からは短刀を、龍馬《りょうま》からは家紋《かもん》入りの着物を交換《こうかん》したといわれている。しかし龍馬《りょうま》が暗殺《あんさつ》されて亡《な》くなってしまったため、結婚《けっこん》にはいたらなかったという。

佐那子《さなこ》は龍馬《りょうま》の死後、女学校の寄宿舎《きしゅくしゃ》の管理人《かんりにん》となる。退職後《たいしょくご》は鍼灸院《しんきゅういん》を開いて生活した。亡《な》くなるまで龍馬《りょうま》の着物を大切にし、佐那子《さなこ》の墓《はか》には「坂本龍馬室《さかもとりょうまのしつ》」と刻《きざ》まれている。

※免許皆伝《めんきょかいでん》：武術《ぶじゅつ》の師匠《ししょう》から奥義《おうぎ》（もっとも大事な事がら）をすべて伝授《でんじゅ》されたということ

時代をひっぱった型破《かたやぶ》りな幕臣《ばくしん》

勝《かつ》海《かい》舟《しゅう》

日本の海軍《かいぐん》をととのえた秀才《しゅうさい》

出身地：江戸《えど》（現在《げんざい》の東京都《とうきょうと》）
生没年《せいぼつねん》：1823〜1899年
特《とく》　技《ぎ》：剣術《けんじゅつ》（直心影流《じきしんかげりゅう》）

日本を守るため 海軍《かいぐん》を強化

勝海舟《かつかいしゅう》は江戸《えど》幕府《ばくふ》の下級の幕《ばく》臣《しん》の家に生まれた。まずしいながら子どものころから剣術《けんじゅつ》を学び、オランダ語や地理学、兵学《へいがく》も勉強した。

31歳《さい》のとき、アメリカ艦隊《かんたい》が日本へやってきた。そのとき幕府《ばくふ》の老中《ろうじゅう》だった阿部正弘《あべまさひろ》は、広く庶《しょ》民《みん》にまで意見をもとめた。勝《かつ》も外国から国を守るための意見を提《てい》出《しゅつ》、その内容《ないよう》が的確《てきかく》だったため幕府《ばくふ》の翻訳掛《ほんやくがかり》に取りたてられた。さらに海軍伝習所《かいぐんでんしゅうじょ》(海軍《かいぐん》学校)で海《かい》軍《ぐん》について学んだ。

1860年、**日米修好通商条約《にちべいしゅうこうつうしょうじょうやく》**を結《むす》ぶための使節団《しせつだん》を守る軍艦《ぐんかん》・**咸臨丸《かんりんまる》**の指揮官《しきかん》としてアメリカへわたった。帰国後、軍艦奉行《ぐんかんぶぎょう》(海《かい》軍《ぐん》の長官《ちょうかん》)に任命《にんめい》され、海軍《かいぐん》の組《そ》織《しき》をととのえていく。**坂本龍馬《さかもとりょうま》**(▼264)も、勝《かつ》のもとで海軍《かいぐん》の勉強をしている。

江戸城《えどじょう》と江戸《えど》の町を守る

46歳《さい》のとき、旧幕府軍《きゅうばくふぐん》と新政《しんせい》府軍《ふぐん》とのあいだで戦争《せんそう》が起きた(**戊辰戦争《ぼしんせんそう》**)。各地《かくち》で勝利《しょうり》をおさめた新政府軍《しんせいふぐん》が江戸《えど》にせまると、勝《かつ》は旧幕府軍《きゅうばくふぐん》の代表として、新《しん》政府軍《せいふぐん》の代表の**西郷隆盛《さいごうたかもり》**(▼270)と話し合いをすることに。勝《かつ》の説得《せっとく》により江戸城《えどじょう》への攻撃《こうげき》は中止になり、江戸城《えどじょう》は新政府軍《しんせいふぐん》に明けわたされた(**江戸城無血開城《えどじょうむけつかいじょう》**)。勝《かつ》は、攻撃《こうげき》をさけたことで、江戸《えど》城《じょう》だけでなく江戸《えど》の町も守ったのだった。

日本の近代化をすすめ、明治《めいじ》政《せい》府《ふ》で海軍大臣《かいぐんだいじん》などもつとめた勝《かつ》は、77歳《さい》でこの世を去る。最後の言葉は「コレデオシマイ」。自分の役割《やくわり》をはたしきって亡《な》くなった。

ひみつのエピソード

恋人《こいびと》や愛人《あいじん》が8人!

勝海舟《かつかいしゅう》は恋人《こいびと》が多いことでも有名だった。妻《つま》と愛《あい》人《じん》が同じ家に住んでいたこともあったが、ふしぎとけんかにはならなかった。勝《かつ》は、「うちの女たちがけんかをしないのは、おれがエラいからだ」と言っていたが、それが寛大《かんだい》な妻《つま》のおかげだったことは言うまでもない。

西郷隆盛《さいごうたかもり》

薩摩藩士《さつまはんし》から明治政府《めいじせいふ》の大臣《だいじん》に

出身地：薩摩藩《さつまはん》(現在《げんざい》の鹿児島県《かごしまけん》)
生没年《せいぼつねん》：1827~1877年
きらいなもの：写真

斉彬《なりあきら》とともに日本の近代化をめざす

西郷隆盛《さいごうたかもり》は薩摩藩《さつまはん》（現在《げんざい》の鹿児島県《かごしまけん》）の下級武士《かきゅうぶし》の家に生まれ、藩《はん》の役人となる。農業《のうぎょう》に関《かん》する意見書を提出《ていしゅつ》したところ、藩主《はんしゅ》の**島津斉彬《しまづなりあきら》**（▶247）に認《みと》められて出世、お庭方《にわかた》（秘書《ひしょ》）として働《はたら》き、**吉田松陰《よしだしょういん》**（▶260）らと出会う。斉彬《なりあきら》とともに日本を近代化しようと計画をしていたが、斉彬《なりあきら》が急死。ショックを受けた西《さい》郷《ごう》は自殺《じさつ》をしようとしたほどだった。生き残《のこ》った西郷《さいごう》を待ちうけていたのは、幕府大老《ばくふたいろう》・井伊直弼《いいなおすけ》による**安政《あんせい》の大獄《たいごく》**（▶261）だった。松陰《しょういん》とつきあいのあった西郷《さいごう》もマークされていたため、薩摩藩《さつまはん》は西郷《さいごう》を奄美大島《あまみおおしま》へ島流しにすることで、西郷《さいごう》を守った。

明治政府《めいじせいふ》を追われる

「幕府《ばくふ》をたおして日本を強くしたい」と考えた西郷《さいごう》は、**坂本龍馬《さかもとりょうま》**（▶264）の紹介《しょうかい》で長州藩《ちょうしゅうはん》（現在《げんざい》の山口県《やまぐちけん》）の**木戸孝允《きどたかよし》**（▶272）と会って、**薩長同盟《さっちょうどうめい》**を結《むす》んで江戸幕府《えどばくふ》をたおすために協力《きょうりょく》しようと誓《ちか》う。**戊辰戦争《ぼしんせんそう》**の最後には、勝海舟《かつかいしゅう》（▶268）と話し合い**江戸城無血開城《えどじょうむけつかいじょう》**を成功《せいこう》させる。明治新政府《めいじしんせいふ》の中心となって働《はたら》いた西郷《さいごう》だったが、政府内《せいふない》で朝鮮《ちょうせん》へ出兵《しゅっぺい》するかどうかで対立が起き、議論《ぎろん》に負けた西郷《さいごう》は鹿児《かご》島《しま》へ帰る。故郷《こきょう》で私学校《しがっこう》を開き、軍事《ぐんじ》や農業《のうぎょう》を若者《わかもの》たちに教えた。その後《ご》、西郷《さいごう》たちが力をつけすぎることを恐《おそ》れた明治政府《めいじせいふ》とのあいだに**西南戦争《せいなんせんそう》**が起こる。敗《やぶ》れた西《さい》郷《ごう》は切腹《せっぷく》して亡《な》くなった。

利でなく誠《まこと》で動く人

西郷《さいごう》の言葉に「命もいらず、名もいらず、官位《かんい》も金もいらぬ人は、仕末《しまつ》に困《こま》る也《なり》」というものがある。命も名誉《めいよ》も官位《かんい》もお金もいらない、そんな人は使命感《しめいかん》で動くので、どう処置《しょち》したらいいかわからない、という意味だ。この言葉の通り、いつでもだれかのために誠実《せいじつ》に働《はたら》いた西郷《さいごう》こそ、もっとも「仕末《しまつ》に困《こま》る」人物だった。

日本を近代国家にするため力をつくす

木《き》戸《ど》孝《たか》允《よし》(桂《かつら》小《こ》五《ご》郎《ろう》)

「逃《に》げ」に徹《てっ》した幕末《ばくまつ》・維新期《いしんき》の政治家《せいじか》

出身地：長州藩《ちょうしゅうはん》(現在《げんざい》の山口県《やまぐちけん》)

生没年《せいぼつねん》：1833〜1877年

特《とく》 技《ぎ》：変装《へんそう》

長州藩《ちょうしゅうはん》のリーダーとなる

桂小五郎《かつらこごろう》こと**木戸孝允《きどたかよし》**は、長《ちょう》州藩《しゅうはん》（現在《げんざい》の山口県《やまぐちけん》）の医者の家に生まれた。17歳《さい》のとき**吉田松陰《よしだしょういん》**（▶260）の弟子《でし》になり、軍事《ぐんじ》について学ぶ。また、剣術《けんじゅつ》の道場へも通い、剣《けん》豪《ごう》としても名をあげた。

1864年、長州藩《ちょうしゅうはん》は小五郎《こごろう》や**高杉晋作《たかすぎしんさく》**（▶275）の反対をおしきり、幕府軍《ばくふぐん》と京で戦《たたか》って敗《やぶ》れる（**蛤御《はまぐりご》門《もん》の変《へん》**）。小五郎はその後《ご》、変装《へんそう》して京にかくれひそんでいた。このとき小五郎《こごろう》におにぎりをとどけるなどしてたすけたのが、のちに妻《つま》となる芸者《げいしゃ》の**幾松《いくまつ》**（▶274）だった。

その後《ご》、長州藩《ちょうしゅうはん》の実権《じっけん》を高杉《たかすぎ》晋作《しんさく》がうばい、小五郎《こごろう》は長州藩《ちょうしゅうはん》のリーダーとして復活《ふっかつ》。そして江《え》戸幕府《どばくふ》をたおすため**西郷隆盛《さいごうたかもり》**（▶270）と話し合い、**薩長同盟《さっちょうどうめい》**を結《むす》ぶ。

ヨーロッパを訪問《ほうもん》し帰国して会議《かいぎ》を開く

江戸幕府《えどばくふ》をたおそうと薩長同盟《さっちょうどうめい》を結《むす》んだころ、小五郎《こごろう》は木戸孝《きどたか》允《よし》と改名《かいめい》した。明治政府《めいじせいふ》で参議《さんぎ》（大臣《だいじん》）となった木戸《きど》は、※**廃藩置県《はいはんちけん》**、※**四民平等《しみんびょうどう》**などの政策《せいさく》を実行する。

木戸《きど》は欧米《おうべい》の文化や政治《せいじ》を学ぶため、**岩倉具視《いわくらともみ》**（▶301）らとともにヨーロッパへ出かけた。帰国した木戸《きど》は、憲法《けんぽう》を制定《せいてい》することや教育を充実《じゅうじつ》させることが大切だと考え、積極的《せっきょくてき》に取り組んだ。また、府知事《ふちじ》などを集めた会議《かいぎ》を開き、さまざまな法律《ほうりつ》について話し合った。

西南戦争《せいなんせんそう》が起こると、自《みずか》ら西《さい》郷隆盛《ごうたかもり》を説得《せっとく》することを決意。しかし鹿児島《かごしま》へむかう途中《とちゅう》で持病が悪化、「西郷《さいごう》もいいかげんにしないか」と言って亡《な》くなった。

ひみつのエピソード

「逃《に》げの小五郎《こごろう》」

木戸《きど》は「逃《に》げの小五郎《こごろう》」とよばれていた。剣術《けんじゅつ》の達人《たつじん》であるにもかかわらず、暗殺者《あんさつしゃ》が来ても戦《たたか》わずにさっさとにげてしまうからである。木戸《きど》が剣《けん》をぬかなかったのは「生きるためには無用《むよう》の戦《たたか》いをしないことが大切」と考えていたからだ。

※ **廃藩置県《はいはんちけん》**：藩制度《はんせいど》をやめて府《ふ》や県《けん》を置くこと、**四民平等《しみんびょうどう》**：江戸《えど》時代の身分《みぶん》制度をやめすべての国民《こくみん》を平等とすること

愛《あい》する男のためにスパイ活動

木戸《きど》松子《まつこ》（幾松《いくまつ》）

京の芸者《げいしゃ》から木戸孝允《きどたかよし》の妻《つま》に

出身地：若狭国《わかさのくに》小浜藩《おばまはん》（現在《げんざい》の福井県《ふくいけん》）
生没年《せいぼつねん》：1843～1886年
特技《とくぎ》：笛《ふえ》、踊《おど》り

京で人気の芸者《げいしゃ》「幾松《いくまつ》」

松子《まつこ》は小浜藩《おばまはん》（現在《げんざい》の福井県《ふくいけん》）の藩士《はんし》の娘《むすめ》として生まれる。

9歳《さい》のとき、京の三本木《さんぼんぎ》の吉田屋から舞妓《まいこ》としてデビュー。美人で頭がよく、笛《ふえ》や踊《おど》りの芸事《げいごと》にもすぐれていたので、先代の「**幾松《いくまつ》**」の名を継《つ》いで芸者《げいしゃ》になるとたちまち人気者に。店の客として出会った**桂小五郎《かつらこごろう》**こと**木戸孝允《きどたかよし》**（▶272）と恋《こい》に落ちた。

恋人《こいびと》のために

芸者《げいしゃ》として江戸幕府《えどばくふ》の重臣《じゅうしん》の酒席《しゅせき》によばれることも多かった幾《いく》松《まつ》は、「愛《いと》しいあの人の手だすけをしたい」との思いから、木戸《きど》のスパイをつとめるようになる。

木戸《きど》が江戸幕府《えどばくふ》に追われ、変装《へんそう》して京にかくれていたときは、自分でおにぎりをつくって木戸《きど》のもとに運んだという。

明治維新後《めいじいしんご》、「松子《まつこ》」の名前で正式に木戸《きど》と結婚《けっこん》する。ふたりは仲《なか》むつまじく、箱根《はこね》などにも出かけたという。松子《まつこ》は木戸《きど》の死から9年後に亡《な》くなり、今も愛《あい》する夫《おっと》のとなりで眠《ねむ》っている。

長州藩《ちょうしゅうはん》をまとめ倒幕運動《とうばくうんどう》をすすめる

高《たか》杉《すぎ》晋《しん》作《さく》

「奇兵隊《きへいたい》」をつくった長州藩士《ちょうしゅうはんし》

出身地：長州藩《ちょうしゅうはん》（現在《げんざい》の山口県《やまぐちけん》）
生没年《せいぼつねん》：1839〜1867年
特　技《とくぎ》：三味線《しゃみせん》

死を覚悟《かくご》して挙兵《きょへい》し長州藩《ちょうしゅうはん》の実権《じっけん》をにぎる

長州藩《ちょうしゅうはん》（現在《げんざい》の山口県《やまぐちけん》）の藩士《はんし》の子。24歳《さい》のとき、藩《はん》の命令で上海《シャンハイ》へわたり、清《しん》（中国）が欧米諸国《おうべいしょこく》の植民地《しょくみんち》にされつつあることを知る。**晋作《しんさく》**は「このままでは日本も植民地《しょくみんち》にされてしまう」と考え、外国に対抗《たいこう》する攘夷運動《じょういうんどう》をすすめた。また、武士《ぶし》でも庶民《しょみん》でも、身分に関係なく入れる軍隊《ぐんたい》「**奇兵隊《きへいたい》**」をつくりあげた。

蛤《はまぐり》御《ご》門《もん》の変《へん》で長州藩《ちょうしゅうはん》が幕府軍《ばくふぐん》に敗《やぶ》れたあと、長州藩《ちょうしゅうはん》を倒幕《とうばく》で統一《とういつ》するため反乱《はんらん》を起こす。ともに立ちあがったのはわずか80名。しかし、晋作《しんさく》の決死《けっし》の覚悟《かくご》を見た人々が味方して、反乱《はんらん》は成功《せいこう》する。藩《はん》の実権《じっけん》をにぎった晋作《しんさく》は、その後《ご》も長州藩《ちょうしゅうはん》のために働《はたら》いたが、結核《けっかく》にかかって29歳《さい》で亡《な》くなった。

ひみつのエピソード まるで魔王《まおう》？ 大胆不敵《だいたんふてき》な晋作《しんさく》

長州藩《ちょうしゅうはん》が下関《しものせき》でイギリスなど4か国の艦隊《かんたい》と争《あらそ》って敗《やぶ》れたとき、交渉役《こうしょうやく》として晋作《しんさく》が選《えら》ばれた。負けた側《がわ》の交渉人《こうしょうにん》だというのに態度《たいど》が大きく、その様子を見た欧米側《おうべいがわ》の通訳《つうやく》は「負けたくせにめちゃくちゃ怒《おこ》っていて、まるで魔王《まおう》のようだった」と話したという。

日本人のすすむべき道をしめした

福《ふく》沢《ざわ》諭《ゆ》吉《きち》

慶応《けいおう》義塾《ぎじゅく》の創設者《そうせつしゃ》
出身地：豊前国中津藩《ぶぜんのくになかつはん》(現在《げんざい》の大分県《おおいたけん》)
生没年《せいぼつねん》：1834～1901年
趣味《しゅみ》：居合道《いあいどう》

身分に関係なく西洋の学問を教える

諭吉《ゆきち》の母は、どんな身分の人にでもやさしく接《せっ》する人だった。そんな母に育てられた諭吉《ゆきち》は、25歳《さい》のとき江戸《えど》で**蘭学《らんがく》**(オランダから入ってきた西洋の学問)の塾《じゅく》を開く。**ペリー**(▼254)の来航後《らいこうご》、諭吉《ゆきち》は横浜《よこはま》の外国人が住んでいる町をたずねた。そこでは英語《えいご》が話《はな》されていて、諭吉《ゆきち》が身につけたオランダ語は通じなかった。ショックを受けた諭吉《ゆきち》は「これからは英語《えいご》が必《ひつ》要《よう》だ」と感じ、英語《えいご》を学びはじめる。その後《ご》、**勝海舟《かつかいしゅう》**(▼268)らとアメリカやヨーロッパをめぐった。帰国後に『**西洋事情《せいようじじょう》**』を書き、西洋の文化を日本に紹介《しょうかい》した。

35歳《さい》のとき、諭吉《ゆきち》は自分の塾《じゅく》の名を「**慶應義塾《けいおうぎじゅく》**」(のちの慶應《けいおう》義塾《ぎじゅく》大学)に改《あらた》め、身分に関係《かんけい》なくどんな人でも西洋の学問を学べるようにした。そして『**学問のすゝめ《すすめ》**』で「天は人の上に人をつくらず、人の下に人をつくらず」と平等を説《と》き、身分や貧富《ひんぷ》の差《さ》にかかわらず勉強をすることが大切だと教えた。その後《ご》も学校や研究所をつくり、教育活動をつづけた。

コラム

咸臨丸《かんりんまる》でアメリカへ!

江戸幕府《えどばくふ》は、アメリカと結《むす》んだ条約《じょうやく》の書類《しょるい》をとりかわすため、アメリカへ使者を送った。

初《はじ》めて太平洋《たいへいよう》を横断《おうだん》

咸臨丸《かんりんまる》は、開国後幕府《ばくふ》がオランダに注文した軍艦《ぐんかん》で、初《はじ》めて太平洋《たいへいよう》を横断《おうだん》した「日本の船」だ。全長約《やく》49メートル、重さ約《やく》620トンで、アメリカの「黒船《くろふね》」よりずっと小型《こがた》だが、当時の日本の船としては大きなものだった。

1860年、幕府《ばくふ》はアメリカへ**日《にち》米修好通商条約《べいしゅうこうつうしょうじょうやく》**の書類《しょるい》をとどけるため、アメリカの船で使節団《しせつだん》を送ることにした。その護衛《ごえい》として同行した咸臨丸《かんりんまる》には、**勝海舟《かつかいしゅう》**など約《やく》90名の日本人が乗りこみ、37日かけてアメリカのサンフランシスコに到着《とうちゃく》した。咸臨丸《かんりんまる》は船体の修理《しゅうり》などをしたのち、使節団《しせつだん》とわかれて日本へ帰国した。

アイスクリームを初《はじ》めて食べる

使節団《しせつだん》のメンバーが「アイスクリームというめずらしい菓子《かし》を食べた」と日記に書き残《のこ》している。アイスクリームは当時のアメリカでもぜいたく品だったためか、「日本人がアイスクリームを食べた」と新聞の記事になった。

乗っていたのはこんな人

勝海舟《かつかいしゅう》 ▶268

咸臨丸《かんりんまる》の指揮官《しきかん》として乗船。船よいがひどく、部屋から一歩も出られなかったという。

福沢諭吉《ふくざわゆきち》 ▶276

軍艦奉行《ぐんかんぶぎょう》の従者《じゅうしゃ》として乗船。勝《かつ》のふがいない様子を見て幻滅《げんめつ》し、その後《ご》ふたりの仲《なか》は険悪《けんあく》になる。

ジョン万次郎《まんじろう》 ▶242

通訳《つうやく》として乗船。諭吉《ゆきち》と万次郎《まんじろう》は、アメリカで※ウェブスターの英語辞典《えいごじてん》を買って持ち帰った。

※ウェブスターの英語辞典《えいごじてん》：19 世紀初《きはじ》めにつくられた英語《えいご》の辞書《じしょ》

松《まつ》平《だいら》容《かた》保《もり》

忠義心《ちゅうぎしん》のあつい幕末《ばくまつ》の会津藩主《あいづはんしゅ》

出身地：江戸《えど》（現在《げんざい》の東京都《とうきょうと》）
生没年《せいぼつねん》：1835〜1893年
性《せい》格《かく》：正直でまっすぐ

新選組《しんせんぐみ》をあずかり江戸幕府《えどばくふ》のために戦《たたか》った

京の治安《ちあん》を守り 新政府軍《しんせいふぐん》と戦《たたか》う

容保《かたもり》は江戸《えど》で生まれ、叔父《おじ》である**会津藩《あいづはん》**（現在《げんざい》の福島県《ふくしまけん》）藩主《はんしゅ》の養子《ようし》となり、「幕府《ばくふ》に忠誠《ちゅうせい》をつくせ」という教えを受けて育つ。子どものころは会津藩《あいづはん》の人々が大さわぎするほどの美少年だったという。

18歳《さい》で藩主《はんしゅ》となり、28歳《さい》のとき京の治安《ちあん》を守る**京都守護職《きょうとしゅごしょく》**に任命《にんめい》される。当時、京は**尊王攘夷派《そんのうじょういは》**（天皇《てんのう》をうやまい外国人を追いだそうとする人々）によって、危険《きけん》な都市《とし》となっていた。容保《かたもり》は**新選組《しんせんぐみ》**（▶282）を使って京の治安《ちあん》を守り、**孝明天皇《こうめいてんのう》**（▶257）からも信頼《しんらい》された。

1868年正月、旧幕府軍《きゅうばくふぐん》と新政府軍《しんせいふぐん》のあいだで**戊辰戦争《ぼしんせんそう》**（▶294）がはじまる。容保《かたもり》は**会津若松城《あいづわかまつじょう》**に立てこもって新政府軍《しんせいふぐん》と戦《たたか》ったが、少年や若《わか》い女性《じょせい》までもが戦死《せんし》していくことを見かねて降伏《こうふく》した。

ひみつのエピソード
宝物《たからもの》は天皇《てんのう》の手紙

江戸幕府《えどばくふ》に忠誠《ちゅうせい》を誓《ちか》っていた容保《かたもり》の宝物《たからもの》は、意外にも孝明天皇《こうめいてんのう》からもらった手紙だった。「朕《ちん》は会津《あいづ》をもっとも頼《たよ》りにしている」と書かれた手紙を竹筒《たけづつ》に入れて首から下げ、肌《はだ》身《み》はなさず持ち歩き、だれにも見せなかったという。

戊辰戦争《ぼしんせんそう》で活やくした女スナイパー

新《にい》島《じま》八《や》重《え》

狙撃手《そげきしゅ》から教育者、看護師《かんごし》へ

出身地：陸奥国会津藩《むつのくにあいづはん》(現在《げんざい》の福島県《ふくしまけん》)
生没年《せいぼつねん》：1845～1932年
特《とく》　技《ぎ》：狙撃《そげき》

武器《ぶき》は7連発銃《れんぱつじゅう》

会津藩《あいづはん》(現在《げんざい》の福島県《ふくしまけん》)に生まれた**八重**《やえ》は、生まれつきりっぱな体格《たいかく》で、力もちだった。生家の山本家《やまもとけ》は会津藩《あいづはん》の砲術師範《ほうじゅつしはん》をつとめており、八重《やえ》も女ながらに銃《じゅう》や大砲《たいほう》のあつかいになれていた。**戊辰戦争**《ぼしんせんそう》(▼294)では、**会津若松城**《あいづわかまつじょう》に立てこもり、7連発《れんぱつ》の**スペンサー銃**《じゅう》で敵《てき》をねらい撃《う》ちするなど、兵士《へいし》にまざって勇敢《ゆうかん》に戦《たたか》った。

教育者、そして看護師《かんごし》へ

戊辰戦争《ぼしんせんそう》が終わって3年後、役人となった兄・山本覚馬《やまもとかくま》を頼《たよ》って京へ行く。兄の家に出入りしていた宣教師《せんきょうし》の**新島襄**《にいじまじょう》と出会い、結婚《けっこん》してキリスト教徒《きょうと》となる。銃《じゅう》を聖書に持ちかえて、八重《やえ》の新たな人生がスタートした。夫《おっと》が設立《せつりつ》した同志社英学校《どうししゃえいがっこう》を手伝《てつだ》い、自《みずか》らも**同志社女学校**《どうししゃじょがっこう》を設立《せつりつ》、礼儀作法《れいぎさほう》などを教えた。

夫《おっと》の死後、日本赤十字社《にほんせきじゅうじしゃ》の会員になる。**日清戦争**《にっしんせんそう》・**日露戦争**《にちろせんそう》では看護婦《かんごふ》として戦地《せんち》におもむいた。江戸《えど》・明治《めいじ》・大正《たいしょう》・昭和《しょうわ》と4つの時代を生き、88歳《さい》で亡《な》くなった。

江戸《えど》幕府《ばくふ》を終わらせた最後の将軍《しょうぐん》

徳《とく》川《がわ》慶《よし》喜《のぶ》

朝廷《ちょうてい》へ政権《せいけん》を返した第15代将軍《しょうぐん》

出身地：江戸《えど》（現在《げんざい》の東京都《とうきょうと》）
生没年《せいぼつねん》：1837〜1913（大正《たいしょう》2）年
趣《しゅ》味《み》：写真、狩猟《しゅりょう》

開国派《かいこくは》の将軍《しょうぐん》

慶喜《よしのぶ》は水戸《みと》藩《はん》（現在《げんざい》の茨城県《いばらきけん》）藩主《はんしゅ》の七男として生まれ、賢《かしこ》い子として知られていた。30歳《さい》のとき**徳川**《とくがわ》**家茂**《いえもち》（▼259）が急死し、第15代将軍《しょうぐん》となる。「日本は開国したほうがよい」と考えた慶喜《よしのぶ》は、江戸《えど》幕府《ばくふ》の方針《ほうしん》を開国へむけようとした。

江戸《えど》幕府《ばくふ》を終《お》わらせる

しかし幕府《ばくふ》をたおそうという勢《せい》力《りょく》が増《ま》し、1867年、慶喜《よしのぶ》は朝廷《ちょうてい》へ政権《せいけん》を返す**大政奉還**《たいせいほうかん》を行《おこな》う。その直後、薩摩藩《さつまはん》・長州藩《ちょうしゅうはん》がクーデターを起こして新政府《しんせいふ》を立ちあげ（**王政復古**《おうせいふっこ》）、慶喜《よしのぶ》は官位《かんい》と領地《りょうち》を取りあげられる。旧幕《きゅうばく》府《ふ》軍《ぐん》は武力《ぶりょく》で対抗《たいこう》したが、最新式の武器《ぶき》をもつ新政府軍《しんせいふぐん》にかなわず、江戸城《えどじょう》を明けわたした。

自《みずか》ら江戸《えど》幕府《ばくふ》を終わらせる決断《けつだん》をした最後の将軍《しょうぐん》は、明治《めいじ》維新《いしん》後は静岡《しずおか》や東京《とうきょう》に住んで、写真撮影《しゃしんさつえい》や狩猟《しゅりょう》、油絵などの趣味《しゅみ》を楽しみながらすごした。自転車でサイクリングをしているとき、美人に見とれて看板《かんばん》にぶつかったこともあるという。77歳《さい》で没《ぼっ》。

箱館《はこだて》の五稜郭《ごりょうかく》に立てこもり新政府軍《しんせいふぐん》と戦《たたか》う

榎《えの》本《もと》武《たけ》揚《あき》

明治政府《めいじせいふ》で大臣《だいじん》となった元幕臣《もとばくしん》

出身地：江戸《えど》（現在《げんざい》の東京都《とうきょうと》）
生没年《せいぼつねん》：1836〜1908年
特《とく》技《ぎ》：英語、軍艦《ぐんかん》の操縦《そうじゅう》

蝦《え》夷《ぞ》地《ち》に共《きょう》和《わ》国《こく》をつくる

江戸幕府《えどばくふ》の幕臣《ばくしん》の家に生まれる。**武揚《たけあき》**は**ジョン万次郎《まんじろう》**（▶242）に英語を習い、**勝海舟《かつかいしゅう》**（▶268）に軍艦《ぐんかん》の操縦法《そうじゅうほう》などを教わったあと、オランダへ留学《りゅうがく》する。砲術《ほうじゅつ》などを学び、幕府《ばくふ》がオランダに注文していた軍艦《ぐんかん》・開陽丸《かいようまる》に乗って帰国。

戊辰戦争《ぼしんせんそう》（▶294）で旧幕府軍《きゅうばくふぐん》が敗《やぶ》れ、開陽丸《かいようまる》は新政府《しんせいふ》にひきわたされる……はずであった。しかし武揚《たけあき》は旧幕府軍《きゅうばくふぐん》の生き残《のこ》りとともに艦《かん》隊《たい》ごと**蝦夷地《えぞち》**（現在《げんざい》の北海道《ほっかいどう》）へわたり、**「蝦夷共和国《えぞきょうわこく》」**をつくる。翌年《よくとし》、新《しん》政府軍《せいふぐん》と戦争《せんそう》になり、武揚《たけあき》は**土方歳三《ひじかたとしぞう》**（▶286）らと箱館《はこだて》の五稜郭《ごりょうかく》に立てこもって戦《たたか》ったが敗北《はいぼく》した（**五稜郭《ごりょうかく》の戦《たたか》い**）。

牢《ろう》の中で若者《わかもの》に学問を教える

降伏《こうふく》した武揚《たけあき》は東京《とうきょう》へ送られ、牢《ろう》に入れられた。その牢《ろう》でも武揚《たけあき》はリーダーシップを発揮《はっき》してまとめ役となり、若者《わかもの》に学問を教えるなどしていた。罪《つみ》を許《ゆる》されたあと、武揚《たけあき》は明治政府《めいじせいふ》で大臣《だいじん》を歴任《れきにん》し、日本とロシアが条約《じょうやく》を結《むす》ぶことにも貢献《こうけん》した。

コラム

新選組《しんせんぐみ》、結成《けっせい》！

幕末《ばくまつ》にあらわれた剣客集団《けんかくしゅうだん》・新選組《しんせんぐみ》は、京を守る警察《けいさつ》のような集団《しゅうだん》だった。新選組《しんせんぐみ》はどんな組織《そしき》だったのだろう。

結成《けっせい》のきっかけは「浪士募集《ろうしぼしゅう》」

1862年、幕府《ばくふ》は「将軍《しょうぐん》の警護《けいご》をする」という名目で浪士《ろうし》（主君をもたない武士《ぶし》）の募集《ぼしゅう》をした。**近藤勇**《こんどういさみ》（▼284）率《ひき》いる「試衛館《しえいかん》」の剣士《けんし》たちも募集《ぼしゅう》に応《おう》じ、江戸《えど》から京へむかう。ところがこの募《ぼ》集《しゅう》は「**攘夷**《じょうい》（外国人を追いはらう）」のためとわかり、集まった浪士《ろうし》の多くが江《え》戸《ど》へ帰ってしまった。しかし、試衛館《しえいかん》のメンバーや**芹沢鴨**《せりざわかも》（▼293）らは、あくまでも将軍警護《しょうぐんけいご》のために京にとどまることにして「壬生浪士組《みぶろうしぐみ》」を結成《けっせい》する。そして京都守護職《きょうとしゅごしょく》であった**松平容保**《まつだいらかたもり》（▼278）から、京の警備《けいび》をまかされた。近藤《こんどう》らは過激《かげき》な尊王攘夷派《そんのうじょういは》を取りしまり、京の治安《ちあん》を守ることに力をつくした。その働《はたら》きが認《みと》められ、容保《かたもり》から「**新選組**《しんせんぐみ》」の名をさずけられた。その後《ご》、幕府《ばくふ》を支持《しじ》する浪士《ろうし》たちが次々と新選《しんせん》組《ぐみ》に入り、多いときは隊士《たいし》が200名以上《いじょう》にもなった。

アイテム　新選組《しんせんぐみ》の隊服《たいふく》

うすいブルーの「あさぎ色」の羽織《はおり》で、白い山型《やまがた》もようが特徴《とくちょう》だった。

きびしい決まりがあった

新選組《しんせんぐみ》には「**局中法度**《きょくちゅうはっと》」という、絶対《ぜったい》に守らなくてはならない決まりがあった。近藤《こんどう》と土方《ひじかた》が決めたもので、これを破《やぶ》ると切腹《せっぷく》しなければならなかった。

局中法度《きょくちゅうはっと》

一、武士道《ぶしどう》にそむくな
一、新選組《しんせんぐみ》を脱走《だっそう》するな
一、かってに金を借《か》りるな
一、かってに訴訟《そしょう》をあつかうな
一、個人的《こじんてき》な決闘《けっとう》をするな
以上《いじょう》を破《やぶ》ったら切腹《せっぷく》とする。

新選組《しんせんぐみ》の組織図《そしきず》

新選組《しんせんぐみ》は、小隊制《しょうたいせい》を取り入れた当時としてはめずらしい組織《そしき》だった。新選組《しんせんぐみ》のトップは「局長《きょくちょう》」で、「副長《ふくちょう》」はその補佐役《ほさやく》、その下に10の小隊《しょうたい》があり、それぞれ10〜20人の隊士《たいし》を率《ひき》いた。

京都守護職《きょうとしゅごしょく》
松平容保《まつだいらかたもり》 ▼278

幕府《ばくふ》と将軍《しょうぐん》を守ってくれ!

局長《きょくちょう》
芹沢鴨《せりざわかも》 ▼293

暗殺《あんさつ》された…

局長《きょくちょう》
近藤勇《こんどういさみ》 ▼284

幕府《ばくふ》に忠誠《ちゅうせい》を誓《ちか》います

総長《そうちょう》※
山南敬助《やまなみけいすけ/さんなん》 ▼290

脱走《だっそう》して切腹《せっぷく》に…

副長《ふくちょう》
土方歳三《ひじかたとしぞう》 ▼286

決まりを守れ!
鬼《おに》の副長《ふくちょう》

- 一番隊組長《たいくみちょう》 沖田総司《おきたそうじ》 ▼288
- 二番隊組長《たいくみちょう》 永倉新八《ながくらしんぱち》 ▼292
- 三番隊組長《たいくみちょう》 斎藤一《さいとうはじめ》
- 四番隊組長《たいくみちょう》 松原忠司《まつばらただじ》
- 五番隊組長《たいくみちょう》 武田観柳斎《たけだかんりゅうさい》
- 六番隊組長《たいくみちょう》 井上源三郎《いのうえげんざぶろう》
- 七番隊組長《たいくみちょう》 谷三十郎《たにさんじゅうろう》
- 八番隊組長《たいくみちょう》 藤堂平助《とうどうへいすけ》
- 九番隊組長《たいくみちょう》 三木三郎《みきさぶろう》
- 十番隊組長《たいくみちょう》 原田左之助《はらださのすけ》 ▼292

結核《けっかく》になった…

大正《たいしょう》時代まで生きのびたぞ

妻《つま》と子どもを愛《あい》していました♥

※ 総長《そうちょう》：副長《ふくちょう》と同格《どうかく》の役職《やくしょく》

農民《のうみん》から武士《ぶし》をめざした新選組局長《しんせんぐみきょくちょう》

近《こん》藤《どう》勇《いさみ》

新選組《しんせんぐみ》を結成《けっせい》し局長《きょくちょう》となる

出身地：武蔵国《むさしのくに》（現在《げんざい》の東京都《とうきょうと》）

生没年《せいぼつねん》：1834～1868年

特　技《とくぎ》：剣術《けんじゅつ》（天然理心流《てんねんりしんりゅう》）

剣術《けんじゅつ》の道場「試衛館《しえいかん》」を継《つ》ぐ

近藤勇《こんどういさみ》は、武蔵国《むさしのくに》(現在《げんざい》の東京都《とうきょうと》)多《た》摩《ま》の農家《のうか》に生まれた。多摩《たま》に住む人々の多くが江戸幕府《えどばくふ》に対して忠義心《ちゅうぎしん》をもっていたといわれ、近藤《こんどう》もいつか武士《ぶし》になって江戸幕《えどばく》府《ふ》につくそうと思いながら育つ。

そして、剣術《けんじゅつ》の稽古《けいこ》に通っていた天然理心流《てんねんりしんりゅう》の道場「試衛館《しえいかん》」の主《あるじ》の養子《ようし》になり、4代目を継《つ》いだ。

京の治安《ちあん》を守る

29歳《さい》のとき、将軍《しょうぐん》の警護《けいご》をする「浪士組《ろうしぐみ》」のメンバーを募集《ぼしゅう》していたため、土方歳三《ひじかたとしぞう》(▶286)ら試衛《しえい》館《かん》の仲間《なかま》たちと京へ行く。しかしそれが攘夷《じょうい》(外国人を追いはらう)のための募集《ぼしゅう》と知り、同じように「話がちがう!」と怒《おこ》る芹沢《せりざわ》鴨《かも》(▶293)とともに新選組《しんせんぐみ》の前身《ぜんしん》となる組織《そしき》を結成《けっせい》。近藤《こんどう》は局長《きょくちょう》として新選組《しんせんぐみ》を率《ひき》い、愛刀《あいとう》「虎徹《こてつ》」をふるって、幕府《ばくふ》に逆《さか》らう尊王攘夷派《そんのうじょういは》を取りしまった。

翌年《よくとし》、近藤《こんどう》は新選組《しんせんぐみ》の隊士《たいし》数名とともに京の旅館《りょかん》・池田屋《いけだや》へ突入《とつにゅう》。はげしい戦《たたか》いのすえ、20名以上《いじょう》の尊王攘夷派《そんのうじょういは》を捕《つか》まえた。この池田屋事件《いけだやじけん》により、新選組《しんせんぐみ》は朝廷《ちょうてい》と江戸幕府《えどばくふ》から、感謝状《かんしゃじょう》とほうびをあたえられた。

夢《ゆめ》だった武士《ぶし》になる

京での働《はたら》きが認《みと》められて、新《しん》選組《せんぐみ》は幕臣《ばくしん》に取りたてられ、近藤《こんどう》も武士《ぶし》となる。近藤《こんどう》の「武士《ぶし》になりたい」という夢《ゆめ》がかなったのだ。

1868年《ねん》に起きた戊辰戦争《ぼしんせんそう》(▶294)に、新選組《しんせんぐみ》は旧幕府軍《きゅうばくふぐん》として参戦《さんせん》した。近藤《こんどう》は甲斐国《かいのくに》(現在《げんざい》の山梨県《やまなしけん》)で新政府軍《しんせいふぐん》と戦《たたか》い、その後《ご》下総国流山《しもうさのくにながれやま》(現在《げんざい》の千葉県流山市《ちばけんながれやまし》)で捕《と》らえられ、斬首刑《ざんしゅけい》となった。

アイテム

近藤勇《こんどういさみ》の稽古着《けいこぎ》

背中《せなか》の大きなドクロは、妻《つま》が刺繍《ししゅう》したものといわれている。

(小島資料館所蔵)

敵《てき》も味方も恐《おそ》れた「鬼《おに》の副長《ふくちょう》」

土《ひじ》方《かた》歳《とし》三《ぞう》

新選組《しんせんぐみ》の副長《ふくちょう》をつとめた剣士《けんし》

出身地：**武蔵国《むさしのくに》（現在《げんざい》の東京都《とうきょうと》）**

生没年《せいぼつねん》：**1835〜1869年**

趣《しゅ》　味《み》：**俳句《はいく》**

幕末《ばくまつ》を代表するイケメン

多摩《たま》の農家《のうか》に生まれた**土方歳三**《ひじかたとしぞう》は11歳《さい》で呉服屋《ごふくや》に奉公《ほうこう》に出たが、店の女中と恋仲《こいなか》になったためクビになったといわれている。なみはずれたイケメンなので、女性《じょせい》のほうが放っておかないのだ。

新選組《しんせんぐみ》の**副長**《ふくちょう》として京にいたときも、変《か》わらず女性《じょせい》たちの熱《あつ》い視線《しせん》を集めた。当時土方《ひじかた》が友人に送った荷物《にもつ》には、芸妓《げいこ》や舞妓《まいこ》からのラブレターがぎっしりとつめられていた。さらに「女性《じょせい》にモテすぎて、国につくすこころざしをわすれそうだ」という意味の俳句《はいく》が入っていたという。

だれもが恐《おそ》れる「鬼《おに》の副長《ふくちょう》」

涼《すず》やかなイケメンで、俳句《はいく》もたしなむ風流なこの男が、新選組《しんせんぐみ》の任務《にんむ》となると、「鬼《おに》の副長《ふくちょう》」に一《いっ》変《ぺん》した。

新選組《しんせんぐみ》の「規則《きそく》に違反《いはん》したら切《せっ》腹《ぷく》」というきびしいおきてを徹底《てってい》して守らせたため、隊士《たいし》たちに恐《おそ》れられていた。

また、過激《かげき》な**尊王攘夷派**《そんのうじょういは》の会合をおそった**池田屋事件**《いけだやじけん》では、捕《つか》まえた尊王攘夷派《そんのうじょういは》の男にきびしい拷《ごう》問《もん》をし、テロ計画の内容《ないよう》を白状《はくじょう》させている。

新選組副長《しんせんぐみふくちょう》は敵味方《てきみかた》の両方から恐《おそ》れられた男であった。

武士《ぶし》よりも武士《ぶし》らしく

土方《ひじかた》も**近藤勇**《こんどういさみ》(▼284)と同じように、江戸幕府《えどばくふ》への忠義《ちゅうぎ》と武勇《ぶゆう》をこころざしながら育った。さらに武士《ぶし》という身分でないことが、「武士《ぶし》以上《いじょう》に武士《ぶし》らしくありたい」という思いをかりたてた。つまり、理想の武士像《ぶしぞう》を追求《ついきゅう》したがゆえに、武士《ぶし》も真っ青になる鬼《おに》の副長《ふくちょう》・土方歳三《ひじかたとしぞう》が誕生《たんじょう》したのだ。

土方《ひじかた》は盟友《めいゆう》・近藤《こんどう》の死後も、新《しん》政府軍《せいふぐん》と戦《たたか》いつづけた。**榎本武**《えのもとたけ》**揚**《あき》(▼281)とともに、箱館《はこだて》の五稜郭《ごりょうかく》に立てこもって戦《たたか》い(**五稜郭**《ごりょうかく》**の戦**《たたか》**い**)、戦闘中《せんとうちゅう》に銃弾《じゅうだん》を受けて死亡《しぼう》した。35歳《さい》だった。

剣《けん》一筋《ひとすじ》に生きた天才剣士《けんし》

沖《おき》田《た》総《そう》司《じ》

肺結核《はいけっかく》にたおれた新選組《しんせんぐみ》一番隊組長《たいくみちょう》

出身地：江戸《えど》（現在《げんざい》の東京都《とうきょうと》）

生没年《せいぼつねん》：1842～1868年ごろ

必殺技《ひっさつわざ》：三段突《さんだんづ》き

告白《こくはく》されても「修行中《しゅぎょうちゅう》」を理由に断《ことわ》る

沖田総司《おきたそうじ》の父は白河藩《しらかわはん》（現在《げんざい》の福《ふく》島県《しまけん》）の下級武士《かきゅうぶし》だった。9歳《さい》で両親を亡《な》くし、**近藤勇《こんどういさみ》**（▶284）と同じ天《てん》然理心流《ねんりしんりゅう》の道場「試衛館《しえいかん》」に入門、メキメキと腕《うで》をあげる。

あるとき試衛館《しえいかん》で働《はたら》いていた娘《むすめ》が、思い切って沖田《おきた》に告白《こくはく》した。しかし、沖田《おきた》は「今は修行中《しゅぎょうちゅう》の身ですから」と断《ことわ》った。娘《むすめ》は断《ことわ》られたショックから自殺《じさつ》をはかったが一命をとりとめ、近藤《こんどう》の紹介《しょうかい》で別《べつ》の男性《だんせい》に嫁《とつ》いだという。

剣術《けんじゅつ》のことになると別人《べつじん》に

沖田《おきた》は、ふだんはおしゃべりで笑《え》みを絶《た》やさない、おだやかな青年だった。京で**新選組《しんせんぐみ》**が結成《けっせい》されて一番隊組長《たいくみちょう》となってからも、ひまがあれば近所の子どもたちと遊んでいたという。

この天真爛漫《てんしんらんまん》を絵に描《か》いたような男が、剣術《けんじゅつ》のことになるとまるで別人《べつじん》のように短気になり、「刀で斬《き》るな、からだで斬《き》れ」と大声をあげて、隊士《たいし》たちを荒《あら》っぽく指導《しどう》した。江戸幕府《えどばくふ》に逆《さか》らう**尊王《そんのう》攘夷派《じょういは》**にも容赦《ようしゃ》がなく、刀を手に京の都《みやこ》をかけまわった。

沖田《おきた》の得意技《とくいわざ》は「**三段突《さんだんづ》き**」。ふつうの人が1回突《つ》くあいだに3回突《つ》いたといわれ、その腕前《うでまえ》を多くの人にたたえられた。

不治《ふじ》の病で亡《な》くなる

しかし沖田《おきた》は当時不治《ふじ》の病であった肺結核《はいけっかく》にたおれてしまう。**戊辰戦争《ぼしんせんそう》**（▶294）には参加《さんか》できず、江《え》戸《ど》の植木屋にかくまわれて療養《りょうよう》したと伝《つた》わる。療養中《りょうようちゅう》、庭に来る黒猫《くろねこ》を不吉《ふきつ》だと言って斬《き》ろうとしても斬《き》れず、衰《おとろ》えをなげいたという。まさに剣一筋《けんひとすじ》に生きた天才剣士《けんし》だった。

ひみつのエピソード 親友は山南敬助《やまなみけいすけ》

沖田《おきた》は山南敬助《やまなみけいすけ》（▶290）と、とても仲《なか》がよかった。山南《やまなみ》が新選組《しんせんぐみ》を脱走《だっそう》したときは、沖田《おきた》がひとりで追いかけて親友を連《つ》れもどした。山南《やまなみ》が切腹《せっぷく》したときの介錯《かいしゃく》をつとめたのも沖田《おきた》だった。

謎《なぞ》の脱走《だっそう》をした新選組総長《しんせんぐみそうちょう》

山南《やまなみ》《さんなん》敬助《けいすけ》

新選組《しんせんぐみ》の総長《そうちょう》となった武士《ぶし》

出身地：仙台藩《せんだいはん》（現在《げんざい》の宮城県《みやぎけん》）
生没年《せいぼつねん》：1833～1865年
性格《せいかく》：やさしくておだやか

試合《しあい》で近藤勇《こんどういさみ》に敗《やぶ》れ試衛館《しえいかん》に入門

山南《やまなみ》は仙台藩《せんだいはん》（現在《げんざい》の宮城県《みやぎけん》）を脱藩《だっぱん》して江戸《えど》に出たといわれる。小野《おの》派《は》一刀流《いっとうりゅう》・北辰一刀流《ほくしんいっとうりゅう》で剣《けん》の腕《うで》をみがき、天然理心流《てんねんりしんりゅう》の**近藤勇**《こんどういさみ》（▼284）と試合《しあい》をして敗《やぶ》れる。それをきっかけとして「試衛館《しえいかん》」に入門、**土方歳三**《ひじかたとしぞう》（▼286）・**沖田総司**《おきたそうじ》（▼288）らと仲《なか》よくなる。とくに沖田《おきた》を弟のようにかわいがった。

新選組《しんせんぐみ》が結成《けっせい》されると「**総長**《そうちょう》」の地位につく。無骨《ぶこつ》で突《つ》っ走りがちな男が多い新選組《しんせんぐみ》のなかで、山《やま》南《なみ》は温厚《おんこう》な性格《せいかく》で学問もあったので、「武人《ぶじん》にして文《ぶん》あり」と評《ひょう》された。

あるとき、山南《やまなみ》は「江戸《えど》へ行く」と置き手紙をして脱走《だっそう》、沖田《おきた》が追いかけて連《つ》れもどしたが、新選組《しんせんぐみ》の規則《きそく》により切腹《せっぷく》となる。脱走《だっそう》の理由は今もわかっていない。

ひみつのエピソード

恋人《こいびと》・明里《あけさと》とのわかれ

山南《やまなみ》には、明里《あけさと》という恋人《こいびと》がいた。もうすぐ切腹《せっぷく》、というとき、明里《あけさと》が山南《やまなみ》のもとへかけつけてきた。山南《やまなみ》は部屋の障子《しょうじ》を少し開けて、明里《あけさと》にわかれを告《つ》げた。ふたりはしばしのあいだ見つめ合い、その後《ご》、山南《やまなみ》は静かに障子《しょうじ》を閉《し》めたという話がある。

……さんっ
たっ
山南《やまなみ》さん！
なんだ総司《そうじ》じゃねえか
ひとりかって、
沖田《おきた》
なんだじゃないですよ！
脱走《だっそう》するなんて何考えてるんですか!!
切腹《せっぷく》モノですよっ!!
いやまあ
いろいろあってさ
そっ
俺《おれ》はもう潮時《しおどき》だよ
泣《な》くな
ぐすっ
総司《そうじ》
切腹《せっぷく》の介錯《かいしゃく》たのむな
……はい

永《なが》倉《くら》新《しん》八《ぱち》

出身地：江戸《えど》（現在《げんざい》の東京都《とうきょうと》）
生没年《せいぼつねん》：1839〜1915年

愛《あい》すべき剣術《けんじゅつ》バカ

永倉新八《ながくらしんぱち》は「三度の飯《めし》よりも剣術《けんじゅつ》が好《す》き」と公言《こうげん》してはばからない「剣術《けんじゅつ》バカ」だった。

永倉《ながくら》はさばさばとした気性《きしょう》を**近藤勇**《こんどういさみ》（▼284）に気に入られていた。**新選組**《しんせんぐみ》の結成《けっせい》にくわわり、二番隊《たい》組長《くみちょう》となる。**戊辰戦争**《ぼしんせんそう》（▼294）後《ご》も生き残《のこ》り、北海道《ほっかいどう》の大学などで剣道《けんどう》を指導《しどう》した。どんなに年老《としお》いても、竹刀《しない》を手にすると背筋《せすじ》がピンとのび、幕末《ばくまつ》の動乱《どうらん》を生きぬいた風格《ふうかく》があったという。

原《はら》田《だ》左《さ》之《の》助《すけ》

出身地：伊予国松山藩《いよのくにまつやまはん》（現在《げんざい》の愛媛県《えひめけん》）
生没年《せいぼつねん》：1840〜1868年

家族思いのやんちゃ坊主《ぼうず》

槍《やり》の名手として知られた**原田左之助**《はらださのすけ》は、若《わか》いころある武士《ぶし》から「腹《はら》を切る作法《さほう》も知らぬ」とバカにされてカッとなり、腹《はら》を切ったことがある。運よく一命をとりとめたが、まったく反省《はんせい》しておらず、武勇伝《ぶゆうでん》として話していたという。

愛妻家《あいさいか》で家族思いとしても有名で、**新選組**《しんせんぐみ》が**戊**《ぼ}**辰戦争**《しんせんそう》（▼294）のとき会津《あいづ》へむかう途中《とちゅう》、妻子《さいし》に会うために京へもどったという話も残《のこ》っている。

あばれん坊《ぼう》の新選組初代局長《しんせんぐみしょだいきょくちょう》

芹《せり》沢《ざわ》鴨《かも》

豪快《ごうかい》だが酒ぐせの悪い局長《きょくちょう》

出身地：不明《ふめい》
生没年《せいぼつねん》：生年不明《ふめい》〜1863年
好物《こうぶつ》：酒

酒ぐせが悪すぎて暗殺《あんさつ》

芹沢鴨《せりざわかも》は剣《けん》の達人《たつじん》で、水戸藩《みとはん》（現《げん》在《ざい》の茨城県《いばらきけん》）の攘夷派《じょういは》「**天狗党《てんぐとう》**」に入っていたと伝《つた》わる。

水戸藩《みとはん》を出て浪士《ろうし》となっていた芹沢《せりざわ》は、京で**近藤勇《こんどういさみ》**（▼284）らと**新選組《しんせんぐみ》**を結成《けっせい》。しかしもともと攘夷派《じょういは》だったため、幕府《ばくふ》を支持《しじ》する近藤《こんどう》とは折《お》りあいが悪かった。

芹沢《せりざわ》はつねに「尽忠報国之士《じんちゅうほうこくのし》（国に忠誠《ちゅうせい》をつくす男）芹沢鴨《せりざわかも》」と彫《ほ》られた鉄扇《てっせん》を持ち歩き、気に入らない相手はその鉄扇《てっせん》でたたきのめした。

京の治安《ちあん》を守るための新選組《しんせんぐみ》だというのに、芹沢《せりざわ》は借金《しゃっきん》を返さなかったり、あばれて店をこわしたりしたので、近藤《こんどう》も頭をかかえていた。最後《さいご》は酔《よ》って寝《ね》ているところを、同志《どうし》である新選組《しんせんぐみ》の隊士《たいし》におそわれて殺《ころ》された。

芹沢《せりざわ》は酒ぐせが悪かったが、酔《よ》っていなければ気だてのいい男だった。新選組《しんせんぐみ》が世話になった家で葬式《そうしき》が出たときは、近藤《こんどう》をさそい、すすんで受付をひきうけた。そしてその家の子ども相手に、落書きをして遊んでやったという。

コラム

幕末《ばくまつ》の内乱《ないらん》 戊辰戦争《ぼしんせんそう》

江戸《えど》時代から明治《めいじ》時代への転換期《てんかんき》に起こった内乱《ないらん》、戊辰戦争《ぼしんせんそう》。戦《たたか》いを生きのびて明治政府《めいじせいふ》で活やくした者もいたが、多くの命がうしなわれた。

新政府軍《しんせいふぐん》VS旧幕府軍《きゅうばくふぐん》

1868年1月3日、京の鳥羽《とば》と伏見《ふしみ》の2か所で戦《たたか》いがはじまった(**鳥《と》羽《ば》・伏見《ふしみ》の戦《たたか》い**)。ここから、約《やく》1年半にわたって各地《かくち》で起こった戦《たたか》いを**戊《ぼ》辰戦争《しんせんそう》**という。

1月4日、**朝廷《ちょうてい》**は**新政府軍《しんせいふぐん》**(倒幕派《とうばくは》)を官軍《かんぐん》(朝廷《ちょうてい》に味方する軍《ぐん》)と認《みと》めた。

そこで、どちらにつくか決めかねていた多くの藩《はん》が新政府軍《しんせいふぐん》に味方をし、新《しん》政府軍《せいふぐん》が有利《ゆうり》になる。その後《ご》、江戸《えど》の上野《うえの》や東北の会津《あいづ》など各地《かくち》で戦争《せんそう》が起こる。これらの戦争《せんそう》で生き残《のこ》った旧幕《きゅうばく》府軍《ふぐん》も**五稜郭《ごりょうかく》の戦《たたか》い**で敗北《はいぼく》、戊辰戦争《ぼしんせんそう》が終結《しゅうけつ》した。

戊辰戦争《ぼしんせんそう》の主な戦《たたか》いと新政府軍《しんせいふぐん》の進路

→ 新政府軍《しんせいふぐん》の進路
⇢ 榎本武揚《えのもとたけあき》ら海軍《かいぐん》の進路

❶1868年1月 鳥羽《とば》・伏見《ふしみ》の戦《たたか》い
新政府《しんせいふ》が徳川慶喜《とくがわよしのぶ》(▶280)の領地《りょうち》を取りあげようとしたために起こった戦《たたか》い。新政府軍《しんせいふぐん》の勝利《しょうり》。

❷1868年4月 江戸城無血開城《えどじょうむけつかいじょう》
西郷隆盛《さいごうたかもり》(▶270)と勝海舟《かつかいしゅう》(▶268)との話し合いにより、新政府軍《しんせいふぐん》による江《え》戸城総攻撃《どじょうそうこうげき》を回避《かいひ》、江戸《えど》城《じょう》を明けわたす。

❸1868年5月 上野戦争《うえのせんそう》
旧幕府軍《きゅうばくふぐん》は「彰義隊《しょうぎたい》」を結成《けっせい》して上野《うえの》の寛永寺《かんえいじ》に立てこもり反抗《はんこう》したが、新政府軍《しんせいふぐん》の攻撃《こうげき》により1日で全滅《ぜんめつ》。原田左之《はらださの》助《すけ》(▶292)が戦死《せんし》。

❹1868年8〜9月 会津戦争《あいづせんそう》
松平容保《まつだいらかたもり》(▶278)らが会津若松城《あいづわかまつじょう》に立てこもって戦《たたか》ったが、新政府軍《しんせいふぐん》に敗《やぶ》れ、容保《かたもり》は降伏《こうふく》する。

❺1868年11月 蝦夷共和国《えぞきょうわこく》の樹立《じゅりつ》
榎本武揚《えのもとたけあき》(▶281)が旧幕府《きゅうばくふ》軍《ぐん》の生き残《のこ》りを連《つ》れて軍《ぐん》艦《かん》で逃亡《とうぼう》。箱館《はこだて》(現在《げんざい》の北海道函館市《ほっかいどうはこだてし》)で「蝦夷共《えぞきょう》和国《わこく》」の樹立《じゅりつ》を宣言《せんげん》する。

❻1869年5月 五稜郭《ごりょうかく》の戦《たたか》い
旧幕府軍《きゅうばくふぐん》が箱館《はこだて》の五稜郭《ごりょうかく》に立てこもって戦《たたか》った。土方歳三《ひじかたとしぞう》(▶286)が戦死《せんし》、榎本武揚《えのもとたけあき》らが新政府軍《しんせいふぐん》に降伏《こうふく》し、戊辰戦争《ぼしんせんそう》が終結《しゅうけつ》する。

8章《しょう》 明《めい》治《じ》・大《たい》正《しょう》・昭《しょう》和《わ》

主なできごと

明治時代《めいじじだい》	19世紀《せいき》	1868年	明治元	明治天皇《めいじてんのう》(▶298)が即位《そくい》する
		1871年	明治4	廃藩置県《はいはんちけん》を行《おこな》う(～1893年) 岩倉使節団《いわくらしせつだん》が、アメリカ・ヨーロッパを視察《しさつ》する 津田梅子《つだうめこ》(▶302)がアメリカに留学《りゅうがく》
		1878年	明治11	イザベラ・バード(▶305)が日本各地《かくち》を旅行
		1885年	明治18	伊藤博文《いとうひろぶみ》(▶299)が初代内閣総理大臣《しょだいないかくそうりだいじん》になる
		1889年	明治22	大日本帝国憲法発布《だいにっぽんていこくけんぽうはっぷ》 北里柴三郎《きたさとしばさぶろう》(▶311)が破傷風菌《はしょうふうきん》を取りだすことに成功《せいこう》する
		1894年	明治27	日清戦争《にっしんせんそう》(～1895年)
	20世紀《せいき》	1904年	明治37	日露戦争《にちろせんそう》(～1905年)
		1911年	明治44	不平等条約《ふびょうどうじょうやく》の改正《かいせい》が終了《しゅうりょう》 雑誌《ざっし》『青鞜《せいとう》』が創刊《そうかん》され、 平塚《ひらつか》らいてう(▶304)がデビュー
大正時代《たいしょうじだい》		1914年	大正3	第一次世界大戦《たいせん》(～1918年)
		1920年	大正9	国際連盟《こくさいれんめい》に加盟《かめい》する
		1923年	大正12	関東大震災《かんとうだいしんさい》が起こる
		1925年	大正14	男子普通選挙制度制定《ふつうせんきょせいどせいてい》
昭和時代《しょうわじだい》		1928年	昭和3	野口英世《のぐちひでよ》(▶310)が黄熱病《おうねつびょう》で亡《な》くなる
		1931年	昭和6	満州事変《まんしゅうじへん》(～1933年)
		1933年	昭和8	国際連盟《こくさいれんめい》を脱退《だったい》する
		1937年	昭和12	日中戦争《にっちゅうせんそう》(～1945年)
		1940年	昭和15	杉原千畝《すぎはらちうね》(▶312)がリトアニアで「命のビザ」を発給《はっきゅう》する 第二次世界大戦《たいせん》(～1945年)が起こる
		1941年	昭和16	アジア・太平洋戦争《たいへいようせんそう》(～1945年)
		1945年	昭和20	広島《ひろしま》・長崎《ながさき》に原子爆弾《げんしばくだん》が投下される 日本が連合国《れんごうこく》に降伏《こうふく》する
		1946年	昭和21	日本国憲法公布《にほんこくけんぽうこうふ》
		1951年	昭和26	サンフランシスコ平和条約《じょうやく》が結《むす》ばれる 日米安全保障条約《にちべいあんぜんほしょうじょうやく》が結《むす》ばれる
		1956年	昭和31	国際連合《こくさいれんごう》に加盟《かめい》する
		1964年	昭和39	東京《とうきょう》でオリンピックが開かれる
		1972年	昭和47	札幌《さっぽろ》で冬季《とうき》オリンピックが開かれる 沖縄《おきなわ》が日本に返還《へんかん》される
平成時代《へいせいじだい》		1995年	平成7	阪神《はんしん》・淡路大震災《あわじだいしんさい》が起こる
		1998年	平成10	長野《ながの》で冬季《とうき》オリンピックが開かれる
	21世紀《せいき》	2011年	平成23	東日本大震災《だいしんさい》が起こる

どんな時代だったの？

激動《げきどう》の時代 明治《めいじ》・大正《たいしょう》・昭和《しょうわ》

新しい日本をつくった明治政府《めいじせいふ》

明治政府《めいじせいふ》は天皇《てんのう》を中心とした新しい日本をつくるための改革《かいかく》を行《おこな》った（**明治維新《めいじいしん》**）。大名《だいみょう》に命《めい》じて領地《りょうち》と領民《りょうみん》を天皇《てんのう》へ返させ（**版籍奉還《はんせきほうかん》**）、藩制度《はんせいど》をやめて府《ふ》や県《けん》をおいた（**廃藩置県《はいはんちけん》**）。外国に負けないよう軍備《ぐんび》をととのえるため、男子は20歳《さい》になると兵役《へいえき》を義務《ぎむ》づけられた（**徴兵令《ちょうへいれい》**）。身分制度《みぶんせいど》をあらため、大名《だいみょう》や公家《くげ》を「華族《かぞく》」、武士《ぶし》を「士族《しぞく》」、それ以外《いがい》の人々は「平民《へいみん》」とし、国民全員《こくみんぜんいん》が名字《みょうじ》をもてるようにした（**四民平等《しみんびょうどう》**）。全国に小学校をつくり、すべての国民が教育を受けられるようにした。

しかし、これらの改革《かいかく》は薩摩《さつま》・長州藩《ちょうしゅうはん》などの出身者だけが取りしきって行《おこな》ったため、選挙《せんきょ》によって議員《ぎいん》を選《えら》び、国会を開くことをめざした**自由民権運動《じゆうみんけんうんどう》**が起こり、「自由党《じゆうとう》」「立憲改進党《りっけんかいしんとう》」などの政党《せいとう》が結成《けっせい》された。

1889（明治《めいじ》22）年、明治政府《めいじせいふ》は**大日本帝国憲法《だいにっぽんていこくけんぽう》**を発布《はっぷ》。貴族院《きぞくいん》と衆議院《しゅうぎいん》の二院制《にいんせい》の議会《ぎかい》をつくり、翌年《よくとし》、総選挙《そうせんきょ》ののち帝国議会《ていこくぎかい》が開かれた。しかし男性《だんせい》にしか選挙権《せんきょけん》がなく、女性《じょせい》たちが**婦人解放運動《ふじんかいほううんどう》**を展開《てんかい》した。

この時代、政府《せいふ》は近代化《きんだいか》をすすめるために西洋文明を取り入れ、人々は洋服《ようふく》を着たり西洋風の料理を食べたりするようになった。このような動きを**文明開化《ぶんめいかいか》**という。

明治《めいじ》時代の東京《とうきょう》

街《まち》にはレンガづくりの建物《たてもの》が建《た》ち、街灯《がいとう》がともされ、馬車《ばしゃ》や鉄道《てつどう》が走るようになった。

（郵政博物館所蔵）

明治《めいじ》から昭和《しょうわ》にかけて日本が参加《さんか》した戦争《せんそう》

明治《めいじ》から昭和《しょうわ》にかけて、日本は何度も大きな戦争《せんそう》を経験《けいけん》した。はじめは欧米《おうべい》の国々から日本を守るための戦争《せんそう》だったが、しだいに領土《りょうど》を広げる目的《もくてき》に変《か》わっていく。世界の中で孤立《こりつ》し、戦争《せんそう》をせざるを得《え》ない状況《じょうきょう》に追いこまれていった。

日清《にっしん》・日露戦争《にちろせんそう》のころのアジア▶
朝鮮半島《ちょうせんはんとう》・満州《まんしゅう》・遼東半島《りょうとうはんとう》などをロシアやイギリスもねらっていた。

日清戦争《にっしんせんそう》 (1894〜1895)

日本vs清《しん》(中国)

主な戦場《せんじょう》:朝鮮半島《ちょうせんはんとう》

朝鮮半島《ちょうせんはんとう》をめぐって、清《しん》（中国）と対立、日本が勝《しょう》利した戦争《せんそう》。下関条約《しものせきじょうやく》により、清《しん》に朝鮮《ちょうせん》の独立《どくりつ》を認《みと》めさせ、日本は当時のお金で3億円以上《おくえんいじょう》の賠償金《ばいしょうきん》と、台湾《たいわん》・遼東半島《りょうとうはんとう》などを手に入れた。

日露戦争《にちろせんそう》 (1904〜1905)

日本vsロシア

主な戦場《せんじょう》:満州《まんしゅう》・日本海

遼東半島《りょうとうはんとう》をめぐってロシアとの対立が深まり、戦争《せんそう》になる。日本海海戦《かいせん》でバルチック艦隊《かんたい》を破《やぶ》る。ポーツマス条約《じょうやく》により、南樺太《みなみからふと》を手に入れるが、賠償金《ばいしょうきん》を得《え》ることができなかった。

第一次世界大戦《たいせん》 (1914〜1918)

イギリス フランス ロシア vs ドイツ オーストリア イタリア

主な戦場《せんじょう》:ヨーロッパ

日本は、直接関係《ちょくせつかんけい》はなかったが、イギリスと同盟《どうめい》を結《むす》んでいたため参戦《さんせん》、中国にいたドイツ軍を攻撃《こうげき》する。戦後《せんご》、アメリカの提案《ていあん》により国際連盟《こくさいれんめい》がつくられる。

日中戦争《せんそう》 (1937〜1945)

日本vs中国

主な戦場《せんじょう》:中国

満州《まんしゅう》(中国東北部)にいた日本軍《にほんぐん》が中国軍《ちゅうごくぐん》を攻撃《こうげき》し、満州《まんしゅう》を占領《せんりょう》した**満州事変《まんしゅうじへん》**がきっかけ。中国各地《かくち》に戦線《せんせん》が広がって長期化するうちに、第二次世界大戦《たいせん》がはじまる。

第二次世界大戦《たいせん》 (1940〜1945)

ドイツ イタリア vs フランス イギリス

主な戦場《せんじょう》:ヨーロッパ・北アフリカ

ヒトラー率《ひき》いるドイツが領土《りょうど》を拡大。イギリス・フランスが対抗《たいこう》して開戦《かいせん》。日中戦争《にっちゅうせんそう》の最中《さいちゅう》の日本は、ドイツ・イタリアと同盟《どうめい》を結《むす》ぶ。アメリカがイギリスなどに武器《ぶき》を送ることで事実上参戦《じじつじょうさんせん》、ドイツはソ連へ侵攻《しんこう》する。

アジア・太平洋戦争《たいへいようせんそう》 (1941〜1945)

日本vsアメリカほか

主な戦場《せんじょう》:西太平洋《にしたいへいよう》・アジア

日本がアメリカを攻撃《こうげき》して、第二次世界大戦《たいせん》の戦火《せんか》が広がった。日本が降伏《こうふく》して終結《しゅうけつ》、※連合国《れんごうこく》の占領下《せんりょうか》におかれる。戦後《せんご》、日本国憲法《にほんこくけんぽう》を制定《せいてい》し、サンフランシスコ平和条約《じょうやく》に調印《ちょういん》して独立《どくりつ》を回復《かいふく》した。

※**連合国《れんごうこく》**:日本・ドイツ・イタリアと敵対《てきたい》した国々(アメリカ・イギリス・フランス・オランダ・中国など)

質素《しっそ》で倹約家《けんやくか》、「国民とともにある」天皇《てんのう》

明《めい》治《じ》天《てん》皇《のう》

戦争《せんそう》はきらいだった天皇《てんのう》

出身地：京《きょう》（現在《げんざい》の京都府《きょうとふ》）
生没年《せいぼつねん》：1852〜1912年
趣《しゅ》　味《み》：あだ名をつけること

戦時《せんじ》には自《みずか》ら指揮《しき》をとる

1868年、**明治天皇《めいじてんのう》**が即位《そくい》した。外国からの圧力《あつりょく》で日本中が混乱《こんらん》している時代だったため、明《めい》治天皇《じてんのう》は「国を守る」ことを強く意《い》識《しき》していた。

日清戦争《にっしんせんそう》や**日露戦争《にちろせんそう》**のとき、明《めい》治天皇《じてんのう》はできれば戦争《せんそう》をさけたいと考えていた。しかし開戦《かいせん》はさけられず、天皇《てんのう》は兵士《へいし》たちと苦難《くなん》をともにしようと広島《ひろしま》の大本営《だいほんえい》（戦《せん》争《そう》のときに軍《ぐん》に指令《しれい》を出す最高機《さいこうき》関《かん》）へおもむき、自《みずか》ら指揮《しき》をとった。日清《にっしん》・日露戦争《にちろせんそう》で日本は勝《しょう》利《り》をおさめ、国際的《こくさいてき》にもその地位を認《みと》められるようになった。

ふだんはおちゃめ

明治天皇《めいじてんのう》は、ふだんから質素《しっそ》な生活を心がけ、自分にきびしく、天皇《てんのう》としての威厳《いげん》を保《たも》つようつとめていた。その反面《はんめん》、周囲《しゅうい》の人々にあだ名をつけてよぶなど、仕事以外《いがい》ではおちゃめなところがあった。皇后《こうごう》につけたあだ名は、鼻《はな》が高かったので「天狗《てんぐ》さん」だったとか。また、牛乳《ぎゅうにゅう》やワイン、牛肉などをよく食べたという。

4度も総理大臣《そうりだいじん》をつとめた

伊《い》藤《とう》博《ひろ》文《ぶみ》

明治政府《めいじせいふ》の初代内閣総理大臣《しょだいないかくそうりだいじん》

出身地：長州藩《ちょうしゅうはん》（現在《げんざい》の山口県《やまぐちけん》）
生没年《せいぼつねん》：1841〜1909年
性格《せいかく》：女好《おんなず》き

日本初《はつ》の憲法《けんぽう》を定める

伊藤博文《いとうひろぶみ》は、まずしい農家《のうか》に生まれた。**高杉晋作《たかすぎしんさく》**(▼275)らとともに**吉田松陰《よしだしょういん》**(▼260)に学んだ尊王攘夷派《そんのうじょういは》だったが、23歳《さい》のときにイギリスに留学《りゅうがく》して外国の力を目《ま》の当たりにし、開国派《かいこくは》に変《か》わる。明治政府《めいじせいふ》では外国との交渉役《こうしょうやく》をまかされた。31歳《さい》で**岩倉使節団《いわくらしせつだん》**のひとりとして海外をまわり、さらに41歳《さい》のときには外国の憲法《けんぽう》を学ぶためヨーロッパへ派遣《はけん》された。

帰国後、日本初《はつ》の憲法《けんぽう》・**大日本帝国憲法《だいにっぽんていこくけんぽう》**の制定《せいてい》に力をつくし、初代**内閣総理大臣《ないかくそうりだいじん》**となる。合計4度も総理大臣《そうりだいじん》をつとめた博文《ひろぶみ》は、**日露戦争《にちろせんそう》**のあと、日本の領土《りょうど》になった朝鮮半島《ちょうせんはんとう》を治《おさ》める「統監府《とうかんふ》」の統監《とうかん》(長官《ちょうかん》)となった。しかし69歳《さい》のとき、朝鮮《ちょうせん》の独立運動家《どくりつうんどうか》によって暗殺《あんさつ》された。

ひみつのエピソード　あだ名は「ほうき」

博文《ひろぶみ》はとにかく女好《おんなず》きで有名だった。つきあう相手がはいてすてるほどいたため「ほうき」とよばれたほどだった。芸者《げいしゃ》とのどんちゃんさわぎが大好《だいす》きで、明治天皇《めいじてんのう》に直接《ちょくせつ》、「芸者《げいしゃ》遊びはほどほどにしておけ」と言われたという。

板垣退助《いたがきたいすけ》

出身地：土佐藩《とさはん》（現在《げんざい》の高知県《こうちけん》）
生没年《せいぼつねん》：1837〜1919年

板垣退助《いたがきたいすけ》は土佐藩《とさはん》（現在《げんざい》の高知県《こうちけん》）のリーダーのひとりとして江戸幕府《えどばくふ》をたおし、明治政府《めいじせいふ》で活やくしたが、**大久保利通**《おおくぼとしみち》らと意見が対立し政府《せいふ》を去る。その後《ご》、「選挙《せんきょ》で国《こっ》会議員《かいぎいん》を選《えら》ぼう」という**自由民権**《じゆうみんけん》**運動**《うんどう》をすすめ、**自由党**《じゆうとう》という政党《せいとう》を結成《けっせい》。「板垣《いたがき》死すとも、自由は死せず」は、演説中《えんぜつちゅう》に暴漢《ぼうかん》におそわれたときの言葉。

大久保利通《おおくぼとしみち》

出身地：薩摩藩《さつまはん》（現在《げんざい》の鹿児島県《かごしまけん》）
生没年《せいぼつねん》：1830〜1878年

薩摩藩士《さつまはんし》の**大久保利通**《おおくぼとしみち》は、江戸《えど》幕府《ばくふ》をたおしたあと明治政府《めいじせいふ》の中心となって活やくした。国内行政《こくないぎょうせい》を取りしきる**内務省**《ないむしょう》をつくり、**学制**《がくせい》や**徴兵令**《ちょうへいれい》を実施《じっし》する。「**富国**《ふこく》**強兵**《きょうへい》」をとなえ、産業《さんぎょう》をさかんにしたり、軍備《ぐんび》をととのえたりした。冷静沈着《れいせいちんちゃく》で、感情《かんじょう》に左右されないコンピュータのような頭脳《ずのう》の持ち主だったが、暗殺《あんさつ》により命を落とした。

大隈重信《おおくましげのぶ》

出身地：佐賀藩《さがはん》（現在《げんざい》の佐賀県《さがけん》）
生没年《せいぼつねん》：1838〜1922年

大隈重信《おおくましげのぶ》は佐賀藩士《さがはんし》の家に生まれ、明治政府《めいじせいふ》の役人となった。日本にも議会《ぎかい》が必要《ひつよう》だと考えた重信《しげのぶ》は、**伊藤博文**《いとうひろぶみ》（▶299）らと対立し、一度政府《せいふ》を去る。そして**立憲改進党**《りっけんかいしんとう》という政党《せいとう》をつくり、ふたたび政《せい》界《かい》へ。その後《ご》**板垣退助**《いたがきたいすけ》と**憲政党**《けんせいとう》を結成《けっせい》。日本で初《はじ》めて政党内閣《せいとうないかく》※をつくり、総理大臣《そうりだいじん》もつとめた。**早稲**《わせ》**田**《だ》**大学**《だいがく》の創設者《そうせつしゃ》でもある。

※政党内閣《せいとうないかく》：総理大臣《そうりだいじん》や国務大臣《こくむだいじん》の多くが政党《せいとう》から出ている内閣《ないかく》のこと

岩《いわ》倉《くら》具《とも》視《み》

出身地：京（現在《げんざい》の京都府《きょうとふ》）
生没年《せいぼつねん》：1825〜1883年

岩倉具視《いわくらともみ》は朝廷《ちょうてい》に仕えた公家《くげ》で、幕末《ばくまつ》には**和宮**《かずのみや》（▼258）と**徳川家茂**《とくがわいえもち》（▼259）の結婚《けっこん》を実現《じつげん》させた。幕府《ばくふ》をたおしたあと明治政府《めいじせいふ》にくわわる。47歳《さい》のとき**岩倉使節団**《いわくらしせつだん》を結成《けっせい》してヨーロッパをまわり、西洋の文化を学ぶ。帰国後、鉄道《てつどう》を整備《せいび》するなど近代化をすすめた。このとき設立《せつりつ》した日本鉄道《にっぽんてつどう》は、国有化《こくゆうか》ののちJR《ジェイアール》東日本の一部となった。

陸《む》奥《つ》宗《むね》光《みつ》

出身地：紀州藩《きしゅうはん》（現在《げんざい》の和歌山県《わかやまけん》）
生没年《せいぼつねん》：1844〜1897年

陸奥宗光《むつむねみつ》は**坂本龍馬**《さかもとりょうま》（▼264）のつくった**海援隊**《かいえんたい》にくわわり、倒幕運動《とうばくうんどう》をすすめた。明治政府《めいじせいふ》では外務大臣《がいむだいじん》をつとめるなど、外交の分野で活やくする。

宗光《むねみつ》は江戸幕府《えどばくふ》が結《むす》んだ不平等条約《ふびょうどうじょうやく》の改正《かいせい》に力をつくした。ねばり強く交渉《こうしょう》を重ね、**治外法権**《ちがいほうけん》（外国人が犯《おか》した罪《つみ》を日本人が裁《さば》けないこと）をなくすことに成功《せいこう》した。

小《こ》村《むら》寿《じゅ》太《た》郎《ろう》

出身地：日向国《ひゅうがのくに》（現在《げんざい》の宮崎県《みやざきけん》）
生没年《せいぼつねん》：1855〜1911年

小村寿太郎《こむらじゅたろう》は明治政府《めいじせいふ》の外務大臣《がいむだいじん》。**日露戦争**《にちろせんそう》のときは、戦争《せんそう》を終わらせるためのポーツマス条約《じょうやく》を結《むす》ぶため、ロシアとの交渉《こうしょう》にあたった。寿太郎《じゅたろう》は、1911（明治《めいじ》44）年、不平等条約《ふびょうどうじょうやく》の**関税自主権**《かんぜいじしゅけん》（外国からの輸入品《ゆにゅうひん》に日本が自由に税金《ぜいきん》をかける権利《けんり》）の回復《かいふく》に成功《せいこう》、日本は国際的《こくさいてき》に独立国家《どくりつこっか》として認《みと》められるようになった。

日本での女子教育をすすめる

津《つ》田《だ》梅《うめ》子《こ》

津田塾大学《つだじゅくだいがく》の創設者《そうせつしゃ》
出身地：江戸《えど》(現在《げんざい》の東京都《とうきょうと》)
生没年《せいぼつねん》：1864～1929年
特技《とくぎ》：英語《えいご》

8歳《さい》でアメリカに留学《りゅうがく》

1871年、岩倉使節団《いわくらしせつだん》がアメリカ・ヨーロッパへ派遣《はけん》された。このとき6歳《さい》の**津田梅子**《つだうめこ》も同行してアメリカに留学《りゅうがく》、語学・英文《えいぶん》学《がく》・音楽などを学んで18歳《さい》で帰国。

しかし、アメリカでの生活に慣《な》れ、日本での暮《く》らしになじめなかった梅子《うめこ》は、25歳《さい》でふたたびアメリカへ。3年後に帰国してからは、日本での女子教育に力をつくした。アメリカでは女性《じょせい》が自立し、個性《こせい》や才能《さいのう》をいかしてのびのびと活やくしているのに対し、日本では「女性《じょせい》は家を守るものだ」という考えが強く、女性の活やくの場がかぎられていたからである。

36歳《さい》のとき、女子英学塾《じょしえいがくじゅく》(現在《げんざい》の**津田塾**《つだじゅく》**大学**)を設立《せつりつ》、女性《じょせい》たちに進歩的《しんぽてき》で自由な教育を行《おこな》った。

結婚《けっこん》いたしません

梅子《うめこ》は何度か結婚《けっこん》をすすめられたが、「話を聞くだけでもうんざり」と言って断《ことわ》った。女性《じょせい》を家に押しこめるかのような、当時の日本の結婚観《けっこんかん》にイヤ気《け》がさしていたからだという。

明治《めいじ》を代表する女性実業家《じょせいじつぎょうか》

広《ひろ》岡《おか》浅《あさ》子《こ》

女性《じょせい》の地位向上《こうじょう》を願《ねが》った実業家《じつぎょうか》
出身地：京《きょう》(現在《げんざい》の京都府《きょうとふ》)
生没年《せいぼつねん》：1849〜1919年
性格《せいかく》：男まさり

夫《おっと》に代わり豪商《ごうしょう》・加島屋《かじまや》を守る

浅子《あさこ》は、京の裕福《ゆうふく》な商人の家に生まれた。学問に興味《きょうみ》があったが、父親に「女に教育はいらない」と止められたという。

17歳《さい》で大坂《おおさか》の豪商《ごうしょう》・加島屋《かじまや》の広岡信五郎《ひろおかしんごろう》の妻《つま》となる。浅子《あさこ》は使用人に店をまかせっぱなしの夫《おっと》の態度《たいど》を見かねて、商売の勉強をはじめた。明治維新《めいじいしん》の動乱《どうらん》をのりこえ、店を守った浅子《あさこ》は女性実業《じょせいじつぎょう》家《か》として成長していく。

拳銃《けんじゅう》をしのばせ炭鉱《たんこう》へ

石炭《せきたん》の将来性《しょうらいせい》に目をつけた浅《あさ》子《こ》は、炭坑《たんこう》ビジネスをはじめる。護身用《ごしんよう》の拳銃《けんじゅう》をしのばせて炭坑《たんこう》に入り、自《みずか》ら荒《あら》くれ者の作業員《さぎょういん》たちを指揮《しき》したという。また、銀《ぎん》行《こう》や生命保険会社《せいめいほけんがいしゃ》を設立《せつりつ》するなど、さまざまな事業《じぎょう》で活やくした。

その後《ご》は女子教育を広める活動をはじめ、**日本女子大学校**(現在《げんざい》の日本女子大学)の設立《せつりつ》に協力《きょうりょく》する。浅子《あさこ》は「女性《じょせい》の地位を高めなければ、近代日本の未来《みらい》はない」との思いのもと、婦人運動《ふじんうんどう》などにも参加《さんか》した。

平塚《ひらつか》らいてう《ちょう》

雑誌《ざっし》『青鞜《せいとう》』を創刊《そうかん》

出身地：**東京府《とうきょうふ》(現在《げんざい》の東京都《とうきょうと》)**
生没年《せいぼつねん》：**1886～1971年**
特《とく》　技《ぎ》：**文章を書くこと**

女性《じょせい》解放《かいほう》運動《うんどう》をすすめる

本名は平塚明《ひらつかはる》。明治政府《めいじせいふ》の高級《こうきゅう》官僚《かんりょう》の娘《むすめ》として生まれ、自由で※ハイカラな家庭で育つ。日本女子大学、二松學舍《にしょうがくしゃ》大学、津田塾《つだじゅく》大学などで学び、やがて文学をこころざすようになる。

明治《めいじ》時代は世間的《せけんてき》に「女性《じょせい》は家を守るもの」という考えが強く、女性《じょせい》にとってきゅうくつな時代だった。そこで、自由をもとめる女性《じょせい》たちが**婦人解放運動《ふじんかいほううんどう》**をはじめ、女流文学団体《だんたい》「**青鞜社《せいとうしゃ》**」を立ちあげた。明《はる》はその中心となって活動し、**平塚《ひらつか》らいてう《ちょう》**というペンネームでデビュー。雑誌《ざっし》『**青鞜《せいとう》**』創刊号《そうかんごう》にらいてう《ちょう》が書いた「元始《げんし》、女性《じょせい》は実《じつ》に太陽であった」という言葉は、多くの女性《じょせい》の心をつかんだ。

第二次世界大戦後《たいせんご》は、反戦《はんせん》・平和運動を行《おこな》った。

年下男性《だんせい》との恋愛《れんあい》

26歳《さい》のとき、画家をめざす5歳《さい》年下の奥村博史《おくむらひろし》と出会い、恋《こい》に落ちる。らいてう《ちょう》は奥村《おくむら》とのあいだに2児《じ》をもうけたが、日本の結婚《けっこん》制度《せいど》をきらい、籍《せき》は入れなかった。

※ハイカラ：西洋風で、目新しくオシャレな様子

旅に生きたイギリス人女性《じょせい》

イザベラ・バード

世界中をまわった旅行家

出身地：イギリス
生没年《せいぼつねん》：1831～1904年
性格《せいかく》：好奇心旺盛《こうきしんおうせい》

日本の奥地《おくち》を見たい！

イザベラ・バードは、19世紀《せいき》の世界的《せかいてき》な**女性《じょせい》旅行家**。イギリスのヨークシャーに生まれ、幼《おさな》いころ病弱だったイザベラは※転地療養《てんちりょうよう》のため北アメリカへ旅行したことをきっかけに、旅行家をこころざす。20代から世界中を旅してまわり、旅行記を書いて出版《しゅっぱん》した。

47歳《さい》のとき、イザベラは蝦夷《えぞ》地《ち》（現在《げんざい》の北海道《ほっかいどう》）を見るため、日本をおとずれた。通訳《つうやく》の伊藤鶴吉《いとうつるきち》とふたりで、東京《とうきょう》→日光《にっこう》→新潟《にいがた》→蝦夷《えぞ》地《ち》というルートを旅行。道も悪く、害虫《がいちゅう》になやまされるなど、きびしい旅だったが、イザベラは持ち前の冒険心《ぼうけんしん》と好奇心《こうきしん》でのりきった。この旅行の様子を『**日本奥地《にほんおくち》紀行《きこう》**』として出版《しゅっぱん》し、当時まだ欧《おう》米《べい》に知られていなかった日本の風土や人々の暮《く》らしぶりを紹介《しょうかい》した。景色《けしき》が美しいこと、女性《じょせい》でも安全に旅ができたことなどが書かれている。

イザベラはその後《ご》、中国、ペルシャ、チベット、朝鮮半島《ちょうせんはんとう》などを旅行し、72歳《さい》で亡《な》くなった。

※ **転地療養《てんちりょうよう》**：気候《きこう》のよい場所にうつり住んで病気を治《なお》すこと

鍋《なべ》島《しま》栄《なが》子《こ》

出身地：京《きょう》(現在《げんざい》の京都府《きょうとふ》)
生没年《せいぼつねん》：1855〜1941年

栄子《ながこ》は、公家《くげ》の名家の生まれで、結婚前《けっこんまえ》は宮中《きゅうちゅう》に仕えていた。26歳《さい》のとき、イタリア公使《こうし》だった鍋《なべ》島直大《しまなおひろ》とローマで結婚《けっこん》。外交官夫《がいこうかんふ》人《じん》として活やくし、「※鹿鳴館《ろくめいかん》の華《はな》」とよばれた。33歳《さい》で日本赤十字社《にほんせきじゅうじしゃ》篤志看護婦人会《とくしかんごふじんかい》の会長となる。**日《にっ》清戦争《しんせんそう》**・**日露戦争《にちろせんそう》**では率先《そっせん》して負《ふ》傷兵《しょうへい》の看護《かんご》にあたり、「日本のナイチンゲール」とよばれた。

※鹿鳴館《ろくめいかん》：明治政府《めいじせいふ》が建《た》てた外国人をもてなすための社交場《しゃこうじょう》

高《たか》峰《みね》妙《たえ》子《こ》

出身地：大阪府《おおさかふ》
生没年《せいぼつねん》：1900〜1980年

妙子《たえこ》は、歌ったり踊《おど》ったりすることが好《す》きな子どもで、14歳《さい》のとき宝塚唱歌隊《たからづかしょうかたい》(のちの**宝塚歌《たからづかか》劇団《げきだん》**)の第1期生として入団《にゅうだん》した。初舞台《はつぶたい》は、唱歌隊《しょうかたい》の初公演《はつこうえん》でもある『ドンブラコ』の主役・桃太郎《ももたろう》役で、男役スターの第1号となった。退団後《たいだんご》は、歌劇団《かげきだん》の声楽の講《こう》師《し》をつとめ、81歳《さい》で亡《な》くなった。

上《うえ》村《むら》松《しょう》園《えん》

出身地：京都府《きょうとふ》
生没年《せいぼつねん》：1875年〜1949年

上村松園《うえむらしょうえん》は、14歳《さい》で京都府画《きょうとふが》学校《がっこう》に入学、16歳《さい》のときに※内国勧《ないこくかん》業博覧会《ぎょうはくらんかい》に出展《しゅってん》した日本画「四季《しき》美人図」で1等になる。明治《めいじ》時代、女性《じょせい》が画家をめざすことは、世間《せけん》的《てき》に認《みと》められなかったが、母にははげまされ、その後《ご》もすぐれた作品を発表しつづけた。74歳《さい》のとき、女性《じょせい》として初《はじ》めて**文化勲章《くんしょう》**を受《じゅ》章《しょう》し、翌年《よくとし》亡《な》くなった。

※内国勧業博覧会《ないこくかんぎょうはくらんかい》：明治政府《めいじせいふ》が開いた博覧会《はくらんかい》

コラム

覚えておきたい文豪《ぶんごう》たち

明治時代以降《めいじじだいいこう》、多くの小説家《しょうせつか》や詩人、歌人が活やくした。ここでは、代表的《だいひょうてき》な作家を紹介《しょうかい》する。

樋《ひ》口《ぐち》一《いち》葉《よう》

出身地：東京府《とうきょうふ》（現在《げんざい》の東京都《とうきょうと》）
生没年《せいぼつねん》：1872〜1896年

樋口一葉《ひぐちいちよう》は明治《めいじ》の女流作家。本名は樋口奈津《ひぐちなつ》。文学が大好《だいす》きで、父親が残《のこ》した借金《しゃっきん》をかかえ、まずしい生活のなか**『たけくらべ』『にごりえ』**などのすぐれた作品を発表する。25歳《さい》の若《わか》さで結核《けっかく》により死去。

小《こ》泉《いずみ》八《や》雲《くも》

出身地：ギリシャ
生没年《せいぼつねん》：1850〜1904年

本名はラフカディオ・ハーン。40歳《さい》のとき新聞記者として来日、日本で英語教師《えいごきょうし》となる。翌年《よくとし》、小泉《こいずみ》セツと結婚《けっこん》、その後《ご》帰化《きか》※して**小泉八雲《こいずみやくも》**と名のる。日本の風土《ふうど》を愛《あい》し、各地《かくち》の伝説《でんせつ》を集めた**『怪談《かいだん》』**を出版《しゅっぱん》した。

与《よ》謝《さ》野《の》晶《あき》子《こ》

出身地：堺県《さかいけん》（現在《げんざい》の大阪府《おおさかふ》）
生没年《せいぼつねん》：1878〜1942年

晶子《あきこ》は、20歳《さい》ごろから和歌を投稿《とうこう》するようになる。23歳《さい》のとき、歌人の与謝野鉄幹《よさのてっかん》と出会い、大恋愛《だいれんあい》ののち結婚《けっこん》。24歳《さい》で歌集**『みだれ髪《がみ》』**を、28歳《さい》のとき日露戦争《にちろせんそう》に出征《しゅっせい》した弟にむけた歌**「君死《きみし》にたまふ《たもう》ことなかれ」**を発表。44歳《さい》のとき、建築家《けんちくか》の西村伊作《にしむらいさく》らと日本初《はつ》の男女共学《きょうがく》の学校・文化学院《ぶんかがくいん》を創立《そうりつ》した。

※ **帰化《きか》**：ほかの国の国籍《こくせき》をとって、その国の国民となること

夏目《なつ》《め》漱石《そう》《せき》

出身地：江戸《えど》（現在《げんざい》の東京都《とうきょうと》）
生没年《せいぼつねん》：1867～1916年

漱石《そうせき》は大学卒業後《そつぎょうご》、愛媛県《えひめけん》の松山《まつやま》で教師《きょうし》となり、その後《ご》イギリスへ留学《りゅうがく》。帰国後、大学で英文学《えいぶんがく》を教えながら『**吾輩《わがはい》は猫《ねこ》である**』を発表。さらに『**倫敦塔《ロンドンとう》**』『**坊《ぼ》っちゃん**』『**三四郎《さんしろう》**』『**こゝろ《こころ》**』など、多くの作品を書いた。胃《い》が弱いにもかかわらずビーフステーキや甘《あま》いものが大好《だいす》きで、医者にジャムを毎日なめることを止められるほどだった。

芥川《あくた》《がわ》龍《りゅう》之《の》介《すけ》

出身地：東京府《とうきょうふ》（現在《げんざい》の東京都《とうきょうと》）
生没年《せいぼつねん》：1892～1927年

短編小説家《たんぺんしょうせつか》として知られる**芥川《あくたがわ》龍之介《りゅうのすけ》**は、夏目漱石《なつめそうせき》に認《みと》められて文壇《ぶんだん》にデビューする。『**羅生門《らしょうもん》**』『**鼻《はな》**』『**地獄変《じごくへん》**』などの名作を次々と発表、一躍《いちやく》スターとなる。しかし、35歳《さい》のとき「将来《しょうらい》に対するただぼんやりした不安」を理由に自殺《じさつ》した。芥川《あくたがわ》の死後、親友の菊池寛《きくちかん》が新人文学賞《しょう》「**芥川賞《あくたがわしょう》**」をもうけている。

江《え》戸《ど》川《がわ》乱《らん》歩《ぽ》

出身地：三重県《みえけん》
生没年《せいぼつねん》：1894～1965年

江戸川乱歩《えどがわらんぽ》の本名は平井太郎《ひらいたろう》。アメリカの作家エドガー・アラン・ポーをもじってペンネームとした。『**黒蜥蜴《くろとかげ》**』『**D坂《ディーざか》の殺人事件《さつじんじけん》**』『**怪人《かいじん》二十面相《めんそう》**』など、不気味《ぶきみ》かつ怪《あや》しい推理小説《すいりしょうせつ》を多数書いたが、素顔《すがお》はいたってふつうの人で、やさしい家庭人であった。自身の家族はもちろん、きょうだいとも仲《なか》がよかった。

中《なか》原《はら》中《ちゅう》也《や》

出身地：山口県《やまぐちけん》
生没年《せいぼつねん》：1907〜1937年

中原中也《なかはらちゅうや》は医者の家に生まれ、成《せい》績優秀《せきゆうしゅう》な子どもだった。しかし17歳《さい》でダダイズム※にのめりこみ、すさんだ生活を送りつつ詩作にはげむ。遠縁《とおえん》の上野孝子《うえのたかこ》と結婚《けっこん》したが、長男が2歳《さい》で亡《な》くなり、悲しみのなか持病の結核《けっかく》が悪化、翌年《よくとし》に亡《な》くなった。代表作に**「サーカス」「汚《よご》れつちまつた悲しみに…」**などがある。

※ダダイズム：20世紀初《せいきはじ》めに流行した芸術運動《げいじゅつうんどう》

宮《みや》沢《ざわ》賢《けん》治《じ》

出身地：岩手県《いわてけん》
生没年《せいぼつねん》：1896〜1933年

宮沢賢治《みやざわけんじ》は子どものころ昆虫採《こんちゅうさい》集《しゅう》や鉱物採集《こうぶつさいしゅう》に熱中《ねっちゅう》し、「石コ賢《いしっこけん》さん」とよばれた。法華経《ほけきょう》を深く信仰《しんこう》し、農民《のうみん》の生活をよくするための活動をしながら詩や童話《どうわ》を書く。生前は無名《むめい》に等しかったが、死後、作品への評価《ひょうか》が高まった。詩**「雨《あめ》ニモマケズ」『春《はる》と修羅《しゅら》』**、童話《どうわ》**『注文《ちゅうもん》の多《おお》い料理店《りょうりてん》』『銀河鉄道《ぎんがてつどう》の夜《よる》』**など多数。

太《だ》宰《ざい》治《おさむ》

出身地：青森県《あおもりけん》
生没年《せいぼつねん》：1909〜1948年

青森県津軽《あおもりけんつがる》地方の大地主の家に生まれる。本名は津島修治《つしましゅうじ》。17歳《さい》のころから小説《しょうせつ》を書きはじめる。あこがれの芥川龍之介《あくたがわりゅうのすけ》の自殺《じさつ》に衝撃《しょうげき》を受け、以後《いご》何度も自殺未遂《じさつみすい》をくり返した。25歳《さい》のとき初《はじ》めて**太宰治《だざいおさむ》**の名前で作品を発表、その後《ご》多くの作品を発表した。代表作に**『走れメロス』『斜陽《しゃよう》』『人間失格《にんげんしっかく》』**などがある。

まずしい農家《のうか》に生まれ世界的《せかいてき》な細菌学者《さいきんがくしゃ》に

野《の》口《ぐち》英《ひで》世《よ》

黄熱病《おうねつびょう》の研究をした細菌学者《さいきんがくしゃ》

出身地：福島県《ふくしまけん》
生没年《せいぼつねん》：1876〜1928年
特《とく》技《ぎ》：借金《しゃっきん》

左手の手術《しゅじゅつ》がきっかけ

野口英世《のぐちひでよ》はまずしい農家《のうか》に生まれ、1歳《さい》のときに左手に大やけどをして手が開かなくなった。小学校の先生や友人たちの援助《えんじょ》により、15歳《さい》のときに不自由《ふじゆう》だった左手の手術《しゅじゅつ》を受けることができた。左手が動くようになったことに感動した英世《ひでよ》は、医者になろうと決意。熱心《ねっしん》に勉強をして20歳《さい》のときに医《い》師免許《しめんきょ》の試験《しけん》に合格《ごうかく》した。

その翌年《よくとし》、伝染病《でんせんびょう》研究所に入り、**北里柴三郎《きたさとしばさぶろう》**の教えを受ける。その後《ご》アメリカへわたって梅毒《ばいどく》の病《びょう》原菌《げんきん》や**黄熱病《おうねつびょう》**の原因《げんいん》について研究した。51歳《さい》のとき、アフリカで黄熱病《おうねつびょう》にかかり亡《な》くなった。

借金王《しゃっきんおう》だった英世《ひでよ》

細菌《さいきん》の研究をしてすばらしい功《こう》績《せき》を残《のこ》した英世《ひでよ》だったが、友人知人から借金《しゃっきん》をしまくったことでも知られている。学生時代は恩師《おんし》や知人から借《か》りた金で遊びまくり、アメリカへの留学資金《りゅうがくしきん》もあっという間《ま》に使いはたし…。それでも周囲《しゅうい》は英世《ひでよ》の才能《さいのう》を信じて援助《えんじょ》を惜《お》しまなかったという。

破傷風《はしょうふう》の病原菌《びょうげんきん》を発見した

北《きた》里《さと》柴《しば》三《さぶ》郎《ろう》

破傷風菌《はしょうふうきん》の研究で世界的《せかいてき》に知られるように

北里柴三郎《きたさとしばさぶろう》は、東京医学校（現《げん》在《ざい》の東京大学医学部）を卒業後《そつぎょうご》、ドイツに留学《りゅうがく》してコッホ博士《はかせ》から**細菌学《さいきんがく》**を学んだ。ここで柴三郎《しばさぶろう》は世界で初《はじ》めて「破傷風菌《はしょうふうきん》だけを取りだす」方法《ほうほう》と破傷風菌《はしょうふうきん》の抗体《こうたい》を発見し、世界的《せかいてき》に名前が知られるようになった。帰国後、**福沢諭吉《ふくざわゆきち》**（▼276）の援助《えんじょ》を受け、伝染病《でんせんびょう》研究所を開く。

伝染病研究《でんせんびょうけんきゅう》の基礎《きそ》を築《きず》く

出身地：**肥後国《ひごのくに》（現在《げんざい》の熊本県《くまもとけん》）**

生没年《せいぼつねん》：**1852～1931年**

性格《せいかく》：**カッとなりやすい**

あだ名は「カミナリ」

柴三郎《しばさぶろう》はその後《ご》、**私立北里研究所《しりつきたさとけんきゅうじょ》**を開き、狂犬病《きょうけんびょう》・インフルエンザ・赤痢《せきり》などの治療法《ちりょうほう》の研究に取り組んだ。

柴三郎《しばさぶろう》は研究のことになると、ついカッとなって所員をしかりつけた。しかし柴三郎《しばさぶろう》の言い分はつねに正しいものだったので、所員たちは親しみをこめて「ドンネル（ドイツ語でカミナリのこと）先生」とよんだという。

柴三郎《しばさぶろう》に教えを受けたなかには、黄熱病《おうねつびょう》の研究をした**野口英世《のぐちひでよ》**や、赤痢菌《せきりきん》の病原体《びょうげんたい》を発見した志賀《しが》潔《きよし》らがいる。

6000人ものユダヤ人の命をすくった

杉《すぎ》原《はら》千《ち》畝《うね》

正義《せいぎ》をつらぬいた外交官《がいこうかん》
出身地：岐阜県《ぎふけん》
生没年《せいぼつねん》：1900〜1986年
性格《せいかく》：決めたことをやり通す

命を守りたい!!

杉原千畝《すぎはらちうね》は**第二次世界大戦**《たいせん》がはじまる直前、東ヨーロッパのリトアニアの首都・カウナスの領事《りょうじ》となった。そのころヨーロッパでは、**ヒトラー**率《ひき》いる**ナチス・ドイツ**によってユダヤ人が次々と殺《ころ》されていた。ナチスからのがれてきたユダヤ人に残《のこ》された道は、ソ連《れん》と日本を経由《けいゆ》して安全な国へ行く方法だけだった。

杉原《すぎはら》は日本の外務省《がいむしょう》へ※通過《つうか》ビザの発給許可《はっきゅうきょか》をもとめたが、答えは「発給《はっきゅう》できない」というものだった。日本はドイツと同盟《どうめい》を結《むす》んでいたためだった。しかし、杉《すぎ》原《はら》は彼《かれ》らの命のほうが大切だと考え、独断《どくだん》でビザを発給《はっきゅう》した。戦《せん》争《そう》がはげしくなり、日本への帰国命令《めいれい》が出ても、汽車《きしゃ》が発車するまで手書きのビザを書きつづけた。杉原《すぎはら》が発給《はっきゅう》したビザは、1か月で2139通にのぼり、この「命のビザ」のおかげでたすかったユダヤ人は、約《やく》6千人といわれる。帰国後、杉原《すぎはら》は外務省《がいむしょう》をやめることになったが、ビザを発給《はっきゅう》したことに誇《ほこ》りをもっていた。

※**通過《つうか》ビザ**：ほかの国へ行くために日本を通ってもよいという許可証《きょかしょう》

東郷平八郎《とうごうへいはちろう》

世界最強《さいきょう》の艦隊《かんたい》を破《やぶ》る

出身地：薩摩藩《さつまはん》
（現在《げんざい》の鹿児島県《かごしまけん》）
生没年《せいぼつねん》：1847～1934年

東郷平八郎《とうごうへいはちろう》は、江戸《えど》時代に薩摩藩《さつまはん》（現在《げんざい》の鹿児島県《かごしまけん》）に生まれ、※薩英戦争《さつえいせんそう》や**戊辰戦争《ぼしんせんそう》**（▶294）にも参加《さんか》した。明治《めいじ》になって海軍《かいぐん》に入り、その後《ご》イギリスへ留学《りゅうがく》して国際法《こくさいほう》や海軍《かいぐん》について学ぶ。帰国後は海軍にもどり、**日清戦争《にっしんせんそう》**に参加《さんか》。**日露戦争《にちろせんそう》**では連合艦隊司令長官《れんごうかんたいしれいちょうかん》に任命《にんめい》され、世界最強《さいきょう》といわれていたロシアのバルチック艦隊《かんたい》を破《やぶ》り、日本に勝利《しょうり》をもたらした。この**日本海海戦《かいせん》**の際《さい》、海に投げだされたロシア兵《へい》を救助《きゅうじょ》し、丁重《ていちょう》な対応《たいおう》をしたという。

※**薩英戦争《さつえいせんそう》**：イギリスの艦隊《かんたい》と薩摩藩《さつまはん》とのあいだに起きた争《あらそ》い

吉田茂《よしだしげる》

プライドをもって戦後処理《せんごしょり》にあたった

出身地：高知県《こうちけん》
生没年《せいぼつねん》：1878～1967年

吉田茂《よしだしげる》は大学を卒業後、外務省《がいむしょう》に入る。**第二次世界大戦《たいせん》**のときは、アメリカとの開戦《かいせん》に反対して逮捕《たいほ》される。戦後《せんご》、**内閣総理大臣《ないかくそうりだいじん》**となった吉田《よしだ》は、**日本国憲法《にほんこくけんぽう》**を定め、戦争《せんそう》に敗《やぶ》れた日本の立て直しに力をつくし、日本の独立《どくりつ》へむけてアメリカと話し合いを重ねた。アメリカに対して卑屈《ひくつ》にならず、対等に話し合いを行《おこな》ったという。敗戦《はいせん》から6年後、吉田《よしだ》は**サンフランシスコ平和条約《じょうやく》**と**日米安全保障条約《にちべいあんぜんほしょうじょうやく》**に調印《ちょういん》、日本は独立《どくりつ》を回復《かいふく》した。

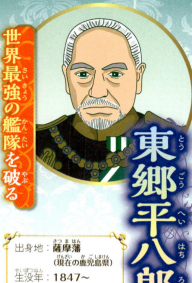

人物名さくいん

永倉新八（ながくら しんぱち）……292
中臣鎌足（なかとみの かまたり）……30
中大兄皇子（なかのおおえの おうじ）……26
中原中也（なかはら ちゅうや）……309
那須与一（なすの よいち）……102
夏目漱石（なつめ そうせき）……308
鍋島栄子（なべしま ながこ）……306

に

新島八重（にいじま やえ）……279
二位尼（にいのあま）……106
新田義貞（にった よしさだ）……129
二宮金次郎（にのみや きんじろう）……235
二宮尊徳（にのみや そんとく）……235

の

野口英世（のぐち ひでよ）……310

は

支倉常長（はせくら つねなが）……183
華岡加恵（はなおか かえ）……246
原田左之助（はらだ さのすけ）……292
原マルティノ（はら まるてぃの）……179
ハリス……255

ひ

樋口一葉（ひぐち いちよう）……307
土方歳三（ひじかた としぞう）……286
日野富子（ひの とみこ）……135
卑弥呼（ひみこ）……16
平賀源内（ひらが げんない）……234
平塚らいてう（ひらつか らいちょう）……304
広岡浅子（ひろおか あさこ）……303

ふ

福沢諭吉（ふくざわ ゆきち）……276
福島正則（ふくしま まさのり）……204
藤原清衡（ふじわらの きよひら）……82
藤原純友（ふじわらの すみとも）……67
藤原定家（ふじわらの ていか／さだいえ）……125
藤原秀郷（ふじわらの ひでさと）……66
藤原不比等（ふじわらの ふひと）……37
藤原道綱母（ふじわらの みちつなの はは）……73
藤原道長（ふじわらの みちなが）……78

へ

ペリー……254
弁慶（べんけい）……100

ほ

北条早雲（ほうじょう そううん）……142
北条時宗（ほうじょう ときむね）……122
北条政子（ほうじょう まさこ）……114
細川勝元（ほそかわ かつもと）……137
細川ガラシャ（ほそかわ がらしゃ）……184
本多忠勝（ほんだ ただかつ）……205

ま

前田慶次（まえだ けいじ）……159
前田利家（まえだ としいえ）……160
まつ……161
松平容保（まつだいら かたもり）……278
間宮林蔵（まみや りんぞう）……237

み

源実朝（みなもとの さねとも）……119
源義経（みなもとの よしつね）……98
源義朝（みなもとの よしとも）……86
源義仲（みなもとの よしなか）……96
源頼朝（みなもとの よりとも）……112
源頼政（みなもとの よりまさ）……95
宮沢賢治（みやざわ けんじ）……309
宮本武蔵（みやもと むさし）……222

む

陸奥宗光（むつ むねみつ）……301
紫式部（むらさきしきぶ）……75

め

明治天皇（めいじ てんのう）……298

も

毛利輝元（もうり てるもと）……197
毛利元就（もうり もとなり）……143
以仁王（もちひとおう）……94
森蘭丸（もり らんまる）……154

や

山内一豊（やまうち かずとよ）……176
ヤマトタケル……20
山名宗全（やまな そうぜん）……136
山名持豊（やまな もちとよ）……136
山南敬助（やまなみ／さんなん けいすけ）……290

よ

与謝野晶子（よさの あきこ）……307
吉田茂（よしだ しげる）……313
吉田松陰（よしだ しょういん）……260
淀殿（よどどの）……212

わ

和気清麻呂（わけの きよまろ）……39
和気広虫（わけの ひろむし）……38
和田義盛（わだ よしもり）……118

調べ学習に役立つ!

歴《れき》史《し》用語さくいん

あ
悪党(あくとう) 128
赤穂事件(あこうじけん) 230
アジア・太平洋戦争(あじあ・たいへいようせんそう) 297
安政の大獄(あんせいのたいごく) 261

い
井伊の赤備え(いいのあかぞなえ) 205
イエズス会(いえずすかい) 145
池田屋事件(いけだやじけん) 285
一国一城令(いっこくいちじょうれい) 208
岩倉使節団(いわくらしせつだん) 299・301
院政(いんせい) 80

う
浮世絵(うきよえ) 209・238
宇治川の戦い(うじがわのたたかい) 93・96

え
蝦夷共和国(えぞきょうわこく) 281
蝦夷地(えぞち) 236
江戸城無血開城(えどじょうむけつかいじょう) 269・271
江戸幕府(えどばくふ) 191・208
蝦夷(えみし) 52・55
エレキテル 234

お
王政復古(おうせいふっこ) 280
応仁の乱(おうにんのらん) 138
黄熱病(おうねつびょう) 310
大奥(おおおく) 220
大坂夏の陣(おおさかなつのじん) 157・211
大坂の陣(おおさかのじん) 191
大坂冬の陣(おおさかふゆのじん) 157・211
小倉百人一首(おぐらひゃくにんいっしゅ) 35・125
桶狭間の戦い(おけはざまのたたかい) 141・153・158
陰陽師(おんみょうじ) 68・71

か
海援隊(かいえんたい) 301
科挙(かきょ) 41
『学問のすゝめ』(がくもんのすすめ) 276
『蜻蛉日記』(かげろうにっき) 73
歌舞伎(かぶき) 209・224
かぶき踊り(かぶきおどり) 224
かぶき者(かぶきもの) 151・159
鎌倉幕府(かまくらばくふ) 110・113
亀山社中(かめやましゃちゅう) 265
川中島の戦い(かわなかじまのたたかい) 147・149
冠位十二階(かんいじゅうにかい) 15・23
関税自主権(かんぜいじしゅけん) 256・301
関東管領(かんとうかんれい) 147
関白(かんぱく) 164・169
巌流島(がんりゅうじま) 222
咸臨丸(かんりんまる) 269・277
管領(かんれい) 137

き
『魏志倭人伝』(ぎしわじんでん) 17
北政所(きたのまんどころ) 171
奇兵隊(きへいたい) 275
京都守護職(きょうとしゅごしょく) 278
享保の改革(きょうほうのかいかく) 232
キリシタン(きりしたん) 225
キリシタン大名(きりしたんだいみょう) 173・178
金閣寺(きんかくじ) 133
銀閣寺(ぎんかくじ) 134
禁門の変(きんもんのへん) 262

く
倶利伽羅峠の戦い(くりからとうげのたたかい) 93・96
黒船(くろふね) 256
軍師(ぐんし) 173・174

け
慶應義塾(けいおうぎじゅく) 276
慶長遣欧使節団(けいちょうけんおうしせつだん) 183
下剋上(げこくじょう) 140
元寇(げんこう) 122
元号(げんごう) 27
『源氏物語』(げんじものがたり) 75
遣隋使(けんずいし) 25
還俗(げんぞく) 175
遣唐使(けんとうし) 25
建武の新政(けんむのしんせい) 127・131

こ
公武合体(こうぶがったい) 257・259
弘法大師(こうぼうだいし) 59
高野山(こうやさん) 59
『古今和歌集』(こきんわかしゅう) 61・72
国分寺(こくぶんじ) 15・43
国分尼寺(こくぶんにじ) 15・43
御家人(ごけにん) 115
後三年の役(ごさんねんのえき) 82
『古事記』(こじき) 20
五大老(ごたいろう) 186・197
五奉行(ごぶぎょう) 186
古墳(こふん) 14

五稜郭の戦い(ごりょうかくのたたかい)……281・287
『五輪書』(ごりんのしょ)……222

さ

鎖国(さこく)……209・242
薩長同盟(さっちょうどうめい)……265・271
侍所(さむらいどころ)……118
参勤交代(さんきんこうたい)……217・226
三十六歌仙(さんじゅうろっかせん)……35
三種の神器(さんしゅのじんぎ)……106・108
サンフランシスコ平和条約(さんふらんしすこへいわじょうやく)……313

し

シーボルト事件(しーぼるとじけん)……240
試衛館(しえいかん)……285
執権(しっけん)……118
地頭(じとう)……113
島原の乱(しまばらのらん)……225
四民平等(しみんびょうどう)……296・273
十七条憲法(じゅうしちじょうけんぽう)……15・23
自由党(じゆうとう)……300
十二単(じゅうにひとえ)……77
自由民権運動(じゆうみんけんうんどう)……296・300
授戒(じゅかい)……47
守護(しゅご)……113・140
守護大名(しゅごだいみょう)……136
攘夷(じょうい)……257
松下村塾(しょうかそんじゅく)……261
承久の乱(じょうきゅうのらん)……124
上皇(じょうこう)……34・80
正倉院(しょうそういん)……43・50
承平の乱(じょうへいのらん)……65
生類憐みの令(しょうるいあわれみのれい)……227
私立北里研究所(しりつきたさとけんきゅうじょ)……311
『新古今和歌集』(しんこきんわかしゅう)……125
真言密教(しんごんみっきょう)……59
壬申の乱(じんしんのらん)……33・34
新選組(しんせんぐみ)……282
寝殿造り(しんでんづくり)……76
親皇(しんのう)……65

せ

征夷大将軍(せいいたいしょうぐん)……57
青鞜社(せいとうしゃ)……304
西南戦争(せいなんせんそう)……271
関ヶ原の戦い(せきがはらのたたかい)……186・191・193
摂政(せっしょう)……21・79
施薬院(せやくいん)……44
前九年の役(ぜんくねんのえき)……82
戦国時代(せんごくじだい)……142
戦国大名(せんごくだいみょう)……140・142
船中八策(せんちゅうはっさく)……265

そ

尊王攘夷派(そんのうじょういは)……250

た

第一次世界大戦(だいいちじせかいたいせん)……297
大化の改新(たいかのかいしん)……15・27・28
太政大臣(だいじょうだいじん)……63・79
大政奉還(たいせいほうかん)……251・280
第二次世界大戦(だいにじせかいたいせん)……297
『大日本沿海輿地全図』(だいにっぽんえんかいよちぜんず)……236
大日本帝国憲法(だいにっぽんていこくけんぽう)……296・299
『大日本史』(だいにほんし)……229
大仏(だいぶつ)……15・43・45
大宝律令(たいほうりつりょう)……37
大名(だいみょう)……215
大老(たいろう)……217
宝塚歌劇団(たからづかかげきだん)……306
大宰府(だざいふ)……63
脱藩(だっぱん)……265
田中製造所(たなかせいぞうじょ)……244
壇ノ浦の戦い(だんのうらのたたかい)……93・99

ち

治外法権(ちがいほうけん)……256・301
中宮(ちゅうぐう)……74
忠臣蔵(ちゅうしんぐら)……230
中尊寺金色堂(ちゅうそんじこんじきどう)……82
長州征伐(ちょうしゅうせいばつ)……259
徴兵令(ちょうへいれい)……296

つ

津田塾大学(つだじゅくだいがく)……302

て

寺田屋事件(てらだやじけん)……266
天慶の乱(てんぎょうのらん)……67
伝教大師(でんぎょうだいし)……58
天正遣欧少年使節(てんしょうけんおうしょうねんしせつ)……178
天台宗(てんだいしゅう)……58
天皇(てんのう)……33
天保の改革(てんぽうのかいかく)……248

と

銅鏡(どうきょう)……18
同志社女学校(どうししゃじょがっこう)……279
唐招提寺(とうしょうだいじ)……47
『土佐日記』(とさにっき)……72
鳥羽・伏見の戦い(とば・ふしみのたたかい)……294

な

内閣総理大臣（ないかくそうりだいじん）…299
直江状（なおえじょう）…186・199
長岡京（ながおかきょう）…55
鳴滝塾（なるたきじゅく）…240
南朝（なんちょう）…127
南蛮貿易（なんばんぼうえき）…153
南北朝時代（なんぼくちょうじだい）…127

に

日米安全保障条約（にちべいあんぜんほしょうじょうやく）…313
日米修好通商条約（にちべいしゅうこうつうしょうじょうやく）…255
日米和親条約（にちべいわしんじょうやく）…254
日露戦争（にちろせんそう）…297
日清戦争（にっしんせんそう）…297
日中戦争（にっちゅうせんそう）…297
二刀流（にとうりゅう）…222
『日本奥地紀行』（にほんおくちきこう）…305
日本国憲法（にほんこくけんぽう）…313
『日本書紀』（にほんしょき）…20
日本女子大学校（にほんじょしだいがっこう）…303
女房（にょうぼう）…74

は

廃藩置県（はいはんちけん）…273・296
白村江の戦い（はくそんこう／はくすきのえのたたかい）…27
幕藩体制（ばくはんたいせい）…208
はにわ…14
蛤御門の変（はまぐりごもんのへん）…262・273
版籍奉還（はんせきほうかん）…296

ひ

比叡山（ひえいざん）…58
東インド艦隊（ひがしいんどかんたい）…254
東山文化（ひがしやまぶんか）…134
悲田院（ひでんいん）…44
火縄銃（ひなわじゅう）…140
平等院鳳凰堂（びょうどういんほうおうどう）…95

ふ

武家諸法度（ぶけしょはっと）…208
富国強兵（ふこくきょうへい）…300
婦人解放運動（ふじんかいほううんどう）…296・304
文化勲章（ぶんかくんしょう）…306
文明開化（ぶんめいかいか）…296

へ

平安京（へいあんきょう）…39・52
平治の乱（へいじのらん）…85
平城京（へいじょうきょう）…15

ほ

保元の乱（ほうげんのらん）…81・85
北朝（ほくちょう）…127
戊辰戦争（ぼしんせんそう）…294
本草学（ほんぞうがく）…234
本能寺の変（ほんのうじのへん）…141・153・167

ま

勾玉（まがたま）…18
『枕草子』（まくらのそうし）…74
町火消（まちびけし）…233
町奉行（まちぶぎょう）…233
間宮海峡（まみやかいきょう）…237
満州事変（まんしゅうじへん）…297
『万葉集』（まんようしゅう）…31・35

み

三方ヶ原の戦い（みかたがはらのたたかい）…149
御台所（みだいどころ）…216
水戸黄門（みとこうもん）…229
湊川の戦い（みなとがわのたたかい）…128

む

室町幕府（むろまちばくふ）…131

め

目安箱（めやすばこ）…232
明治維新（めいじいしん）…296

も

『蒙古襲来絵詞』（もうこしゅうらいえことば）…123

や

屋島の戦い（やしまのたたかい）…103
山崎の戦い（やまざきのたたかい）…167
邪馬台国（やまたいこく）…14・17

よ

養老律令（ようろうりつりょう）…37

ら

楽市・楽座（らくいち・らくざ）…153

り

立憲改進党（りっけんかいしんとう）…300
令旨（りょうじ）…85・92・94

れ

連判状（れんぱんじょう）…117

ろ

老中（ろうじゅう）…217
六波羅探題（ろくはらたんだい）…127
鹿鳴館（ろくめいかん）…306
六歌仙（ろっかせん）…61

わ

早稲田大学（わせだだいがく）…300

監修　川口素生（かわぐち すなお）

歴史研究家。岡山商科大学、法政大学文学部史学科卒業。『吉田松陰と文の謎』（学研M文庫）、『戦国武将事典 乱世を生きた830人』『徳川一族 時代を創った華麗なる血族』（新紀元社）、『スーパー忍者列伝』（ＰＨＰ文庫）ほか著書多数。

デザイン・ＤＴＰ　レッドセクション

イラスト・まんが　東きはる、歌城ありな、おうせめい、大西はるか、架月七瀬、小咲さと、坂川由美香、さかもとまき、沙紅、澤口香織、志摩ほむら、ＴＡＫＡ、たはらひとえ、tsukasa、NAKA、七輝翼、白哲、ホリグチヒロシ、間宮彩智、マル、村咲、憂、優陽、ヨシオカアイリ（五十音順）

原稿作成　伊藤実知子・森村宗冬

写真提供　フォトライブラリー、ゆんフリー写真素材集（http://www.yunphoto.net）

資料提供　鳥取県立博物館（P18）、國學院高等学校（P103）、国立国会図書館（P123、P236）、山梨市教育委員会（P149）、天草市立天草キリシタン館（P225）、ナイガイ（P229）、郵政博物館（P234、P296）、慶應義塾（P238-239）、小島資料館（P285）

家紋画像　家紋World、家紋ＤＢ、戦国未満

校正　くすのき舎

編集協力　株式会社 童夢

企画・編集　成美堂出版 編集部（原田洋介・芳賀篤史）

日本の歴史 人物事典

監　修　川口素生《かわぐちすなお》

発行者　深見公子

発行所　成美堂出版

〒162-8445　東京都新宿区新小川町1-7

電話(03)5206-8151　FAX(03)5206-8159

印　刷　広研印刷株式会社

ISBN978-4-415-32322-0